Physica-Schriften zur Betriebswirtschaft

Erwin Esser

Angebotspreisbestimmung für das kundenindividuelle Projektgeschäft

Mit 26 Abbildungen

Springer-Verlag Berlin Heidelberg GmbH

Dr. Erwin Esser
Jülicher Straße 1
D-50189 Elsdorf-Oberembt

ISBN 978-3-7908-0686-1

CIP-Meldung der Deutschen Bibliothek
Esser, Erwin:
Angebotspreisbestimmung für das kundenindividuelle Projektgeschäft / Erwin Esser.
(Physica-Schriften zur Betriebswirtschaft; Bd. 42)
Zugl.: Köln, Univ., Diss., 1992 u.d.T.: Esser, Erwin:
Angebotspreisbestimmung für die auftragsorientierte Fertigung
ISBN 978-3-7908-0686-1 ISBN 978-3-642-52492-9 (eBook)
DOI 10.1007/978-3-642-52492-9

NE: GT

7120/7130-543210 - Gedruckt auf säurefreiem Papier

Vorwort

Die Problematik der Preisbestimmung im Bereich des **kundenindividuellen Projektgeschäftes** ist insbesondere dadurch gekennzeichnet, daß grundsätzlich keine Marktpreise als Orientierungsgrößen existieren. Als Ansätze zur praktischen Unterstützung der Preisentscheidung werden hier regelmäßig Verfahren vorgegeschlagen, welche als Input-Informationen fast ausschließlich Kostengrößen verwenden. Häufig finden sich zwar Hinweise, daß zur Angebotspreisbestimmung neben den rein kostenbasierten (»kalkulierten«) Preisen jeweils auch die aktuellen Gegebenheiten am Absatzmarkt zu berücksichtigen sind. Wie dies konkret geschehen kann, bleibt jedoch meist offen, oder aber es erfolgen allgemeine Hinweise auf die Erfahrung und/oder das Gespür des Entscheidungsträgers.
In der vorliegenden Arbeit wird nun der Versuch unternommen, ein Unterstützungssystem für die Preisentscheidung im kundenindividuellen Projektgeschäft zu konzipieren, welches neben Kosteninformationen auch marktbezogene Informationen systematisch zur Entscheidungsfindung aufbereitet. Die Verarbeitung der marktbezogenen Input-Informationen basiert dabei auf einer statistischen Analyse der Wirkung dieser Größen bei abgeschlossenen Preisbildungsprozessen.

Im Februar 1992 wurde die Arbeit unter dem Titel "Angebotspreisbestimmung für die auftragsorientierte Fertigung" von der Wirtschafts- und Sozialwissenschaftlichen Fakultät der Universität zu Köln als Dissertation angenommen. Für die Betreuung und intensive Förderung - vor allem in der Endphase der Untersuchung - danke ich meinem akademischen Lehrer, Herrn Prof. Dr. J. Kloock.

Darüber hinaus bin ich der Infoplan Informationstechnik GmbH als meinem Arbeitgeber, insbesondere Herrn Dipl-Kfm. W. Poensgen und Herrn Dipl.-Kfm. W. Nolte für die mir gewährte Flexibilität bei der Arbeitszeitregelung zu Dank verpflichtet.

Bedanken möchte ich mich weiter bei Herrn Dipl.-Math. Herm.-Josef Kirschbaum für seine uneigennützige und stete Bereitschaft, die schreibtechnische Umsetzung des Manuskriptes effektiv mit Hard- und Software zu unterstützen. Herzlichen Dank gebührt ebenso Frau Ursula Spehl für Ihre wichtige Hilfe in der letzten Phase der Manuskripterstellung.

Meinen Eltern möchte ich für die Chancen danken, welche sich mir durch die fortwährende Förderung meines Lebens- und Bildungsweges boten. Abschließend danke ich all denjenigen, die mich einerseits während der Erstellung der Arbeit »ertragen«, und mir darüber hinaus persönliche Unterstützung gegeben haben.

Erwin Esser

Inhaltsverzeichnis | Seite

1. EINLEITUNG

1.1 PROBLEMSTELLUNG

Die Frage, welchen Preis ein Anbieter für ein Gut verlangen soll, gehört zu den ältesten [1] und zugleich schwierigsten ökonomischen Problemen.[2] Somit kann es nicht verwundern, daß die Menge der veröffentlichten Modelle zur Preisbestimmung heute kaum noch überschaubar ist.[3]

Stellt man der Vielfalt der betriebswirtschaftlich-theoretisch fundierten Lösungsansätze die Vorgehensweise der Praxis gegenüber, stößt man auf eine unübersehbare Diskrepanz.[4] So stellt WIED-NEBBELING 1985 in ihrer wiederholten empirischen Untersuchung bezüglich der Preisbestimmung fest: "Nach wie vor sind es jedoch drei Kalkulationsmöglichkeiten, die am häufigsten angewandt werden: die starre Vollkostenkalkulation, die flexible Vollkostenkalkulation und der Umsatz-Kosten-Vergleich. Alle anderen Kalkulationsmöglichkeiten sind wie schon 1971 von geringer Bedeutung."[5]

Die Begründung, weshalb aus der Menge der oben angesprochenen theoretischen Lösungsansätze in der betrieblichen Praxis fast ausschließlich einige wenige kostenorientierte Vorgehensweisen anzutreffen sind, dürfte zum einen in den realitätsfernen Prämissen der meisten Modelle[6], wie z.B. Ausschluß von Konkurrentenreaktionen, nachfragemäßiger Interdependenzen[7] und dynamischer Effekte[8], Einschränkung auf Einprodukt-Unternehmen[9],

---

1) Vgl. Nagtegaal (1974), S. 13, Riebel (1972), S. 9.

2) Vgl. AK Marketing (1978), S. 2, Kilger (1982), S. 167, Schäfer (1981), S. 177.

3) Vgl. z.B. Bouffier (1984), Sp. 759.

4) Vgl. Diller (1985), S. 17 und die dort angegebene Literatur. Ebenso Finkenrath (1980a), S. 11, Krautter (1973a) S. 1, Lange (1975), S. 106, Nieschlag/Dichtl/Hörschgen (1991), S. 300, Troll (1974), S. 7.

5) Wied-Nebbeling (1985), S. 49. Dabei sei angemerkt, daß in der Untersuchung von den drei genannten Vorgehensweisen die *flexible Vollkostenkalkulation* mit als das von den befragten Unternehmen am häufigsten genannte Verfahren ist.
Vgl. hierzu auch z.B. Kilger (1988), S. 766, Kind (1986), S. 57 f., Köhler (1968), S. 264., Kosiol (1979), S. 85 f., Krönung (1988), S. 2, Menrad (1983), S. 8 f., Plinke (1985), S. 16 f., Schobert (1975), S. 202, Scholl (1981), S. 20, Simon (1982), S. 97, Zwehl (1981), Sp. 876.

6) Vgl. Meffert (1986), S. 323, Riebel (1990), S. 578, Scherrer (1991), S. 149, Winnes (1987), S. 17.

7) So z.B. Theisen (1975), S. 276.

8) Vgl. Lange (1975), S. 106.

9) Vgl. Meffert (1986), S. 324, Riebel (1972), S. 11, Wiegmann (1977), S. 33.

Kenntnis von Preis-Absatz-Funktionen[10] oder Nachfrageelastizitäten, deterministische und statische Betrachtung[11] sowie zum anderen in einem kaum realisierbaren Anspruch bezüglich des vorausgesetzten Informationsniveaus liegen[12].

Dabei sind sich die Befürworter bzw. Anwender der primär kostenorientierten Preisbestimmungsmethoden häufig darüber im klaren, daß solche Verfahren theoretisch angreifbar sind.[13] Solange aber die wissenschaftlichen Lösungsansätze nicht die praktischen Anforderungen berücksichtigen, werden auch die Befürworter der Vollkostenrechnung in der Praxis zur Preisbestimmung immer Anhänger finden.[14] Dabei dürften sicherlich nicht zuletzt die "Anwenderfreundlichkeit" dieser Vorgehensweise,[15] sowie das Argument: "Das haben wir schon immer so gemacht", entscheidungsrelevant sein.[16]

In diesem Konflikt zwischen Theorie und Praxis versucht die vorliegende Arbeit zu vermitteln, indem ein Modell zur Angebotspreisbestimmung konzipiert werden soll, welches neben dem Anspruch auf Praktikabilität, gleichzeitig auch die Ansatzpunkte zur Kritik aus der Sicht der betriebswirtschaftlichen Theorie möglichst minimiert.

---

10) So z.B. Baetge (1974), S. 158 f., Fukking (1985), S. 38-42, Lange (1974). Zur Problematik der Ermittlung von Preis-Absatz Funktionen vgl. auch Biergans (1968), S. 93, Kaplan (1982), S. 224 f., Kilger (1980a), S. 312, Nießen (1982), S. 470, Schneider (1966).

11) Vgl. Lange (1975), S. 106, Meffert (1986), S. 324.

12) Vgl. Hammann (1974), S 200, Hax (1984), Sp. 1178, Simon (1982), S. 3, Simmonds (1968a), S. 5 f., Wiegmann (1977), S. 205.

13) Vgl. Menrad (1983), Diskussionsbeitrag S. 19, Müller (1987), S. 86, Wiegmann, (1977), S. 158.

14) So z.B. Diehl (1977) S. 179: "Die Vollkostenrechnung ist u. E. ein geeigneter Weg, Deckungs*bedarfe* festzulegen."
Ähnlich Schläder (1975), S. 74: "Ein Betriebswirt , der in der Einzelfabrikation über die Vollkostenrechnung v o l l e K o s t e n auf den Aufträgen zeigt, sollte auch heute noch keine Komplexe bekommen, weil er oft als ein »unmoderner Zeitgenosse« betrachtet wird. Ein guter Vollkostendenker ist in der Einzelfertigung immer noch besser als ein schlechter Grenzkostendenker, der durch zu niedrige Preise Substanz verschleudert oder die finanzielle Standfestigkeit bis zum äußersten strapaziert."

15) Vgl. Becker (1962), S. 34 f., Diller (1985), S. 153 f., Kotler (1982), S. 404, Meffert (1986), S. 326.

16) Vgl. Menrad (1981), Sp. 1747.

1.2 ABGRENZUNG DES UNTERSUCHUNGSFELDES UND AUFBAU DER ARBEIT

In einer Marktwirtschaft stellt sich grundsätzlich für alle Anbieter das Problem der Festlegung von Preisen für ihre Güter. Die Gruppe der Anbieter in der Praxis ist jedoch derart heterogen,[17] daß folgende These gerechtfertigt erscheint:

> Abgesehen von rein kostenorientierten Verfahren, die, wie noch zu zeigen sein wird, mit gravierenden Mängeln behaftet sind, kann es grundsätzlich keine operationale Vorgehensweise zur Preisbestimmung geben, die gleichzeitig allen Anforderungen sämtlicher Anbieter gerecht wird.

Akzeptiert man diese These, so folgt hieraus, daß zur Konzeption eines Preisbestimmungsmodells mit Anspruch auf Praktikabilität eine Beschränkung bezüglich der Anbietergruppe notwendig ist.[18] Als Untersuchungsobjekt für die vorliegende Arbeit wurde zunächst allgemein die Gruppe der Auftragsfertiger ausgewählt, wobei hier der Begriff »Fertigung« relativ weit im Sinne von »Erstellung von Gütern *und Dienstleistungen*« gefaßt ist. Diese Zielgruppe läßt sich nun weiter nach dem Kriterium differenzieren, wie der Vertragspreis zustande kommt. Zum einen kann er das Ergebnis bilateraler Verhandlungen sein. Daneben besteht die Möglichkeit, daß er auf einer organisierten, in der Form fest vorgegebenen Marktveranstaltung, z.B. einer **Ausschreibung**, nach festen Regeln bestimmt wird: [19]

---

17) Als Beispiel für die Spannbreite sei nur an einen **Kioskbesitzer** auf der einen, und einen **Großanlagenbauer** auf der anderen Seite gedacht.

18) Vgl. AK Marketing (1978) S. 2.

19) Vgl. Kempken (1980), S. 13-17, Klimm (1982), S. 5-10, Krautter (1974), S. 263, Thormählen (1978), S. 1.

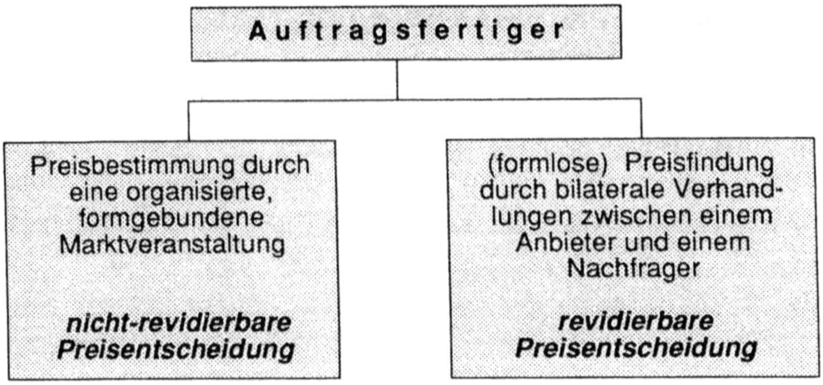

Abb. 1.1: Formen der Preisbestimmung für die auftragsorientierte Fertigung

Hierbei kann festgestellt werden, daß der Bereich der organisierten Preisbestimmung zu den wenigen Feldern gehört, auf denen auch theoretisch fundierte Preismodelle in der Praxis Fuß fassen konnten. Stark vereinfachend gesehen gehen diese Lösungsansätze davon aus, daß sich mit Hilfe statistischer Analysen vergangener Ausschreibungen aktuelle Angebotspreise berechnen lassen.[20)]

Ziel dieser Arbeit soll es nun sein, für den Bereich der **revidierbaren Preisentscheidungen** ein ähnliches Modell zur Angebotspreisbestimmung zu konzipieren. Dabei wird hier, begründet durch die weitgehende (theoretische und praktische) Akzeptanz der oben angesprochenen Lösungsansätze, von der These ausgegangen, daß es grundsätzlich nur dann möglich ist, eine marktorientierte Richtgröße für den festzulegenden Angebotspreis zu bestimmen, wenn explizit, z.B. mit Hilfe statistischer Methoden, auf die Erfahrungen aus abgeschlossenen Aufträgen bzw. Auftragsanfragen zurückgegriffen wird.

Akzeptiert man diese These, so wird klar, daß hierdurch die Zielgruppe dieser Arbeit, also diejenigen Auftragsfertiger, welche ihre Preise mit den Nachfragern bilateral aushandeln, implizit noch weiter eingeschränkt wird; denn sinnvolle Ergebnisse einer statistischen Analyse setzen immer eine ausreichend große Datenbasis voraus. Die Datenbasis für die hier interessierende Problematik besteht aus einer systematischen Sammlung von Informationen über abgeschlossene Aufträge bzw. Auftragsanfragen. Somit kann tendenziell von folgender These ausgegangen werden:

---

20) Vgl. hierzu Abschnitt 2.7, Seite 88-101.

Je weniger Auftragsanfragen ein Anbieter pro Periode bearbeitet und archiviert, desto niedriger ist die Wahrscheinlichkeit relativ sicherer statistischer Analyseergebnisse.

Insofern dürfte es grundsätzlich für einen langfristigen Einzelfertiger, wie z.B. Großanlagen- oder Schiffsbauer, schwierig sein, eine für statistische Analysen ausreichend große und aktuelle Datenbasis bereitzustellen. Unabhängig davon ist gerade dieser Bereich durch zahlreiche Spezialprobleme gekennzeichnet, die so für die übrigen Auftragsfertiger irrelevant sind.[21)]

Klammert man diesen Bereich nun aus, so verbleibt für diese Arbeit eine Zielgruppe von Auftragsfertigern, die durch folgende Besonderheiten charakterisiert werden kann:

a) Der Anbieter plant kein festes Produktionsprogramm, sondern zunächst nur die Ausstattung mit betrieblichen Kapazitäten, wodurch die Möglichkeit der Erstellung einer Leistungspalette geschaffen wird, die jeweils auftragsweise konkretisiert wird.[22)]

b) Der Anbieter produziert nicht für den anonymen Markt, sondern speziell nach den Anforderungen des Nachfragers.[23)]

c) Die Mengenkomponente der Leistung ist vom Nachfrager fest vorgegeben. Es existieren also (abgesehen von der Unterlassungsalternative) für den Anbieter keine alternativ realisierbaren Preis-Mengenkombinationen bezüglich einer Auftragsanfrage.[24)]

d) Der Prozeß der Kalkulation und Preisbestimmung erfolgt nicht zu einem bestimmten Planungszeitpunkt innerhalb der Periode, sondern jeweils nach Eingang der Auftragsanfrage.[25)] Dabei ist zu beachten, daß der Eingang von Auftragsanfragen in existentieller und zeitlicher Hinsicht eine unsichere Größe darstellt.[26)]

---

21) Vgl. Backhaus (1980), S. 2 f., Plinke (1986), S. 601; (Bezüglich dieser Problematik sei insbesondere auf Plinke (1985) verwiesen, dessen Ansatz im Abschnitt 2.6, Seite 74-87 der vorliegenden Arbeit genauer behandelt wird.)
22) Vgl. Schläder (1975), S. 12.
23) Vgl. Mann (1973), S. 139, Pfeiffer (1965), S. 114.
24) Vgl. Klimm (1982), S. 69 f., Köhler/Stölzel (1976) S. 485, Layer (1969), S. 236, Schläder (1975), S. 12.
25) Vgl. Haberstock (1986), S. 368, Kilger (1988), S. 755, Schäfter (1983), S. 86.
26) Vgl. Backhaus (1980), S. 35, Schläder S. 12.

e) Es existiert kein Marktpreis für die betrachtete Leistung. Der Preis muß grundsätzlich für jeden Auftrag bilateral zwischen Anbieter und Nachfrager ausgehandelt werden.[27)]

f) Die Preisbildung kann im Regelfall als mindestens zweistufiger Prozeß angesehen werden, bei dem ein Nachfrager zunächst eine von ihm ausgewählte Menge von Anbietern auffordert, für eine ebenfalls von ihm eindeutig definierte Leistung ein Preisgebot abzugeben.[28)] In einer zweiten Stufe entscheidet der Nachfrager dann, ob, und ggf. mit welchem(n) Anbieter(n), er in weitere Verhandlungen eintreten möchte. Bei diesen Verandlungen dürfte regelmäßig eine Zielsetzung des Nachfragers darin bestehen, Preiszugeständnisse auszuhandeln.[29)]

g) Einem Nachfrager stehen eine überschaubare Anzahl von Anbietern auf einem unvollkommenen Markt[30)] gegenüber.[31)]

h) Die Anzahl der pro Periode durchzuführenden Angebotskalkulationen pro Periode sollte aufgrund der angestrebten statistischen Analyse abgeschlossener Aufträge bzw. Auftragsanfragen möglichst hoch sein.

Abschließend sei zur Abgrenzung des Untersuchungsfeldes noch die Zentralprämisse angeführt, welche dieser Arbeit zugrundeliegt:

> Für die im Mittelpunkt dieser Arbeit stehenden Anbieter wird davon ausgegangen, daß sie marktwirtschaftlich orientiert sind, und als Unternehmensziel eine **langfristige Maximierung des Gewinns** verfolgen.[32)]

---

27) Vgl. z.B. AK Marketing (1978), S. 3, Hay (1991), S. 114, Klimm (1982), S. 9, Mann (1973), S. 139, Mellerowicz (1977), S. 119, Layer (1967), S. 131, Pfeiffer (1965) S. 114, Schmalenbach (1963), S. 486, Simon (1982), S. 39.

28) Vgl. Pfeiffer (1965), S. 114, Walker (1967), S. 125. Dieser erste Schritt kann auch als geschlossene Ausschreibung (»*closed bidding*«) bezeichnet werden, vgl. Klimm (1982), S. 11.

29) Vgl. Klimm (1982), S. 9.

30) Vgl. Hay (1991), S. 140.
Zur Abgrenzung von vollkommenen und unvollkommenen Märkten vgl. z.B. Gutenberg (1984), S. 185 f., Meffert (1986), S. 282 f., Nieschlag/Dichtl/Hörschgen (1991), S. 292.

31) Vgl. Schläder (1975), S. 10, Simon (1982), S. 38.

32) Vgl. z.B. Beste (1964), S. 126, Diller (1985), S. 28-33, Hartmann (1963), S. 45, Hax (1959), S. 606, Heinrich (1977), S. 42-44, Müller-Lindenberg (1976), S. 20, Nagtegaal (1974), S. 26, Nieschlag/Dichtl/Hörschgen (1991), S. 288, Simon (1982), S. 11 f., Wied-Nebbeling (1975), S. 248.
Zur Problematik dieser Prämisse vgl. z.B. AK Hax (1964), S. 690-695, Bea (1968), Wiegmann (1977), S. 84-87.

Ergänzend hierzu wird allerdings unterstellt, daß der Unternehmung z.B. durch die Eigenkapitalgeber kurz- bzw. mittelfristig bestimmte Soll-Gewinne als **Mindest**-Zielgrößen vorgegeben werden. Orientieren sich diese Mindestvorgaben nicht nur an den Ansprüchen an die Kapitalrentabilität, sondern auch an den tatsächlichen Möglichkeiten des Unternehmens am Markt, so dient eine solche Vorgehensweise nicht zuletzt einer gesteigerten Operationalität der obigen langfristigen Zielsetzung.

Die vorliegende Arbeit kann grob in zwei Hauptabschnitte gegliedert werden. Im ersten Teil sollen aus der Menge der in der Literatur vorgestellten Modelle zur Preisbestimmung einige Ansätze ausgewählt, dargestellt und auf ihre Eignung bezüglich des Untersuchungsfeldes dieser Arbeit analysiert werden. Bei der Auswahl dieser Ansätze besteht die Zielsetzung darin, die Bandbreite von der praxistypischen Preisbestimmung bis hin zu den theoretisch orientierten Modellen der Betriebswirtschaft abzudecken. Auf der Basis dieser Analysen wird dann im zweiten Teil versucht, ein Modell zur Festlegung von Preisen speziell für die Belange der eben abgegrenzten Auftragsfertiger zu entwickeln.

2. *ANSÄTZE ZUR PREISBESTIMMUNG FÜR DIE AUFTRAGSORIENTIERTE FERTIGUNG*

2.1 VORBEMERKUNGEN

2.1.1 ZUR AUSWAHL DER DARZUSTELLENDEN ANSÄTZE

Die Menge der in der Literatur dargestellten unterschiedlichen Vorgehensweisen zur Bestimmung von Preisen ist selbst bei Einschränkung des Untersuchungsfeldes auf die *Auftragsfertigung* noch so umfangreich, daß es kaum möglich und wenig sinnvoll erscheint zu versuchen, hier auf möglichst viele dieser Ansätze einzugehen. Es muß daher eine Auswahl getroffen werden. Hierzu wurde in dieser Arbeit nach folgenden beiden Kriterien vorgegangen:

a) Es sollen nur Ansätze dargestellt werden, die in der Praxis Anwendung finden, oder aber Diskussionsobjekt in der aktuelleren wissenschaftlichen Literatur sind.[1)]

b) Die Auswahl der darzustellenden Ansätze soll möglichst die gesamte Bandbreite der bekannten Verfahren abdecken.

Auf dieser Basis wurden folgende Ansätze ausgewählt:

1) Die **klassische Vollkostenkalkulation** als allgemeine Basis der meisten in der Praxis anzutreffenden Preisbestimmungsverfahren. Konkret erfolgt die Darstellung am Beispiel der *(einfach-) flexiblen Plankostenrechnung auf Vollkostenbasis* im Sinne von PLAUT.[2)]

2) Das **KILGER-Konzept** zur Angebotspreisbestimmung in der Auftrags- und Einzelfertigung als Kompromißversuch zwischen theoretischen Erkenntnissen und praktischen Notwendigkeiten.

3) Das **SCHLÄDER-Konzept** als konkrete Ausprägung eines in der Praxis der Einzelfertigung angewandten vollkostenorientierten Preisbestimmungsverfahrens.

4) Das **LAYER-Konzept** als ein grundsätzlich wissenschaftlich basierter Lösungsansatz für die Preisbestimmungsproblematik in der Kundenfertigung.

---

1) Eine historische Betrachtung der einzelnen Ansätze würde den Rahmen dieser Arbeit sprengen.

2) Zur differenzierten Begründung dieser Auswahl siehe Abschnitt 2.2.2, Seite 13.

5) Das **PLINKE-Konzept** als ebenfalls wissenschaftlich basierter Lösungsansatz mit der konkreten Zielgruppe »Anlagenbauer«.

6) Die Modelle des **Competitive Bidding**, welche sowohl theoretisch, als auch praktisch akzeptierte Lösungswege für die Preisbestimmung in Ausschreibungssituationen darstellen.

2.1.2 ZUR DARSTELLUNGSFORM DER AUSGEWÄHLTEN ANSÄTZE

Um die Vergleichbarkeit der darzustellenden Ansätze zu verbessern, werden diese im folgenden nach einem einheitlichen Schema erläutert und analysiert. Die Vorgehensweise der Darstellung entspricht grundsätzlich der nachfolgenden Struktur.

1) Allgemeine Informationen über den Ansatz

Hier soll neben der exakten Problemstellung des Ansatzes näher begründet werden, weshalb dieser in der vorliegenden Arbeit ausgewählt wurde.

2) Analyse des Ansatzes

Die Analyse des Ansatzes erfolgt in Anlehnung an die von LAYER dargestellte Vorgehensweise in 3 Grobschritten[3], wobei jeweils von einer zu bewertenden Auftragsanfrage ausgegangen wird. Dabei ist zunächst unterstellt, daß zwischen dieser Auftragsanfrage und den übrigen bzw. noch erwarteten Aufträgen oder Auftragsanfragen keine Verbundwirkungen zu berücksichtigen sind.[4]

2a) Preisuntergrenze des Ansatzes

Nach RAFFÉE kann eine **Preisuntergrenze** allgemein als derjenige potentielle Kaufpreis definiert werden, bei dessen "Unterschreiten der Verzicht auf eine Güterübertragung an Dritte zu einem bestimmten Zeitpunkt die Zielsetzung(en) des Entscheidungsubjekts besser erfüllt als der Vollzug der Güterübertragung."[5] Dabei wird eine Preisuntergrenze in dieser Arbeit immer als kurzfristige Größe interpretiert, da die grundsätzliche Individualität in der Auf-

---

3) Vgl. Layer (1969), S. 224.
4) Zur Problematik der Verbundwirkungen vgl. Abschnitt 3.2.2, Seite 116-124.
5) Raffée (1974), S. 145.
Vgl. ähnlich z.B. Czeranowsky (1981), S. 327, Diller (1985), S. 164, Engelhardt (1975), Sp. 3049, Hummel/Männel (1990), S. 258, Kilger (1982), S. 168, Moews (1967), S. 44, Reichmann (1973), S. 11, Riebel (1990), S. 593, Simon (1982), S. 94.

tragsfertigung auch eine ebenso individuelle Preisuntergrenzenbestimmung erfordert. Langfristige Preisuntergrenzen sind, wenn überhaupt nur dort sinnvoll einsetzbar, wo die gleiche absatzbestimmte Leistung auch längerfristig im Absatzplan des Anbieters enthalten ist. Auf der Basis dieser Definition seien folgende Fragen als typisch für diesen Abschnitt genannt: Kennt der Ansatz eine/mehrere Preisuntergrenzen? - Wie werden diese ermittelt? - Gibt es Ausnahmen bezüglich der Gültigkeit?

2b) Preisobergrenze des Ansatzes

Die **Preisobergrenze** eines Auftrags kann definiert werden als der Preis, den der betrachtete Nachfrager maximal für die Güterübertragung zu zahlen bereit ist.[6] Es soll hier untersucht werden, ob und ggf. wie der Ansatz die Problematik der Ermittlung und Berücksichtigung von Preisobergrenzen handhabt.

2c) Festlegung der Preisforderung

Hier steht die vom jeweiligen Ansatz vorgeschlagene Lösung des Zentralproblems dieser Arbeit, die Preisbestimmung, im Mittelpunkt.

3) Besonderheiten des Ansatzes

Dieser Abschnitt soll ggf. als Puffer für im Schema bisher nicht erfaßte Charakteristika des jeweiligen Ansatzes dienen.

4) Bewertung des Ansatzes

Neben einer allgemeinen Bewertung des vorgestellten Ansatzes soll hier auch die Möglichkeit abgeschätzt werden, inwieweit die aufgezeigten Lösungswege für die Problematik der Preisbestimmung bei Auftragsfertigern, die ihre Preise bilateral aushandeln, nutzbar sein können.

---

6) Vgl. Lehmann (1950), S. 338, Layer (1969), S. 233, Sieben/Diedrich (1990), S. 796.

2.2 DIE VOLLKOSTEN-PREISKALKULATION ALS KLASSISCHER ANSATZ

2.2.1 VORBEMERKUNG ZUR VOLLKOSTEN-PREISKALKULATION

Die Bezeichnung Vollkosten-Preiskalkulation soll in dieser Arbeit als Sammelbegriff für diejenigen Lösungswege der Preisbestimmungsproblematik verstanden werden, die letztlich durch folgende Argumentation charakterisiert werden können:

> Ausgangsbasis der hier angesprochenen Verfahren ist die allgemein anerkannte Tatsache, daß als notwendige Voraussetzung zum Überleben eines Unternehmens die Summe aller Erlöse langfristig mindestens gleich der Summe aller Kosten sein muß.[7]

Die der Vollkosten-Preiskalkulation zurechenbaren Verfahren leiten aus diesem Grundsatz folgende Thesen ab:

a) Obige langfristige Restriktion ist immer dann erfüllt, wenn sie auch für jede einzelne kurzfristige Betrachtungsperiode eingehalten wird. Das heißt, daß auch für die einperiodige Betrachtung die Summe aller Erlöse eines Unternehmens mindestens gleich der Summe aller Kosten sein muß.

b) Da die (sachzielbezogenen) Erlöse eines Unternehmens durch die absatzbestimmten Leistungen erbracht werden müssen, ist die Untergrenze der zu erzielenden Erlöse durch a) vorgegeben, nämlich die Summe der geplanten Periodenkosten. Diese Restriktion wird bei vorausgesetzter Planrealisation erfüllt, wenn die Plankostensumme vollständig auf die absatzbestimmten Leistungen verteilt wird.[8] Als Ergebnis einer solchen Verteilung erhält man die Selbstkosten der absatzbestimmten Leistungen,[9] welche in einer

---

7) Vgl. z.B. Becker (1962), S. 75, Beste (1964), S. 130, Diller (1985), S. 30, Franzen (1985), S. 7, Hartmann (1963), S. 30, Hay (1991), S. 141, Heinen (1975), S. 59 f., Kilger (1987), S. 412, Meffert (1986), S. 301, Pfeiffer/Preissler (1975), S. 45, Poth (1986), S. 55, Vormbaum (1977), S. 42, Zwehl (1981), Sp. 878.

8) Vgl. Schweitzer/Küpper (1986), S. 410, Zwehl (1981), Sp. 878.

9) In dieser Arbeit werden unter Selbstkosten stets "volle" Selbstkosten verstanden. Es gilt also: Summe aller Plan-Selbstkosten eines Unternehmens einer Periode ist gleich der Summe aller Plankosten des Unternehmens in der Periode.

Vollkosten-Preiskalkulation die Preisuntergrenzen darstellen.[10] Die besondere Bedeutung der Selbstkosten in Vollkostenrechnungen wird auch durch die in der Literatur zu findende Bezeichnung "natürliche Preisuntergrenze" verdeutlicht.[11]

Da die so beschriebene Vorgehensweise in der Literatur zur Preisbestimmungsproblematik in ihren Grundzügen bereits im 19. Jahrhundert zu finden ist,[12] werden diese Verfahren hier als »**klassisch**« bezeichnet.[13]

Im Gegensatz zu den übrigen in diesem Abschnitt darzustellenden Verfahren ist die klassische Vorgehensweise nicht speziell auf die besonderen Probleme der Auftragsfertiger ausgerichtet. Darüber hinaus stoßen Vollkosten-Preiskalkulationen in der wissenschaftlichen Literatur fast ausnahmslos auf Ablehnung.[14] Drei Gründe sprechen allerdings dafür, auf diese Methode hier trotzdem einzugehen:

a) Grundsätzliche Kritiker der Vollkosten-Preiskalkulation sprechen dem Verfahren teilweise Relevanz für die Preisproblematik in der Auftragsfertigung zu.[15]

b) In der Praxis ist die Vollkosten-Preiskalkulation weit verbreitet.[16]

c) Die Vollkosten-Preiskalkulation kann als Basis für einen großen Teil der in dieser Arbeit darzustellenden Verfahren angesehen werden, die sich entweder hieraus entwickelt oder aber zumindest Elemente der Vollkosten-Preiskalkulation übernommen haben.

---

10) Vgl. Bussmann (1979), S. 62, Huch (1976), S. 1444.

11) Vgl. z.B. Heinen (1975), S. 58, Lehmann (1950), S. 337.

12) Vgl. Riebel (1990), S. 208 f. (insbes. Fußnoten 12 und 13).

13) Vgl. Wahle (1980b), S. 154, Weber, R. (1987) S. 8/236.

14) Vgl. z.B. Diller (1985), S. 154-157, Heinen (1975), Huch (1986), S. 146 f., Kilger (1980a), insbes. S. 312, Männel (1981), Riebel (1990), S. 204-268, Schweinhardt (1974), Seicht (1971), Weber, R. (1987), S. 8/235 f..

15) Vgl. Hahn (1965), S. 8, Kilger (1988), S. 783, Köhler/Stölzel (1976), S. 490, Kosiol (1979), S. 85 f., Mellerowicz (1977), S. 119, Plaut (1961), S. 479, Riebel (1990), S. 204, Schäfer (1986), S. 83.

16) Vgl. Seite 1, (insbes. Fußnote 5).

2.2.2 ZUR AUSWAHL EINES VOLLKOSTEN-PREISKALKULATIONS-VERFAHRENS

Da mit der Bezeichnung Vollkosten-Preiskalkulation eine konkrete Vorgehensweise (insbesondere zur Preisuntergrenzenbestimmung) noch nicht ausreichend determiniert ist, stellt sich zu Beginn der Analyse das Problem der Auswahl eines speziellen Vollkosten-Preiskalkulationsverfahrens. Wie bereits oben erwähnt, werden diese Verfahren in der wissenschaftlichen Literatur meist mehr oder weniger stark kritisiert. Als Auswahlkriterium wurde hier festgelegt, daß ein Verfahren gewählt werden sollte, bei dem diese Kritik möglichst gering ist. Die Kritik bezüglich der *Vollkosten-Preiskalkulation* wird in erster Linie von Vertretern der Teilkostenrechnung vorgebracht.[17)] Das in Deutschland zumindest für die Praxis relevanteste Teilkostenrechnungssystem [18)] ist die im wesentlichen von KILGER und PLAUT konzipierte Grenzplankostenrechnung.[19)] Im Unterschied zu KILGER plädierte PLAUT bereits in den 50-er Jahren für eine Ergänzung der Grenzplankostenrechnung durch eine parallele Fixkostenrechnung [20)], wodurch quasi als **Hauptrechnung** die Grenzkosten, und in der **Nebenrechnung** Vollkostenergebnisse ausgewiesen werden.[21)]

Wegen der Bedeutung für die Praxis wird zur weiteren Darstellung der Vollkosten-Preiskalkulation eine (einfach-) flexible Plankostenrechnung auf Vollkostenbasis [22)] im Sinne von PLAUT zugrundegelegt.

---

17) Vgl. Seite 12, Fußnote 14.

18) Auf die insbesondere unter theoretischer Betrachtung äußerst relevante »*Relative Einzelkostenrechnung*« nach RIEBEL wird in Abschnitt 3.2.1 dieser Arbeit eingegangen. Dort soll u.a. das »Identitätsprinzip« als konstitutives Element der Relativen Einzelkostenrechnung genauer analysiert werden. Vgl. Seite 103-111.
Darüber hinaus wird die »*Relative Einzelkostenrechnung*« stellvertretend mit dem LAYER-Ansatz (Abschnitt 2.5, Seite 53-73) besprochen, der letztlich auf dem Riebel-Konzept basiert. Vgl. Seite 67.

19) Vgl. z.B. Dörrie/Kicherer (1973), S. 102, Weigand (1988), S. 135.

20) Vgl. Plaut (1991), S. 38.

21) Vgl. Plaut (1989), S. 239 f..

22) Zur Terminologie vgl. Haberstock (1986), S. 18, Kloock/Sieben/Schildbach (1991), S. 189-192.

2.2.3 DIE ERMITTLUNG DER PREISUNTERGRENZE IN EINER (EINFACH-) FLEXIBLEN PLANKOSTENRECHNUNG AUF VOLLKOSTENBASIS

2.2.3.1 KOSTENGLIEDERUNG

Als ein klassisches Kriterium zur Kostengliederung gilt die Unterscheidung von Einzel- und Gemeinkosten.23) Einzelkosten können einem Bezugsobjekt unmittelbar verursachungsgerecht zugerechnet werden. Gemeinkosten hingegen fallen für das betrachtete und mindestens ein weiteres Bezugsobjekt an.24) In dieser Arbeit wird der Begriff **verursachungsgerecht** im Sinne des *strengen Verursachungsprinzips* verstanden25), wonach Kosten nur dann einem Bezugsobjekt zurechenbar sind, wenn die Kosten ohne die Erstellung (Kostenträger) bzw. Existenz (Kostenstelle/Periode) des Bezugsobjektes nicht anfallen.26)

Darüber hinaus sei noch auf die Relativität der Begriffe Einzel- und Gemeinkosten hingewiesen. Diese basiert auf der freien Wahl der Bezugsobjekte, wodurch die Einteilung in Einzel- und Gemeinkosten stets nur *relativ* zu einem definierten Bezugsobjekt gelten kann.27) Als Bezugsobjekt für eine solche Differenzierung dient in dieser Arbeit grundsätzlich der Auftrag. Sollten sich die Begriffe Einzel- und Gemeinkosten auf andere Bezugsobjekte, wie z.B. Kostenstellen oder Perioden beziehen, so wird dies jeweils explizit erwähnt.

Ein nicht minder wichtiges Kriterium zur Strukturierung von Kosten ist das Verhalten der Kosten bei Beschäftigungsänderungen.28) Da die Beschäftigung grundsätzlich nicht für ein Gesamtunternehmen bestimmt werden kann (Ausnahme z.B. Einproduktunternehmung), bezieht sich diese Größe hier

---

23) Vgl. Deyhle/Herrmann (1989), S. 264, Möller (1941), S. 90, Riebel (1990), S. 618 f. und die dort angegebene Literatur.

24) Vgl. z.B. Ahlert/Franz (1988), S. 115, Haberstock (1987), S. 75, Hummel/Männel (1990), S. 97, Kilger (1987), S. 14 f., Kloock/Sieben/Schildbach (1991), S. 54, Plinke (1989), S. 36 f., Moews (1989), S. 51, Riebel (1990), S. 286, Scherrer (1991), S. 23 f..

25) Vgl. hierzu auch Seite 107 f..

26) Vgl. Haberstock (1987), S. 56 f., Kloock/Sieben/Schildbach (1991), S. 49 f..

27) Vgl. z.B. Ahlert/Franz (1988), S. 115, Kloock/Sieben/Schildbach (1991), S. 54-56, Moews (1967), S. 24, Plinke (1989), S. 37 f., Riebel (1990), S. 36 f., Scherrer (1991), S. 23.

28) Bei der hier betrachteten (einfach-) flexiblen Plankostenrechnung auf Vollkostenbasis gilt letztlich als einzige unabhängige Kosteneinflußgröße die *Beschäftigung* (vgl. Kloock/Sieben/Schildbach (1991), S. 190). Insofern beziehen sich die nachfolgend einzuführenden Begriffe *fix* und *variabel* hier ausschließlich auf diese Kosteneinflußgröße. Zur allgemeinen Definition von *fixen* und *variablen* Kosten vgl. Küpper (1981), Sp. 950-962.

stets auf eine Kostenstelle.[29] Als Maß- bzw. Bezugsgrößen sollen so für jede Kostenstelle aus der Menge aller Größen, welche als Maßstab für die Leistungserstellung der Kostenstelle in Frage kommen, diejenigen ausgewählt werden, die gleichzeitig auch als Maßgrößen der Kostenverursachung gelten.[30]

Auf der Bezugsgrößenplanung aufbauend muß dann für alle in einer Kostenstelle anfallenden Kosten bestimmt werden, welche Kosten abhängig bzw. unabhängig von der Ausprägung der Bezugsgröße(n) der Kostenstelle anfallen. Diejenigen Kosten, die auch anfallen, wenn die durch die Bezugsgröße(n) gemessene Beschäftigung der Kostenstelle gegen Null geht, werden (beschäftigungs-) **fixe** Kosten genannt. Die übrigen Kosten variieren mit der Beschäftigung (bzw. Bezugsgrößenausprägung) und werden deshalb als (beschäftigungs-) **variable** Kosten bezeichnet.[31] Hierbei ist besonders die Abhängigkeit der Unterteilung der Kosten in fixe und variable vom zugrundegelegten Fristigkeitsgrad der Kostenplanung zu berücksichtigen. Je weiter der Planungshorizont festgelegt wird, desto kleiner ist der Anteil der fixen Kosten, denn im Extremfall, nämlich über die Totalperiode, gibt es keine fixen Kosten.[32] Im allgemeinen wird als Fristigkeitsgrad der Kostenplanung maximal 1 Jahr festgelegt.[33]

Schließlich sei noch erwähnt, daß, nicht zuletzt zur Vermeidung von rechentechnischen Problemen und somit zur Vereinfachung der Kostenrechnung, in der Regel von **linearen Kostenfunktionen** ausgegangen wird.[34] Da dies auch für die hier gewählte Vollkostenrechnung auf der Basis einer (einfach-) flexiblen Plankostenrechnung gilt, ergibt sich für die variablen Gemeinkosten, daß zwischen der Ausprägung der relevanten Bezugsgröße und der Höhe der Kosten eine proportionale Beziehung unterstellt wird.[35]

---

29) Vgl. Haberstock (1986), S. 84, Hummel/Männel (1990), S. 107, Kilger (1987), S. 35, Vikas (1988), S. 256.

30) Vgl. Kilger (1983), S. 60 f. Moews (1989), S. 259 f..

31) Vgl. z.B. Ahlert/Franz (1988), S. 116, Hummel/Männel (1990), S. 102, Kaplan (1982), S. 23 f., Kloock/Sieben/Schildbach (1991), S. 42-46, Menrad (1978), S. 127 f., Moews (1989), S. 21 f., Plinke (1989), S. 31, Scherrer (1991), S. 27-30, Weber, J. (1987), S. 393.

32) Vgl. Munzel (1966), S. 24 f..

33) Vgl. Haberstock (1986), S. 40, Kilger (1988), S. 364-369, Kloock (1986), S. 291 f..

34) Vgl. z.B. Heraeus (1963), S. 46, Kaplan (1982), S. 24, Köhler (1964), S. 45, Schäfter (1983), S. 80, Schweitzer/Küpper (1986), S. 251, Untergugenberger (1971), S. 70, Weber, J. (1987), S. 394.
Vgl. hierzu auch Gutenberg (1983), S. 390-394.

35) Vgl. Kilger (1988), S. 148-151, Turner (1980), S. 60 f..

Werden nun die beiden vorgestellten Gliederungsmöglichkeiten der Kosten zusammengefaßt, so erhält man folgende bekannte Matrix: 36)

	Einzelkosten	Gemeinkosten
variable Kosten	Feld 1	Feld 2
fixe Kosten	Feld 3	Feld 4

Abb. 2.1: Kosten-Gliederungskriterien

Mit Hilfe dieser Matrix soll nun das Vorgehen eines Auftragsfertigers zur Bestimmung einer Preisuntergrenze im System der vollkostenbasierten flexiblen Plankostenrechnung sukzessive erläutert werden.

2.2.3.2 EINZELKOSTEN UND KOSTENZURECHNUNG

Geht man von einer separat, also ohne die Notwendigkeit der Berücksichtigung von Verbundwirkungen zu bewertenden Auftragsanfrage aus,37) so kann der Entscheidungsträger zur Ermittlung der Einzelkosten des potentiellen Auftrags grob folgendermaßen vorgehen. Zunächst werden die Input-Güter (Materialarten/Arbeitsstunden) 38) bestimmt, die ausschließlich für den betrachteten Auftrag anfallen. Als Entscheidungskriterium dient hier entsprechend das Verursachungsprinzip in seiner strengen Interpretation, wonach sich genau die Gütermengen ergeben, die wegfallen würden, wenn der betrachtete Auftrag aus dem geplanten Produktions- und Absatzprogramm, bestehend aus sämtlichen bis zum Planungszeitpunkt erhaltenen Aufträgen plus dem betrachteten Auftrag, eliminiert würde. Somit ergibt sich das **Mengengerüst der Auftragseinzelkosten**.39) Durch Verknüpfung dieser Mengeninformationen mit einem **Bewertungsvektor**, bestehend aus Planpreisen je Faktorart und Mengeneinheit, werden schließlich die Einzelkosten des Auftrags determiniert.40)

---

36) Vgl. Plinke (1989), S. 37, Weber, J. (1987), S. 395.
37) Zur Verbundproblematik vgl. Abschnitt 3.2.2, S. 116-124.
38) Vgl. Hay (1981), S. 133.
39) Vgl. hierzu auch Hay (1991), S. 120.
40) Vgl. Dellmann (1982), S. 128, Haberstock (1986), S. 203, Huch (1986), S. 182, Kilger (1975), Sp. 2991, Kosiol (1979), S. 26.

Die Einzelkosten werden in Abb. 2.1 unterschieden in fixe und variable Kosten. Grundsätzlich ist zunächst davon auszugehen, daß Einzelkosten sich variabel bezüglich Beschäftigungsänderungen verhalten (Feld 1 in Abb. 2.1, Seite 16). Es gibt allerdings auch Autoren, welche die Existenz von fixen Einzelkosten bejahen. So kann SCHNEIDER angeführt werden, welcher hierfür das nachfolgende Beispiel heranzieht.[41] Ein Werkstoffvorrat wird im voraus für einen erwarteten Auftrag beschafft. Erfüllt sich die Erwartung des Auftragserhalts dann nicht, und kann das Material weder zurückgegeben noch anderweitig verwendet werden, so wird argumentiert, daß diese Kosten unabhängig vom betrachteten Auftragserhalt anfallen und somit **fixe** Kosten darstellen. Die Interpretation als **Einzelkosten** wird damit begründet, daß unabhängig vom Auftragserhalt ein Kostenträger für diesen Auftrag bzw. »fiktiven Auftrag« anzulegen ist, auf den die Kosten unmittelbar zurechenbar sind.

Während nun in diesem Beispiel die Einzelkosteninterpretation sinnvoll erscheint, kann allerdings angezweifelt werden, ob es sich hier tatsächlich um **fixe** Kosten handelt. SCHNEIDER argumentiert, daß diese Kosten unabhängig vom Auftragserhalt anfallen und deshalb fixe Kosten darstellen. Geht man von der allemeinen Kostendefinition aus, nach der Kosten "bewertete, sachzielbezogene Güterverbräuche einer Periode eines Unternehmens" darstellen,[42] wird klar, daß diese Kosten zeitlich erst dann anfallen, wenn das betrachtete, anderweitig nicht ökonomisch verwendbare Material entsorgt wird. Diese Entsorgung wird zumindest in einer Kostenstelle des Anbieters eine Erhöhung der Beschäftigung bewirken, z.B. Transport vom Lager zu einer Deponie, oder aber eine erhöhte Beschäftigung in der Verwaltungskostenstelle, welche die Entsorgung dieses Materials durch eine Fremdfirma organisieren muß. Der durch den Nicht-Erhalt des Auftrags notwendig gewordene Güterverbrauch (Entsorgung) ist also mit einer Beschäftigungsänderung in einer oder mehrerer Kostenstellen verbunden. Die betrachteten Kosten fallen zwar unabhängig vom betrachteten Auftragserhalt an, nicht jedoch unabhängig von der Beschäftigungsänderung in einer oder mehrerer Kostenstellen. Insofern handelt es sich hier also nicht um fixe, sondern um **variable** Kosten des fiktiven Auftrags, weshalb letzlich die These HABERSTOCKS, der die Existenz **fixer Einzelkosten** verneint,[43] gerechtfertigt erscheint.

---

41) Vgl. Schneider (1967), S. 236.
42) Kloock/Sieben/Schildbach (1991), S. 29.
43) Vgl. Haberstock (1987), S. 76 f..

Unabhängig von der Existenzfrage bezüglich fixer Einzelkosten sei hier abschließend festgehalten, daß im Bereich der Einzelkosten grundsätzlich keine Problematik bei der Zurechnung auf die Kalkulationsobjekte besteht,[44] vorausgesetzt, das Zurechnungsprinzip ist eindeutig formuliert und wird entsprechend angewandt.

2.2.3.3 GEMEINKOSTEN UND KOSTENZURECHNUNG

2.2.3.3.1 VARIABLE GEMEINKOSTEN UND KOSTENZURECHNUNG

Wie oben beschrieben, wird die Entscheidung, ob Kosten fix oder variabel sind, pro Kostenstelle entschieden. Um diese Entscheidung bezüglich aller Gemeinkosten treffen zu können, muß also davon ausgegangen werden, daß sämtliche Gemeinkosten vollständig auf die Kostenstellen zugerechnet werden. Da diese Bedingung grundsätzlich für alle Kostenrechnungssysteme gilt, die als Element eine Kostenstellenrechnung haben, präferiert KILGER im Rahmen seiner flexiblen Grenzplankostenrechnung anstatt »*Gemeinkosten*« den Begriff »*Kostenstellenkosten*«.[45]

Im System der flexiblen Plankostenrechnung wird unterstellt, daß sich die variablen Gemeinkosten einer Kostenstelle jeweils proportional zur Ausprägung der zugehörigen Bezugsgröße verhalten.[46] Wurde mit Hilfe z.B. der *analytischen Kostenplanung*[47] die Steigung der Geraden von variablen Gemeinkosten zur Bezugsgrößenausprägung ermittelt, so gibt dieser Wert, der auch als (variabler) Kalkulationssatz oder Bezugsgrößen-Grenzkosten bezeichnet wird,[48] den Kostenbetrag an, der einem Auftrag pro verursachter Bezugsgrößeneinheit zuzurechnen ist.[49] Anzumerken ist an dieser Stelle, daß wegen der unterstellten Proportionalität, der ermittelte (variable) Kalkulationssatz **unabhängig** von der in der betrachteten Periode tatsächlich realisierten Bezugsgrößenausprägung stets Gültigkeit hat.

---

44) Vgl. ähnlich Dörrie/Kicherer (1973), S. 101, Huch (1986), S. 109, Vormbaum (1977), S. 105.
45) Vgl. Kilger (1983), S. 59.
46) Vgl. Kilger (1975), Sp. 2986.
47) Vgl. hierzu z.B. Kilger (1988), S. 358-369.
48) Vgl. Haberstock (1987), S. 155 f., Hummel/Männel (1990), S. 247, Kilger (1983), S. 62.
49) Vgl. z.B. Kloock/Sieben/Schildbach (1991), S. 52.

Somit ergibt sich für einen zu bewertenden Auftrag folgende Vorgehensweise. Der Entscheidungsträger bestimmt zunächst die Hauptkostenstellen,[50] in denen der betrachtete Auftrag Faktorverbräuche auslöst. Danach kann sukzessive für jede Hauptkostenstelle und hier für jede Bezugsgröße, die durch den betrachteten Auftrag ausgelöste Veränderung der Bezugsgrößenausprägung geplant werden. Ist, wie oben erläutert, für jede Bezugsgröße der pro Bezugsgrößeneinheit zu verrechnende Kostenwert (Kalkulationssatz) ermittelt, so können als Ergebnis dieses Abschnitts die variablen Gemeinkosten des X-ten Auftrags wie folgt errechnet werden:[51]

$$k_v(X) = \sum_m \sum_n \underline{d}^m{}_n(X) \cdot p^m{}_n$$

mit:

$k_v(X)$: variable Gemeinkosten des X-ten Auftrags

$\underline{d}^m{}_n(X)$: Erhöhung der m-ten Bezugsgrößenausausprägung in der n-ten Hauptkostenstelle aufgrund des unterstellten Erhalts des Auftrags X

$p^m{}_n$: Kalkulationssatz für die Zurechnung der variablen Gemeinkosten über die m-ten Bezugsgröße in der n-ten Kostenstelle.

2.2.3.3.2 FIXE GEMEINKOSTEN UND KOSTENZURECHNUNG

Definitionsgemäß sind fixe Kosten und somit auch fixe Gemeinkosten unabhängig von der Beschäftigung bzw. unabhängig von den Ausprägungen der Bezugsgrößen in den einzelnen Kostenstellen.[52] Da ein konstitutives Element einer Vollkostenrechnung jedoch die Zielsetzung ist, sämtliche Kosten auf die Kostenträger zuzurechnen,[53] wird hierzu häufig eine *Proportionalisierung der Fixkosten* angewendet. Auch die flexible Plankostenrechnung auf Vollkostenbasis bedient sich dieser nachfolgend beschriebenen Methode.[54]

---

50) Es wird vereinfachend unterstellt, daß eine (Plan-) Sekundärkostenrechnung bereits durchgeführt wurde. Vgl. hierzu z.B. Haberstock (1987), S. 141-155, Hummel/Männel (1990), S. 211-246, Kilger (1987), S. 224-257, Kloock/Sieben/Schildbach (1991), S. 113-122, Moews (1989), S. 135-144, Schweitzer/Küpper (1986), S. 169-182.

51) Vgl. zu diesem elementaren Bestandteil der flexiblen Plankostenrechnung insbesondere Kilger (1975), Sp. 2986 f..

52) Vgl. Seite 15.

53) Vgl. z.B. Haberstock (1981), Sp. 980, Kloock (1981), Sp. 1298, Köhler (1964), S 43, Nieschlag/Dichtl/Hörschgen (1991), S. 304, Reichmann (1973), S. 26, Riebel (1990), S. 269, Schweinhardt (1974), Sp. 1658, Schweitzer/Küpper (1986), S. 238, Stüben (1979), S. 1142.

54) Vgl. Kilger (1975), Sp. 2985-2988.

Die fixen Gemeinkosten werden bei der Fixkostenproportionalisierung wie variable Gemeinkosten behandelt. Hierzu ist zunächst pro Kostenstelle zu entscheiden, welcher Gemeinkostenbetrag über die gleiche Bezugsgröße zu verrechnen ist; liegt homogene Kostenverursachung in der betrachteten Kostenstelle vor, so wird bei der Fixkostenproportionalisierung die Gesamtsumme aus fixen und variablen Gemeinkosten der Kostenstelle mit Hilfe einer einzigen Bezugsgröße verrechnet. Bei heterogener Kostenverursachung hingegen muß die Summe der fixen und variablen Gemeinkosten einer Kostenstelle in Kostengruppen aufgeteilt werden, welche über die gleiche Bezugsgröße verrechnet werden sollen.[55] Wurde innerhalb einer Hauptkostenstelle der pro Bezugsgröße zu verrechnende Gemeinkostenbetrag gk festgelegt, so errechnet sich der **Vollkosten-Kalkulationssatz** vp nach folgender Formel:[56]

$$vp^m_n = gk^m_n \,/\, N^m$$

mit: vp^m_n : Vollkostenkalkulationssatz der m-ten Bezugsgröße in der n-ten Hauptkostenstelle

gk^m_n : Summe der variablen und fixen Gemeinkosten, welche in der n-ten Hauptkostenstelle über die m-te Bezugsgröße verrechnet werden sollen

N^m_n : Plansumme der Bezugsgrößeneinheiten für die m-te Bezugsgröße in der n-ten Hauptkostenstelle (innerhalb der betrachteten Periode).

Problematisch bei der Bestimmung eines solchen Vollkostenkalkulationssatzes ist die Entscheidung über die Höhe der geplanten Summe der Bezugsgrößeneinheiten; oder vereinfacht ausgedrückt, die *Beschäftigungsplanung*. Diese ist allein schon wegen der Unsicherheit zukünftiger Ereignisse nicht eindeutig bestimmbar. Insbesondere für die Auftragsfertigung verstärkt sich jedoch diese Problematik, da hier kein festes Produktions- und Absatzprogramm geplant wird,[57] von dem sich die erwartete Beschäftigungssituation ableiten ließe. Da die Bestimmung des Kalkulationssatzes jedoch eine möglichst realistische

---

55) Unabhängig von der später zu kritisierenden Fiktion des proprotionalen Verhaltens der fixen Kosten bezüglich der Bezugsgrößenvariation sei hier angemerkt, daß es bei heterogener Kostenverursachung zum Teil schon nur willkürlich möglich ist, Fixkostenbeträge auf die alternativen Bezugsgrößen der Kostenstelle zu verteilen, um hierdurch eine Weiterverrechnung auf die Kostenträger zu ermöglichen. Vgl. hierzu auch Kilger (1988), S. 478 f..

56) Vgl. Haberstock (1987), S. 155 f., Kilger (1975), Sp. 2987.

57) Vgl. Seite 5.

Annahme über die erwartete Summe der Bezugsgrößeneinheiten für jede Bezugsgröße und Kostenstelle erfordert,[58] muß letztlich auf (evtl. statistisch hergeleitete) Erfahrungswerte des Entscheidungsträgers verwiesen werden, wenn die flexible Plankostenrechnung als **Vollkosten**rechnung angewendet werden soll.[59]

Unterstellt man, daß die geforderten Werte bestimmt werden können, so ist für jede Bezugsgröße pro Kostenstelle der Kalkulationssatz determiniert. Somit werden bei der Fixkostenproportionalisierung einer zu bewertenden Auftragsanfrage X neben den variablen auch anteilige fixe Gemeinkosten mit Hilfe der nachstehenden Formel zugerechnet:

$$k(X) = \sum_{m} \sum_{n} \underline{d}^{m}_{n}(X) * vp^{m}_{n}$$

mit:

$k(X)$: gesamte (variable plus fixe) Gemeinkosten der Auftragsanfrage X

$\underline{d}^{m}_{n}(X)$: Erhöhung der m-ten Bezugsgrößenausprägung in der n-ten Hauptkostenstelle aufgrund des unterstellten Erhalts des Auftrags X

vp^{m}_{n} : Vollkosten-Kalkulationssatz der m-ten Bezugsgröße in der n-ten Kostenstelle.

58) Da die fixen Kosten entgegen der Fiktion der Fixkostenproportionalisierung nicht mit den Bezugsgrößenausprägungen variieren, sondern konstant sind, wird der Vollkosten-Kalkulationssatz direkt abhängig von der unterstellten Planbeschäftigung bzw. der Summe der geplanten Bezugsgrößeneinheiten in der betrachteten Periode; je höher diese Summe festgelegt wird, desto niedriger wird der Vollkosten-Kalkulationssatz und umgekehrt.

59) Hay empfiehlt bezüglich dieser Problematik, die *Normalbeschäftigung* im Sinne der "im Durchschnitt eines Konjunkturzyklus" (Hay (1991), S. 134) erwarteten Beschäftigung als Basis zur Verrechnung der Gemeinkonsten zu verwenden, wobei Hay jedoch nicht zwischen variablen und fixen Gemeinkosten differenziert. Vgl. Hay (1991), S. 133-136.

2.2.3.4 DAS ERGEBNIS DER PREISUNTERGRENZENERMITTLUNG IN EINER VOLLKOSTEN-PREISKALKULATION

Wie oben erwähnt, sind in einer Vollkosten-Preiskalkulation die Selbstkosten das Ergebnis der Preisuntergrenzenermittlung.[60] Diese bestehen aus der Summe der ermittelten Auftragseinzelkosten sowie den variablen und den fixen Auftragsgemeinkosten:

<table>
<tr><td colspan="3">A U F T R A G S - S E L B S T K O S T E N
(= Preisuntergrenze in einer Vollkosten-Preiskalkulation)</td></tr>
<tr><td rowspan="2">Auftrags-
einzel-
kosten</td><td colspan="2">Auftrags-
gemein-
kosten</td></tr>
<tr><td>variable
Auftrags-
gemein-
kosten</td><td>fixe
Auftrags-
gemein-
kosten</td></tr>
</table>

Abb. 2.2: Schema »Auftragsselbstkosten«

Da die Auftragsselbstkosten in einer Vollkosten-Preiskalkulation die Preisuntergrenzenfunktion erfüllen, bedeutet dies für den Entscheidungsträger, daß er bei rationaler Handlungsweise für einen Auftrag, der keine explizit absatzbezogenen Verbundwirkungen zu anderen Aufträgen aufweist, keinen Preis akzeptieren darf, der unterhalb der errechneten Auftragsselbstkosten liegt.[61]

2.2.4 DIE PREISOBERGRENZE IN EINER VOLLKOSTEN-PREISKALKULATION

Während die Selbstkosten als generelle Preisuntergrenze aller Preiskalkulationsverfahren auf Vollkostenbasis angesehen werden können, finden sich in den entsprechenden Publikationen grundsätzlich keine Vorschläge zur Ermittlung von Absatzpreisobergrenzen mit Hilfe einer Vollkostenrechnung. Dies kann allerdings auch kaum erwartet werden, da die Abschätzung von nachfragerbezogenen Höchstpreisen kaum mit den intern orientierten Informationen eines Kostenrechnungssystems abzuleiten sein dürften.

---

60) Vgl. Seite 11.
61) Vgl. z.B. Bussmann (1979), S. 62, Cordes (1964), S. 156, Peres (1952), S. 65.

2.2.5 DIE FESTLEGUNG DER PREISFORDERUNG IN EINER VOLLKOSTEN-PREISKALKULATION

Die Festlegung der Preisforderung erfolgt bei den Verfahren der Vollkostenpreiskalkulation grundsätzlich nach einem einheitlichen Grundschema, welches jedoch in vielen unterschiedlichen Ausprägungen vorzufinden ist. An dieser Stelle soll lediglich der für sämtliche Verfahren der Vollkosten-Preiskalkulation gültige Grundansatz beschrieben werden.

Bezeichnet K(X) die geplanten Selbstkosten der Auftragsanfrage X und g einen Gewinnaufschlagssatz, so bestimmt sich die Preisforderung P(X) für den potentiellen Auftrag X nach folgender Gleichung:[62]

$$P(X) = K(X) \cdot (1 + g)$$

Dabei ist als konstitutives Element der klassischen Verfahren zur Vollkosten-Preiskalkulation die nachstehende Nebenbedingung zu beachten: [63]

$$g \overset{!}{\geq} 0$$

Wie der Gewinnaufschlag (-satz) letztlich determiniert wird bzw. welche Einflußgrößen zu berücksichtigen sind, läßt dieser allgemeine Ansatz offen und ist somit einzelfallabhängig vom Entscheidungsträger festzulegen.[64] Grob lassen sich jedoch zwei Gruppen von Vorgehensweisen unterscheiden.[65] Zum einen gibt es Ansätze, die den Gewinnaufschlag innerhalb der betrachteten Periode, oder sogar noch darüber hinaus konstant halten, grundsätzlich also keine einzelfallabhängigen Variationen zulassen. Diese Vorgehensweise wird als **starre** Preisforderungspolitik bezeichnet. Im Gegensatz dazu variieren die **flexiblen** Preiskalkulationsverfahren den Aufschlagssatz g jeweils in Abhängigkeit von der aktuellen Situation am Absatzmarkt.

---

62) Vgl. z.B. Becker (1962), S. 33 f., Diller (1985), S. 150 f., Dörrie/Kicherer (1973), S. 101, Jacobs (1968), S. 43, Lange (1975), S. 107, Natzmer (1978), S. 13, Poth (1986), S. 53, Riebel (1990), S. 209, Simon (1982), S. 97, Stüben (1979), S. 1144, Wied-Nebbeling (1975), S. 32.

63) Vgl. Huch (1976), S. 1444.

64) Vgl. Kotler (1982), S. 403 f., Riebel (1990), S. 577.

65) Vgl. z.B. Schneider (1967), S. 235, Thormählen (1978), S. 8-12, Wied-Nebbeling (1975), S. 48-50.

Schließlich sei noch auf eine besondere Form der kostenorientierten Preisfestlegung hingewiesen. Bei einer Vielzahl von öffentlichen Aufträgen vereinbaren Anbieter und Nachfrager eine Offenlegung der Selbstkostenkalkulation, wobei diese Kalkulationen nach bestimmten Regeln, den sogenannten *Leitsätzen für die Preisermittlung auf Grund von Selbstkosten* (LSP), zu erstellen sind. In diesen LSP finden sich auch Beschränkungen für den anzuwendenen Gewinnaufschlag auf die Selbstkosten, welcher "betriebsüblich in den Grenzen von 5% als Ober- und 2,5% als Untergrenze" festzulegen ist.[66] Da diese Form der Preisfindung allerdings als Sonderfall zu betrachten ist, der ein grundsätzlich abweichendes Vorgehen von der Preisbestimmung bei »*frei*« kalkulierbaren Aufträgen erfordert, wird diese Thematik hier nicht weiter behandelt, sondern statt dessen auf entsprechende Spezialliteratur verwiesen.[67]

2.2.6 BEWERTUNG DER VOLLKOSTEN-PREISKALKULATION

Die Festlegung der Selbstkosten eines Auftrags als dessen absolute Preisuntergrenze kann als Hauptkritikpunkt bezüglich der Vollkosten-Preiskalkulationsverfahren angesehen werden. Daß diese Vorgehensweise zu Fehlentscheidungen führen kann, gilt mittlerweile als Tatsache und ist in der Literatur ausführlich dargestellt worden.[68] Alle Argumente, die sich gegen die Selbstkosten als Preisuntergrenze richten, können letztlich auf die nachfolgenden beiden Kritikpunkte zurückgeführt werden:

a) Die Zurechnung fixer Kosten auf ein einzelnes Kalkulationsobjekt (hier also einen Auftrag) ist nach dem Verursachungsprinzip unmöglich. Werden diese Kosten dennoch den Kostenträgern angelastet, so geschieht diese Verteilung **willkürlich**.[69]

---

66) Birgel (1988), S. 192.

67) Vgl. z.B. z.B. Birgel (1989), Diederich (1974), Machenheimer (1972), Scherrer (1991), S. 384-387, Schmalen (1982), S. 136-140, und die dort jeweils angegebene Literatur.

68) Vgl. z.B. Czeranowsky (1981), S. 321, Dörrie/Kicherer (1973), S. 104-106, Haberstock (1986), S. 29 f., Eisele (1990), S. 608 f., Finkenrath (1980a), S. 32-35, Freidank (1979), S. 249, Kilger (1980a), S. 312, Krauss (1976), S. 18-20, Kropfberger (1981), S. 14-36, Männel (1983), Menrad (1983), S. 8, Pfeiffer/Preißler (1973), Plaut (1961), Riebel (1990), S. 204-238, Schobert (1975), S. 203-206, Schmalenbach (1902), S. 375-384, Seicht (1990), S. 214-264, Swoboda (1987), S. 51-58.

69) Vgl. z.B. Ahlert/Franz (1988), S. 121 f., Agthe (1959a), S. 405 f., Hummel/Männel (1990), S. 47 f., Kilger (1988), S. 59-62, Kloock/Sieben/Schildbach (1991), S. 192, Kosiol (1979), S. 333, Kühnemund (1971), S. 25 f., Möller (1941), S. 102, Plinke (1986), S. 604, Riebel (1990), S. 35, Schmalenbach (1902), S. 383, Schneider (1967), S. 236, Schweitzer/Küpper (1986), S. 297 f..

b) Die aus kostentheoretischer Sicht willkürliche Konzeption der Größe »**Selbst-kosten**« könnte dennoch Relevanz bezüglich der Preisbestimmungsproble-matik zugesprochen werden, falls diese einen nachvollziehbaren Marktbezug aufweisen würde. Dies wäre der Fall, wenn zwischen den Selbstkosten eines Gutes und dem am Markt erzielbaren Preis ein eindeutiger Zusammenhang bestünde oder alle Anbieter ihre Preisfestsetzung nach einer Formel »*Selbstkosten plus fester Aufschlag*« bestimmen würden.[70)]

Da sich jedoch in einer Marktwirtschaft die Preise grundsätzlich durch Angebot und Nachfrage bilden, also nicht allein durch Kosten determiniert werden,[71)] muß ein eindeutiger Zusammenhang zwischen Auftragskosten und Auftragspreis verneint werden. Darüber hinaus scheint auch die These, welche den Anbietern am Markt **grundsätzlich** ein Vorgehen nach der *starren Vollkostenpreiskalkulation* unterstellt, zweifelhaft. Realitätsadäquater dürfte eher die Annahme sein, daß die Anbieter ihre Zuschlagssätze zur Angebotspreisbestimmung nur im Ausnahmefall tatsächlich konstant halten.[72)]
Als Ergebnis bleibt somit zunächst festzuhalten, daß die Selbstkosten bei rationaler Betrachtung für die Preispolitik, insbesondere jedoch für die Preisuntergrenzenbestimmung, kaum eine sinnvolle Einflußgröße darstellen können.[73)]

Das Fehlen eines allgemeinen Verfahrens zur Bestimmung der Obergrenze der Absatzpreisforderung ist zwar zu bedauern, kann allerdings nicht den Vollkosten-Preiskalkulationsverfahren als Kritikpunkt angelastet werden. Dies liegt darin begründet, daß Methoden zur Bestimmung solcher Preisobergrenzen grundsätzlich nicht von einem Kostenrechnungssystem erwartet werden dürfen. Preisobergrenzen sind als direkt absatzmarktbezogene Informationen auch von speziell absatzmarktorientierten Instrumenten zu ermitteln.[74)]

---

70) Vgl. hierzu auch Diller (1985), S. 154, Menrad (1983), S. 9, Riebel (1990), S. 207, Simon (1982), S. 148 sowie S. 98 f., Sommer (1984), Sp. 755..

71) Vgl. Haberstock (1986), S. 34, Huch (1986), S. 146 f., Hummel/Männel (1990), S. 27, Kilger (1982), S. 167, Kühnemund (1971), S. 25, Moews (1989), S. 9, Riebel (1990), S. 205, Seicht (1971), S. 56, Swoboda (1987), S. 10.

72) Vgl. Becker (1962), S. 35 f., Diller (1985), S. 156 f., Kilger (1975), Sp. 2988, Riebel (1990), S. 207, Schmalenbach (1963), S. 486, Wied-Nebbeling (1985), S. 48.

73) Vgl. z.B. Agthe (1959a), S. 416 f., Dörrie/Kicherer (1973), S. 104-106, Franzen (1985) und die dort angegebene Literatur, Gayer (1988), S. 182, Hamann (1980), S. 2, Kilger (1980a) S. 312, Köhler (1968), S. 264, Meffert (1986), S. 328, Menrad (1983), S. 8, Raffée (1974), S. 146, Reichmann (1973), S. 27, Schmalenbach (1902), S. 383, Schweitzer/Küpper (1986), S. 371, Seicht (1971), Wolfstetter (1988), S. 8/310.

74) Vgl. hierzu auch Abschnitt 3.3, Seite 127-140.

Sieht man von der Beschränkung durch die Selbstkosten als Preisuntergrenze ab, so ist der Basisansatz zur Festlegung der Preisforderung wegen seiner allgemeinen Formulierung ebenfalls nicht zu kritisieren, da die hierin enthaltenen Freiheitsgrade (Berücksichtigung der Marktverhältnisse bei der Bestimmung des Gewinnzuschlags[75]) grundsätzlich für eine marktgerechte Preispolitik ausreichen dürften. Während die *flexible* Preisforderungspolitik diese Freiheitsgrade berücksichtigt, muß hingegen die *starre* Vollkostenpreiskalkulation abgelehnt werden, da hier der Preis letztlich **marktunabhängig**, z.B. durch anbieterinterne Renditeansprüche festgelegt wird.

In dieser Arbeit wird die Preisbestimmungsproblematik grundsätzlich aus der Sicht der **praktisch normativen Entscheidungstheorie** betrachtet, in der für die Handlungsweise der Entscheidungsträger **Rationalität** unterstellt wird.[76] Als konkretes Fazit der Bewertung müssen daher die Verfahren der Vollkosten-Preiskalkulation zur Entscheidungsfindung abgelehnt werden, da die Preisuntergrenzenbestimmung hier durch *vermeidbare Willkür* beeinflußt wird, welche einem rationalen Handeln widerspricht. Darüber hinaus ist die Informationsfunktion der Selbstkosten bezüglich des am Markt erzielbaren Preises (»*Versuch des Nachvollziehens der Konkurrentenkalkulationen*«) fragwürdig.[77]

---

75) Vgl. Fettel (1954), S. 36, Kaplan (1982), S. 230, Lange (1975), S. 107, Schmalenbach (1963), S. 486, Schweinhardt (1974), Sp. 1664, Wied-Nebbeling (1975), S. 48-51.

76) Zur Problematik der Rationalitätsprämisse vgl. auch Backhaus/Plinke (1978), S. 5 f., Sieben/Schildbach (1990), S. 1 f., Wiegmann (1977), S. 40 und die dort angegebene Literatur.

77) Vgl. Seicht (1971), S. 65.

2.3 DAS KILGER-KONZEPT

2.3.1 VORBEMERKUNGEN ZUM KILGER-KONZEPT

Eines der bedeutendsten deutschsprachigen Standardwerke für den Bereich der Kosten- und Leistungsrechnung ist KILGERS »*Flexible Plankostenrechnung und Deckungsbeitragsrechnung*«, "welches sich nicht nur an vielen deutschen, sondern auch an japanischen Universitäten als Standardwerk" etabliert hat.[1] Neben der schwerpunktmäßigen Behandlung kostenrechnerischer Fragen geht KILGER hier auch auf die Problematik der Bestimmung von Verkaufspreisen ein. Dabei wird die auftragsorientierte Fertigung allerdings nur am Rande angesprochen. Insofern kann angezweifelt werden, ob KILGER für die in dieser Arbeit betrachteten Problematik ein abgeschlossenes Konzept anbieten kann, wie es die Überschrift dieses Abschnitts suggeriert. Unabhängig davon erscheint es jedoch sinnvoll, KILGERS Vorgehensweise bezüglich der Preisproblematik hier kurz darzustellen bzw. zu diskutieren.

2.3.2 DIE PREISUNTERGRENZE IM KILGER-KONZEPT

KILGER definiert Preisuntergrenzen als "kritische Werte der Verkaufspreise ... [Ausl. d. Verf.], bei deren Unterschreiten die betreffenden Absatzmengen nicht in das Produktions- und Absatzprogramm einer Unternehmung aufgenommen werden." [2] Dabei unterscheidet er kurz-, langfristige sowie liquiditätsbezogene Preisuntergrenzen.[3] Die Bestimmung von liquiditätsbezogenen Preisuntergrenzen auf der Basis von (auszahlungswirksamen [4]) Kosten lehnt er primär mit dem Argument ab, daß die Sicherung der Liquidität ausschließlich mit einer differenzierten Finanzplanung erreicht werden kann.[5] Auf langfristige Preisuntergrenzen braucht hier ebenso wenig eingegangen zu werden, da diese für die auftragsorientierte Fertigung wegen der grundsätzlichen Heterogenität der Absatzleistungen nicht existieren. Für die somit noch verbleibende kurzfristige Preisuntergrenze (in der auftragsorientierten Fertigung) seien vorweg folgende Zitate KILGERS angeführt:

---

1) O.V. (1986), S. 202.
2) Kilger (1988), S. 755.
3) Vgl. Kilger (1988), S. 756.
4) Zur in dieser Arbeit verwendeten begrifflichen Trennung der Begriffe »*Auszahlung*« und »*Ausgabe*« bzw. »*Einzahlung*« und »*Einnahme*« vgl. Fußnote 5 auf Seite 39.
5) Vgl. ebenda; vgl. hierzu insbesondere Abschnitt 3.2.1.1.4, S. 111 f..

1) "Bei den Preisverhandlungen mit den Kunden dienen die ... [Ausl. d. Verf.] proportionalen Selbstkosten als *absolute Preisuntergrenze*; da die Ergebnisse dieser Kalkulationen jedoch unsicher sind, sollte man die vorkalkulierten proportionalen Selbstkosten durch *Risikozuschläge* erhöhen."[6)]

2) "In den *Preisverhandlungen* sollten dem Anbieter ...[Ausl. d. Verf.] die um einen Mindestdeckungsbeitrag ergänzten proportionalen Selbstkosten als *Preisuntergrenze* zur Verfügung stehen."[7)]

3) "Die proportionalen Selbstkosten dienen als *absolute Preisuntergrenze* und sollen verhindern, daß bei schwierigen Preisverhandlungen Preise akzeptiert werden, die unter den proportionalen Selbstkosten liegen."[8)]

Nach diesen Zitaten kann zunächst festgehalten werden, daß KILGER zumindest im Bereich der auftragsorientierten Fertigung die »*Preisuntergrenze*« und die »*absolute Preisuntergrenze*« unterscheidet. Die »*absolute Preisuntergrenze*« setzt er mit den proportionalen Selbstkosten gleich. Auf diesem niedrigen Niveau darf ein Preis nur im Ausnahmefall akzeptiert werden.[9)] Demgegenüber scheint KILGER unter der »*Preisuntergrenze*« nach den obigen Zitaten eine Wertgröße zu verstehen, welche im Regelfall zu beachten ist.

Bezüglich einer Darstellung der Bestimmung *absoluter Preisuntergrenzen* nach KILGER kann letztlich auf die Preisuntergrenzenbestimmung in der (einfach-) flexiblen Plankostenrechnung auf Vollkostenbasis des Abschnitts 2.2.3 verwiesen werden,[10)] wobei abweichend von dieser Darstellung hier lediglich proportionale Selbstkosten als Preisuntergrenze angesehen werden. Eine Zurechnung fixer Kosten auf Kalkulationsobjekte lehnt Kilger grundsätzlich ab.[11)]

Die »*Preisuntergrenze*« unterscheidet sich nach den obigen Zitaten KILGERS von der »*absoluten Preisuntergrenze*« dadurch, daß hier neben den proportionalen Selbstkosten zusätzlich Risikozuschläge und/oder Mindestdeckungsbeiträge berücksichtigt werden sollen. Auf die Bestimmung der **Risikozuschläge**, welche mit der Unsicherheit von Vorkalkulationen im Bereich der auftragsorientierten Fertigung begründet werden,[12)] geht KILGER nicht weiter ein.

---

6) Kilger (1988), S. 766.
7) Kilger (1988), S. 653.
8) Kilger (1988), S. 783.
9) Vgl. hierzu auch Kilger (1982), S. 169.
10) Vgl. Seite 14-22.
11) Vgl. Kilger (1988), S. 59-62; ebenda, S. 768.
12) Vgl. Kilger (1988), S. 766.

Ebenso-wenig finden sich weitere Ausführungen bezüglich der im obigen Zitat 2) geforderten zusätzlichen Ermittlung desjenigen **Mindestdeckungsbeitrags**, welcher nach KILGER neben den proportionalen Selbstkosten als zusätzliches Element in die »*Preisuntergrenze*« einzubeziehen ist.

2.3.3 DIE PREISOBERGRENZE IM KILGER-KONZEPT

Wie bereits oben erwähnt, wird die Preisproblematik in der Auftrags- und Einzelfertigung nur am Rande in KILGERS »Flexibler Plankostenrechnung und Deckungsbeitragsrechnung« behandelt. Dabei geht er bezüglich dieses Problemfeldes lediglich auf Lösungsansätze ein, welche durch das interne Rechnungswesen unterstützt werden können. Insofern ist verständlich, daß KILGER die Preisobergrenze kaum erwähnt, da deren Determinanten (z.B. Nachfragernutzen, Konkurrenzpreise etc.[13])) regelmäßig nicht dem Rechnungswesen, sondern z.B. dem Verantwortungsbereich »*Vertrieb*« oder »*Marketing*« zuzurechnen sein dürften.

2.3.4 DIE FESTLEGUNG DER PREISFORDERUNG IM KILGER-KONZEPT

Da für die Auftrags- und Einzelfertigung grundsätzlich weder *Preisabsatzfunktionen* noch *Iso-Deckungsbeitragskurven* bestimmt werden können, schlägt KILGER eine Kombination aus voll- und teilkostenorientierter Preisbestimmung vor.[14] Basis dieser Vorgehensweise ist eine Zuschlagskalkulation. Auf der einen Seite ermittelt KILGER zunächst den Vollkostenpreis durch Berücksichtigung eines Soll-Vollkostengewinns auf die gesamten proportionalen Selbstkosten des Kalkulationsobjekts. Entsprechend hierzu wird der teilkostenbasierte Preis durch einen Aufschlag (Soll-Deckungsbeitrag) auf die absolute Preisuntergrenze (proportionale Selbstkosten) des Auftrags errechnet. Die so ermittelten Grenzen bilden dann die Intervallgrenzen, zwischen denen der Entscheidungsträger den Soll-Verkaufspreis festlegen sollte. Bezüglich der beiden Aufschlagssätze führt KILGER an: "Hierbei geht man von durchschnittlichen prozentualen Deckungbeitrags- bzw. Vollkostengewinn-Zuschlägen aus, die sich aus der Erfolgskontrolle ähnlicher Projekte ableiten lassen."[15] Eine Ableitung von Soll-Deckungsbeiträgen aus der langfristigen Planung, wie

---

13) Vgl. hierzu Abschnitt 3.3.1, Seite 127.
14) Vgl. Kilger (1988), S. 783.
15) Vgl. ebenda.

KILGER dies im Bereich der standardisierten Erzeugnisse empfiehlt,[16] lehnt er hier mit der Argumentation ab, daß sich bei der Auftrags- und Einzelfertigung "weder die Verkaufspreise noch die Absatzmengen für bestimmte Planungsperioden im voraus festlegen" lassen.[17]

Neben dieser relativ schematischen Ermittlung eines ersten Soll-Verkaufspreises ergänzt KILGER, daß auftrags- und marktsituationsabhängig eine Erhöhung oder Verminderung des Soll-Verkauspreises notwendig sein kann. Als zu berücksichtigende Einflußgrößen nennt er explizit:

" *1. Auftragsbestand und Beschäftigungssituation*
2. Erwartete Konjunkturentwicklung
3. Stellung des Herstellers am Markt
4. Liefertermin
5. Besonderes Interesse des Herstellers am Kunden. " [18]

Wie diese diese Einflußgrößen nun konkret in den Prozeß der Preisbestimmung einzubeziehen sind läßt KILGER offen.

2.3.5 BEWERTUNG DES KILGER-KONZEPTES

Im Konzept KILGERS werden die proportionalen Selbstkosten als »*absolute Preisuntergrenze*« interpretiert. Da hier auch variable **Gemeinkosten** zugerechnet werden, kann die Preisuntergrenze letztlich nicht als willkürfrei angesehen werden.[19] In der Regel dürfte es jedoch den realen Gegebenheiten entsprechen, daß variablen Gemeinkosten indirekt, also über Bezugsgrößen ein proportionales Verhalten zu den Kostenstellenbeschäftigungen und damit zu den Kalkulationsobjekten, nachgewiesen werden kann. Insofern kann eine Zurechnung dieser Kosten grundsätzlich als vertretbar angesehen werden.[20]

Problematischer wird die Bewertung der Wertgröße »*Preisuntergrenze*«, also die um Riskozuschläge und/oder Mindestdeckungsbeitrag erhöhte »*absolute Preisuntergrenze*«. Dies begründet sich zum einen aus der Tatsache, daß

---

16) Vgl. Kilger (1988), S. 766-782.
17) Vgl. Kilger (1988), S. 754.
18) Vgl. Kilger (1988), S. 783 f..
19) Vgl. z.B. Becker (1962), S. 73, Deyhle (1962), S. 61, Gayer (1988), S. 183, Hummel (1983), S. 1206, Männel (1978a), S. 3, Menrad (1983), S. 7, Moews (1967), S. 205, Plinke (1989), S. 133, Raffée (1974), S. 148, Riebel (1990), S. 211, Schweinhardt (1974), Sp. 1659, Witt (1986), S. 116, Wolter (1948), S. 35 f..
20) Vgl. hierzu insbesondere Abschnitt 3.2.1.1.3, Seite 107-110.

KILGER keine weiteren Erläuterungen bezüglich der Bestimmung von Risikozuschlag und/oder Mindestdeckungsbeitrag macht. Auf der anderen Seite klärt KILGER, in welchen Fällen die »*absolute Preisuntergrenze*«, und wann die »*Preisuntergrenze*« relevant ist. Somit kann hier nur festgehalten werden, daß eine Bewertung der von KILGER im Bereich der Auftrags- und Einzelfertigung erwähnten Größe »*Preisuntergrenze*« mangels detaillierter Informationen unterbleiben muß. Es kann hier lediglich die subjektive Vermutung geäußert werden, daß KILGER diese Größe anführt, um zu betonen, daß Preise im Regelfall nicht auf dem niedrigen Niveau der »*absoluten Preisuntergrenze*« akzeptiert werden dürfen.

Bei der Problematik der Soll-Verkaufpreisbestimmung findet sich bei KILGER keine Bemerkung bezüglich ggf. zu berücksichtigender **Preisobergrenzen**. Zwar können im Rahmen eines Fachbuches zur Kosten- und Leistungsrechnung kaum detaillierte Ausführungen zu einer solchen Größe erwartet werden, jedoch erscheint zumindest ein Hinweis auf »nach oben« wirkende Preisschranken bei der Preisbestimmung angebracht.

KILGER empfiehlt, für die Auftrags- und Einzelfertigung Preise mit Hilfe von archivierten Aufschlagssätzen ähnlicher Projekte zu bestimmen. Während dieser allgemeine Ansatz grundsätzlich sinnvoll erscheint, ist unklar weshalb hierzu neben der Teilkostenkalkulation zusätzlich noch eine vollkostenbasierte Preisermittlung durchgeführt werden sollte. Folgendes Beispiel sei hierzu angeführt:

Ein Anbieter möchte den Preis eines Auftrags bestimmen, dessen proportionale Selbstkosten mit 18000 GE (= Geldeinheiten) und die gesamten Selbstkosten mit 27000 GE vorkalkuliert wurden. Zur Festlegung der Aufschlagssätze will der Anbieter sich an den ähnlichen Aufträgen A, B und C orientieren. Diese Aufträge sind zahlenmäßig in der nachfolgenden Tabelle abgebildet:

		Auftrag A	Auftrag B	Auftrag C
(1)	proportionale Selbstkosten	10000	15000	20000
(2)	gesamte Selbstkosten	14000	21000	28000
(3)	Verkaufspreis	15500	27000	33800
(4)	Deckungsbeitrag (3) - (1)	5500	12000	13800
(5)	Vollkostengewinn (3) - (2)	1500	6000	5800
(6)	prozentualer Deckungsbeitrags-Zuschlag (4) / (1)	55%	80%	69%
(7)	prozentualer Vollkostengewinn-Zuschlag (5) / (2)	10,7%	28,6%	20,7%

Als durchschnittlicher [21] prozentualer Deckungsbeitrags-Zuschlag bzw. prozentualer Vollkostengewinn-Zuschlag ergeben sich 68% bzw. 20%. Wendet man diese Zuschläge auf den zu bewertenden Auftrag an, so erhält man folgende Preise:

	gesamt	**proportional**
Summe Selbstkosten	27000	18000
Soll-Vollkostengewinn 20 %	5400	
Soll-Deckungsbeitrag 68 %		12240
Summe	32400	30240

21) Zur Vereinfachung wurde auf jegliche Gewichtung bei der Durchschnittsermittlung verzichtet (*Arithmetisches Mittel*).

Zunächst kann festgestellt werden, daß die sich hier ergebenden Preise voneinander abweichen. Fraglich ist nun, welcher der beiden Preise ausgewählt werden sollte bzw. wie der Angebotspreis mit Hilfe dieser beiden Preise zu errechnen ist. KILGER selbst gibt hierzu keinerlei erläuternde Hilfestellung.[22) Zur Klärung dieser Frage scheint es angebracht, das Verfahren der von KILGER vorgeschlagenen Parallelkalkulation genauer zu analysieren.

Im ersten Schritt wird hier für die Gruppe der Aufträge, welche für die zu bewertende Auftragsanfrage als ähnlich ausgewählt wurden, der durchschnittliche Deckungsbeitragszuschlagssatz sowie der durchschnittliche (Vollkosten-) Gewinnzuschlagssatz errrechnet. Diese beiden Zuschlagssätze können jeweils als Steigung einer Geraden interpretiert werden. Für das obige Beispiel sind die beiden Geraden im nachfolgenden Koordinatensystem dargestellt.

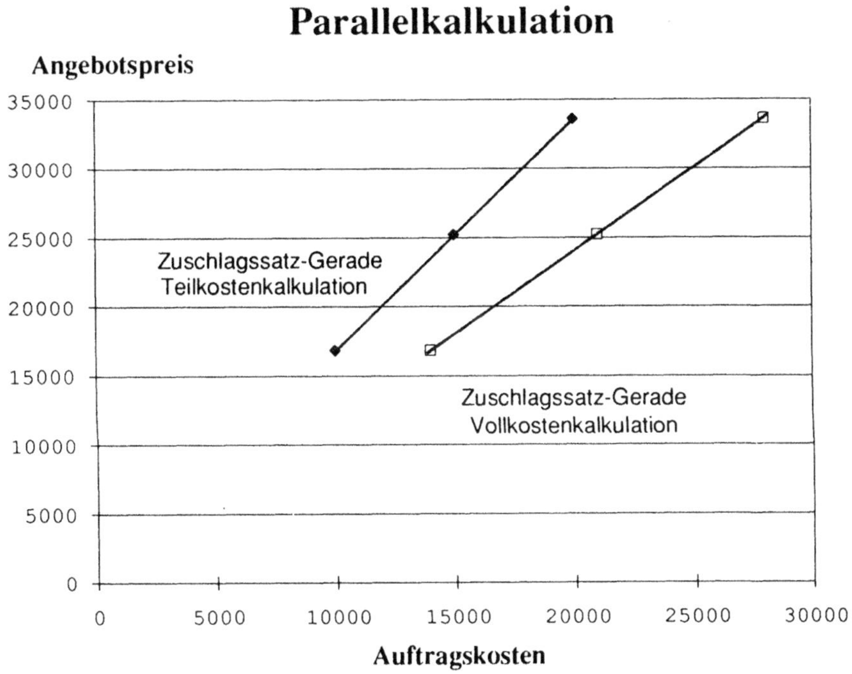

Abb. 2.3: Preisbestimmung durch Parallelkalkulation von Voll- und Teilkosten

---

22) In einem Beispiel bestimmt KILGER hier den Soll-Verkaufspreis durch eine grobe Mittelung des vollkosten- und des teilkostenbasierten Preises, ohne dies jedoch weiter zu kommentieren. Vgl. Kilger (1988), S. 783.

Hier kann zunächst festgestellt werden, daß die teil- bzw. vollkostenbasierten Preise nur im ***Ausnahmefall*** übereinstimmen. Betrachtet man die Vollkostenkalkulation

	(gesamte) Auftragsselbstkosten
+	Vollkostengewinn
=	**Preis**

differenzierter, so kann von folgender Beziehung ausgegangen werden:

	proportionale Auftragsselbstkosten
+	zugeschlüsselte fixe Gemeinkosten
+	Vollkostengewinn
=	**Preis**

Vergleicht man dies mit der teilkostenbasierten Preisermittlung,

	proportionale Auftragsselbstkosten
+	Deckungsbeitrag
=	**Preis**

so stellt man als Unterschied fest, daß die Vollkostenkalkulation den Deckungsbeitrag differenziert nach »**zugeschlüsselten fixen Gemeinkosten**« und der Residualgröße »**Vollkostengewinn**«. Somit besteht eine Abhängigkeit der Größe »**Vollkostengewinn**« bzw. »**Vollkostengewinnzuschlagssatz**« vom angewandten Verfahren der Gemeinkostenschlüsselung. Wenn sich der Anteil der zugeschlüsselten fixen Gemeinkosten ändert, variiert aus ex-post Sicht automatisch auch der Anteil des Vollkostengewinns. Aus der Sicht der Erfolgskontrolle sind die proportionalen Auftragsselbstkosten und der Preis objektive Größen. Demgegenüber läßt sich nur ***willkürlich*** entscheiden, wie sich der Differenzbetrag (Deckungsbeitrag) auf zugeschlüsselte fixe Gemeinkosten sowie dem Vollkostengewinn aufteilt. Da kaum davon auszugehen ist, daß die Gemeinkostenschlüsselung in einem Unternehmen im Zeitablauf konstant bleibt, müßte bei der Anwendung eines ermittelten prozentualen Vollkostengewinnzuschlags ähnlicher Aufträge jeweils die bei diesen Aufträgen angewandte Gemeinkostenschlüsselung explizit berücksichtigt werden. Unabhängig vom Aufwand einer solchen Vorgehensweise bleibt es bei KILGER letztlich offen, inwiefern aus der Analyse einer derart fragwürdigen Aufteilung des Deckungsbeitrags in »**zugeschlüsselte fixe Gemeinkosten**« und »**Voll-kostengewinn**« zusätzliche ***marktorientierte*** *Informationen* gewonnen werden können.

Neben dieser Kritik werden bei KILGERS Ausführungen zur Preisbestimmung für die Auftrags- und Einzelfertigung Hinweise zur Handhabung der Fixkostendeckungsproblematik vermißt. Dies verwundert insofern, da KILGER für Unternehmen mit standardisierten Erzeugnissen ausführlich auf die Ableitung von Soll-Deckungsbeiträgen eingeht. Es scheint an dieser Stelle angebracht, durch einen kurzen Exkurs die Vorgehensweise[23)] KILGERS in diesem Bereich zu verdeutlichen.[24)]

Zunächst verlangt KILGER die Planung eines **Solldeckungsbeitrags der Zielplanung**, welcher durch die Summe der nachfolgenden drei Größen zu ermitteln ist.

1) Plangewinn der Periode, welcher sich aus der langfristig angestrebten Kapitalrentabilität ableitet.
2) Summe der geplanten Fixkosten in der betrachteten Periode.
3) Subjektiv zugewiesener Anteil der Planperiode an den langfristig geplanten Vorleistungskosten.[25)]

Parallel neben diesem Soll-Deckungsbeitrag der Zielplanung wird ein **Solldeckungsbeitrag der Absatzplanung** erstellt. Diesen ermittelt KILGER, indem er die Ist-Deckungsbeiträge des Vorjahres mit Plan-Veränderungsfaktoren multipliziert, welche die geschätzte Entwicklung auf der Absatz- und Kostenseite für die betrachtete Periode beinhalten. Darüber hinaus werden hier auch die geplanten Deckungsbeiträge für Erzeugnisse erfaßt, welche in der vergangenen Periode nicht Bestandteil des Absatzprogramms der

---

23) Es sei hier angemerkt, daß diese Vorgehensweise KILGERS sich stark an die Empfehlungen RIEBELS anlehnt, der diese Forderungen bereits erheblich vor KILGER ausführlich dargestellt hat; vgl. hierzu z.B. Riebel (1991), S. 263-266, ebenda, S. 475-497.
24) Vgl. Kilger (1988), S. 772-783.
25) Zum Begriff der *Vorleistungskosten* vgl. Kilger (1988), S. 138.

Unternehmung waren. In der Regel werden die beiden so ermittelten Soll-Deckungsbeiträge mehr oder weniger voneinander abweichen. Liegt der Soll-Deckungsbeitrag der Absatzplanung über dem der Zielplanung, so empfiehlt KILGER eine entsprechende Erhöhung des Soll-Deckungsbeitrags der Zielplanung durch eine Verbesserung der geplanten Kapitalrentabilität und/ oder eine erhöhte Zuweisung von Vorleistungskosten zur betrachteten Periode. Liegt der Soll-Deckungsbeitrag der Zielplanung über demjenigen der Absatzplanung, so sieht KILGER folgende Anpassungsmaßnahmen innerhalb der Planperiode:

1) Erhöhung der Deckungsbeiträge durch Absatzverbesserungen.
2) Erhöhung der Deckungsbeiträge durch Kosteneinsparungen im Bereich der variablen Kosten.
3) Fixkostenabbau im Bereich nicht ausgelasteter Kapazitäten.
4) Verringerung von Vorleistungskosten bzw. Verschiebung in andere Perioden.
5) Verminderung des Kapitaleinsatzes.

Falls diese Möglichkeiten nicht zum Ausgleich der beiden Soll-Deckungsbeiträge führen, erwägt KILGER ggf. eine Verminderung der Kapitalrentabilität oder den Ausweis eines Deckungsbeitrags-Defizits.
Sind dann die beiden Soll-Deckungsbeiträge angeglichen, so spricht KILGER vom »endgültigen Soll-Deckungsbeitrag«.[26] Da durch den Soll-Deckungsbeitrag der Absatzplanung die Deckungsbeiträge der einzelnen absatzbestimmten Güter vorgegeben sind, kann schließlich die Preisbestimmung für standardisierte Erzeugnisse mit Hilfe von Iso-Deckungsbeitragskurven erfolgen.

Nach diesem darstellenden Exkurs stellt sich die Frage, weshalb der eben beschriebene Ansatz nicht zumindest teilweise auch bei der Auftrags- und Einzelfertigung anwendbar sein sollte. Bei KILGER findet sich hierzu lediglich der Hinweis: "In Unternehmungen mit *Auftrags- und Einzelfertigung* werden Enderzeugnisse hergestellt, die sich nahezu in jedem Einzelfall voneinander unterscheiden. Daher lassen sich weder die Verkaufspreise noch die Absatzmengen für bestimmte Planungsperioden im voraus festlegen."[27] Stimmt diese These, so kann zwar der Soll-Deckungsbeitrag der Absatzplanung nicht

26) Vgl. Kilger (1980a), S. 321.
27) Vgl. Kilger (1988), S. 754.

ermittelt werden, der Soll-Deckungsbeitrag der Zielplanung ist hiervon jedoch nicht betroffen. Somit könnte zumindest dieser Soll-Deckungsbeitrag bei der Preisbestimmung als zu berücksichtigende Größe erwähnt werden. Darüber hinaus kann KILGERS obige These angezweifelt werden. Es erscheint kaum realistisch, daß bei der auftragsorientierten Fertigung keine periodenbezogenen Absatzplanungen durchgeführt werden.[28] Existieren hingegen solche Planungen, so spricht nichts dagegen, den endgültigen Soll-Deckungsbeitrag in der Auftrags- und Einzelfertigung ebenso wie oben für die Standarderzeugnisse zu bestimmen. Lediglich der letzte Schritt, die Preisbestimmung kann in der Auftrags- und Einzelfertigung nicht mit Hilfe von Iso-Deckungsbeitragskurven erfolgen, da hier grundsätzlich keine alternativen Preis-Mengenkombinationen gegeben sind.

Sieht man von KILGERS Preisuntergrenzenermittlung ab, so bleibt als Fazit festzuhalten, daß der vorgeschlagene Lösungsweg für die Preisbestimmung in der Auftrags- und Einzelfertigung als nicht optimal eingeschätzt werden muß.

---

28) Als Indiz hierfür kann angeführt werden, daß die dem Autor bekannten Auftragsfertiger ihre Vertriebsmitarbeiter grundsätzlich leistungsbezogen entlohnen. Hier werden überwiegend Umsatz-, vereinzelt jedoch auch schon Deckungsbeitragsvorgaben mit den Verkäufern vereinbart. In Abhängigkeit des Erfüllungsgrades der Zielerreichungs erfolgt dann die Prämienzahlung. Da eine solche Entlohnung allerdings nur dann möglich ist, wenn vorher eine periodenbezogene Absatzplanung (Umsatz- und/oder Deckungsbeitragsplanung) erfolgt ist, scheinen Zweifel an KILGERS These durchaus berechtigt. Vgl. z.B. auch Simon (1977), der am Beispiel der Energieanlagentechnik eine konkrete Vorgehensweise zur praktischen Absatzplanung aufzeigt.

2.4 DAS SCHLÄDER-KONZEPT

2.4.1 VORBEMERKUNGEN ZUM SCHLÄDER-KONZEPT

1975 veröffentlichte Diplom-Kaufmann Werner SCHLÄDER als Vorsitzender des Arbeitsausschusses Betriebswirtschaft im Deutschen Stahlbau-Verband (DStV) Köln eine Arbeit mit dem Titel "**elastische preispolitik in der einzelfertigung**".[1] Hierin erläutert er, wie seiner Meinung nach das interne Rechnungswesen aufgebaut sein sollte, um die für die Preispolitik relevanten Informationen liefern zu können. Dabei beziehen sich diese Überlegungen konkret auf die Stahlbaubranche, die nach SCHLÄDER jedoch "in den meisten Fällen stellvertretend für die gesamte Branche der Einzelfabrikation" gelten kann.[2] Als Zielgruppe seiner Arbeit nennt der Autor explizit die Praktiker.[3]

Bei der folgenden Darstellung des Konzeptes werden die stahlbautypischen Spezifika vernachlässigt, um die Vergleichbarkeit der einzelnen Ansätze untereinander nicht einzuschränken.

2.4.2 DIE PREISUNTERGRENZE IM SCHLÄDER-KONZEPT

2.4.2.1 KOSTENGLIEDERUNG IM SCHLÄDER-KONZEPT

Das Konzept SCHLÄDERS basiert auf einem Kostengliederungsschema, welches in einigen Punkten von der üblichen, in Abb. 2.1 dargestellten,[4] Kostenstrukturierung abweicht. Bevor nun die Preisuntergrenzen genauer betrachtet werden, soll deshalb auf diese Strukturierung kurz eingegangen werden, die sich folgendermaßen darstellen läßt:

---

1) Schläder (1975).
2) Ebenda, S. 7.
3) Vgl. ebenda.
4) Vgl. Seite 16.

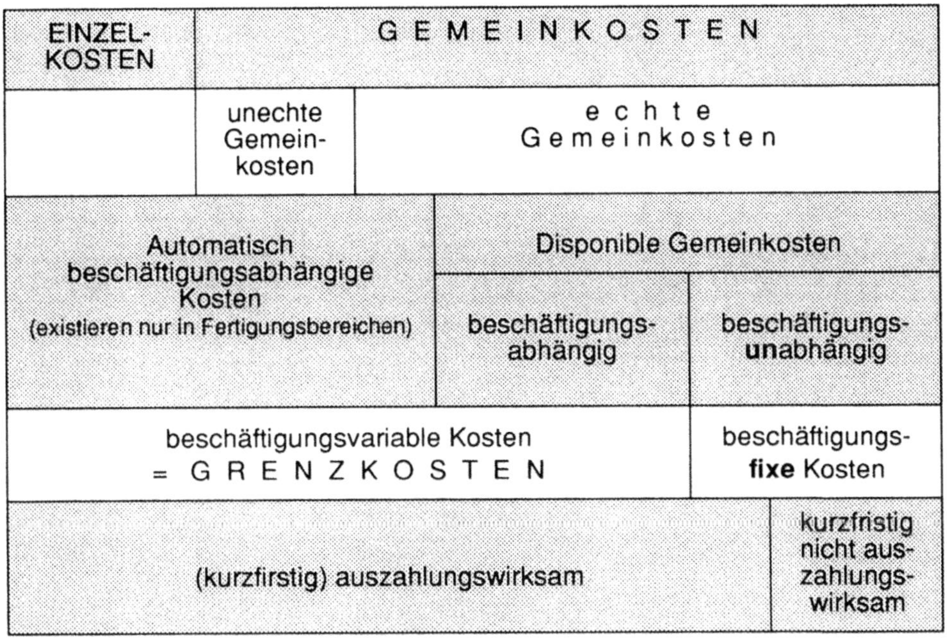

Abb. 2.4: Kostengliederung im SCHLÄDER-Konzept. [5]

Zunächst geht SCHLÄDER von der klassischen Trennung der Kosten in Einzel- und Gemeinkosten aus. Dabei sind Einzelkosten "alle vom Auftrag automatisch verursachten Kosten, die sich für den Auftrag direkt erfassen lassen".[6] Damit stimmt diese Definition mit der in dieser Arbeit benutzten überein,[7] falls man unterstellt, daß der Begriff "verursacht" identisch interpretiert wird.[8]

Den Block der Gemeinkosten unterteilt SCHLÄDER im ersten Schritt in zwei Bereiche. Zum einen spricht er von "Automatisch beschäftigungsabhängigen

---

5) In der vorliegenden Arbeit werden nach KLOOCK/SIEBEN/SCHILDBACH »*Auszahlungen*« als "Abnahmen des Bestandes (Fonds) an liquiden Mitteln" und »*Ausgaben*« als "Abnahmen des des Fonds: »liquide Mittel plus Forderungen abzüglich Schulden«" definiert; vgl. hierzu ausführlich Kloock/Sieben/Schildbach (1991), S. 22-24. Schläder verwendet in seinen Ausführungen nur den Begriff »*Ausgaben*«. Nach den obigen Definitionen scheint es sich hierbei um »*Auszahlungen*« zu handeln, da Schläder mit den "*Ausgaben*" konkret die Veränderung der Liquidität im Sinne des Bestandes an flüssigen Mitteln berücksichtigt. Vgl. Schläder (1975), S. 57 f. Um die Eindeutigkeit der Terminologie in dieser Arbeit zu gewährleisten, wird deshalb im folgenden von *Auszahlungen* bzw. *Einzahlungen* gesprochen, auch wenn Schläder statt dessen die Begriffe *Ausgaben* bzw. *Einnahmen* verwendet.

6) Schläder (1975), S. 36.

7) Vgl. hierzu Seite 14.

8) Schläder definiert den Begriff »*verursacht*« nicht explizit.

Gemeinkosten",[9] die ausschließlich in den Fertigungsbereichen anfallen können.[10] Fertigungsbereiche konkretisiert er mit "Betrieb und Montage".[11] Wegen der Beschäftigungsabhängigkeit sind diese Kosten in der gebräuchlichen, später auch von SCHLÄDER verwendeten Terminologie, den variablen Gemeinkosten zuzuordnen.[12] Konkret sind hiermit die Kosten angesprochen, welche sich direkt mit der Beschäftigungslage verändern, die dem "beschäftigungsabhängigen Automatismus unterworfen sind"[13], aber im Gegensatz zu den Einzelkosten nicht direkt zugerechnet werden. SCHLÄDER führt zwei Gründe an, weshalb hier eine direkte Zurechnung unterbleibt. Zum einen sind unechte Gemeinkosten angesprochen, bei denen also die direkte Zurechnung "aus Gründen der Wirtschaftlichkeit" abgelehnt wird.[14] Zum anderen sollen unter die automatisch beschäftigungsabhängigen Kosten auch solche fallen, die wegen "Erfassungsschwierigkeiten nicht auf den einzelnen Auftrag direkt verbucht werden".[15] Damit können nur echte Gemeinkosten angesprochen sein, denn wären die Erfassungsschwierigkeiten ökonomischer Natur, so wären diese durch die erste Gruppe bereits erfaßt und damit das Kriterium »*Erfassungsschwierigkeiten*« redundant. Für diese These spricht außerdem, daß SCHLÄDER hier beispielsweise den Werkzeugverschleiß nennt,[16] denn eine verschleißabhängige Werkzeugkostenermittlung ist allein meßtechnisch grundsätzlich kaum durchführbar.[17] Die zweite Gruppe der Gemeinkosten bilden die "Kosten der Leistungsbereitschaften"[18]. Diese verändern sich also nicht automatisch mit der Beschäftigung, sondern können nur durch zusätzliche dispositive Entscheidungen variiert werden.[19]

Aus der Menge dieser disponiblen Gemeinkosten muß schließlich noch eine Untermenge separat betrachtet werden, nämlich die dispositiv beschäftigungsabhängigen Gemeinkosten. Hiermit sollen Kosten beschrieben werden, die indirekt von der Beschäftigung abhängen. Das heißt, daß die Entscheidungen, die als direkte Ursache der Veränderung derartiger Kosten angesehen

---

9) Schläder (1975) S. 28.
10) Vgl. ebenda, S. 26.
11) Vgl. ebenda.
12) Vgl. ebenda, S. 39.
13) Ebenda, S. 26.
14) Ebenda, S. 26.
15) Ebenda, S. 26.
16) Vgl. ebenda, S. 26.
17) Vgl. z.B. Drosihn (1981), S. 109.
18) Schläder (1975), S. 26.
19) Vgl. ebenda, S. 26 f..

werden, als Reaktion auf Veränderungen der Beschäftigungslage gelten,[20] wobei hier unter der Veränderung der Beschäftigungslage nicht ein einzelner Auftrag, sondern "eine wirkungsvolle Bandbreite des Auftragseinganges oder der Auftragslücken" verstanden werden soll.[21] Da somit auch bei solchen Gemeinkosten die Beschäftigung als wesentliche Einflußgröße auftritt, rechnet SCHLÄDER diese Kosten zu den (beschäftigungs-) variablen Kosten.[22] Dabei geht er letztlich von linearen Kostenfunktionen aus,[23] weshalb hier auch von (beschäftigungs-) proportionalen Kosten gesprochen wird. Disponible Gemeinkosten und damit auch die dispositiv beschäftigungsabhängigen, können im Gegensatz zu den automatisch beschäftigungsabhängigen Gemeinkosten in allen Unternehmensbereichen entstehen.[24] Alle übrigen Gemeinkosten gelten als beschäftigungsunabhängig und entsprechen damit in der üblichen Terminologie den fixen Kosten.

Die Unterteilung der Kosten in (kurzfristig) auszahlungswirksam und (kurzfristig) nicht auszahlungswirksam ist an dieser Stelle nur der Vollständigkeit halber angeführt. Im einzelnen wird hierauf im Abschnitt 2.4.2.3 (*Liquiditätsorientierte Preisuntergrenze im Schläder-Konzept*) eingegangen.

2.4.2.2 DIE ERFOLGSORIENTIERTE PREISUNTERGRENZE IM SCHLÄDER-KONZEPT

SCHLÄDER geht in seinem Konzept von der These aus, daß für den Fertigungstyp »*Einzelfertigung*« eine Vollkostenrechnung zwingend erforderlich sei.[25] Auf der anderen Seite bekräftigt er, daß eine erfolgsorientierte Preisuntergrenze teilkostenbasiert sein muß. In diesem Sinne definiert er die Grenzkosten als Preisuntergrenze.[26] Um diese Größe zu ermitteln wird empfohlen, die Vollkostenrechnung für "preispolitische Zwecke aufzubereiten." [27] Diese Aufbereitung geht davon aus, daß pro Kalkulationsobjekt die im Rahmen der Vollkostenrechnung zugerechneten Kosten differenziert nach

---

20) Vgl. Schläder (1975), S. 26 f..
21) Vgl. ebenda, S. 29.
22) Vgl. ebenda, S. 50.
23) Zunächst geht Schläder von einem S-förmigen Gesamtkostenverlauf aus (vgl. Schläder (1975), S. 22). Später stellt er jedoch fest: Die "Grenzkosten sind für den einzelnen Auftrag in jeder Beschäftigungsphase konstant." (Schläder (1975), S. 27) Hierdurch werden letztlich lineare Kostenfunktionen unterstellt.
24) Vgl. Schläder (1975), S. 26.
25) Vgl. ebenda, S. 11.
26) Vgl. ebenda, S. 29.
27) Ebenda, S. 35.

Einzel- und Gemeinkosten vorliegen.[28] Dabei wird auf die Problematik der Gemeinkostenverrechnung nur mit der Bemerkung eingegangen, daß diese "wie in der Vollkostenrechnung üblich, durch Anwendung verschiedener Schlüsselsysteme auf die Aufträge verrechnet" werden.[29] Die dieser Rechnung inhärente Willkür, welche SCHLÄDER als "**Ungenauigkeit**" bezeichnet, wertet er explizit kleiner als die zunächst nicht näher erläuterten Vorteile einer solchen Zurechnung.[30]

Um nun die Grenzkosten eines Auftrags zu ermitteln, muß neben den Auftragseinzelkosten der variable Anteil der dem Auftrag zuzurechnenden Gemeinkosten bestimmt werden. Hierzu empfiehlt SCHLÄDER die nachstehenden Vorgehensweise.

1) Pro Gemeinkostenart und Kostenstelle muß zunächst entschieden werden, wie hoch der Anteil der Gemeinkostenart ist, welcher auf Zusatzaufträge (automatisch) reagiert. In diesem Zusammenhang rät SCHLÄDER grundsätzlich von *buchtechnischen-*, *graphischen* oder *mathematischen* Kostenauflösungsmethoden ab, da er diese als wenig realitätsadäquat ansieht. Statt dessen empfiehlt er den "Erfahrungsaustausch mit Praktikern aus dem Betriebsbereich" [31], evtl. ergänzt um statistische Informationen.[32]
2) Danach muß der variable Anteil der <u>nicht automatisch</u> beschäftigungsabhängigen Gemeinkosten (Bereitschaftskosten) bestimmt werden. Dies kann nach SCHLÄDER durch die Beantwortung der Frage entschieden werden: "Wieviel Prozent lassen sich bei rückläufiger Beschäftigung durch Einschränkung der Leistungsbereitschaften von den Bereitschaftskosten -... (Ausl. d. Verf.) - einsparen?" [33]

Die Summe der beiden Prozentsätze aus 1) und 2) ergibt im SCHLÄDER-Konzept den Anteil der variablen Kosten pro Gemeinkostenart für jede Kostenstelle.[34] Mit den so ermittelten Werten können dann die dem Kalkulationsobjekt im Rahmen der Vollkostenrechnung zugerechneten Gemeinkosten in ihre variablen und fixen Bestandteile zerlegt werden.[35]

---

28) Vgl. Schläder (1975), S. 35.
29) Ebenda, S. 37.
30) Vgl. ebenda.
31) Ebenda, S. 39.
32) Vgl. ebenda.
33) Vgl. ebenda, S. 42.
34) Vgl. ebenda, S. 50.
35) Vgl. hierzu das Beispiel von Schläder (1975), S. 50, wobei angemerkt sei, daß Schläder von einer durchgeführten Vollkostenkalkulation ausgeht, deren Ergebnis er wieder aufspaltet, um hieraus Teilkosteninformationen zu gewinnen.

Mit der Summe aus Auftragseinzelkosten und den variablen Auftragsgemeinkosten sind dann die **Grenzkosten** und damit die absolute Preisuntergrenze des Kalkulationsobjektes im Sinne SCHLÄDERS bestimmt.36) Das heißt: "Ein Auftrag, dessen Preis unter den Grenzkosten liegt, lohnt sich nicht hereinzunehmen." 37)

2.4.2.3 DIE LIQUIDITÄTSORIENTIERTE PREISUNTERGRENZE IM SCHLÄDER-KONZEPT

Das Überleben eines Unternehmens ist kurzfristig betrachtet wesentlich stärker von der Liquidität als von der Rentabilität abhängig.38) Da die erfolgsorientierte Preisuntergrenze allein auf die Zielgröße »*Rentabilität*« ausgerichtet ist, folgert SCHLÄDER, daß zusätzlich auch eine liquiditätsorientierte Preisuntergrenze berücksichtigt werden muß. Diese geht von der These aus, daß zumindest kurzfristig alle auszahlungswirksamen Kosten des Auftrags durch die Einzahlungen dieses Kalkulationsobjekts gedeckt sein müssen, "wenn die Liquidität erhalten bleiben soll".39) Aus dieser Formulierung könnte zunächst geschlossen werden, daß SCHLÄDER diese Preisgrenze als Wert ansieht, der, falls er unterschritten wird, sofort zur Illiquidität führt.40) Dies ist jedoch nicht der Fall wie an anderer Stelle deutlich wird, wo er die liquiditätsorientierte Preisuntergrenze als Maßstab zur Verbesserung bzw. Verschlechterung der finanziellen Situation des Unternehmens interpretiert.41) Eine exakte Ermittlung der liquiditätsorientierten Preisuntergrenze kann nach SCHLÄDER ausschließlich auf theoretische Denkmodelle beschränkt sein. Als praktikable Näherungslösung schlägt er vor, die zu deckenden Auszahlungen aus den vorkalkulierten Vollkosten eines Auftrags abzuleiten. Dabei werden zunächst die gesamten Grenzkosten eines Auftrags pauschal als kurzfristig auszahlungswirksam definiert.42)

---

36) Vgl. Schläder (1975), S. 29.
37) Ebenda.
38) Vgl. ebenda, S. 58, ebenso Riebel (1990), S. 589.
39) Schläder (1975), S. 65.
40) In der Terminologie Raffées wird mit dieser Definition eine "finale finanzwirtschaftliche Preisuntergrenze" angesprochen. Vgl. hierzu Raffée (1961), S. 166.
41) Vgl. hierzu Schläders Beispiel und insbesondere die hier interessierende Interpretation (Schläder (1975), S. 68-72). Eine solche Interpretation der liquiditätsorientierten Preisuntergrenze wird in der Terminologie Raffées als "kausal" bezeichnet. Vgl. Raffée (1961), S. 174.
42) Vgl. Schläder (1975), S. 58 f..

Bei den fixen Gemeinkosten hingegen ist eine differenzierte Betrachtung notwendig. So fällt hier ein Teil, nämlich die Stillstandskosten "selbst dann noch an, wenn das Unternehmen die Produktion bereits eingestellt hat."[43] Diese Unabhängigkeit von Produktion und Beschäftigungsgrad rechtfertigt es nach SCHLÄDERS Argumentation, solche Kosten auch dann, wenn sie auszahlungswirksam sind, "nicht in die Bemessung der Liquiditätsgrenze" mit einzubeziehen.[44] Rechnet man von den fixen Gemeinkosten die Stillstandskosten ab, so verbleiben nach SCHLÄDER als einzig relevante auszahlungswirksame Kostengruppe die Personalkosten (incl. lohn- und gehaltsabhängiger Nebenkosten). Alle übrigen auszahlungswirksamen fixen Gemeinkosten sind vernachlässigbar.[45]

Da in der für preispolitische Zwecke aufbereiteten Vollkostenrechnung nach SCHLÄDER für ein Kalkulationsobjekt die variablen und fixen Kosten differenziert vorliegen, muß also zur konkreten Ermittlung der liquiditätsorientierten Preisuntergrenze nur noch pro Zeile des Kalkulationsschemas entschieden werden, wie hoch jeweils der Prozentsatz der fixen Personalkosten ist, die nicht zu den Stillstandskosten gehören.[46] Hierzu werden pro Kostenstelle die Prozentwerte der fixen, nicht zu den Stillstandskosten gehörenden Personalkosten ermittelt.[47] Faßt man dann die einzelnen Kostenstellen zu Bereichen zusammen, so läßt sich für jeden dieser Bereiche ein solcher Prozentsatz als gewogenes Mittel über alle Kostenstellen dieses Bereiches berechnen.[48] Danach ordnet man die Kosten einer jeden Zeile im Kalkulationsschema einem der oben gebildeten Kostenstellenbereiche zu. Werden dann die fixen Kosten jeder Zeile im Kalkulationsschema mit dem für den Kostenstellenbereich gültigen Prozentsatz der fixen, nicht zu den Stillstandskosten gehörenden Personalkosten multipliziert, so erhält man die für die liquiditätsorientierte Preisuntergrenze relevanten auszahlungswirksamen fixen Kosten.[49]

---

43) Schläder (1975), S. 59.

44) Vgl. ebenda.

45) Vgl. ebenda, S. 59 f..

46) Vgl. ebenda, S 65.

47) Schläder spricht zwar nur vom Prozentsatz der Personalkosten an den fixen Kosten (vgl. Schläder (1975), S. 60 f.), jedoch dürften nach seinen Ausführungen auf S. 59, wo er als Beispiel für Stillstandskosten Löhne und Sozialkosten für die Überwachung nennt, zumindest diese Kosten nicht in den obigen Prozentsatz mit einbezogen werden.

48) Vgl. Beispiel bei Schläder (1975), S. 63. Es bleibt hier letztlich offen, welcher Wert als »Gewichtungsfaktor« zur Ermittlung eines derartigen gewogenen Mittels gewählt werden sollte. Denkbar wären hier die fixen Kosten der Stelle oder aber auch die fixen Personalkosten der Stelle, sofern sie nicht zu den Stillstandskosten gehören.

49) Vgl. Beispiel bei Schläder (1975), S. 66 f..

Die Summe aus allen so ermittelten auszahlungswirksamen fixen Kosten plus den Grenzkosten des Auftrags ergibt dann die liquiditätsorientierte Preisuntergrenze.[50)]
Schließlich muß noch das Verhältnis zwischen erfolgs- und liquiditätsorientierter Preisuntergrenze geklärt werden. Wie oben ausgeführt, gilt die erfolgsorientierte Preisuntergrenze als absolute Preisuntergrenze. Dies kann damit erklärt werden, daß die liquiditätsorientierte Preisuntergrenze im SCHLÄDER Konzept wegen der anteiligen Zurechnung fixer (kurzfristig auszahlungswirksamer) Kosten grundsätzlich größer ist als die entsprechende erfolgsorientierte Größe.[51)] Die Bedeutung der liquiditätsorientierten Preisuntergrenze macht SCHLÄDER letztlich von der finanziellen Lage der Unternehmung abhängig; ist diese ein Engpaß, so darf der Verkaufspreis nicht unterhalb der liquiditätsorientierten Preisuntergrenze festgelegt werden, um die kurzfristige Zahlungsfähigkeit nicht noch weiter zu verschlechtern.[52)] Es ist also für jeden Auftrag, dessen Verkaufspreis unterhalb der liquiditätsorientierten Preisuntergrenze vorkalkuliert wurde, zu prüfen, ob die Veränderung der Liquiditätssituation durch den Auftrag vertretbar ist oder nicht.
Als Fazit bleibt festzuhalten, daß die erfolgsorientierte Preisuntergrenze grundsätzlich Gültigkeit hat, aber in finanziellen Engpaßsituationen durch die primäre Relevanz der liquiditätsorientierten Preisuntergrenze nicht zur Anwendung kommt. SCHLÄDER drückt dies kurz und prägnant folgendermaßen aus: "Liquidität vor Rentabilität".[53)]

2.4.3 DIE PREISOBERGRENZE IM SCHLÄDER-KONZEPT

SCHLÄDER geht von der These aus, daß die Nachfrager in der Einzelfertigung größtenteils keine klaren Preisvorstellungen bezüglich des gewünschten Gutes haben und sich deshalb an mehrere Anbieter wenden, um somit realitätsnahe Informationen über die wahrscheinliche Preishöhe zu erhalten.[54)] Weil in diesem Fall das relativ (bzw. evtl. absolut) niedrigste Angebot von "ausschlaggebender Bedeutung"[55)] ist, spricht SCHLÄDER hier auch vom "Gesetz des niedrigsten Preises".[56)]

---

50) Vgl. Schläder (1975), S. 65.
51) Vgl. ebenda, S. 67.
52) Vgl. ebenda, S. 75.
53) Ebenda, S. 57.
54) Vgl. ebenda, S. 11.
55) Ebenda.
56) Ebenda, S. 13.

Als Faktoren, welche die Konkurrenzpreisforderungen evtl. relativieren können, nennt SCHLÄDER "z.B. technisches Know-How, die Qualität der Herstellung, Lieferzeiten und Termintreue, günstige Finanzierungsmöglichkeiten usw.". [57] Dennoch muß als Preisobergrenze aber grundsätzlich vom günstigsten Konkurrenzangebot ausgegangen werden.[58] Die Abschätzung dieser Größe ist jedoch "um so schwieriger, je weniger man die Kalkulationsmethoden und damit die unterschiedliche Preispalette der Konkurrenz kennt." [59] Durch diese einseitige Ausrichtung der Preispolitik auf die Marktseite, sieht SCHLÄDER "die klassische Gesetzmäßigkeit von Angebot und Nachfrage aufgehoben." [60]

2.4.4 DIE FESTLEGUNG DER PREISFORDERUNG IM SCHLÄDER-KONZEPT

SCHLÄDER geht von der allgemein anerkannten These aus, daß sich der Preis in einer Marktwirtschaft nicht aus der Kostenrechnung ergibt, sondern primär durch die Situation am Absatzmarkt.[61] Eine solche Sichtweise ist dadurch gekennzeichnet, daß die Kostenrechnung als Preiskontrollinstrument angesehen wird, welches in einer ex-ante Rechnung Preisuntergrenzeninformationen liefern soll.[62]

Neben den Preisuntergrenzen haben jedoch nach SCHLÄDER zwei weitere Größen, die in der Kostenrechnung zu ermitteln sind, Einfluß auf die Bestimmung der Auftragspreisforderung. Dies sind die aus der Vollkostenrechnung stammenden Auftragsselbstkosten und der »vorkalkulierte Preis«, der sich von den Selbstkosten lediglich durch einen Gewinnaufschlag unterscheidet.[63] Faßt man nun die für die Bestimmung der Preisforderung relevanten Daten der Kostenrechnung zusammen, so ergibt sich für einen zu bewertenden Auftrag

57) Schläder (1975), S. 13.
58) Vgl. ebenda.
59) Ebenda.
60) Ebenda.
61) Vgl. Schläder (1975), S. 9, ebenso z.B. Dorn (1962), S. 1577, Riebel (1990), S. 205.
62) Vgl. z.B. Kilger (1982), S. 167 f., Männel (1983), S. 203, Schweitzer/Küpper (1986), S. 186, Wiegmann (1977), S. 50.
63) Vgl. Beispiel bei Schläder (1975), S. 71 f. Zur Gewinnspanne ist anzumerken, daß Schläder lediglich die Existenz einer solchen Größe in einem Beispiel erwähnt (vgl. Schläder (1975), Beispiel auf S. 71 f.), nicht jedoch darauf eingeht, wie diese ermittelt werden sollte.

der nachfolgend dargestellte preispolitische Spielraum,[64] welcher in Abhängigkeit der geschätzten Preisobergrenze weiter einzuschränken oder auch auszudehnen ist.

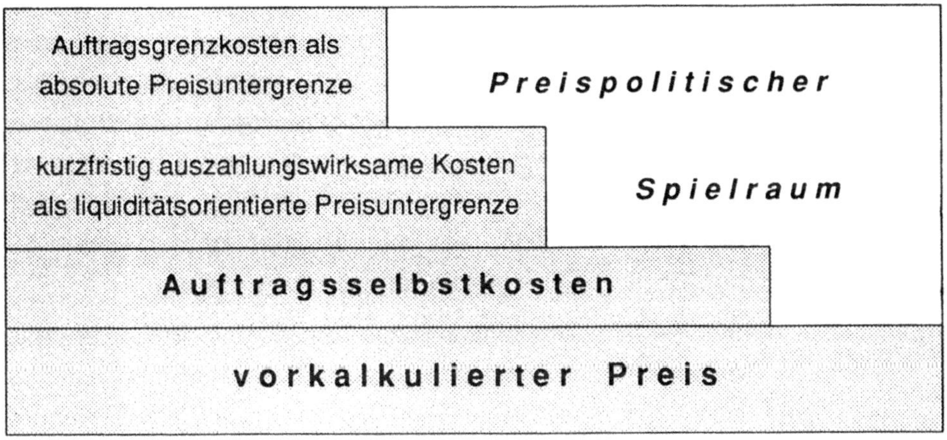

Abb. 2.5: »Preispolitischer Spielraum« im SCHLÄDER-Konzept

SCHLÄDER selbst geht nicht explizit auf die konkrete Bestimmung von Auftragspreisforderungen ein. Berücksichtigt man jedoch die Ausführungen zur Preisobergrenze sowie zum preispolitischen Spielraum, so ergeben sich aus dem Konzept SCHLÄDERS für den Entscheidungsträger zur Preisforderungsbestimmung die folgenden fünf Regeln.

1) Der »*vorkalkulierte Preis*« ist als Zielpreis anzusehen, der zusätzlich zur Deckung der Auftragsvollkosten einen als ausreichend angesehenen Gewinn erbringt.[65]

2) Nach SCHLÄDER gilt: "Nicht vollkostendeckende Preise führen zum Verlust."[66] Das heißt, daß Preise, die größer als die Auftragsselbstkosten sind, grundsätzlich den Zielerreichungsgrad der Unternehmung verbessern. Preise unterhalb der absoluten Preisuntergrenze verschlechtern den Zielerreichungsgrad grundsätzlich und dürfen deshalb nicht akzeptiert werden.[67]

64) Vgl. Schläder (1975), S. 71 f..

65) Da auf die Funktion des "kalkulierten Preises" in Schläders Konzept nicht eingegangen wird, erscheint es hier sinnvoll, von obiger vollkostentypischen Argumentation bezüglich eines entsprechend kalkulierten Preises auszugehen.

66) Vgl. Schläder (1975), S. 73.

67) Vgl. ebenda, S. 29.

3) Preise unterhalb der liquiditätsorientierten Preisuntergrenze verschlechtern die finanzielle Situation der Unternehmung in der betrachteten Periode und können deshalb nur dann akzeptiert werden, wenn die Liquiditätslage in dem relevanten Zeitraum kein Engpaßfaktor ist.[68)]

4) Je schlechter die Beschäftigungslage einer Unternehmung ist, desto größer ist der Druck, Aufträge zu erhalten. In einer solchen Situation sieht SCHLÄDER es für die Einzelfertigung als gerechtfertigt an, Preise zu akzeptieren, die unterhalb der Auftragsselbstkosten liegen, "um das Übel so klein wie möglich zu halten".[69)] Hier wird also im Sinne einer teilkostenrechnungstypischen Grenzüberlegung argumentiert, daß eine teilweise Fixkostendeckung besser ist als keine Fixkostendeckung.

5) Schließlich muß bei der Angebotspreisbestimmung die Preisobergrenze beachtet werden, denn ein Angebot hat nach SCHLÄDERS "Gesetz des niedrigsten Preises" grundsätzlich nur dann Aussicht auf Erfolg, wenn es bei identischer Leistung kleiner oder gleich dem niedrigsten Konkurrenzangebot ist.[70)]

Wie der Preis nun konkret festgelegt wird, ist nach obigen fünf Regeln letztlich von der bekannten oder vermuteten Höhe der Preisobergrenze sowie von der Unternehmungssituation, hier insbesondere vom Beschäftigungsgrad und der finanziellen Situation der Unternehmung, abhängig.[71)]

---

68) Vgl. Schläder (1975), S. 75, These 8.
69) Ebenda, S. 73.
70) Vgl. Seite 45.
71) Vgl. Schläder (1975), S. 57 f..

2.4.5 BEWERTUNG DES SCHLÄDER-KONZEPTES

Der Forderung, daß ein Auftrag zumindest die von ihm verursachten Kosten, also die Auftragsgrenzkosten oder "Zuwachskosten"[72] decken muß, wird in der Literatur zur Kostenrechnung grundsätzlich zugestimmt,[73] falls keine Kapazitätsrestriktionen wirksam sind und keine relevanten Verbundwirkungen von den absatzbestimmten Leistungen ausgehen.[74] Obwohl SCHLÄDERS Preisuntergrenzenargumentation auf dieser Aussage basiert, muß die in diesem Konzept vorgeschlagene Vorgehensweise kritisiert werden. Kernpunkt dieser Kritik ist, daß die Ermittlung der Grenzkosten hier von den im Rahmen einer Vollkostenrechnung kalkulierten Selbstkosten des Auftrags ausgeht. Wie bereits oben erwähnt, ist eine willkürfreie Auftragsselbstkostenermittlung unmöglich.[75] Wenn aber schon die Basis zur Errechnung der Grenzkosten nicht willkürfrei ist, so muß das Ergebnis auch als willkürbeeinflußt angesehen werden, wie die nachfolgende Argumentation am Beispiel von Verwaltungskosten verdeutlichen soll.

Da SCHLÄDER zunächst die Selbstkosten eines Auftrags bestimmt, heißt dies, daß er dem zu bewertenden Auftrag unter anderem auch einen Teil der Verwaltungskosten derart zurechnet, daß die gesamten Verwaltungskosten der Periode auf sämtliche Aufträge der Periode verteilt sind. Die Verwaltungskosten sind aber vielfach fixe Gemeinkosten, wodurch in Abhängigkeit des zugrundegelegten Schlüssels dem Auftrag Verwaltungskosten in unterschiedlicher Höhe zugerechnet werden können. Den zu den Grenzkosten des Auftrags zugehörigen variablen Verwaltungskostenteil will SCHLÄDER nun mit dem für die Verwaltungskostenstelle(n) errechneten Prozentsatz der Beschäftigungsvariabilität dieser Kostenart errechnen. Da aber die Basis, auf die dieser Prozentsatz angewandt wird, nämlich die zugerechneten (vollen) Verwaltungskosten nicht eindeutig bestimmbar ist, ergeben sich somit auch in Abhängigkeit des gewählten Schlüssels unterschiedliche variable Verwaltungskosten für den gleichen Auftrag.

---

72) Schläder verwendet die Begriffe »*Grenzkosten*« und »*Zuwachskosten*« eines Auftrages synonym; vgl. Schläder (1975), S. 25.

73) Vgl. z.B. Agthe (1959a), S. 416, AK Borchers (1979), S. 2433, Diller (1985), S. 165, Plinke (1986), S. 602, Riebel (1990), S. 57, Schweitzer/Küpper (1986), S. 375, Swoboda (1987), S. 52 f..

74) Vgl. hierzu Engelhardt (1975), Hax (1973), S. 63, Kilger (1982), S. 169, Raffée (1974), S. 149.

75) Vgl. Abschnitt 2.2.6, Seite 24 f..

Somit kann behauptet werden, daß die Grenzkostenermittlung im SCHLÄDER-Konzept letztlich **nicht willkürfrei** erfolgt und deshalb abzulehnen ist.

Als nächstes ist auf die liquiditätsorientierte Preisuntergrenze einzugehen. Die Bewertung einer solchen Größe in der Kostenrechnungsliteratur ist nicht eindeutig.[76] Es würde im Rahmen dieser Arbeit zu weit führen, auf diese Diskussion detailliert einzugehen.[77] Aus zwei Gründen wird hier von der These ausgegangen, daß der Informationsgehalt liquiditätsorientierter Preisuntergrenzen grundsätzlich relativ gering einzuschätzen ist.[78]

1) Im theoretischen Modell, insbesondere unter deterministischer Betrachtung, ist es vorstellbar, daß sich die konkrete Auswirkung eines Auftrags auf die Unternehmensliquidität exakt berechnen läßt. In diesem Fall ist die Relevanz einer liquiditätsorientierten Preisuntergrenze gegeben. In einer praxisorientierten Betrachtung hingegen wäre eine solche Größe - wenn überhaupt - nur stochastisch zu ermitteln. Dabei ist es kaum vorstellbar, daß grundsätzlich die Kosten einer solchen Bestimmung[79] für jeden Auftrag geringer sind als der informatorische Nutzen einer letztlich äußerst risikobehafteten[80] liquiditätsorientierten Preisuntergrenze.

2) Selbst wenn es gelänge, eine liquiditätsorientierte Preisuntergrenze deterministisch aus den Daten der Kostenrechnung zu bestimmen, wäre der Informationsnutzen einer solchen Größe äußerst kritisch zu beurteilen. Die Einhaltung einer kostenbasierten liquiditätsorientierten Preisuntergrenze schützt nicht automatisch vor Zahlungsunfähigkeit, die zum Beispiel durch

---

76) Vgl. Reichmann (1973), S. 24.

77) Vgl. als Befürworter einer liquiditätsorientierten Preisuntergrenze z.B.: Becker (1962), S. 96-98, Bickel (1966), Heinen (1975), S. 61 f., Jacobs (1968), S. 43, Kornagel (1962), S. 205, Kosiol (1979), S. 200 f., Krüger (1987), S. 8/229 f., Kurz (1969), S. 170 f., Mellerowicz (1977), S. 180, Munzel (1966), S. 159-170, Rall (1966), S. 80-117, Unterguggenberger (1974), S. 137 f., Winnes, (1987), S. 23 f., Zoller (1988), S. 79-81. Als Kritiker einer liquiditätsorientierten Preisuntergrenze können beispielsweise genannt werden: Engelhardt (1975), Sp. 3056 f., Hax (1961) S. 442, Heraeus (1963), S. 107, Hummel/Männel (1990), S. 137, Kilger (1988), S. 756, Layer (1969), S. 231-233, Moews (1989), S. 237-239, Müller-Lindenberg (1976), S. 131 f., Raffée (1961), S. 194, Reichmann (1973), S. 25, Schweitzer/Küpper (1986), S. 375, Seicht (1988), S. 48 f..

78) Vgl. hierzu auch Abschnitt 3.2.1.1.4, Seite 111 f..

79) Neben der Betrachtung der einzelnen Zahlungen muß zum Beispiel auch berücksichtigt werden, daß zwischen der Höhe oder den Zeitpunkten der Zahlungsvorgänge kaum überschaubare Interdependenzen zu berücksichtigen sind.

80) Die einzelnen Zahlungsvorgänge, die von einem Auftrag beeinflußt werden, sind i.d.R. in ihrer Höhe und im Zeitpunkt des Anfalls *risikobehaftet*. Insofern muß auch eine liquiditätsorientierte Preisuntergrenze als *risikobehaftet* angesehen werden.

Zahlungsverpflichtungen hervorgerufen werden kann, welche keinem einzelnen Auftrag direkt zurechenbar sind, wie z.B. Steuernachzahlungen. Auf der anderen Seite berücksichtigen liquiditätsorientierte Preisuntergrenzen i.d.R. nicht, daß eine Unternehmung im Normalfall über latente Kreditmöglichkeiten verfügt, welche die finanzielle Situation zumindest kurzfristig verändern können. Deshalb ist es selbst in Zeiten äußerst angespannter finanzieller Situation vorstellbar, daß Aufträge unterhalb der liquiditätsorientierten Preisuntergrenze noch sinnvoll akzeptiert werden können.[81)]

Zusätzlich zu dieser grundsätzlich negativen Bewertung liquiditätsorientierter Preisuntergrenzen kann im Konzept SCHLÄDERS die Kritik, wie schon bei der erfolgswirtschaftlichen Preisuntergrenze auf die Vorgehensweise zur Ermittlung einer solchen Größe, ausgeweitet werden. Nach SCHLÄDER ergibt sich die liquiditätsorientierte Preisuntergrenze aus den variablen Auftragskosten plus den nicht zu den Stillstandskosten gehörenden auszahlungswirksamen Kosten.[82)] Letztere gehören aber zu der Gruppe der dem Auftrag im Rahmen der Vollkostenrechnung zugewiesenen Fixkosten. Die Höhe der Kosten dieser Gruppe kann nur willkürlich bestimmt werden, wodurch auch der Betrag der nicht zu den Stillstandskosten gehörenden auszahlungswirksamen Auftragskosten als **nicht objektiv** ermittelbar bezeichnet werden muß. Somit variiert die liquiditätsorientierte Preisuntergrenze SCHLÄDERS in zweifacher Hinsicht mit den gewählten Vollkostenschlüsseln; zum einen bezüglich der Höhe der variablen Kosten und zum anderen bezüglich der Höhe der nicht zu den Stillstandskosten gehörenden auszahlungswirksamen Kosten des Auftrags.

Als Fazit verbleibt somit nur festzuhalten, daß auch die liquiditätsorientierte Preisuntergrenze im Konzept SCHLÄDERS, unabhängig von der allgemeinen Kritik solcher Größen, wegen ihrer nicht eindeutigen Bestimmung abzulehnen ist.

---

81) Vgl. Moews (1989), S. 238, Raffée (1961), S. 194.
82) Vgl. Seite 43 f..

Die Preisobergrenze ist grundsätzlich eine unsichere Größe.[83] Dies scheint auch ein entscheidender Grund zu sein, weshalb die überwiegende Zahl von praxisorientierten Vorgehensweisen zur Preisbestimmung sich intensiv mit den relativ sicheren Größen der Kostenrechnung beschäftigt und Preisobergrenzenüberlegungen in der Regel dem Gespür oder der Erfahrung der Verkäufer überlassen.[84] Aus dieser Sicht ist es positiv zu sehen, daß SCHLÄDER sich zumindest am Rande mit einer solchen Obergrenze beschäftigt, wobei das Ergebnis seiner Überlegungen allerdings im "*Gesetz des niedrigsten Preises*" mündet.[85] Hieraus jedoch zu folgern, daß eine Orientierung an der niedrigsten Konkurrenzpreisforderung das Gesetz von Angebot und Nachfrage aufhebt, ist unverständlich. Das Gegenteil ist zutreffend. Denn letztlich ist es ein Kennzeichen für eine funktionierende Marktwirtschaft, die ja auf dem Gesetz von Angebot und Nachfrage basiert, daß grundsätzlich der günstigste Anbieter den Zuschlag erhält.

Schließlich muß zu SCHLÄDERS Preisobergrenze kritisch angemerkt werden, daß es versäumt wurde, die Beziehung der die Konkurrenzpreisforderungen relativierenden Einflußgrößen untereinander und zu den Konkurrenzpreisforderungen selbst genauer zu analysieren, um hierdurch eventuell das notwendige Gespür bzw. die Erfahrung des Verkäufers teilweise systematisieren zu können.

Als Ergebnis des SCHLÄDER-Konzeptes ergibt sichfür jeden Auftrag der jeweils relevante *preispolitische Spielraum* dar. Innerhalb dieses Wertebereiches ist die konkrete Preisforderung je nach Unternehmungssituation festzulegen. Da jedoch die Preisuntergrenzen ebenso wie die Selbstkosten und der kalkulierte Preis nicht willkürfrei bestimmt werden bzw. werden können, sind diese auch als Determinanten eines *preispolitischen Spielraums* abzulehnen. Als Fazit verbleibt somit, daß ein Vorgehen nach dem SCHLÄDER-Konzept für die Preispolitik grundsätzlich kein zieloptimales Handeln sichern kann.

---

83) Vgl. Seite 139 f..
84) Vgl. z.B. Wiegmann (1977), S. 47 und die dort angegebene Literatur.
85) Schläder (1975), S. 13.

2.5 DAS LAYER-KONZEPT

2.5.1 VORBEMERKUNGEN ZUM LAYER-KONZEPT

1969 erschien in der von Manfred LAYER und Heinz STREBEL herausgegebenen Festschrift zum 65. Geburtstag von Gerhard KRÜGER ein Aufsatz mit dem Titel: "**Die Festlegung der Preisforderung bei Kundenfertigung**". Der Autor, M. LAYER, versteht unter Kundenfertigung die Erstellung von Betriebsleistungen, "die völlig oder sehr weitgehend nach den individuellen Wünschen der einzelnen Kunden erstellt werden"[1]. Somit kann zunächst davon ausgegangen werden, daß die dort behandelte Problemstellung mit der dieser Arbeit zugrundeliegenden weitgehend identisch sein dürfte, weshalb es gerechtfertigt erscheint, den obigen Ansatz genauer zu untersuchen.

2.5.2 DIE PREISUNTERGRENZE IM LAYER-KONZEPT

2.5.2.1 VORBEMERKUNGEN

Ausgehend von der langfristigen Zielsetzung "*Unternehmenserhaltung*" leitet LAYER für die kurzfristige Betrachtung u.a. die Teilziele *Gewinnerzielung* sowie *Liquidität* ab, für die eine Preisuntergrenzenermittlung sinnvoll sein könnte.[2] Eine liquiditätsorientierte Preisuntergrenze wird jedoch letztlich aus den beiden nachfolgenden Gründen abgelehnt.[3]

a) Die Einhaltung einer solchen Untergrenze ist nicht in der Lage, die Erhaltung der Zahlungsbereitschaft zu gewährleisten.

b) Eine liquiditätsorientierte Preisuntergrenze ist stets kleiner als die entsprechende erfolgsorientierte Größe. Da aber bei zwei Preisuntergrenzen stets die größere relevant ist, wird die Ermittlung der liquiditätsorientierten Preisuntergrenze überflüssig.

Somit ist bei der folgenden Darstellung des Konzeptes von LAYER unter einer Preisuntergrenze stets eine erfolgsorientierte Größe zu verstehen. Diese wird ausgehend vom Marginalprinzip definiert als derjenige Preis, der alle Kosten deckt, "die durch die Ausführung des Auftrags entstehen."[4] Dabei ist hervorzuheben, daß LAYER einem Auftrag ausschließlich Einzelkosten zurechnet.[5]

---

1) Layer (1969), S. 223.
2) Vgl. ebenda, S. 225.
3) Vgl. ebenda, S. 231-233.
4) Ebenda, S. 226.
5) Vgl. ebenda, S. 229, Fußnote 11.

Im Hinblick auf das Ziel *Gewinnermittlung* bedeutet eine Einhaltung der Preisuntergrenze, daß die Gewinnsituation durch die Ausführung des zur Diskussion stehenden Auftrags nicht verschlechtert wird.[6] Um die Ermittlung der Preisuntergrenze im Konzept LAYERS nun weiter zu konkretisieren, wird davon ausgegangen, daß keine bzw. lösbare Kapazitätsengpässe bestehen. Ist es nicht möglich, die zur Ausführung des zur Diskussion stehenden Auftrags benötigten Kapazitäten zu beschaffen, so kann dieser Auftrag nicht angenommen werden, denn die bestehenden Aufträge sind bei Kundenfertigung grundsätzlich termingerecht zu erfüllen, da hier ein gesetzlich geschütztes Vertragsverhältnis besteht.[7]

2.5.2.2 DIE BESTIMMUNG DER PREISUNTERGRENZE IM LAYER-KONZEPT

LAYER teilt die Kosten grob in drei Kategorien ein: Kosten der Arbeitskräfte, des Materials und der Betriebsmittel.[8] Da die *Personalkosten* innerhalb der existierenden Kündigungsfristen **fixe** Kosten darstellen,[9] rechnet LAYER dem betrachteten Auftrag nur die Personalkosten zu, die daraus resultieren, daß Arbeitskräfte wegen dieses Auftrags über den nächsten Kündigungstermin hinaus weiterbeschäftigt werden.[10] Als Materialkosten will LAYER den Wert ansetzen, der nötig ist, um das für den Auftrag einzusetzende Material wiederzubeschaffen.[11] Bei den Betriebsmitteln kann es durch die Ausführung des Auftrags notwendig werden, eine Ersatzbeschaffung vorzuverlegen.[12] LAYER führt hierzu nicht explizit aus, welche Kosten in diesem Fall dem Auftrag zuzurechnen sind. Im Sinne des von ihm stets angewandten Marginalprinzips kann allerdings davon ausgegangen werden, daß hier dem Auftrag die **zusätzlichen** Kosten **der Vorverlegung** dieser Ersatzbeschaffung anzulasten sind, nicht jedoch die gesamten (oder anteilige) Kosten der Ersatzbeschaffung selbst, da diese, wenn auch sonst später, unabhängig vom betrachteten Auftrag anfallen.

---

6) Vgl. Layer (1969), S. 229, Fußnote 11.
7) Vgl. ebenda, S. 230. Es ließe sich hier höchstens eine theoretische Preisuntergrenze bestimmen, welche dann u.a. auch Konventionalstrafen mit einbeziehen müßte, die dafür anfallen, daß zur Bereitstellung der benötigten Kapazitäten des betrachteten Auftrags, bereits angenommene Aufträge nicht termingerecht ausgeführt würden.
8) Vgl. Layer (1969) S. 228.
9) Vgl. z.B. Kilger (1988), S. 368, Riebel (1990), S. 169.
10) Vgl. Layer (1969), S. 228.
11) Vgl. ebenda.
12) Vgl. ebenda.

Schließlich ist es auch vorstellbar, daß durch den Auftrag eine **zusätzliche** Ersatzbeschaffung von Betriebsmitteln ausgelöst wird.[13] In diesem Fall ist zur Ermittlung der zurechenbaren Kosten nach LAYER folgende Vorgehensweise zu wählen. Wird das zusätzliche Betriebsmittel ausschließlich für den betrachteten Auftrag genutzt werden, so stellen die Kosten dieser Betriebsmittelanschaffung *Einzelkosten des Auftrags* dar und gehen somit vollständig in dessen Preisuntergrenze ein.[14] Kann das Betriebsmittel jedoch auch für andere Aufträge verwendet werden, so unterscheidet LAYER zwei Fälle:

1) Reichen die Deckungsbeiträge aller zukünftig erwarteten Aufträge, welche den zur Beschaffung anstehenden Produktivfaktor ebenfalls benötigen, aus, die Kosten seiner Beschaffung zu decken,[15] so erhält der betrachtete Auftrag **keine** Kosten dieser Investition zugerechnet, da "die Beschaffung nicht von der Hereinnahme des fraglichen Auftrags abhängig" ist.[16]
2) Genügen die frei disponierbaren Deckungsbeiträge der zukünftigen Aufträge hingegen **nicht**, die Kosten der Produktivfaktorbeschaffung zu decken, so ist der Fehlbetrag vollständig dem betrachteten Auftrag anzurechnen und damit Element der Preisuntergrenze dieses Kalkulationsobjektes.[17]

Neben den eben erläuterten Fällen sind bei Kapazitätsengpässen noch zwei weitere Fälle zu berücksichtigen. Kann das Kapazitätsproblem z.B. durch eine Erhöhung der Fertigungszeit gelöst werden, so sind dem betrachteten Auftrag sämtliche hierdurch zusätzlich entstandenen Kosten zuzurechnen.[18] Werden hingegen aufgrund der Übernahme des Auftrags Arbeiten an Sub-Unternehmer vergeben, so trägt der Auftrag die Kosten dieser Sub-Unternehmer vollständig, wenn die fremdvergebenen Arbeiten auch vollständig zur Erstellung des betrachteten Auftrags gehören. Falls jedoch durch die Übernahme des Auftrags eine Revision des Produktionsplans derart erfolgt, daß der betrachtete Auftrag zwar im Unternehmen selbst ausgeführt wird, dafür jedoch zur Lösung des Kapazitätsproblems Arbeiten von bestehenden

13) Beispiel: Eine für die nächste Periode verplante Maschine wird durch den betrachteten Auftrag so weit in ihrem Leistungspotential gemindert, daß sie für den Auftrag der nächsten Periode nicht mehr wie geplant eingesetzt werden kann. Hierdurch wird, ausgelöst durch den zu bewertenden Auftrag, eine zusätzliche, vorher nicht geplante Ersatzbeschaffung spätestens in der nächsten Periode notwendig.

14) Vgl. auch Raffée (1974), S. 147 f..

15) Layer spricht hier nur allgemein von den »*Deckungsbeiträgen*«, jedoch muß sinnvollerweise unterstellt werden, daß diese noch nicht für eine andere Verwendung verplant sind.

16) Layer (1969), S. 229.

17) Vgl. ebenda, S. 230.

18) Vgl. ebenda, S. 228.

Aufträgen fremd vergeben werden, so müssen dem betrachteten Auftrag zusätzlich zu den im eigenen Unternehmen verursachten Kosten auch alle Kosten der nun fremd vergebenen Aufträge zugerechnet werden, welche durch diese Produktionsplanrevision zusätzlich entstehen.[19] Die Kosten der bestehenden Aufträge dürfen also durch Übernahme des betrachteten Auftrags nicht beeinflußt werden.

Abschließend zum Thema Preisuntergrenze kann hier zusammengefaßt werden, daß LAYER nur diejenigen Kosten als Element der Preisuntergrenze des betrachteten Auftrags zuläßt, welche Einzelkosten dieses Auftrags im Sinne des Identitätsprinzips sind. Anders ausgedrückt stellt grundsätzlich die Summe aller Auftragseinzelkosten die Preisuntergrenze des betrachteten Auftrags dar.[20]

2.5.3 DIE PREISOBERGRENZE IM LAYER-KONZEPT

2.5.3.1 VORBEMERKUNGEN

LAYER definiert die Preisobergrenze eines Auftrags als den maximalen Preis, zu dem der Anbieter den Zuschlag erhält.[21] Zur Bestimmung dieses Preises werden in dem hier darzustellenden Konzept zwei Einflußgrößen als relevant angesehen. Zum einen geht LAYER (anders als SCHLÄDER)[22] davon aus, daß der Nachfrager sich selbst ein Budget setzt, das er nicht bereit ist zu überschreiten. Diese Einflußgröße wird als **Kaufkraft des Abnehmers** bezeichnet.[23] Die andere relevante Einflußgröße der Preisobergrenze wird durch die **Konkurrenzpreisforderungen** determiniert. Aus der Menge der aller Konkurrenzpreisforderungen bildet die minimale Preisforderung bei unterstellter Gleichartigkeit der angebotenen Leistung und Fehlen von Nachfragerpräferenzen eine Preisgrenze,[24] welche gleichzeitig als zweite Einflußgröße zur Ermittlung der aktuellen Preisobergrenze zu berücksichtigen ist. Können beide Einflußgrößen konkretisiert werden, so stellt die niedrigere der beiden Größen letztlich die Preisobergrenze des betrachteten Auftrags dar.[25]

Im folgenden sollen nun noch kurz die Vorschläge LAYERS zur Ermittlung der Ausprägung der beiden obigen Einflußgrößen dargestellt werden.

---

19) Vgl. Layer (1969), S. 229.
20) Vgl. ebenda, S. 233.
21) Vgl. ebenda.
22) Vgl. Schläder (1975), S. 11.
23) Vgl. Layer (1969), S. 233.
24) Vgl. ebenda, S. 236.
25) Vgl. ebenda, S. 239.

2.5.3.2 DIE ABSCHÄTZUNG DER KAUFKRAFT DES ABNEHMERS

Eine Möglichkeit, die interne Preisgrenze des Nachfragers zu ermitteln, sieht LAYER darin, den Nutzen des Nachfragers für den zur Diskussion stehenden Auftrag zu quantifizieren. Bei Investitionsgütern wird so der Versuch empfohlen, die Investitionsrechnung des Nachfragers nachzuvollziehen. In einer allgemeinen Formel zeigt LAYER u.a., wie der Anbieter bei unterstellter Kenntnis der untenstehenden Informationen eine Preisobergrenze ermitteln kann: [26]

1) Erzielbarer Erlös je Leistungseinheit, die mit dem betrachteten Investitionsobjekt erstellt wird,
2) Beschäftigungsproportionale Kosten je Leistungseinheit,
3) Anzahl der zu erstellenden Leistungseinheiten,
4) Beschäftigungsfixe Kosten des Investitionsobjektes (ohne Abschreibungen und kalkulatorische Zinsen),
5) Vom Nachfrager geforderte Mindestrentabilität des Investitionsobjektes.

Sieht man einmal von Ausnahmefällen ab, so erscheint es kaum realistisch, daß Anbieter diese Informationen in der Praxis tatsächlich beschaffen können. Aus diesem Grund wird hier auf die zugehörige Formel LAYERS nicht weiter eingegangen.[27]

Eine weitere Möglichkeit zur Abschätzung der Kaufkraft des Abnehmers sieht LAYER dann, wenn das Investitionsprojekt durch externe Berater vorbereitet wird; als Beispiele werden Großprojekte wie Staudammbau und die Errichtung kompletter Werksanlagen genannt.[28] Hier ergeben sich aus den Kostenschätzungen der Berater, auf deren Basis i.d.R. ein Finanzierungsplan erstellt wird, "Anhaltspunkte für die Bestimmung der Preisobergrenze"[29], da der Finanzierungsplan in solchen Fällen "auch meist - zumindest in groben Umrissen - veröffentlicht wird"[30]. Schließlich erwähnt LAYER noch, daß die Bereitschaft des Abnehmers, einen bestimmten Preis nicht zu überschreiten dadurch beeinflußt wird, daß der Nachfrager sich an den Preisen von vergleichbaren, früher bezogenen Leistungen orientiert.[31]

---

26) Vgl. Layer (1969), S. 234.
27) Vgl. hierzu im einzelnen ebenda, S. 234 f..
28) Vgl. ebenda, S. 235.
29) Ebenda.
30) Ebenda.
31) Vgl. ebenda.

2.5.3.3 DIE ABSCHÄTZUNG VON PREISFORDERUNGEN DER KONKURRENTEN

Nach LAYER sind vier Einflußgrößen zur Abschätzung der Preisforderungen von Konkurrenten zu beachten. Als erstes wird die Beschäftigungslage der Mitbewerber angeführt. Dabei beschränkt sich LAYERS Aussage letztlich darauf, daß die von den Konkurrenten kalkulierten Deckungsbeitragsprozentsätze bzw. Gewinnaufschlagssätze negativ korreliert sind mit der Beschäftigungslage des jeweiligen Konkurrenten zum Zeitpunkt der geplanten Realisation des betrachteten Auftrags.[32] Eine weitere Einflußgröße bilden die Kosten der Konkurrenten. Da die Leistungserstellung bei den einzelnen Anbietern i.d.R. unterschiedlich hohe Kosten verursachen dürfte, äußert LAYER die Vermutung, daß die Höhe der Preisforderungen negativ mit der Wirtschaftlichkeit der Leistungserstellungsverfahren der Konkurrenten korreliert sind.[33] Drittens darf die Konkurrenzpreisforderung nicht losgelöst von der Zielsetzung analysiert werden, welche die Konkurrenten mit ihrer Preispolitik verfolgen. Beispielhaft nennt LAYER folgende vier Zielsetzungen: [34]

1) Besonderes Interesse an einem speziellen Kunden,
2) Beschäftigung um jeden Preis,
3) Besonderes Interesse an möglichst großen Aufträgen,
4) Besonderes Interesse an dem konkreten Auftrag, da dieser zu einer Sparte gehört, die der Konkurrent in seinem Unternehmen ausbauen möchte.

Durch die zusätzliche Berücksichtigung solcher Zielsetzungen muß ein Anbieter die erwarteten Konkurrenzpreisforderungen ggf. korrigieren. Schließlich zeigt LAYER, wie aus der Analyse von bekannt gewordenen Konkurrenzgeboten vergangener Aufträge Anhaltspunkte für zukünftige Konkurrenzpreisforderungen gewonnen werden können.[35] Eine solche Analyse zielt zunächst darauf ab, pro Konkurrent zu untersuchen, wie groß jeweils der Einfluß der Auftragskosten auf die Festlegung der Höhe der Preisforderung ist. Hierzu wird für jedes erfaßte Konkurrenzgebot vergangener Aufträge das Verhältnis aus Offertpreis und Auftragskosten gebildet. Dabei will LAYER hier unter Auftragskosten die vollen Selbstkosten des Auftrags verstanden wissen, "da die durch den Auftrag *verursachten* Kosten zu stark von der Beschäftigungslage, dem Zeitraum der Auftragsdurchführung und weiteren Determinanten

32) Vgl. Layer (1969), S. 236 f..
33) Vgl. ebenda, S. 237.
34) Vgl. ebenda.
35) Vgl. hierzu auch Abschnitt 2.7 der vorliegenden Arbeit, Seite 88-101.

beeinflußt werden, während das bei den Durchschnittskosten weniger der Fall ist." [36] Da die Auftragskosten der Konkurrenten grundsätzlich unbekannt sind, behilft sich LAYER hier mit der Prämisse einer konstanten Beziehung zwischen den eigenen Auftragskosten des betrachteten Anbieters und den Auftragskosten der Konkurrenten.[37] Als Ergebnis einer solchen Analyse ergibt sich, daß die Streuung der relativen Häufigkeit der untersuchten Gebote eines Konkurrenten um so geringer ist, je mehr Gewicht der betrachtete Mitanbieter den Auftragskosten als Einflußgröße zur Bestimmung der Höhe der Preisforderung beimißt.[38] Je geringer nun die Streuung des ermittelten Preis-Kostenverhältnisses ist, desto größer ist die Wahrscheinlichkeit, mit Hilfe der ermittelten Häufigkeitsverteilung die Höhe der Konkurrenzpreisforderung für den zu bewertenden Auftrag abzuschätzen.[39]

2.5.4 DIE FESTLEGUNG DER PREISFORDERUNG IM LAYER-KONZEPT

2.5.4.1 DIE BILDUNG VON AUFTRAGSKLASSEN

Die zu bewertenden Aufträge lassen sich anhand ihrer eigenen Daten in 3 verschiedene Klassen unterteilen, für die LAYER nach teilweise weiterer Differenzierung Entscheidungsregeln zur Festlegung der Preisforderung vorgibt.[40] Zur Verdeutlichung dieser drei Auftragsklassen sei folgende Achse betrachtet:

```
| Bereich 1 |      Bereich 2        |     Bereich 3
|-----------+-----------------------+------------------>
|           |                       |
0           Preisunter-             durchschnittliche
            grenze des              Selbstkosten des
            Auftrags                Auftrags 41)
```

Abb. 2.6: Bereichsdefinition der Auftragsklassen nach LAYER

---

36) Vgl. Layer (1969), S. 238, Fußnote 24.
37) Vgl. ebenda, S. 238.
38) Vgl. ebenda.
39) Vgl. ebenda.
40) Diese Darstellung entspricht nicht den expliziten Ausführungen Layers. Sie erscheint jedoch im Sinne einer Zusammenfassung zulässig.
41) In dem dieser Darstellung zugrundeliegenden Aufsatz verwendet LAYER als Orientierungsgröße innerhalb des preispolitischen Spielraums "*durchschnittliche Selbstkosten*" des Auftrags (Layer (1969), S. 241). Problematisch dabei ist, daß eine Definition dieser Größe unterbleibt. Daß es sich hierbei um **vollkostenbasierte Auftragsselbstkosten** handelt, kann nur implizit aus der Forderung LAYERS geschlossen werden, langfristig müßten die Preise oberhalb der durchschnittlichen Selbstkosten liegen (vgl. Layer (1969), S. 242). Zur Bestätigung dieser Annahme vgl. auch Layer (1967), S. 19.

Anhand dieser Abbildung können nun in Abhängigkeit der Lage der abgeschätzten Preisobergrenze die drei Auftragsklassen wie folgt definiert werden:[42]

Klasse 1: Aufträge, deren Preisobergrenze im *Bereich 1* liegt. (Preisuntergrenze > Preisobergrenze)

Klasse 2: Aufträge, deren Preisobergrenze im *Bereich 2* liegt. (Preisuntergrenze < Preisobergrenze < durchschnittliche Selbstkosten)

Klasse 3: Aufträge, deren Preisobergrenze im *Bereich 3* liegt. (Preisobergrenze > durchschnittliche Selbstkosten)

2.5.4.2 DIE WEITEREN EINFLUSSGRÖSSEN ZUR PREISFORDERUNGSBESTIMMUNG

2.5.4.2.1 ÜBERBLICK

Aus den oben gebildeten Auftragsklassen lassen sich so noch keine konkreten Entscheidungsregeln ableiten. Hierzu bedarf es der Berücksichtigung weiterer Kriterien. In LAYERS Konzept finden sich hierzu folgende, in den nachstehenden Abschnitten zu erläuternde, Einflußgrößen:[43]

- Verbundwirkungen
- Beschäftigungssituation
- Verhältnis des Deckungsbeitrags des betrachteten Auftrags zu den Deckungsbeiträgen der erhaltenen und erwarteten Aufträge für die betrachtete Periode (im folgenden kurz als »*Auftragsqualität*« bezeichnet).

2.5.4.2.2 VERBUNDWIRKUNGEN

Die Festlegung einer Preisforderung hat grundsätzlich nicht nur Auswirkungen auf den betrachteten Auftrag selbst, sondern auch auf zukünftige Aufträge.[44] LAYER nennt hier u.a. als typische Beispiele, daß Probeaufträge mit niedrigen Preisen lukrative Aufträge nach sich ziehen, und daß zu hohe Preisforde-

42) Zu den Fällen der Gleichheit zwischen *Preisuntergrenze* und *Preisobergrenze* bzw. *durchschnittliche Selbstkosten* und *Preisobergrenze* äußert sich Layer nicht explizit.
43) Vgl. Layer (1969), S. 239 f..
44) Vgl. ebenda, S. 240.

rungen dem Anbieter den Ruf eines "*teuren*" Lieferanten einbringen können,[45] oder daß Preisforderungen bei den Nachfragern allgemein als Orientierungsgrößen für zukünftige Aufträge verwendet werden.[46]

Als allgemeine Entscheidungsregel bei Verbundwirkungen formuliert LAYER deshalb, daß die Übernahme eines Auftrags X_i dann anzustreben ist, wenn die Deckungsbeitragseinbußen der zukünftigen Aufträge X_j (mit $j \in \{1,...,n\}$ und $j \neq i$), welche durch den gerade betrachteten Auftrag verursacht werden, kleiner sind als der Deckungsbeitrag dieses Auftrags: [47]

$$DB(X_i) \overset{!}{>} \sum_{\substack{j=1 \\ j \neq i}}^{n} [\ DB(X_{j\backslash -i}) - DB(X_{j\backslash +i})\ ]$$

mit

$DB(X_i)$	:	Deckungsbeitrag des Auftrags X_i (Berechnet durch die Differenz zwischen der Preisobergrenze und den geplanten Auftragseinzelkosten. [48])
$DB(X_{j\backslash -i})$	:	Deckungsbeitrag des Auftrags X_j, unter der Voraussetzung, daß Auftrag X_i nicht ausgeführt wird.
$DB(X_{j\backslash +i})$	:	Deckungsbeitrag des Auftrags X_j, unter der Voraussetzung, daß Auftrag X_i ausgeführt wird.

Mit dieser Regel und den nachfolgenden Thesen zur Abschätzung der Verbundwirkungen bezieht sich LAYER primär auf negative Auswirkungen bezüglich der Preisobergrenzen zukünftiger Aufträge. [49]

These 1: Je größer der Informationsfluß bezüglich der Preisgebote unter den potentiellen Nachfragern ist, desto stärker ist mit negativen Verbundwirkungen zu rechnen. Das Preisangebot an Nachfrager A kann Nachfrager B als Orientierungsgröße verwenden.

These 2: Je häufiger Preisangebote mit relativ niedrigem Deckungsbeitragsprozentsatz abgegeben werden, desto stärker ist mit negativen Verbundwirkungen zu rechnen.

---

45) Vgl. Layer (1969), S. 241 f..
46) Vgl. ebenda, S. 235, ebenso Simon (1982), S. 27.
47) Vgl. Layer (1969), S. 240.
48) Vgl. ebenda, S. 242 f..
49) Vgl. ebenda, S. 246-248.

These 3: Je homogener die abgesetzten Betriebsleistungen sind, desto größer ist die Gefahr, durch eine niedrige Preisforderung bei zukünftigen Aufträgen keine höheren Preise realisieren zu können.

These 4: Je niedriger eine Preisforderung unterhalb der durchschnittlichen Selbstkosten (*vollkostenbasierte Auftragsselbstkosten*) liegt, desto schwieriger ist es, dieses Ziel bei zukünftigen Aufträgen zu realisieren.

These 5: Je wahrscheinlicher Nachfrageverschiebungen weg von der betrachteten Leistung sind, desto unbedeutender sind die negativen Verbundwirkungen einzuschätzen.

These 6: Ist eine Überholung der Fertigungseinrichtungen absehbar, die eine Produktionskostensteigerung mit sich bringt, so sind die negativen Verbundwirkungen einer niedrigen Preisforderung um so stärker zu befürchten, je weniger sich die zu erstellenden Erzeugnisse vor und nach der Betriebsmittelerneuerung unterscheiden. Bringt eine Betriebsmittelerneuerung beispielsweise auch eine Verbesserung der betrachteten Erzeugnisse mit sich, so lassen sich hierdurch leichter Preissteigerungen erklären, als wenn die Erzeugnisse unverändert bleiben.

Abschließend zu den hier angeführten Thesen[50] erläutert LAYER, daß diese im konkreten Entscheidungsfall insbesondere auf ihre Wirkung untereinander zu untersuchen seien, um die oben angeführte Entscheidungsregel für die Verbundproblematik sinnvoll einsetzen zu können.[51]

2.5.4.2.3 BESCHÄFTIGUNGSLAGE

Die Beschäftigungslage kann als eine der in der Literatur meistgenannten unternehmensinternen Einflußgrößen zur Preisforderungsbestimmung angesehen werden.[52] Dabei gilt, daß eine Preisforderung grundsätzlich um so höher festgelegt werden sollte, je besser die Beschäftigungslage in der betrachteten

---

50) Vgl. Layer (1969), S. 246-248.
Neben den hier angeführten 6 Thesen erwähnt Layer als weitere Determinante für negative Verbundwirkungen, daß die preispolitische Reaktionsmöglichkeit eines Anbieters um so geringer ist, je länger die Ausführung eines Auftrags die Kapazität des Unternehmens belegt; vgl hierzu Layer (1969), S. 248. Dieser These ist zwar grundsätzlich zuzustimmen, jedoch ist der angeführte Einfluß der Kapazitätsbelegung eines Auftrags auf Preise zukünftiger Aufträge nicht ersichtlich.

51) Vgl. ebenda, S. 248.

52) So wird in nahezu allen Modellen zur Preisbestimmung danach differenziert, ob genügend freie Kapazitäten vorhanden sind, oder ob die Beschäftigungssituation einen bzw. mehrere Engpässe aufweist.

Periode der Unternehmung ist. Diese These unterstützt auch LAYER, der zur Konkretisierung seiner Entscheidungsregeln bezüglich der Preisforderungsproblematik zwei Ausprägungen der Beschäftigungssituation unterscheidet.[53] Eine **gute** Beschäftigungslage bedeutet demnach, daß die Summe aller Deckungsbeiträge der für die betrachtete Periode erhaltenen sowie der für den gleichen Zeitraum noch erwarteten Aufträge (ohne den zur Diskussion stehenden Auftrag) bereits einen Plangewinn ergeben. Als Gegenbegriff hierzu ist eine **schlechte** Beschäftigungslage dann gegeben, wenn in der gleichen Situation die Summe der entsprechenden Deckungsbeiträge noch nicht die Gewinnzone erreicht hat.

2.5.4.2.4 AUFTRAGSQUALITÄT

Ebenso wie bei der Beschäftigungslage geht LAYER beim Kriterium Auftragsqualität von den beiden alternativen Ausprägungen »*gut*« und »*schlecht*« aus.[54] Entscheidend ist folgende Frage: "Ist der bei dem jetzigen Auftrag erzielbare Deckungsbeitrag gut (besser oder gleich groß) im Vergleich zu den Deckungsbeiträgen der bereits gebuchten Aufträge"? [55] Kann diese Frage positiv (negativ) beantwortet werden, so ist die Auftragsqualität des betrachteten Auftrags als »gut« (»schlecht«) zu bezeichnen.

LAYER läßt bei seinen Ausführungen offen, wie dieser Vergleich konkret durchgeführt werden soll. Wenig sinnvoll erscheint es z.B., von einer Durchschnittsbildung der Deckungsbeiträge aller gebuchten Aufträge auszugehen und diesen Wert absolut mit dem betrachteten Auftragsdeckungsbeitrag zu vergleichen. Hier würde keinerlei Rücksicht auf das zugrundeliegende Auftragsvolumen genommen. Eine Möglichkeit, dies zu berücksichtigen, bestünde darin, die Durchschnittsbildung auf die entsprechenden Deckungsbeitragszuschlagssätze zu beziehen und den sich hier ergebenden Wert mit dem Zuschlagssatz des aktuellen Auftrags zu vergleichen. Diese Vorgehensweise ist jedoch nur eine Vermutung, die so bei LAYER nicht angesprochen wird.

---

53) Vgl. Layer (1969), S. 239 f..
54) Vgl. ebenda, S. 241.
55) Vgl. ebenda, S. 243.

2.5.4.3 LAYERS ENTSCHEIDUNGSREGELN ZUR FESTLEGUNG DER PREISFORDERUNG

2.5.4.3.1 VORBEMERKUNGEN

Im folgenden sollen nun die sich aus der Kombination von Auftragsklasse und den gerade erläuterten »*weiteren Kriterien*«" ergebenden Entscheidungsregeln pro Auftragsklasse dargestellt werden. Dabei muß beachtet werden, daß in LAYERS Konzept nicht jedes der drei obigen Kriterien für jede Auftragsklasse relevant ist, wie nachfolgende Tabelle verdeutlichen soll:[56)]

	AUFTRAGSKLASSE		
KRITERIEN	**1**	**2**	**3**
Verbundwirkungen	relevant	relevant	relevant
Beschäftigungslage	irrelevant	relevant	relevant
Auftragsqualität	irrelevant	irrelevant	relevant

Abb. 2.7: Strukturierung der Preisentscheidungen nach LAYER

2.5.4.3.2 ENTSCHEIDUNGSREGEL FÜR AUFTRAGSKLASSE 1 [57)]

Wird festgestellt, daß die Preisobergrenze eines Auftrags kleiner ist als die Preisuntergrenze, so heißt dies, daß der betrachtete Auftrag nur zu einem Preis zu erhalten ist, der den Zielerreichungsgrad der Unternehmung verschlechtert. Deshalb ist ein solcher Auftrag für sich allein betrachtet abzulehnen und auf die Abgabe eines Angebotes zu verzichten. Lediglich durch die Berücksichtigung von Verbundwirkungen zu zukünftigen Aufträgen kann es sinnvoll sein, ein Preisangebot abzugeben, welches bei bzw. knapp unterhalb der relevanten Preisobergrenze liegt (um den Auftragszuschlag zu erhalten), auch wenn hierdurch nicht einmal die direkt zurechenbaren Auftragskosten gedeckt werden. Hierzu müssen nach obiger Entscheidungsregel die durch den betrachteten Auftrag ausgelösten Deckungsbeitragserhöhungen der zukünftigen Aufträge **größer** sein als die Kostenunterdeckung des betrachteten Auftrags.

---

56) Vgl. Layer (1969), S. 241.
57) Vgl. ebenda, S. 240-242.

2.5.4.3.3 ENTSCHEIDUNGSREGEL FÜR AUFTRAGSKLASSE 2 [58]

Liegt die Preisobergrenze eines Auftrags oberhalb seiner Preisuntergrenze, so wird mit einem Zuschlag bei einer akzeptierten Preisforderung in Höhe der Preisobergrenze der Zielerreichungsgrad der Unternehmung verbessert, unabhängig, ob die Preisobergrenze ober- oder unterhalb der durchschnittlichen Selbstkosten (vollkostenbasierte Selbstkosten) des Auftrags liegt. Die Begründung, weshalb LAYER hier trotzdem eine derartige Fallunterscheidung wählt, erklärt sich folgendermaßen.

LAYER geht davon aus, daß **langfristig** die Preisobergrenzen aller Aufträge mindestens **selbstkostendeckend** sein müssen.[59] Bei den Verbundwirkun*gen wurde bereits erwähnt, daß Preisabschlüsse für die Nachfrager als Orien*tierungsgrößen dienen. Werden nun Aufträge unterhalb ihrer durchschnittlichen Selbstkosten akzeptiert, so sieht LAYER die Gefahr, daß zukünftig Abschlüsse über den Selbstkosten schwieriger zu erzielen sein dürften, und daß deshalb die Chancen der Zielerreichung von langfristig selbstkostendeckenden Preisen sinken. LAYER gibt für Aufträge der hier betrachteten 2. Klasse zwei konkrete beschäftigungssituationsabhängige Entscheidungsregeln an.

1) Ist die Beschäftigungssituation ***gut***, so soll wegen der obigen Gefahr, "deren Umfang immer nur schwer abgeschätzt werden kann"[60], auf den Auftrag verzichtet werden. (Keine Abgabe eines Preisangebot bzw. Preisforderung oberhalb der Preisobergrenze.)

2) In einer ***schlechten*** Beschäftigungslage, " ist an sich jeder positive Deckungsbeitrag zur Verbesserung der Gewinnsituation willkommen"[61], woraus zu folgern ist, daß die Preisforderung gleich oder knapp unterhalb der Preisobergrenze des betrachten Auftrags festgelegt werden sollte.

Die Ergebnisse aus diesen Entscheidungsregeln sind schließlich noch anhand der oben besprochenen allgemeinen Entscheidungsregel für *Verbundwirkungen* zu überprüfen.[62]

---

58) Vgl. Layer (1969), S. 245.
59) Vgl. ebenda, S. 242 und 245.
60) Ebenda, S. 245.
61) Vgl. ebenda, S. 245.
62) Die Wirkung einer Preisforderung unterhalb der *durchschnittlichen Selbstkosten* ist eigentlich auch den Verbundwirkungen zuzuordnen und bräuchte deshalb nicht explizit betrach-

2.5.4.3.4 ENTSCHEIDUNGSREGEL FÜR AUFTRAGSKLASSE 3

Liegt die Preisobergrenze eines Auftrags oberhalb der durchschnittlichen Selbstkosten (vollkostenbasierte Auftragsselbstkosten), so gilt als grundsätzliche Entscheidungsregel, daß die Preisforderung gleich oder knapp unterhalb der angenommenen Preisobergrenze festzulegen ist, um den Auftragszuschlag mit relativer Sicherheit zu erhalten.[63)] Von dieser Regel nennt LAYER die nachfolgenden Ausnahmen.

1) Hat die Unternehmung die Zielgröße Gewinn nicht als Maximierungs-, sondern als Satisfizierungsziel definiert, so kann die Preisforderung gegebenenfalls von der Preisobergrenze auch stärker nach unten (bis hin zu den durchschnittlichen Selbstkosten plus Gewinnaufschlag) abweichen.[64)]

2) Liegt die Auftragsqualität des betrachteten Auftrags bei »*guter*« Beschäftigungssituation deutlich unterhalb der Deckungsbeiträge der bereits erhaltenen Aufträge, so empfiehlt LAYER grundsätzlich, auf den Auftrag zu verzichten. Hier soll die Preisforderung oberhalb der Preisobergrenze festgelegt, bzw. ganz auf die Abgabe eines Angebots verzichtet werden.[65)]

3) Wird in einer »*schlechten*« Beschäftigungssituation auch die Qualität des betrachteten Auftrags als »*schlecht*« eingestuft, so soll nur nach obiger Entscheidungsregel verfahren werden, wenn nicht " in der Zeit bis zur erfolgten Abwicklung der vorhandenen Aufträge mit weiteren Anfragen und besseren Preisbedingungen, d.h. höheren Preisobergrenzen, gerechnet werden kann." [66)]

Grundsätzlich gilt, wie schon für die Aufträge der Auftragsklasse 2, daß die Ergebnisse aus den hier angegebenen Entscheidungsregeln noch anhand der Entscheidungsregel für Verbundwirkungen überprüft und gegebenenfalls revidiert werden müssen.

---

tet zu werden, weil die Konsequenzen durch die allgemeine Entscheidungsregel für Verbundwirkungen (vgl. Abschnitt 2.5.4.2.2, Seite 60 f.) erfaßt werden. Da Layer jedoch diese Auftragskategorie separat analysiert, wurde in der vorliegenden Darstellung entsprechend verfahren, und somit die Auswirkung von Preisforderungen unterhalb der *durchschnittlichen Selbstkosten* auf Preisobergrenzen zukünftiger Aufträge getrennt von den übrigen Verbundwirkungen betrachtet.

63) Vgl. Layer (1969) S. 242-245.

64) Vgl. ebenda, S. 244.

65) Vgl. ebenda, S. 244 f..

66) Ebenda, S. 245.

2.5.5 BEWERTUNG DES LAYER-KONZEPTES

2.5.5.1 BEWERTUNG DER PREISUNTERGRENZEN DES LAYER-KONZEPTES

Neben LAYERS Ablehnung einer liquiditätsorientierten Preisuntergrenze, der in dieser Arbeit uneingeschränkt zugestimmt wird,[67] bezieht sich die folgende Kritik ausschließlich auf LAYERS erfolgsorientierte Preisuntergrenze. Die Bestimmung von Preisuntergrenzen in LAYERS Konzept weist eine starke Verwandtschaft zur ***Relativen Einzelkostenrechnung*** nach RIEBEL auf. Auch hier werden einem Auftrag wie beim *Identitätsprinzip* nur die Kosten zugerechnet, welche ausschließlich aus der Entscheidung resultieren, den betrachteten Auftrag auszuführen.[68] Die Summe aller Einzelkosten des betrachteten Auftrags entspricht damit der Preisuntergrenze.[69] Als entscheidender Vorteil dieser Vorgehensweise gilt primär die durch den strengen Verzicht von Gemeinkostenschlüsselung erreichte Willkürfreiheit einer solchen Kostenzurechnung.[70]

Diesem unbestreitbaren Vorteil stehen allerdings insbesondere aus praxisorientierter Sicht nicht zu unterschätzende Probleme gegenüber, wie im folgenden am Beispiel der Personalkosten sowie der Betriebsmittelkosten dargestellt werden soll. Die praktische Umsetzung der Preisuntergrenzenermittlung nach LAYERS Konzept erfordert ein relativ hohes Informationsniveau. Diese These kann folgendermaßen begründet werden: Bei der von LAYER empfohlenen einzelauftragsabhängigen Personaldisposition wird grundsätzlich davon ausgegangen, daß das Personal zum nächstmöglichen Kündigungstermin entlassen werden soll. Hierzu kann zunächst angemerkt werden, daß ein solches Vorgehen zwar theoretisch einwandfrei ist. Praktisch hingegen dürfte es kaum möglich sein, insbesondere bezüglich höher qualifizierter Mitarbeiter eine so kurzfristig orientierte Personaldisposition zu realisieren. Darüber hinaus stellt sich folgendes Problem: Es gibt einen Zeitpunkt, an dem Aufträge nur noch dann ausgeführt werden können, wenn gleichzeitig die Entscheidung über die Weiterbeschäftigung von Personal über den nächsten Kündigungstermin hinaus getroffen wird. Nach LAYER müssen dann

67) Vgl. Abschnitt 3.2.1.1.4, Seite 111 f..
68) Vgl. Riebel (1990), S. 286.
69) Vgl. Layer (1969), S. 229, Fußnote 11.
70) Vgl. Gayer (1988), S. 183, Männel (1983) S. 204, Moews (1967), S. 205, Plinke (1986), S. 604, Riebel (1972), S. 26 f., Witt (1986), S. 116.

die durch die Weiterbeschäftigung anfallenden Personalkosten vollständig von dem zu bewertenden Auftrag gedeckt werden[71] bzw. von den noch nicht verplanten Deckungsbeiträgen der zukünftigen Aufträge, für die das zur Disposition stehende Personal ebenfalls benötigt wird.

Bei deterministischer Betrachtung mag eine solche Vorgehensweise möglich sein. In diesem Fall ließen sich dann auch zieloptimale Entscheidungen ableiten. Praktisch hingegen können die zukünftigen Aufträge und insbesondere deren Deckungsbeiträge höchstens unter Risiko bzw. Unsicherheit abgeschätzt werden; das vorhandene Informationsniveau ist wesentlich geringer als das von LAYER unterstellte. Eine explizite Berücksichtigung der in der Realität existierenden Ungewißheit wird zum einen von LAYER nicht aufgezeigt. Unabhängig hiervon dürfte eine derartige Berücksichtigung für das Tagesgeschäft eines Auftragsfertigers, wenn überhaupt, dann grundsätzlich kaum mit vertretbarem Aufwand realisierbar sein. Selbst wenn eine Ermittlung mit vertretbarem Aufwand möglich wäre, ist zu beachten, daß die Preisuntergrenzen dann nur noch als unsichere bzw. risikobehaftete Größen vorliegen, woraus sich zusätzliche Interpretationsprobleme ergeben. Darüber hinaus muß noch die Gefahr beachtet werden, daß hier durch eine bewußt zu großzügige Schätzung von erwarteten Deckungsbeiträgen Preisuntergrenzen nach unten manipuliert werden können und umgekehrt, wodurch der eigentliche Vorteil dieses Verfahrens, die Willkürfreiheit, gefährdet wird.

Praktikabler als LAYERS Vorgehensweise erscheint es dagegen, die Kosten der Weiterbeschäftigung des Personals über den nächsten Kündigungstermin hinaus keinem einzelnen Auftrag bzw. allen »*potentiellen*« Aufträgen zuzurechnen, sondern in einem allgemeinen **Deckungsbudget** zu berücksichtigen.[72]

Neben dieser Argumentation am Beispiel der *Personalkosten* kann am Beispiel der *Betriebsmittelkosten* gezeigt werden, daß die in LAYERS Konzept angestrebte Willkürfreiheit letztlich nur dann gesichert ist, wenn eine Integration zwischen der Kosten- und Leistungsrechnung auf der einen und der

71) "Bei *Arbeitskräften* werden jene Kosten durch die Ausführung des Auftrags verursacht, die infolge ihrer Weiterbeschäftigung über den nächsten Kündigungstermin hinaus entstehen." Layer (1969), S. 228.

72) Zur Bildung von **Deckungsbudgets** als Möglichkeit der Berücksichtigung *nicht direkt zurechenbarer Gemeinkosten* bei der Angebotspreisbestimmung vgl. Abschnitt 3.5.3, Seite 234-237.

Investitionsrechnung auf der anderen Seite existiert.[73] So kann die zusätzliche Beschaffung von Betriebsmitteln, über die in der Regel im Rahmen der Investitionsrechnung entschieden wird, hier nur dann erfolgen, wenn konkret erwartete Deckungsbeiträge diese Investitionsausgabe decken.[74] Investitionsentscheidungen haben also in diesem Konzept automatisch direkte Auswirkungen auf die Preisuntergrenzenbestimmung. Eine solche Integration ist zwar grundsätzlich positiv zu bewerten und auch anzustreben, jedoch muß berücksichtigt werden, daß diese wiederum nur mit einem äußerst hohen Informationsniveau erreicht werden kann, welches so in der Praxis wohl nur in Ausnahmefällen existiert.[75]

Bezüglich der Praktikabilität des Identitätsprinzips kann somit SCHERRER zugestimmt werden. Es gilt: "Die konsequente Anwendung des Identitätsprinzips bei der Zuordnung der Kosten auf die Bezugsobjekte unter Beachtung der strengen Zuordnungsregeln ist nur bei einer **Totalrechnung** möglich." [76] Praktisch dürfte es jedoch nicht zuletzt wegen der Unsicherheit der Zukunftsdaten grundsätzlich unmöglich sein, Totalrechnungen zu erstellen; ganz abgesehen vom Aufwand solcher Planungsmodelle.[77]

2.5.5.2 BEWERTUNG DER PREISOBERGRENZE DES LAYER-KONZEPTES

Auch im Rahmen der Preisobergrenze des LAYER-Konzeptes bestätigt sich die These, daß hier ein relativ hohes Informationsniveau vorausgesetzt wird. So erscheint LAYERS erster Vorschlag, zur Abschätzung der Kaufkraft des Nachfragers eine Nutzenschätzung des Abnehmers für ein Investitionsgut mit Hilfe einer Formel zu berechnen, kaum praktikabel. Diese Einschätzung kann mit dem Argument begründet werden, daß die für die Formel relevanten nachfragerbezogenen Informationen wie z.B. Absatzpreise und variable Kosten pro Leistungseinheit, die mit dem Investitionsgut gefertigt werden, oder die Anzahl der abzusetzenden Leistungseinheiten für den Anbieter grundsätzlich unbekannte Größen darstellen dürften. Unbestreitbar ist jedoch, daß bei Vorliegen der von LAYER geforderten Informationen ein höchst relevanter Eckpunkt des

---

73) Diese Integration kann als typisches Element einer "*(Relativen) Einzelkostenrechnung*" im Sinne Riebels angesehen werden. Vgl. Riebel (1990), S. 368.

74) Vgl. Layer (1969), S. 229.

75) Vgl. Laßmann (1973), S. 16.

76) Scherrer (1983), S. 91, ähnlich z.B. Kilger (1988), S. 97 f., Kloock/Sieben/Schildbach (1991), S. 245, Laßmann (1973), S. 15 f..

77) Vgl. Bechtel (1974), S. 2.

preispolitischen Spielraumes exakt bestimmt werden kann. Insofern scheint es nicht gerechtfertigt, eine solche Vorgehensweise kategorisch abzulehnen, nur weil obige Informationen in der Praxis beim Anbieter regelmäßig nicht existieren bzw. nicht deterministisch bestimmt werden können. Vielmehr sollte die von LAYER aufgezeigte Chance der Abschätzung der Kaufkraft des Abnehmers insofern genutzt werden, als mit möglichst *beschränktem Aufwand* die Ausgangsinformationen grundsätzlich für jeden Auftrag abgeschätzt werden und ein maximaler Anschaffungspreis mit Hilfe der Formel bestimmt wird. Ist man sich der Unsicherheit einer solchen Größe bewußt, so dürfte die Gefahr einer evtl. Überbewertung bezüglich der Aussagefähigkeit des ermittelten Preises relativ gering sein. Darüber hinaus sollte sich im Zeitablauf durch eine ständige Kontrolle anhand der tatsächlichen Abschlüsse die Relevanz dieser Größe abzeichnen.

Die zweite Möglichkeit der Abschätzung der Kaufkraft des Abnehmers, die Orientierung an Veröffentlichungen, mag für Großaufträge praktikabel sein. Außerhalb des Großanlagen-, Schiffsbaus oder von Aufträgen in der Baubranche hingegen scheidet eine solche Möglichkeit wohl grundsätzlich aus.

Als äußerst relevant und praktikabel erscheint LAYERS letzter Vorschlag zur Abschätzung der Kaufkraft des Abnehmers, die Berücksichtigung von Preisen vergangener Aufträge. Diese Einflußgröße hat den Vorteil, daß sie dem Anbieter exakt vorliegt. Geklärt werden müßte allerdings noch, wie die Vergleichbarkeit der abgeschlossenen Aufträge und des zu bewertenden Auftrags hergestellt werden kann. Als weiteres Problem sei hier schließlich noch erwähnt, daß wohl kaum alle Nachfrager diese Einflußgröße im gleichen Maße berücksichtigen. Hier könnte ggf. durch die Erfahrung aus früheren Verhandlungen mit den Nachfragern die individuelle Bedeutung von Preisen vergangener Aufträge abgeschätzt werden.

Die zweite Einflußgröße zur Bestimmung einer Preisobergrenze im Konzept LAYERS sind die *Konkurrenzpreisforderungen*. Allein die Aufzählung der Einflußgrößen (Beschäftigung, Wirtschaftlichkeit des Leistungserstellungsverfahrens und die Zielsetzung der Konkurrenten) ist aus theoretischer, aber nicht minder auch aus praktischer Sicht positiv zu bewerten. Dadurch, daß ein Entscheidungsträger sich solche Wirkungsweisen bewußt macht, erscheint es tendenziell eher möglich, die »Intuition des Verkäufers« als regelmäßig anzutreffende Einflußgröße zur Bestimmung von Preisobergrenzen zu systematisieren. Hierdurch dürfte es letztlich für Dritte eher möglich sein, die jeweilige Entscheidung des Entscheidungsträgers nachzuvollziehen bzw. zu überprüfen.

Auf den von LAYER im Rahmen der Abschätzung der Konkurrenzpreisforderungen vorgeschlagenen Einsatz von Instrumenten, die heute unter der Bezeichnung »COMPETITIVE BIDDING MODELS« bekannt sind, soll an anderer Stelle explizit eingegangen werden.[78] Grundsätzlich sei hier jedoch angeführt, daß ein solcher Hinweis äußerst positiv zu bewerten ist, insbesondere wenn man berücksichtigt, daß LAYERS Aufsatz bereits 1969 erschien.

2.5.5.3 BEWERTUNG DER FESTLEGUNG DER PREISFORDERUNG IM LAYER-KONZEPT

Grundsätzlich gilt, daß die preispolitische Flexibilität der Verantwortlichen für die Preisbestimmung um so größer wird, je weniger Kosten ein Kostenrechnungssystem direkt auf die absatzbestimmten Leistungen zurechnet. Diese an sich positive Feststellung kann negativ formuliert heißen, daß durch eine derartige Kostenzurechnung die Unsicherheit der Verantwortlichen bezüglich der Preispolitik wächst und hierdurch z.B. im Vergleich mit einer Vollkostenrechnung der Bedarf zusätzlicher, absatzmarktorientierter Entscheidungshilfen wesentlich deutlicher wird. Hierzu bietet LAYER den Entscheidungsträgern mit Hilfe einer Fallunterscheidung differenzierte Entscheidungsregeln an, wobei von 3 Auftragstragsklassen ausgegangen wird.

Die Entscheidungsregel, daß Aufträge, die einen Preis nur unterhalb ihrer Preisuntergrenze erzielen (**Auftragsklasse 1**) abzulehnen sind, findet sich in nahezu jeder Veröffentlichung zu diesem Thema. Seltener anzutreffen sind dagegen Hinweise, daß mögliche Verbundbeziehungen des betrachteten Auftrags zu zukünftigen Aufträgen auch abweichende Entscheidungen begründen können. LAYER begnügt sich in seinem Konzept jedoch nicht mit einem bloßen Hinweis auf diese Problematik, sondern betrachtet die Verbundwirkungen explizit und formuliert hierzu eine allgemeine, grundsätzlich relevante Entscheidungsregel. Ebenso positiv ist LAYERS Versuch zu bewerten, konkrete Determinanten für negative Verbundwirkungen zu bestimmen.

Problematisch in LAYERS Konzept ist hingegen die Relevanz der Größe *durchschnittliche Selbstkosten* zu sehen, die mit dem Argument der Verbund-

---

78) Vgl. Abschnitt 2.7, Seite 88-101.

wirkungen begründet wird. Abgesehen davon, daß eine objektive Selbstkostenermittlung unmöglich ist,[79] stellt sich zum Beispiel die Frage, ob LAYER mit der Entscheidungsregel, alle Aufträge unterhalb der vollkostenbasierten Auftragsselbstkosten abzulehnen, falls die Beschäftigungssituation »**gut**« ist,[80] die Verbundwirkung einer solchen Preissetzung nicht überschätzt. Bei besonders niedrigen Deckungsbeiträgen wird der Anbieter dem Nachfrager sicherlich erklären, daß dies ein »*Vorzugsangebot*« ist, das nur für diesen Ausnahmefall gilt. Je geringer dann die Gefahr ist, daß Konkurrenten bzw. andere potentielle Nachfrager von diesem niedrigen Abschluß erfahren, umso geringer ist die Gefahr von zukünftigen negativen Verbundwirkungen. Indem LAYER jedoch die Auftragsselbstkosten als definitive Größe zur Trennung von Auftragsklassen benutzt, werden <u>flexible Entscheidungen</u> - wie im obigen Beispiel - gefordert, verhindert. Sinnvoller erschiene es hier, die Verbundwirkung von »*niedrigen*« Preisen als eine von mehreren Einflußgrößen der Verbundwirkungen im Rahmen der allgemeinen Entscheidungsregel für Verbundwirkungen zu berücksichtigen.[81] Darüber hinaus kann grundsätzlich die Frage gestellt werden, ob die Größe "*durchschnittliche Selbstkosten*" sinnvollerweise als Preisorientierungsgröße verwendet werden sollte. Im Rahmen einer Teilkostenrechnung, die LAYER im Bereich der Preisuntergrenzenermittlung eindeutig präferiert, könnte als Orientierungsgröße zum sinnvollen Vergleich zwischen Aufträgen beispielsweise ein durchschnittlich anzustrebender Deckungsbeitragszuschlagssatz auf die Preisuntergrenze verwendet werden. Dabei muß jedoch davor gewarnt werden, den Angebotspreis allein auf Basis einer solchen Größe zu bestimmen, da jedes schematische »Preiskalkulieren« im Sinne einer *Kosten-plus-Vorgehensweise* die am Absatzmarkt unbedingt notwendigen Flexibilität bei der Preisbestimmung einschränkt.

Zu LAYERS Klassifizierung der Beschäftigungssituation ist anzumerken, daß sich eine Zweiteilung in »*gut*« und »*schlecht*« wohl aus dem Bemühen begründet, die Fallunterscheidungen nicht »explodieren« zu lassen. Für praktische Anwendungen erscheint es hingegen notwendig, insbesondere die »*schlechte*« Beschäftigungssituation weiter zu strukturieren, um flexiblere Entscheidungen treffen zu können und sich nicht mit der Aussage begnügen zu müssen, daß grundsätzlich in einer »schlechten« Beschäftigungssituation

---

79) Vgl. Seite 24 f..
80) Vgl. Layer (1969), S. 245.
81) Vgl. Seite 65, Fußnote 62.

jeder positive Deckungsbeitrag willkommen ist.[82] Vorstellbar wäre hier zum Beispiel, daß die Dringlichkeit der Hereinnahme eines Auftrags von der Höhe des Deckungsbeitrages und der Ausprägung der Beschäftigungssituation in einer stärker strukturierten Skala abhängig gemacht wird.

Schließlich soll noch auf LAYERS Kriterium der Auftragsqualität eingegangen werden. Kritisch ist hier zunächst anzumerken, daß keine Begründung angeführt wird, weshalb der Deckungsbeitrag eines zu bewertenden Auftrags mit den Deckungsbeiträgen aller eingeplanten Aufträge verglichen werden muß.[83] Denkbar wäre hier, ähnlich der Argumentation bei der Relevanz der durchschnittlichen Selbstkosten, daß LAYER mit *negativen Verbundwirkungen* für zukünftige Aufträge rechnet, die sich durch ein generelles Sinken der Deckungsbeiträge zeigen. Auch hierzu ist anzumerken, daß solche Verbundwirkungen grundsätzlich besser durch die allgemeine Entscheidungsregel zur Berücksichtigung von Verbundwirkungen erfaßt werden sollten. Darüber hinaus erscheint es sinnvoll, die Auftragsqualität, welche zweifelsohne ein wichtiger Entscheidungsfaktor zur Bestimmung der Preisforderung sein sollte, mit anderen Maßstäben als den Deckungsbeiträgen aller konkret erhaltenen bzw. den geplanten Aufträgen zu messen. Schließlich besteht hier die Gefahr des von SCHMALENBACH so treffend formulierten Vergleichs von »*Schlendrian mit Schlendrian*«. Hier ist, wenn überhaupt, nur die Unternehmensleitung konkret gefordert, z.B. auftragsgruppenweise differenzierte Skalen zur Klassifizierung von Deckungsbeiträgen bzw. -prozentsätzen zu erarbeiten.

Abschließend sei folgendes festgehalten. LAYERS Konzept ist grundsätzlich positiv zu bewerten, weil es den Versuch darstellt, unter der primären Zielsetzung der theoretischen Exaktheit dennoch praktische Hilfestellung zur Problematik der Preisforderungsbestimmung in der Kundenfertigung zu geben. Die Kritik an einzelnen Punkten soll diesen Gesamteindruck nicht schmälern, sondern im Kapitel 3 der vorliegenden Arbeit als Anregung zur verstärkten Praxisorientierung eines zu erstellenden Preisbestimmungsansatzes für die *auftragsorientierte Fertigung* dienen.

---

82) Vgl. Layer (1969), S. 245.

83) Der Deckungsbeitrag des betrachteten Auftrags "muß sodann mit den Deckungsbeiträgen der bereits 'gebuchten' und der auf Grund der abgegebenen Angebote in Aussicht stehenden Aufträge verglichen werden." Layer (1969), S. 243.

2.6 DAS PLINKE-KONZEPT

2.6.1 VORBEMERKUNGEN ZUM PLINKE-KONZEPT

In seiner 1985 veröffentlichten Habilitationsschrift "Erlösplanung im industriellen Anlagengeschäft" stellt Wulff PLINKE das interne Rechnungswesen sowie die Absatzwirtschaft in den Mittelpunkt der Betrachtung.[1] Unter spezieller Berücksichtigung der Besonderheiten in der Anlagenindustrie versucht er u.a., konkrete Hilfestellung bei der Bestimmung von Angebotspreisen zu geben.
Da grundsätzlich nicht ex-ante ausgeschlossen werden kann, daß diese Lösungsansätze auch für die in der vorliegenden Arbeit betrachteten Auftragsfertiger geeignet sind, soll das Konzept PLINKES hier genauer betrachtet werden. Allerdings wird der Schwerpunkt der Darstellung und Analyse auf die erste Phase der Erlösplanung beschränkt, in der für eine Kundenanfrage ein Angebotspreis, in PLINKES Terminologie "Planerlös I",[2] festgelegt werden muß. Auf die ggf. nachfolgende Verhandlungsproblematik zwischen Anbieter und Nachfrager, die PLINKE schwerpunktmäßig verhaltenstheoretisch untersucht, wird nur am Rande eingegangen.[3]

2.6.2 DIE KOSTENDEFINITION NACH PLINKE

In der Betriebswirtschaftslehre hat sich bis heute keine Definition des Kostenbegriffs eindeutig durchsetzen können.[4] Eine häufig anzutreffende Definition bezeichnet Kosten als "den bewerteten sachzielbezogenen Güterverzehr einer Periode".[5] Im Unterschied dazu definiert PLINKE Kosten, allerdings speziell bezogen auf die Erlösplanung im Rahmen der Projektabrechnung, als "periodisierte Ausgaben oder Ausgabenäquivalente zur Bestimmung eines Deckungsbedarfs"[6], wobei PLINKE die Begriffe »*Ausgaben*« und

---

1) Vgl. Plinke (1985).
Darüber hinaus wurden zur Darstellung dieses Konzeptes zwei weitere Aufsätze Plinkes zum gleichen Thema genutzt: vgl. Plinke (1984), ders. (1986).
2) Vgl. Plinke (1985), S. 10.
3) Vgl. hierzu Plinke (1985), S. 63-146. Zu der in dieser Arbeit nicht behandelten Problematik der Abwicklungsphase (*Prozeß nach Vertragsabschluß*) vgl. ebenda, S. 147-166.
4) Vgl. Kloock/Sieben/Schildbach (1991), S. 26, Riebel (1990), S. 409-429, Schweitzer/Küpper (1986), S. 28 und die dort angegebene Literatur, Vormbaum (1977), S. 9.
5) Kloock/Sieben/Schildbach (1991), S. 26,
vgl. ähnlich z.B.: Eisele (1990), S. 512, Haberstock (1987), S. 72 f., Hummel/Männel (1990), S. 69, Kilger (1987), S. 8, Kosiol (1979), S. 14 f., Moews (1989) S. 15, Scherrer (1991), S. 32, Schweitzer/Küpper (1986), S. 147, Vormbaum (1977), S. 13.
6) Plinke (1985), S. 26.

»*Auszahlungen*« abweichend von der Terminologie dieser Arbeit[7] synonym verwendet.[8] Abgesehen von der engeren Zweckbezogenheit dieser Definition sind zwei Unterschiede markant.

1) PLINKE beschränkt sich **nicht auf eine Periode**.[9]

Eine solche Vorgehensweise wird verständlich, wenn man sich PLINKES Kalkulationsobjekte vor Augen führt. Diese weisen sehr lange Projektepisoden auf, die wohl regelmäßig über den Planungshorizont einer "normalen" Kostenrechnung[10] hinausgehen.[11] Es macht wenig Sinn, in einer Planungsrechnung, z.B. zur Ermittlung des Angebotspreises einer Anlage, deren Herstellung über mehrere Jahre dauert, nur die Kosten bis zum Planungshorizont der Kostenrechnung zu berücksichtigen. Vielmehr muß sich hier der Planungshorizont der Kostenrechnung an die Projektepisode anpassen. Da dies jedoch für jedes Kalkulationsobjekt eines Anlagen-Anbieters gilt, scheint es sinnvoll, hier grundsätzlich von einer Periodisierung abzusehen und statt dessen die einzelnen Projekte als zentrale Zurechnungsobjekte anzusehen.[12]

Um eventuellen Mißverständnissen vorzubeugen, sei hier angemerkt, daß die von PLINKE konzipierte Projektabrechnung nicht als Ersatz, sondern als **Ergänzung** der herkömmlichen Betriebsabrechnung angelegt ist.[13] PLINKE versucht, innerhalb einer periodenorientierten Kostenrechnung mit üblichem kurzfristigem Planungshorizont die speziellen Bedürfnisse einer langfristig orientierten Projektabrechnung zusätzlich zu berücksichtigen.[14]

---

7) In der vorliegenden Arbeit werden nach KLOOCK/SIEBEN/SCHILDBACH »*Auszahlungen*« als "Abnahmen des Bestandes (Fonds) an liquiden Mitteln" und »*Ausgaben*« als "Abnahmen des Fonds: »liquide Mittel plus Forderungen abzüglich Schulden«" definiert. Vgl. hierzu ausführlich Kloock/Sieben/Schildbach (1991), S. 22-24.
Da PLINKE später in seinem Konzept explizit auf die "Notwendigkeit der Einbeziehung des Zeitfaktors und der damit erforderlichen Verzinsung der Zahlungsgrößen" (Plinke (1985), S. 52) mit Hilfe einer Barwertrechnung eingeht, kann unterstellt werden, daß PLINKES »*Ausgaben*« bzw. »*Einnahmen*« nach der Terminologie der vorliegenden Arbeit als »*Auszahlungen*« bzw. »*Einzahlungen*« zu interpretieren sind.

8) Vgl. Plinke (1985), S. 1, Fußnote 1.

9) Vgl. Plinke (1984), S. 268 f., ders. (1985), S. 24.

10) Regelmäßig kann ein Jahr als Planungshorizont einer Kostenrechnung angesehen werden. Vgl. hierzu Kilger (1988), S. 364-369.

11) Vgl. Plinke (1985), S. 40, Plinke (1986), S. 601, Diehl (1977), S. 175, Hay (1991), S. 115.

12) "Aufgrund der Langfristigkeit der Projektepisode entfällt diese Periodisierungsnotwendigkeit in einem projektorientierten Rechnungswesen. Nicht die Periode, sondern das Projekt ist das zentrale Zurechnungsobjekt" (Plinke (1985), S. 24).

13) Vgl. Plinke (1986), S. 612, vgl. hierzu auch Hay (1991), S. 114.

14) Vgl. Plinke (1985), S. 172.

2) Die obige Kostendefinition nach PLINKE knüpft nicht am Güterverzehr, sondern an den **Auszahlungen** bzw. **Auszahlungsäquivalenten** an. [15]

PLINKE zerlegt die Kosten nach der üblichen Definition zunächst in eine Mengenkomponente, dem Güterverzehr und eine Wertkomponente, dem zugehörigen Preis. Interpretiert man den »Preis« als vergangene, gegenwärtige oder zukünftige Auszahlung für das beschaffte bzw. zu beschaffende Gut, so existieren unter Ausklammerung der kalkulatorischen Kosten lediglich zeitliche Unterschiede zwischen dem bewerteten Güterverzehr und der entsprechenden Auszahlung. PLINKE argumentiert dann, daß der Güterverzehr primär als "das ausschlaggebende Kriterium für die Periodisierung der ökonomisch relevanten" Auszahlungen benötigt wird.[16] Da im Anlagengeschäft jedoch, wie unter 1) erläutert, eine Periodenorientierung wenig sinnvoll erscheint, können hier zunächst, abgesehen von den nachfolgend behandelten kalkulatorischen Kosten, Auszahlungen und Kosten als bewerteter Güterverzehr gleichgesetzt werden.
Die **kalkulatorischen Kosten**, die unabhängig von tatsächlichen Ausgaben angesetzt werden,[17] interpretiert PLINKE als **materielle Auszahlungserwartungswerte** (kalk. Abschreibungen/Wagnisse) bzw. als **Deckungsbudgets für die Bereitstellung von Eigenkapital**. Sie stellen in diesem Sinne "ein finanzielles Opfer in Form des Verzichts auf Einnahmen aus der Alternativinvestition des Kapitals" dar (kalk. Eigenkapitalzinsen/Miete/Unternehmerlohn).[18] Da PLINKE den Deckungsbedarf explizit in seine Kostendefinition mit aufnimmt, werden also auch die kalkulatorischen Kosten erfaßt.

2.6.3 DIE PREISUNTERGRENZE IM PLINKE-KONZEPT

2.6.3.1 DIE PLANUNG DES DECKUNGSBEDARFS FÜR EINZELKOSTEN [19]

Einzelkosten eines Projektes sind nach PLINKE "die durch die Entscheidung über das Projekt ausgelösten Ausgaben (bzw. Einnahmenverzichte)".[20] Da wegen der Langfristigkeit des Anlagengeschäfts die Zahlungszeitpunkte nicht vernachlässigt werden dürfen, schlägt PLINKE vor, sämtliche Projekt-

15) Vgl. Plinke (1984), S. 268.
16) Plinke (1985), S. 24.
17) Vgl. Freidank (1979), S. 253, Moews (1989), S. 89, Schweitzer/Küpper (1986), S. 44.
18) Plinke (1985), S. 26.
19) Vgl. ebenda, S. 38 f..
20) Ebenda, S. 38. Diese Einzelkostendefinition lehnt sich stark an die entsprechende Definition Riebels an, vgl. z.B. Riebel (1990), S. 372.

einzelkosten auf den Vertragszeitpunkt ab - bzw. bei Ausgaben vor Vertragsabschluß (z.B. Angebotserstellungskosten), aufzuzinsen.[21] Auf die Höhe des anzuwendenden Kalkulationszinsfußes geht PLINKE nicht ein, sondern verweist hier auf die einschlägige Literatur.[22] Als Ergebnis dieser Rechnung ergibt sich der Barwert der Projekteinzelkosten.[23]

2.6.3.2 DIE PLANUNG DES DECKUNGSBEDARFS FÜR GEMEINKOSTEN

Projektgemeinkosten im Konzept PLINKES sind Kosten, "die nicht auf ein einzelnes Projekt, sondern auf eine begrenzte oder unbegrenzte Zahl von Projekten bezogen sind."[24] Da eine Periodisierung gemäß der herkömmlichen Betriebsabrechnung für das Anlagengeschäft, wie oben erläutert, grundsätzlich abgelehnt wird, schlägt PLINKE vor, die Projektgemeinkosten zunächst auf bestimmte Sammelkonten, den sogenannten Pools zu buchen, um dann später eine Weiterverrechnung auf die einzelnen Projekte durchzuführen. Somit stellen die Pools das "fehlende Bindeglied zwischen der kurzperiodischen Betriebsabrechnung und der langfristigen Projektabrechnung" dar.[25] Diese Pools lassen sich nach PLINKE folgendermaßen strukturieren:[26]

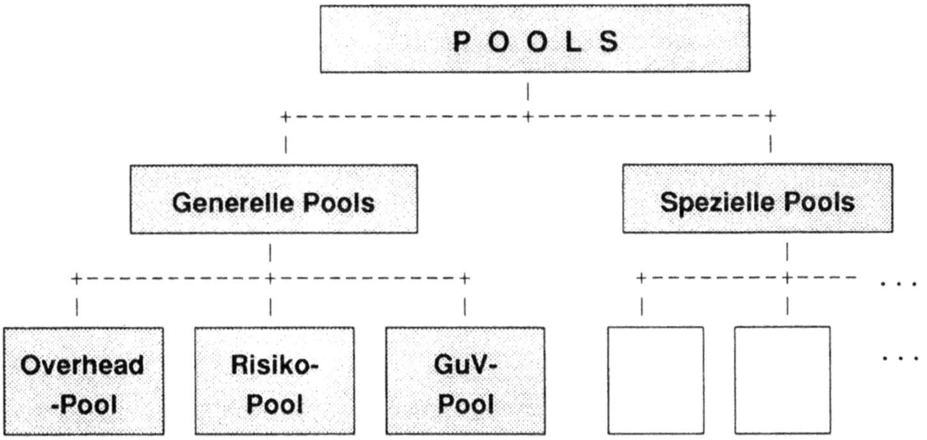

Abb. 2.8: (Gemeinkosten-) Pool-Strukturierung nach PLINKE

21) Vgl. Plinke (1985), S. 38 f., vgl. hierzu auch Layer (1982), S. 752.
22) Vgl. Plinke (1985), S. 38.
23) Vgl. ebenda, S. 39.
24) Ebenda, S. 39.
25) Ebenda, S. 42.
26) Vgl. ebenda, S. 44 f..

Generelle Pools sind im Gegensatz zu speziellen Pools nicht abhängig von speziellen Projekten, sondern bestehen grundsätzlich mit unbeschränkter Lebensdauer.[27] Im Overhead-Pool werden Kosten gesammelt, "die nicht in die Kostenträgerrechnung weiterfließen" sollen.[28] Die Errechnung der Wagniskosten in der Kostenartenrechnung wird durch den Risikopool für die projektspezifischen Risiken ersetzt.[29] Schließlich dient der GuV-Pool (Gewinn- und Verlust-Pool) "für das Auffangen von ungeplanten Projektverlusten bzw. Auftragsverlusten"[30]. Diese drei Pools sieht PLINKE als minimale Gliederung der generellen Pools an,[31] die im Einzelfall problemlos erweitert werden kann.

Den **speziellen Pools** werden sämtliche Projektgemeinkosten zugewiesen, welche "nicht in der Periodenrechnung geführt werden, sondern direkt aus der Grundrechnung der Ausgaben übernommen werden".[32] Anders ausgedrückt, wird hierunter der von einer begrenzten Anzahl von Projekten verursachte Deckungsbedarf verstanden.
Damit die Verzinsung des in den Pools gebundenen Kapitals bei der Weiterverrechnung auf die Projekte berücksichtigt wird, muß die Kapitalverzinsung innerhalb der Pools erfolgen. Um dabei eine Doppelerfassung zu vermeiden, muß jeweils der verzinste Poolsaldo "aus der pauschalen Berechnung in der Kostenartenrechnung herausgenommen"[33] werden.[34]

Aufbauend auf dieser Systematik der Gemeinkostendifferenzierung sind schließlich zur Bestimmung einer Preisuntergrenze Entscheidungen zu treffen, welcher Anteil von welchen Pools einem Projekt zuzurechnen ist. Diese Problematik soll im anschließenden Kapitel differenziert betrachtet werden, wobei hier angemerkt sei, daß PLINKE in diesem Zusammenhang nicht von der Preisuntergrenzenbestimmung, sondern von der Entscheidung über den *Normaldeckungsgrad* eines Projektes spricht.[35]

---

27) Vgl. Plinke (1985), S. 44.
28) Ebenda, S. 45.
29) Vgl. ebenda.
30) Plinke (1985), S. 45. Allerdings erscheint diese Definition Plinkes zu eng, denn in einem Beispiel (vgl. ebenda, S. 48 f.) wird dem GuV-Pool auch ein Planverlust eines Projektes zugewiesen.
31) Vgl. Plinke (1985), S. 44.
32) Ebenda, S. 45.
33) Ebenda, S. 47.
34) Die Aktualisierung und damit auch die Verzinsung der Pools erfolgt jeweils entsprechend zum Periodenwechsel in der kurzfristigen Betriebsabrechnung; vgl. Plinke (1985), S. 47.
35) Vgl. Plinke (1985), S. 49.
Der Begriff "Preisuntergrenze" wird von Plinke in Anlehnung an ENGELHARDT verwendet, der jede Preisentscheidung als Preisuntergrenzenentscheidung ansieht (vgl.

2.6.3.3 DIE FESTLEGUNG DER PREISUNTERGRENZE

Die Preisuntergrenze bzw. der Normaldeckungsbedarf setzt sich im Konzept PLINKES grob aus zwei Bestandteilen zusammen. Zum einen ist hier der Deckungsbedarf für die Projekteinzelkosten zu berücksichtigen. Während dies grundsätzlich keine größeren Probleme bereiten dürfte, ist der zweite Bestandteil der Preisuntergrenze, der Deckungsbedarf für die Projektgemeinkosten erklärungsbedürftig. Allgemein können unter dem Deckungsbedarf der Projektgemeinkosten diejenigen Anteile bzw. Beträge verstanden werden, welche einem Projekt aus den generellen und den speziellen Pools zugewiesen werden.[36] Bezüglich der Höhe dieser Beträge bzw. Anteile führt PLINKE aus, daß sie **nicht objektiv bestimmbar**, sondern Gegenstand subjektiver Entscheidungen sind, welche letztlich durch verbindliche Regeln (incl. Ausnahmeregeln) für alle Projekte als langfristige Deckungsstrategie festgelegt werden sollten.[37] "Zwischen den Kostenpools und Projekten bestehen ja keine meßbaren Beziehungen. Deshalb kommen für die Pools auch nur pauschale Verteilungsmethoden als Instrumente der Deckungsstrategie in Betracht."[38] Grundsätzlich gilt, daß ein Pool durch die Gesamtheit aller Projekte abgedeckt werden muß, die Nutzen aus der den Poolkosten gegenüberstehenden (Pool-) Leistung ziehen ("Nutznießer des Pools"[39]).

Für die speziellen Pools heißt dies, daß abzuklären ist, welche bzw. wieviele zukünftig erwartete Projekte von den einzelnen Pools profitieren. Diese Entscheidung ist nach PLINKE von den Vertriebsverantwortlichen zu treffen. Auf der Basis dieser Entscheidung wird dann regelmäßig als Deckungsstrategie eine gleichmäßige Verteilung der Poolkosten auf die einzelnen Projekte vorgenommen.[40] Der besondere Vorteil einer solchen Vorgehensweise liegt darin, daß die den Investitionen zugrundeliegenden Absatzprognosen anhand

---

Engelhardt (1975), Sp. 3055). Eine solche Interpretation des Preisuntergrenzenbegriffs wird in dieser Arbeit jedoch abgelehnt, damit die Unterschiede zwischen extern gerichtetem Angebotspreis und intern orientierter Preisuntergrenze explizit deutlich werden.

36) Vgl. Plinke (1985), S. 53.

37) Vgl. ebenda, S. 49 f..

38) Ebenda, S. 50.

39) Ebenda.

40) Vgl. ebenda.
Sprechen Gründe für eine ungleichmäßige Verteilung, so ist eine entsprechende Deckungsstrategie festzulegen. Plinke nennt hier als Beispiel einen Pool für spezifische Entwicklungskosten, der "in fallenden Raten auf die in Frage kommenden Projekte " verteilt werden soll, "um das Risiko falscher Einschätzung der zukünftigen Verwertung der Entwicklung möglichst gering zu halten." (Plinke (1985), S. 50).

darin, daß die den Investitionen zugrundeliegenden Absatzprognosen anhand der Deckungssituation der einzelnen speziellen Pools ständig kontrollierbar bleiben.[41)]

Die generellen Pools sind für die Gesamtheit aller Projekte des Unternehmens über seine Totalperiode hin angelegt. Da eine konkrete Planung der Verteilung auf die einzelnen Projekte über diesen Zeitraum unmöglich ist, schlägt PLINKE hier projektgrößenabhängige Zuschläge auf die Projekteinzelkosten zur Poolentlastung vor.[42)] Lediglich beim Risikopool ist eine Differenzierung des Zuschlagssatzes "gesondert nach Risikoarten und nach der individuell geschätzten Risikoklasse des Projektes"[43)] vorgesehen. Auf die konkrete Bestimmung dieser Zuschlagssätze geht PLINKE nicht ein, sondern erläutert allgemein: "Die Deckungsstrategie für jeden Pool wird im voraus für eine Mehrzahl von Projekten kollegial von internem Controlling und den Verantwortlichen des Selling Centers festgelegt"[44)]. In einer anderen Veröffentlichung schreibt PLINKE hierzu: "Die in den Pools gesammelten Gemeinkostensummen können nicht nach objektiv »richtigen« Kriterien auf die Projekte verrechnet werden. An dieser Stelle tritt das Gemeinkostenaufteilungsproblem in seiner üblichen Natur hervor. Das bedeutet, daß Entscheidungen über den Anlastungsmodus zu treffen sind."[45)]

Abschließend zur Gemeinkostenverrechnung im Konzept PLINKES sei angemerkt, daß durch die Poolzurechnung von Gemeinkosten und die Festlegung einer (zwangsläufig subjektiven) Deckungsstrategie für jeden Pool eine im Ansatz vergleichbare Vorgehensweise mit der stufenweisen Fixkostendeckungsrechnung[46)] aus dem Bereich der Sorten-, Serien- und Massenfertigung realisiert wurde. Übereinstimmend gilt hier, daß jeweils einer Kumulation von Kalkulationsobjekten (z.B. Auftrags- oder Produktgruppe) der gemeinsam verursachte Gemeinkostenbetrag zur Deckung direkt gegenübergestellt wird.

Hat man den Normaldeckungsbedarf eines Projektes, also die Summe aus dem Deckungsbedarf für die Projekteinzelkosten sowie dem Deckungsbedarf für die Gemeinkosten (zugewiesene Beträge aus speziellen und generellen Pools) bestimmt, so ist schließlich als Besonderheit des von PLINKE

---

41) Vgl. Plinke (1985), S. 50 f..
42) Vgl. ebenda, S. 51.
43) Ebenda.
44) Ebenda.
45) Plinke (1984), S. 278 f..
46) Vgl. hierzu zum Beispiel Agthe (1959a), ders. (1959b), Mellerowicz (1977), S. 201-217, Seicht (1963).

betrachteten Anlagengeschäftes der Langfristigkeit der Projektepisoden explizit Rechnung zu tragen. PLINKE empfiehlt hierzu, den Nominalwert des Normaldeckungsbedarfs durch Berücksichtigung der Zeitpunkte aller Auszahlungen des Normaldeckungsbedarfs eines Projektes mit Hilfe einer **Zinsrechnung** in einen **Barwert** des Normaldeckungsbedarfs zu überführen.[47] Bezüglich der Gültigkeit einer deratigen Preisuntergrenze läßt PLINKE nur zwei Ausnahmefälle zu:[48]

1) Es handelt sich um eine *Referenzanlage*,

2) es handelt sich um einen *Referenzkunden*.

In beiden Fällen liegen also Verbundargumente vor, die einen teilweisen Deckungsverzicht zugunsten zukünftig erwarteter Deckungsmöglichkeiten erwarten lassen. Hier ist dann wiederum ein spezieller Pool zu bilden, in welchem der zu deckende Betrag erfaßt wird, um den der Barwert des Normaldeckungsbedarfs wegen der Referenzfunktion gemindert wurde.[49] Auf die Bestimmung solcher Abschläge geht PLINKE nicht ein.

2.6.4 DIE PREISOBERGRENZE IM PLINKE-KONZEPT

Während bei der Bestimmung des Normaldeckungsbedarfs eines Projektes in erster Linie unternehmensintern bezogene Informationen (Kosten und projektübergreifende Deckungsstrategien) berücksichtigt werden, fließen Informationen über die projektspezifische Absatzsituation erst in einem zweiten Schritt in den Prozeß der Angebotspreisbestimmung ein. Dieser zweite Schritt, den PLINKE als das "Kernproblem einer Preisfindung im Anlagengeschäft"[50] ansieht, kann in der Terminologie dieser Arbeit mit der Bestimmung der Preisobergrenze gleichgesetzt werden. Als Ziel dieser Phase nennt PLINKE die "nachfrageorientierte Planung des Gewinnanteils", in der "sowohl die (vermuteten) Überwälzungsspielräume genutzt, als auch ein Überschreiten der (vermuteten) Belastungsgrenze verringert" wird.[51] Wie dies im Einzelfall

---

47) Vgl. Plinke (1985), S. 52-54.
Im folgenden wird unter dem »*Normaldeckungsbedarf*« eines Projektes grundsätzlich der »*Barwert des Normaldeckungsbedarfs*« verstanden. Ist der Nominalwert des Normaldeckungsbedarfs gemeint, wird dieser explizit genannt.

48) Vgl. Plinke (1985), S. 56.

49) Vgl. ebenda.

50) Ebenda, S. 55.

51) Ebenda, S. 59.

aussehen könnte, läßt PLINKE zumindest in seinen Ausführungen bezüglich der Bestimmung des Planerlöses I, also des Angebotspreises offen. Er nennt hier lediglich als Voraussetzung, "daß die anbietende Unternehmung sich eine ungefähre Vorstellung von der Belastungsgrenze machen kann."52) Dabei wird allerdings eingeräumt, daß diese Voraussetzung nicht grundsätzlich als praktischer Regelfall zu unsterstellen ist.53) Als mögliches Instrument zur Gewinnung von Informationen über evtl. Überwälzungsspielräume verweist PLINKE (ähnlich wie LAYER) auf die Modelle des COMPETITIVE BIDDING, ohne jedoch hierauf weiter einzugehen.54)

Etwas konkreter wird PLINKE bezüglich der Determinanten der Absatzseite erst bei seinen Ausführungen bezüglich der Bestimmung des Planerlöses II, welcher auf der Basis des ermittelten Angebotspreises unter der Voraussetzung der Einigung das Ergebnis der Verhandlungen zwischen Anbieter und Nachfrager darstellt.55) Hierzu findet sich dann eine Abbildung, die beispielhafte, vom Entscheidungsträger zu berücksichtigende Einflußgrößen aufzeigt.56) Der Schwerpunkt der Ausführungen hierzu wird allerdings auf die verhaltenstheoretische Analyse des Entscheidungsträgers gelegt,57) wobei die Frage, welche Konsequenzen Teil- bzw. Vollkosteninformationen auf das Entscheidungsverhalten ausüben, im Mittelpunkt steht.58)

Somit bleibt als Fazit bezüglich der Preisobergrenze hier nur festzuhalten, daß PLINKE zur Festlegung des Angebotspreises allgemein die Berücksichtigung von Informationen bezüglich der nachfragerbezogenen Belastungsgrenze als notwendig ansieht, jedoch auf die praktische Umsetzung dieser Forderung nicht näher eingeht.59)

---

52) Plinke (1985), S. 59.
53) Vgl. ebenda.
54) Vgl. ebenda, S. 55.
55) Im negativen Fall, wenn sich Anbieter und Nachfrager also nicht einigen können, existiert der Planerlös II nicht.
56) Vgl. Plinke (1985), S. 65.
57) Vgl. ebenda, S. 67.
58) Vgl. ebenda, S. 102-133.
59) Vgl. ebenda, S. 54 f..

2.6.5 DIE FESTLEGUNG DER PREISFORDERUNG IM PLINKE-KONZEPT

Bei der Festlegung der Preisforderung werden die anbieterbezogenen (*Normal-deckungsbedarf*) und die absatzbezogenen Informationen (*Preisobergrenze*) zusammengefaßt.[60] Dabei ist zunächst zu unterscheiden, ob Informationen über projektspezifische Preisobergrenzen vorliegen oder nicht. Hat der Anbieter keine diesbezüglichen Informationen, so ist der anzustrebende Vertragspreis in diesem Fall gleich dem Normaldeckungsbedarf, da dieser in PLINKES Konzept bereits einen Gewinnzuschlag in Form des zugewiesenen Deckungsbedarfs des GuV-Pools enthält.[61] Im positiven Fall, wenn der Anbieter also über Preisobergrenzeninformationen verfügt, gilt folgende Unterscheidung: Liegt die vom Anbieter abgeschätzte Preisobergrenze **oberhalb** des Normaldeckungsbedarfs, so existieren Überwälzungsspielräume, die ausgenutzt werden sollen.[62] Hierzu wird der vorläufige Angebotspreis in Höhe der geschätzten Preisobergrenze festgelegt. Ebenfalls unproblematisch ist der Fall der **Gleichheit** von geschätzter Preisobergrenze und Normaldeckungsbedarf. Dieser Wert ist als anzustrebender Vertragspreis anzusetzen. Liegt die vermutete Preisobergrenze allerdings **unter** dem Normaldeckungsbedarf, so ist zunächst zu klären, ob es sich um ein Referenzprojekt (Referenzkunde oder -technologie) handelt. Ist dies der Fall, so kann ein anzustrebender Vertragspreis unterhalb des Normaldeckungsbedarfs sinnvoll sein, da zukünftig positive Verbundwirkungen erwartet werden. Zur Kontrolle dieser erwarteten Verbundwirkungen ist der Differenzbetrag zwischen Normaldeckungsbedarf des Projektes und dem festgelegten Angebotspreis in einen eigenen Pool einzustellen. Auf die Höhe des Abschlags vom Normaldeckungsbedarf wird nicht weiter eingegangen. Als relevantes Entscheidungskriterium muß hier die einzelfallabhängig quantifizierte Erwartung über die Anschlußprojekte dienen. Hat das betrachtete Projekt keinen Referenzcharakter, so kommt die Möglichkeit der Bildung eines *Stützungspools* in Frage.[63] Dieser nimmt dann entsprechend zum vorherigen Fall die Differenz zwischen Normaldeckungsbedarf und Angebotspreis auf, wodurch die Kontrolle solcher Abschläge gewährleistet bleibt. Damit jedoch grundsätzlich kein vorläufiger Angebotspreis unterhalb

60) Vgl. Plinke (1985), S. 55.
61) Vgl. ebenda, S. 51.
62) Vgl. ebenda, S. 55 f..
63) Vgl. ebenda, S. 56.

des Normaldeckungsbedarfs festgelegt wird, schlägt PLINKE für den Zugriff auf den Stützungspool die folgenden beiden Kontrollkriterien vor:[64]

a) Die vorher allgemein zu definierenden Anforderungen für Stützungsmaßnahmen müssen erfüllt sein.

b) Die Geschäftsleitung muß der Stützungsmaßnahme in jedem Einzelfall zustimmen.

Auch bezogen auf den Stützungspool macht PLINKE keine konkreten Angaben bezüglich der Bestimmung der Höhe des Abschlags. Soll in der hier unterstellten Situation der Stützungspool für das betrachtete Projekt nicht in Anspruch genommen werden, so muß zunächst auf eine grundsätzliche Entscheidung zurückgegriffen werden, nämlich ob in solchen Fällen dennoch ein Angebot abzugeben ist oder nicht. Im positiven Falle bietet sich die Preisuntergrenze als vorläufiger Angebotspreis an.

Der Grund, weshalb bisher immer vom *vorläufigen* Angebotspreis oder *anzustrebendem Vertragspreis* gesprochen wurde, ist darin zu sehen, daß bisher kein Verhandlungsaufschlag berücksichtigt wurde. Da ein zentrales Ziel von Preisverhandlungen eines Nachfragers grundsätzlich die Preisminderung sein dürfte, sollte dies nicht zuletzt aus verhandlungstaktischen und -psychologischen Gründen bei der Angebotspreisfestlegung berücksichtigt werden. Hierzu ist es nach PLINKE zunächst erforderlich, "den Kunden hinsichtlich seiner Verhandlungserwartungen und seiner Vergabeprinzipien richtig einzuschätzen."[65] Je nach dem ist der Angebotspreis also mehr oder weniger zu erhöhen. Dabei warnt PLINKE allerdings ausdrücklich davor, die Verhandlungsmarge zu hoch festzusetzen, da hierdurch grundsätzlich das Risiko erhöht wird, daß der Angebotspreis vom Kunden als *verhandlungsunwürdig* eingestuft wird.[66]

Als Ergebnis bleibt somit festzuhalten, daß sich der Angebotspreis im Konzept PLINKES letztlich aus der Summe des oben erläuterten anzustrebenden Vertragspreises und der Verhandlungsmarge ergibt.[67]

---

64) Vgl. Plinke (1985), S. 56.
65) ebenda, S. 61.
66) Vgl. ebenda, S. 55 und S. 61.
67) Vgl. ebenda, S. 61.

2.6.6 BEWERTUNG DES PLINKE-KONZEPTES

Das von PLINKE entworfene Modell zur Erlösplanung ist konsequent auf die Besonderheiten des industriellen (Groß-) Anlagengeschäfts ausgerichtet. An erster Stelle ist dabei die zweckentsprechende Festlegung des Kostenbegriffs auf der Basis der Zeitpunkte der Auszahlungen, unabhängig vom Güterverbrauch zu nennen. Somit kann eine für das langfristige Anlagengeschäft kaum sinnvolle Periodisierung von Kosten vermieden werden.

Nach dieser allgemeinen Vorbemerkung soll die Kritik des PLINKE-Modells sukzessive anhand der oben dargestellten Kriterien - *Preisuntergrenze, -obergrenze* und *Festlegung der Preisforderung* - erfolgen.

PLINKE vermeidet in seinem Modell den Begriff »Preisuntergrenze«. Eine mögliche Erklärung hierfür könnte aus dem von ihm verwendeten Begriff des *Normaldeckungsbedarfs* abgeleitet werden. Eine verursachungsgerechte (*willkürfreie*) Preisuntergrenze kann nur die Einzelkosten beinhalten, da jegliche Schlüsselung echter Gemeinkosten willkürlich ist.[68)] Eine solche intersubjektiv nachprüfbare Größe ist allerdings nach PLINKE zur Preisbestimmung eines Normalprojektes in der Anlagenindustrie ohne Relevanz, da Angebotspreise hier grundsätzlich anteilige Gemeinkosten übernehmen müssen.[69)] Werden nun aber echte Gemeinkosten zugerechnet, so kann das Ergebnis nur subjektiv bestimmt werden. Insofern ist PLINKES *Normaldeckungsbedarf* höchstens als *subjektive Preisuntergrenze* zu interpretieren, welche letztlich der gleichen Kritik unterliegen muß, wie z.B. die Preisuntergrenze in einer Vollkostenkalkulation.[70)]
Es wird bei PLINKE nicht deutlich, weshalb die Information, ab welchem Preis ein Auftrag den Zielerreichungsgrad der Unternehmung, verglichen mit der Unterlassungsalternative, verschlechtert für den Entscheidungsträger irrelevant sein sollte; schließlich deckt ein Auftrag oberhalb der direkt zurechenbaren Kosten immerhin einen Teil der Gemeinkosten.[71)] Allein zur Strukturierung des preispolitischen Spielraums (man denke z.B. an Verbundabschläge) erscheint es sinnvoll, dem Entscheidungsträger zumindest zusätzlich zum *Normaldeckungsbedarf* die objektive Größe *Preisuntergrenze* bzw. nach

---

68) Vgl. Gayer (1988), S. 183, Männel (1981), S. 593, Moews (1967), S. 205, Plinke (1986), S. 604, Riebel (1972), S. 26 f., Witt (1986), S. 116.
69) Vgl. Plinke (1985), S. 88.
70) Vgl. Seite 24 f..
71) Vgl. z.B. Dörrie/Kicherer (1973), S. 103, Schläder (1975), S. 29, Schweitzer/Küpper (1986), S. 408, Unterguggenberger (1971), S. 114.

PLINKES Terminologie den *Normaldeckungsbedarf der Projekteinzelkosten* zur Verfügung zu stellen. Abschließend zum Problemkreis *Preisuntergrenze/ Normaldeckungsbedarf* sind zwei Besonderheiten des PLINKE-Konzeptes positiv hervorzuheben.

1) Durch die Verzinsung von Poolsalden eröffnet PLINKE dem internen Rechnungswesen die Chance, immaterielle Werte (gebundenes Kapital im Sinne von noch nicht verrechneten Gemeinkosten) quasi zu aktivieren.[72] Insbesondere unter dem Aspekt der Langfristigkeit des Anlagengeschäfts sowie der dort typischen Kostenvolumina ist eine solche Möglichkeit positiv zu beurteilen.

2) Die Kontrolle von Verbundabschlägen kann durch die Bildung entsprechender Pools sichergestellt werden. Da die Verantwortung für die einzelnen Abschläge voll sichtbar bleibt, erscheint die Gefahr, bewußt zu positiv vorgenommener Schätzungen von Verbundwirkungen, wesentlich verringert.

PLINKES Ausführungen bezüglich der Preisobergrenze sind recht knapp gehalten. Es wird zwar allgemein erwähnt, daß grundsätzlich eine *nachfragerorientierte Belastungsgrenze* existiert und beachtet werden muß, jedoch fehlen abgesehen von einem kurzen Hinweis auf die COMPETITIVE BIDDING-Modelle Anhaltspunkte, wie ein Anlagenanbieter derartige Informationen gewinnen kann. In diesem Zusammenhang ist insbesondere PLINKES nachfolgende Aussage zu kritisieren. "Bei der Ermittlung des Planerlöses I dominierte der Gesichtspunkt der Kostendeckung, die Markteinflüsse kamen ergänzend zum Tragen."[73] Es ist nicht einsichtig, weshalb bei der Bestimmung des Angebotspreises (in PLINKES Terminologie: *Planerlös I*) die Marktinformationen nicht gleichgewichtig mit den Kosten- bzw. Deckungsverhältnissen angesehen werden, wie PLINKE dies erst für die nachfolgende Verhandlungsphase zwischen Anbieter und Nachfrager sieht.[74] Jeder festzulegende Preis, ob nun Angebots- oder Vertragspreis, muß unternehmensinterne mit marktbezogenen Informationen abwägen. Auch wenn in der Phase der Angebotspreisbestimmung die unternehmensinternen Informationen grundsätzlich umfangreicher und weniger unsicher sein werden als die absatzmarktbezogenen Informationen, erscheint es dennoch nicht gerechtfertigt, von einer Dominanz des

---

72) Vgl. Plinke (1986), S. 614.
73) Plinke (1985), S. 63.
74) Vgl. ebenda.

Kostendeckungsapektes bei der Bestimmung des Angebotspreises zu sprechen. Schließlich ist es nicht zwangsläufig so, daß auf jeden abgegebenen Angebotspreis auch tatsächlich weitere Verhandlungen folgen,[75] die dann eine bessere Berücksichtigung von Marktinformationen ermöglichen. Insofern sind die Ausführungen PLINKES zur Preisobergrenze insbesondere in der Phase der Angebotspreisbestimmung als *erweiterungsbedürftig* anzusehen.

Da die Festlegung des Angebotspreises letztlich aus einer Zusammenfassung der Informationen zum Normaldeckungsbedarf sowie zur Preisobergrenze resultiert, kann hierzu auf die vorangegangene Kritik verwiesen werden. Darüber hinaus ist positiv festzuhalten, daß PLINKE eine kundenindividuelle Behandlung einer Verhandlungsmarge anspricht. Hierdurch ist es möglich, kundenspezifische Verhandlungserfahrungen bei zukünftigen Angebotspreisbestimmungen zu berücksichtigen.

Abschließend kann das projektorientierte Rechnungswesen nach PLINKE (abgesehen von der Ablehnung einer objektiven Preisuntergrenze) als ein konsequent auf die Verhältnisse in der Anlagenindustrie ausgerichtetes Planungs- und Kontrollinstrument bezeichnet werden. Eine Übertragung des PLINKE-Konzeptes auf **nicht langfristige Fertigungsbereiche** erscheint allerdings grundsätzlich wenig sinnvoll.

75) Vgl. Plinke (1985), S. 55.

2.7 COMPETITIVE BIDDING-MODELLE

2.7.1 VORBEMERKUNGEN ZU DEN COMPETITIVE BIDDING-MODELLEN

Im Jahre 1956 veröffentlichte Lawrence FRIEDMAN einen Aufsatz mit dem Titel "**A Competitive-Bidding Strategy**" [1], in welchem die Grundstruktur der sogenannten COMPETITIVE BIDDING-Modelle erstmals dargestellt wurde.[2] Diese Modelle, die im deutschsprachigen Bereich im Gegensatz zum angelsächsischen Sprachraum bis vor einigen Jahren nur relativ geringe Beachtung fanden, beziehen sich speziell auf Ausschreibungssituationen. Als Ziel wird dabei angestrebt, dem Anbieter als Teilnehmer an einer Ausschreibung konkrete Entscheidungshilfe zur Angebotspreisfestlegung zu geben. Die beiden Hauptdeterminanten des vorzuschlagenden Angebotspreises in diesen Modellen sind zum einen die **Auftragskosten** des Anbieters und zum anderen die **Konkurrenzgebote**.

Anhand von praxisbezogenen Veröffentlichungen kann den COMPETITIVE BIDDING-Modellen heute durchaus praktische Relevanz zugesprochen werden.[3] So ordnet beispielsweise HAEDRICH diese Modelle in die Gruppe der Marketingmodelle ein, "die vom Management »akzeptiert« werden".[4]

2.7.2 DIE PREISUNTERGRENZE DER COMPETITIVE BIDDING-MODELLE

Während die in den vorangegangen Abschnitten dargestellten Konzepte zur Angebotspreisfestlegung in der Auftragsfertigung primär als kostenbasiert bezeichnet werden können, sind die COMPETITIVE BIDDING-Modelle konkurrenzorientierte Verfahren.[5] Hierin ist wahrscheinlich auch der Grund zu suchen, weshalb sich kaum detaillierte Ausführungen bezüglich der Preisuntergrenzenproblematik in den Darstellungen dieser Modelle finden.[6] Häufig wird hier allgemein davon ausgegangen, daß die Auftragskosten als Preisuntergrenze anzusehen sind, wobei in der Regel eine klare Abgrenzung dieser Kosten unterbleibt, wie nachfolgende Beispiele zeigen.

---

1) Friedman (1956).
2) Vgl. Diller (1985), S. 267, Kempken (1980), S. 39, Klimm (1982), S. 26, Schmalen (1982), S. 140, Simon (1982), S. 452, Simmonds (1968b), S. 325, Thormählen (1978), S. 24.
3) Vgl. Edelmann (1965), Grinyer/Whittaker (1973), Kuß (1977), S. 69 f., Reinmuth/Barnes (1975), Thormählen (1978), S. 24 f. und die dort angegebene Literatur.
4) Haedrich (1977), S. 131.
5) Vgl. Diller (1985), S. 268.
6) Vgl. Kempken (1980), S. 93 f..

FRIEDMAN definiert als relevante Kosten: "estimated cost of fullfilling the contract".[7] Noch allgemeiner wird diese Wertgröße von KRAUTTER abgegrenzt; er spricht von den gesamten Auszahlungen, die mit der Annahme des Auftrags verbunden sind.[8] Bei SCHIFFERS findet sich die Formulierung: "Als Kosten sollten dabei nur solche in Ansatz kommen, die dem jeweiligen Objekt echt zugeordnet werden können." [9]

Durch diese Beispiele dürfte deutlich geworden sein, daß im Grundmodell des COMPETITIVE BIDDING grundsätzlich nicht festgelegt wird, welcher *Kostenbegriff* sowie welches *Kostenzurechnungsprinzip* anzuwenden ist. Somit können die relevanten Kosten hier sowohl als Voll- wie auch als Teilkosten interpretiert werden.[10] Aus diesem Grund ist es für die in der vorliegenden Arbeit beabsichtigte allgemeine Darstellung von COMPETITIVE BIDDING-Modellen nicht möglich, eine verbindliche oder typische Preisuntergrenze zu nennen. Lediglich der Hinweis, daß bei diesen Modellen regelmäßig nur erfolgsorientierte, also keine liquiditätsorientierte Preisuntergrenzen anzutreffen sind, scheint vertretbar.

Abschließend zum Thema »Preisuntergrenze der COMPETITIVE BIDDING-Modelle« sei noch kurz auf die Vorgehensweise FRIEDMANS eingegangen, der in seinem Basismodell die geplanten Kosten explizit als risikobehaftete Größen berücksichtigt. Es wird also dort grundsätzlich unterstellt, daß die tatsächlichen Auftragskosten von den Plankosten des Auftrags abweichen werden. FRIEDMAN schlägt deshalb vor, die Abweichung mit Hilfe der Erfahrung aus vergangenen Aufträgen abzuschätzen. Im weiteren Verlauf geht er dann nicht mehr von den Plankosten, sondern von den um die geschätzte Realisationsabweichung korrigierten Plankosten des Auftrags aus.[11]

Diese Vorgehensweise wird hier bei der Darstellung der COMPETITIVE BIDDING-Modelle nicht weiter betrachtet, da eine auf Vergangenheitsdaten beruhende Korrektur von Planwerten grundsätzlich keine zu empfehlende Vorgehensweise darstellt.[12] Hierzu sei KEMPKEN zitiert: "Eine Angebotskalkulation für einen bestimmten Auftrag, die dann durch einen festen Korrek-

7) Friedman (1959), S. 105.
8) Vgl. Krautter (1974), S. 267.
9) Schiffers (1971), S. 75.
10) Vgl. Kempken (1980), S. 94.
11) Vgl. Friedman (1959), S. 105 f..
12) Vgl. Simmonds (1968b).

turfaktor revidiert wird, stellt sich selbst in Frage".[13] Hinzu kommt, daß das Risiko von Kostenabweichungen im Vergleich mit der Unsicherheit auf dem Absatzmarkt tendenziell eher vernachlässigbar erscheint.[14]

2.7.3 DIE PREISOBERGRENZE DER COMPETITIVE BIDDING-MODELLE

Die Preisobergrenze in den COMPETITIVE BIDDING-Modellen wird durch das niedrigste Konkurrenzgebot determiniert. Man geht von der Rationalität des Nachfragers aus, nach der bei gleicher Leistung das niedrigste Angebot den Zuschlag erhält.[15] Die hier betrachteten Modelle versuchen also, einen maximalen Angebotspreis unter den Nebenbedingungen zu bestimmen, daß dieser Preis zum einen größer ist als die Auftragskosten und zum anderen kleiner als die Gebote aller Mitanbieter, die sich an der betrachteten Ausschreibung beteiligen.[16]

Die Bestimmung ***einer*** konkreten Preisobergrenze ist im Rahmen der COMPETITIVE BIDDING-Modelle nicht vorgesehen. Der Grund hierfür ist darin zu sehen, daß diese Modelle sich relativ stark an den Gegebenheiten der Praxis orientieren, in der die Preisobergrenze grundsätzlich keine deterministische, sondern eine unsichere Größe ist. Die COMPETITIVE BIDDING-Modelle versuchen nun, diese Unsicherheitssituation durch Analyse von Vergangenheitsdaten in eine Risikosituation zu überführen. Infolgedessen findet man hier anstelle ***einer*** konkreten Preisobergrenze eine Bandbreite der möglichen Preisobergrenzen in Verbindung mit den dazugehörigen Wahrscheinlichkeiten.

Anders als z.B. im LAYER-Konzept, wo sukzessive zunächst der preispolitische Spielraum mit Hilfe der Preisunter- und -obergrenze bestimmt und anschließend ein Angebotspreis innerhalb dieses Wertebereiches festgelegt wird, erfolgt hier nach Bestimmung der Preisuntergrenze letztlich eine simultane Ermittlung der Preisobergrenzenbandbreite und des Angebotspreises unter Berücksichtigung des Risikos. Diese simultane Bestimmung erklärt sich auch daraus, daß die COMPETITIVE BIDDING-Modelle als Zielfunktion regelmäßig von einer kurzfristigen Gewinnmaximierung ausgehen. Das heißt, daß

---

13) Kempken (1980), S. 96.
14) Vgl. Klimm (1982), S. 45.
15) "the company submitting the lowest bid gets the contract", Friedman (1956), S. 105.
16) Vgl. Kotler (1982), S. 410, Krautter (1973a), S. 141, Nieschlag/Dichtl/Hörschgen (1991), S. 346.

in jeder Situation versucht wird, jeweils den gewinnmaximalen Auftragspreis zu bestimmen.[17] Dieser Preis ist bei isolierter Betrachtung eines Auftrages grundsätzlich gleich der Preisobergrenze.

Da also die Bestimmung der Preisobergrenzenbandbreite simultan mit der Angebotspreisermittlung erfolgt, soll die Vorgehensweise des COMPETITIVE BIDDING zu diesem Komplex zusammenhängend im nächsten Abschnitt behandelt werden.

2.7.4 DIE FESTLEGUNG DER PREISFORDERUNG IN COMPETITIVE BIDDING-MODELLEN

Der grundsätzliche Vorgehensweise der Preisbestimmung bei COMPETITIVE BIDDING-Modelle basiert auf dem »*Kosten-plus-*« Ansatz. Es gilt hier die bekannte Beziehung:

$$P(X) = K(X) * db$$

mit:	P(X)	:	Angebotspreis des Auftrags X
	K(X)	:	Auftragsselbstkosten des Auftrags X
	db	:	prozentualer Deckungsbeitrags-Zuschlag (falls PUG auf Teilkostenbasis bestimmt wurde)
			prozentualer Vollkostengewinn-Zuschlag (falls PUG auf Vollkostenbasis bestimmt wurde)

Die Zuschlagsbasis der obigen Beziehung wurde bereits oben im Abschnitt 2.7.2 besprochen.[18] Sie kann mit der Preisuntergrenze gleichgesetzt werden, wobei hier irrelevant ist, ob es sich um eine voll- oder teilkostenbasierte Größe handelt. Je nach Basis wird ein prozentualer Deckungsbeitrags- oder ein Vollkostengewinn-Zuschlag bestimmt. Auf den Lösungsansatz der *Zuschlagssatzbestimmung* im Sinne der COMPETITIVE BIDDING-Modelle soll im folgenden detailliert eingegangen werden.

Im Basisansatz gehen die hier betrachteten Modelle grundsätzlich davon aus, daß aus der Menge der Preisgebote einer Ausschreibung das niedrigste

---

17) Vgl. Friedman (1959), S. 105, Klimm (1982), S. 45, Simmonds (1968a), S. 6.
18) Vgl. Seite 88-90.

Gebot den Zuschlag erhält.[19] Eine optimale Bestimmung des Aufschlagssatzes db in diesem Sinne verlangt also neben der Ermittlung der Preisuntergrenze eine Abschätzung der Preisgebote sämtlicher Mitanbieter der betrachteten Ausschreibung.[20] COMPETITVE BIDDING-Modelle unterstellen nun, daß diese Schätzungen aus der Analyse des Angebotsverhaltens der Konkurrenten bei früheren Ausschreibungen abgeleitet werden können. Konkret heißt dies:

> COMPETITIVE BIDDING-Modelle gehen von der These aus, daß zwischen den intern kalkulierten Auftrags(selbst)kosten und den jeweils entsprechenden Angebotspreisen der Mitanbieter eine positive Korrelation besteht,[21] welche im Zeitablauf als relativ stabil unterstellt wird.[22), 23)]

Je stärker nun diese Korrelation ist, desto sicherer können die Konkurrenzgebote mit Hilfe der eigenen kalkulierten Kosten abgeschätzt werden. Voraussetzung einer derartigen Vorgehensweise ist also zunächst die Existenz einer möglichst großen Datenbank mit Informationen über vergangene Ausschreibungen. Ein solcher Informationsspeicher könnte beispielsweise folgendermaßen strukturiert sein:[24]

---

19) Vgl. Böcker (1974), S. 362, Kotler (1982), S. 410, Krautter (1974), S. 267, Nieschlag/Dichtl/Hörschgen (1991), S. 346, Wiegmann (1977), S. 251 f.. Zu erweiterten Ansätzen vgl. z.B Haedrich (1978), Simmonds (1968a).

20) Vgl. Krautter (1973), S. 141.

21) Vgl. Klimm (1982), S. 26.

22) Vgl. Friedman (1956), S. 107, Klimm (1982), S. 66, Krautter (1973), S. 143, Reinmuth/Barnes (1975), S. 362, Schiffers (1971), S. 81 f., Thormählen (1978), S. 128.

23) Friedman begründet die Annahme eines relativ konstanten Angebotsverhaltens der Konkurrenten mit dem Argument, daß dies "the best assumption in the absence of additionals information" ist. Friedman (1956), S. 107.

24) Beispielsweise kann auf einen speziell für die Baubranche strukturierten Informationspool bei Thormählen verwiesen werden. Vgl. Thormählen (1978), S. 31-37.

»Muß-«Informationen pro Auftragsanfrage
- Leistungsbeschreibung - Datum der Anfrage und Entscheidungsdatum - eigene Auftragskosten - eigener Angebotspreis
»Soll-«Informationen pro Auftragsanfrage
- Preis, welcher den Zuschlag erhielt (»*winning-bid*«)
»Soll-«Informationen pro Ausschreibung und Konkurrent
- Name des Konkurrenten - Angebotspreis des Konkurrenten - ggf. Kommentar zur Auftragsanfrage, zum Verhandlungsverlauf, zu den einzelnen Konkurrenten und/oder zum Auftrag selbst.

Abb. 2.9: Beispielhafte Datenbank als Basis für COMPETITIVE BIDDING-Modelle.

Geht man davon aus, daß ein solcher Informationspool mit Datenmaterial aus möglichst vielen Ausschreibungen gefüllt ist, so werden diese Informationen im Basismodell des COMPETITIVE BIDDING *konkurrentenweise* analysiert. Dabei ist zunächst für jede Ausschreibung, an welcher der Anbieter selbst und der Konkurrent i teilgenommen hat, der Quotient aus Angebotspreis des Konkurrenten i, im folgenden als AP_i bezeichnet, und den eigenen Auftragskosten K_0 zu errechnen.[25] Die sich hierbei ergebenden Werte können als Ausprägungen einer Zufallsvariablen db_i interpretiert werden, welche den Aufschlagssatz angibt, mit dem die eigenen Kosten K_0 multipliziert werden müssen, um den Angebotspreis des i-ten Konkurrenten zu erhalten.[26] Werden die ermittelten Ausprägungen dieser Zufallsvariablen mit den zugehörigen relativen Häufigkeiten in ein Koordinatensystem eingezeichnet, so erhält man Punkte der Wahrscheinlichkeitsfunktion für die Zufallsvariable db_i. FRIEDMAN geht in seinem Grundmodell allerdings nicht von einer derartigen, **diskreten** Wahrscheinlichkeitsfunktion pro Konkurrent, sondern jeweils von einer **stetigen Verteilung** aus.[27] Um eine solche Wahrscheinlichkeitsdichtefunktion

25) Vgl. Friedman (1959), S. 107, Kempken (1980), Klimm (1982), S. 35, Kuß (1977), S. 68, Thormählen (1978), S. 40.
26) Vgl. Klimm (1982), S. 39.
27) Vgl. Friedman (1959), S. 107.

zu erhalten, empfiehlt KLIMM in Anlehnung an FRIEDMAN, mit Hilfe des Graphen der empirischen Wahrscheinlichkeitsfunktion eine der aus der Statistik bekannten stetigen Verteilungen (z.B. Normal-, Gamma-, Chi-Quadrat-, t-Verteilung) zu bestimmen, welche die ermittelte diskrete Verteilung am besten beschreibt. Wurde so eine Wahrscheinlichkeitsdichtefunktion konkretisiert, so gibt die zugehörige **Verteilungsfunktion**, welche hier mit $F(db_i)$ bezeichnet wird, dem Anbieter Auskunft darüber, wie hoch die Wahrscheinlichkeit ist, daß der Konkurrent i einen Angebotspreis bestimmt, der kleiner oder gleich dem Produkt aus alternativen Aufschlagssätzen db_i und kalkulierten eigenen Auftragskosten K_0 ist.[28] Die entsprechende **Gegenwahrscheinlichkeit**, also $(1 - F(db_i))$ sagt dann aus, mit welcher Wahrscheinlichkeit der betrachtete Anbieter den Mitanbieter i mit dem Angebotspreis $P_0(db_i) = K_0 * db_i$ **unterbietet**.

Da ein Anbieter bei Ausschreibungen in der Regel allerdings auf mehr als einen Mitanbieter treffen dürfte, muß die obige Vorgehensweise der Bestimmung einer Funktion F(db) für jeden potentiellen Konkurrenten durchgeführt werden. Hat der Anbieter so für alle Mitanbieter bei der relevanten Ausschreibung jeweils eine stetige Verteilungsfunktion der Aufschlagssätze db bestimmt, so errechnet sich bei unterstellter stochastischer Unabhängigkeit der Preisgebote der Mitanbieter[29] die **Gesamtwahrscheinlichkeit w** dafür, daß der eigene Angebotspreis P_0, ermittelt durch das Produkt der eigenen kalkulierten Auftragskosten K_0 und einem zufallsbedingten Aufschlagssatz db, sämtliche Konkurrenzgebote unterbietet, durch das Produkt aller Einzelwahrscheinlichkeiten, welche durch die zugehörigen Verteilungsfunktionen bereitgestellt werden.[30] Es gilt:

---

28) Vgl. Klimm (1982), S. 39.
Beispiel: Der betrachtete Anbieter ermittelt als Auftragskosten K_0 einen Wert von 100 GE. Für einen Deckungsbeitragszuschlagssatz db des Konkurrenten i in Höhe von $db_i = 1{,}5$ erhält er einen unterstellten Wert der Verteilungsfunktion von $F_i(1{,}5) = 0{,}3$. Das heißt, daß der Konkurrent i mit einer Wahrscheinlichkeit von 30% ein Preisgebot unterbreiten wird, welches nicht größer ist als $(K_0 \cdot db_i) = (100\ GE \cdot 1{,}5) = 150\ GE$.

29) Vgl. Böcker (1974), S. 362, Klimm (1982), S. 43.

30) Vgl. Reinmuth/Barnes (1975), S. 362 f..
Beispiel: Der betrachtete Anbieter erwartet als Mitanbieter bei einer Ausschreibung die drei Konkurrenten a,b,c. Die Auftragskosten K_0 wurden mit 100 GE vorkalkuliert. Bezüglich eines Aufschlagssatzes von 1,5 auf die eigenen Auftragskosten, also einem Angebotspreis von 150 GE weisen die entsprechenden Verteilungsfunktionen der Konkurrenten folgende Werte aus: $F_a(1{,}5) = 0{,}3$, $F_b(1{,}5) = 0{,}35$, sowie $F_c(1{,}5) = 0{,}4$. Durch Multiplikation der entsprechenden Gegenwahrscheinlichkeiten ergibt sich dann die Wahrscheinlichkeit, daß der betrachtete Anbieter mit dem Angebotspreis von 150 GE die Preisgebote der drei Konkurrenten unterbietet. Als Wahrscheinlichkeitswert erhält man hier:

$$w\,(150 = \min\{P_a, P_b, P_c\}) = [(1 - 0{,}3) \cdot (1 - 0{,}35) \cdot (1 - 0{,}4)] = 0{,}273 = 27{,}3\%.$$

$$w(P_0(db)) = \min\{P_0, P_1, P_2, \ldots, P_i, \ldots, P_I\} =$$
$$= (1 - F_1(db)) \cdot (1 - F_2(db)) \cdot \ldots \cdot (1 - F_i(db)) \cdot \ldots \cdot (1 - F_I(db))$$

oder

$$w(P_0(db)) = \min\{P_0, P_1, P_2, \ldots, P_i, \ldots, P_I\} = \prod_{i=1}^{I} (1 - F_i(db))$$

mit $i = \{1,2,\ldots,I\}$ als Menge aller Mitanbieter.

Diese Wahrscheinlichkeit kann auch als *Zuschlagswahrscheinlichkeit* oder *Wahrscheinlichkeit des Auftragserhalts* bezeichnet werden.

Wie häufig bei Modellen der Betriebswirtschaft anzutreffen, verfolgen auch die COMPETITIVE BIDDING-Modelle das Ziel der Gewinnmaximierung. Konkreter kann dies hier formuliert werden als **Maximierung** des Gewinns pro Auftrag. Allgemein verstehen diese Modelle unter »Gewinn« die Differenz zwischen dem Angebotspreis P_0 und den Auftragskosten K_0. In diese Maximierungsaufgabe wird nun das Risiko, den betrachteten Auftrag wegen eines zu hohen Angebotspreises nicht zu bekommen, explizit durch Berücksichtigung der entsprechenden *Zuschlagswahrscheinlichkeit* mit einbezogen. Somit gilt unter Beachtung der Preisuntergrenzenrestriktion für die COMPETITIVE BIDDING-Modelle als zu maximierender Wert *die mit der Zuschlagswahrscheinlichkeit gewichtete Differenz aus Angebotspreis P_0 und Auftragskosten K_0*.[31] Formelmäßig läßt sich dieser Ausdruck folgendermaßen darstellen:[32]

---

31) Vgl. Diller (1985), S. 268, Edelman (1965), S. 55, Friedman (1956), S. 106, Krautter (1973), S. 141, Kuß (1977), S. 65, Reinmuth/Barnes (1975), S. 363, Schmalen (1982), S. 142.

32) In der Literatur wird dieser Ausdruck häufig als »*erwarteter Gewinn*« oder »*erwarteter Deckungsbeitrag*« bezeichnet; vgl. z.B. Edelman (1965), S. 55, Krautter (1974), S. 267, Kuß (1977), S. 65, Reinmuth/Barnes (1975), S. 363.
Andere Autoren sprechen hier hingegen vom "*Erwartungswert des Gewinns*". Vgl. Klimm (1982), S. 48, Simon (1982), S. 453-455, ähnlich ("*Gewinnerwartungswert*") Diller (1985), S. 268. Dies ist jedoch nicht korrekt, da der Begriff **Erwartungswert** in der Statistik eindeutig definiert ist. So berechnet sich der Erwartungswert für eine diskrete Zufallsvariable durch **Summation** der mit den Wahrscheinlichkeiten gewichteten alternativen Ausprägungen der betrachteten Zufallsvariablen. Vgl. z.B. Bihn/Schäffer (1988), S. 39. Eine solche Erwartungswertbildung wird bei der Preisbestimmung nach den Competitive Bidding Modellen jedoch nicht vorgenommen, weshalb der Begriff "*Erwartungswert*" in diesem Zusammenhang abzulehnen ist.

$$\left[\left(P_0 - K_0 \right) * w\left(P_0(bd) = \min\{P_0, P_1, P_2,\ldots,P_i,\ldots,P_l\}\right) \right] \overset{!}{=} \textit{Maximum}$$

oder, da $P_0 = (K_0 * db)$:

$$\left[\left(K_0 * (db - 1)\right) * w\left(P_0(bd) = \min\{P_0, P_1, P_2,\ldots,P_i,\ldots,P_l\}\right) \right] \overset{!}{=} \textit{Maximum}$$
$$\text{u.d.N.: } P_0(db) > PUG_0 \; (= K_0)$$

Ist derjenige Aufschlagssatz db gefunden, der den obigen Ausdruck maximiert, so kann der Angebotspreis im Rahmen des COMPETITIVE BIDDING nach der diesem Abschnitt vorangestellten allgemeinen »*Kosten-plus-*« Vorgehensweise errechnet werden, wobei hierbei lediglich noch die Preisuntergrenzenrestriktion zu beachten ist.

Aufbauend auf diesem Grundmodell FRIEDMANs wurden von diversen Autoren erweiterte Competitive BiddING-Modelle konzipiert, welche in der Regel die Zielsetzung verfolgen, den Anwendungsbereich dieser Vorgehensweise in der Praxis zu vergrößern. Im einzelnen muß hierzu jedoch auf die entsprechende Spezialliteratur verwiesen werden.[33)]

2.7.5 BEWERTUNG DER COMPETITIVE BIDDING-MODELLE

2.7.5.1 COMPETITIVE BIDDING-MODELLE UND KOSTENRECHNUNG

COMPETITIVE BIDDING-Modelle wollen dem Entscheidungsträger in Ausschreibungssituationen bei der Angebotspreisfestlegung Hilfestellung leisten. Dabei geschieht dies grundsätzlich unabhängig vom zugrundeliegenden Kostenrechnungssystem. Diese Unabhängigkeit muß jedoch letztlich kritisch gesehen werden. Wie oben erläutert, sind vollkostenorientierte Preisuntergrenzen generell abzulehnen.[34)] Diese in der Theorie kaum noch bestrittene Erkenntnis sollte deshalb auch in den Veröffentlichungen zum COMPETITIVE BIDDING explizit Berücksichtigung finden, damit so der Praxis ein weiterer Anstoß zum Überdenken der häufig praktizierten Vollkostenrechnung geliefert und somit ggf. Quellen möglicher Fehlentscheidungen abgebaut werden.

---

33) Vgl. z.B. Diller (1985), S. 269, Engelbrecht-Wiggans (1980), Kempken (1980), S. 62-89, und die jeweils dort angegebene Literatur.

34) Vgl. Abschnitt 2.2.6, Seite 24 f..

2.7.5.2 BEWERTUNG DER PREISBESTIMMUNG IN COMPETITIVE BIDDING-MODELLEN

Die COMPETITIVE BIDDING-Modelle basieren zentral auf der These, daß

a) die Kostenstrukturen der Anbieter eines Marktsegmentes ähnlich sind, und
b) die Kalkulationsmethoden der Anbieter im Zeitablauf als relativ stabil angesehen werden können.

Nur so ist es möglich, von den selbst kalkulierten Auftragskosten K_0 auf die Angebotspreise der Mitanbieter zu schließen. Auch wenn aus theoretischer Sicht angezweifelt werden kann, ob die Kostenstrukturen der einzelnen Anbieter tatsächlich homogen sind[35] oder die Angebotspreisbestimmung der Konkurrenten quasi statisch ist, scheinen zumindest diverse Veröffentlichungen über praktische Erfolge mit diesen Modellen obige Thesen zu bestätigen.[36] Insofern soll hier die Kritik an diesen Thesen nicht weiter ausgeführt, sondern statt dessen die konkrete Vorgehensweise kritisch betrachtet werden.

Eine Grundvoraussetzung zur Anwendung eines COMPETITIVE BIDDING-Modells ist zunächst die Existenz eines *Informationspools*. Es gilt, daß eine Verteilungs- bzw. Wahrscheinlichkeitsdichtefunktion als Basis zur Prognose zukünftiger Werte grundsätzlich nur dann aussagefähig sein kann, wenn ihr *hinreichend* viele Werte zugrundeliegen. Eine Konkretisierung des "*hinreichend*" ist in den Veröffentlichungen zu den COMPETITIVE BIDDING-Modellen kaum anzutreffen.[37] Ob und mit welchem Aufwand eine solche Datei mit den benötigten Informationen angelegt werden kann, dürfte primär von der jeweiligen Markttransparenz abhängen. Entsprechend den oben angesprochenen praxisbezogenen Veröffentlichungen kann jedoch davon ausgegangen werden, daß es in der Praxis Branchen gibt, in denen ein derartiger Informationspool gefüllt werden kann. Insbesondere unter praktischen Gesichtspunkten kann hier nur darauf verwiesen werden, daß letztlich jeder Anwender individuell entscheiden muß, ob er seine archivierten Marktinformationen vergangener Ausschreibungen quantitativ und qualitativ[38] als *hinreichend* zur Anwendung eines COMPETITIVE BIDDING-Modells ansieht oder nicht.

---

35) So z.B. Schiffers (1973), S. 58.

36) Vgl. Seite 88, Fußnote 3.
Schiffers hingegen äußert Zweifel an der Prämisse, daß in der Praxis die Kostenstrukturen der einzelnen Anbieter homogen sind. Vgl. Schiffers (1973), S. 58.

37) So heißt die Prämisse beispielsweise bei Friedman:
"If there are enough previous contracts"...; Friedman (1956), S. 107.

38) Hier kann z.B. daran gedacht werden, daß der Informationsgehalt der Daten im Zeitablauf abnimmt, denn je länger ein Konkurrenzgebot zurückliegt, um so größer ist die Wahr-

Geht man nun von der Existenz einer solchen Datenbank aus, so kann zunächst angemerkt werden, daß der Aufwand zur Ermittlung der einzelnen Quotienten aus Angebotspreis des Konkurrenten i bei der Ausschreibung n und den selbst kalkulierten Auftragskosten über alle Konkurrenten und Ausschreibungen durch die Kapazität der heutigen ADV-Anlagen selbst im Bereich von Personal-Computern vernachlässigbar ist.[39), 40)] Über die Problematik der Bestimmung einer statistischen **Wahrscheinlichkeitsdichtefunktion**, welche die emprisch ermittelten Daten am besten beschreibt, dürften sich grundsätzlich keine allgemeingültigen Aussagen machen lassen, da dies zu stark von den Daten des Einzelfalls abhängt.

Kritik bezüglich der COMPETITIVE BIDDING-Modelle kann jedoch an der konkreten Auswahl des optimalen Aufschlagssatzes geübt werden. So unterstellt die Wahl desjenigen Aufschlagssatzes, welcher das Produkt aus *Gewinn und Zuschlagswahrscheinlichkeit des Aufschlagssatzes* maximiert, implizit für den Entscheidungsträger eine **neutrale Einstellung** zum Risiko.[41)] Folgendes Beispiel soll diese Problematik verdeutlichen. In einer Entscheidungssituation seien aus der unendlichen Menge von Alternativen drei herausgegriffen:

Alternative	Auf schlags-satz	Zuschlags-wahrschein-lichkeit	Gewinn	mit der Zuschlags-wahrscheinlichkeit gewichteter Gewinn
A	60 %	0,4	1000	400
B	65 %	0,3	1300	390
C	80 %	0,2	1900	380

scheinlichkeit, daß der Konkurrent in der Zwischenzeit sein unterstelltes Angebotsverhalten geändert hat. Insofern könnte ein Entscheidungsträger z.B. beim Vorliegen von nur relativ alten Informationen bezüglich eines Konkurrenten zur Entscheidung kommen, daß die Datenqualität aus diesem Grunde nicht zur Prognose des aktuellen Verhaltens ausreicht.

Zur Gewichtung von vergangenen Ausschreibungsdaten vgl. Kempken (1980), S. 83 f..

39) Gleiches gilt auch für den Aufwand der statistischen Auswertung und Darstellung dieser Daten, also z.B. die graphische Präsentation der ermittelten Wahrscheinlichkeitsfunktionen.

40) Eine andere Frage ist die Eingabe und Pflege des Datenmaterials. Hier werden Personalressourcen benötigt, welche sicherlich Kosten in relevanter Höhe verursachen.

41) Vgl. Diller (1985), S. 171, Klimm (1982), S. 178, Simon (1982), S. 452, Thormählen (1978), S. 126.

Ein ADV-basiertes Entscheidungsunterstützungssystem, welches nun ausschließlich die Alternative mit dem gewichteten maximalen Gewinn angibt, ist zumindest aus praktischer Sicht kaum akzeptabel. Die Entscheidung, welche der obigen drei Alternativen zu wählen ist, kann ausschließlich unter Berücksichtigung der subjektiven Risikoeinstellung des Entscheidungsträgers getroffen werden. Es ist nicht auszuschließen, daß sich ein *»risikofreudiger«* Anbieter im obigen Beispiel für Alternative C anstelle der im Sinne des COMPETITIVE BIDDING zu wählenden Alternative A entscheiden würde.

Neben dieser Kritik kann bei den COMPETITIVE BIDDING-Modellen auch die implizite Annahme der *Unabhängigkeit des Aufschlagssatzes von* Auftragsklassifikationskriterien wie z.B. der Projektgröße angezweifelt werden.[42] Geht man davon aus, daß auch bei denjenigen Aufträgen, welche durch Ausschreibungen vergeben werden, eine Gruppierung in kleinere, mittlere und größere Aufträge möglich ist, so dürften Zweifel berechtigt sein, ob in der Praxis bei diesen drei Gruppen keinerlei Aufschlagssatzdifferenzierung bei der Angebotspreisbestimmung stattfindet.[43]
Zur Verminderung dieser Problematik könnten hier *projektgrößenabhängige Klassen* gebildet werden, wobei dann allerdings für jede Klasse separate konkurrentenbezogene Wahrscheinlichkeitsverteilungen ermittelt werden müßten. Der Nachteil dieser Vorgehensweise wäre darin zu sehen, daß hierdurch zum einen ein erheblich größeres Datenvolumen notwendig ist, um hinreichend sichere Analyseergebnisse pro Auftragsklasse zu erhalten, und zum anderen der entsprechend erhöhte Verarbeitungsaufwand einer derart differenzierten Vorgehensweise.

Als Ansatz des letzten Kritikpunktes sei hier schließlich die Vorgehensweise betrachtet, jeden Auftrag grundsätzlich isoliert zu betrachten. Fälle, in denen es sinnvoll wäre, einen Preis z.B. nur wenig über der Preisuntergrenze festzulegen, um somit die Vergabe von konkret in Aussicht gestellten Folgeaufträgen positiv zu beeinflussen, werden im Rahmen des COMPETITIVE BIDDING Grundmodells nicht berücksichtigt.[44] Diese Kritik kann allerdings relativiert werden, da die Ursache der grundsätzlichen Ignoranz von Verbundwirkungen durch die Prämisse der COMPETITIVE BIDDING-Modelle gegeben ist, welche als einzig entscheidenden Faktor bei der Auftragsvergabe den Preis festlegt.

---

42) Vgl. Thormählen (1978), S. 128.
43) Vgl. hierzu auch Seite 156 f..
44) Vgl. Haedrich (1978), S. 94-97.

Ist dies tatsächlich gegeben, so können Verbundwirkungen berechtigterweise ausgeklammert werden, da ein Auftragszuschlag hier keine Auswirkungen auf zukünftige Auftragsvergaben haben dürfte. Als mögliches Gegenbeispiel für die angesprochene Prämisse könnten allerdings technisch bedingte Folgeaufträge wie z.B. *Reparaturen* genannt werden.[45] Hier sind bei der Vergabe des Basisauftrags Verbundwirkungen sowohl von der Anbieter- als auch von der Nachfragerseite zu berücksichtigen.

2.7.5.3 BEDEUTUNG UND RELEVANZ DER COMPETITIVE BIDDING-MODELLE

Das Hauptanwendungsgebiet der COMPETITIVE BIDDING-Modelle dürfte im Bereich der *kundenindividuellen Leistungserstellung* und hier insbesondere bei Großaufträgen liegen, da dort die Ausschreibung in der Regel als typisches Vergabeverfahren anzusiedeln ist.[46] Die relative Überschaubarkeit auf diesen Märkten versetzt die Anbieter hier am ehesten in die Lage, die für den Informationspool benötigten Daten zu beschaffen. Denkt man jedoch daran, die Vorgehensweise des COMPETITIVE BIDDING für die im Mittelpunkt der vorliegenden Arbeit stehenden Anbieter zu übertragen, so stehen dem drei Hauptargumente entgegen:

a) Für Märkte, auf denen die Auftragsvergabe bilateral ausgehandelt wird, gilt, daß hier der Preis nicht als alleiniges Entscheidungskriterium des Nachfragers angesehen werden darf, wie dies die COMPETITIVE BIDDING-Modelle unterstellen. Hier müssen unbedingt auch andere Präferenzen des Nachfragers Berücksichtigung finden, denn die These, daß der Anbieter mit dem niedrigsten Preis den Zuschlag erhält, ist außerhalb von Ausschreibungen keineswegs selbstverständlich.[47]

b) Ein weiterer Grund zur Relativierung des Preiskriteriums für die in dieser Arbeit betrachteten Anbieter ist darin zu sehen, daß hier von revidierbaren Preisentscheidungen ausgegangen wird. Da die Marktveranstaltung weniger formal geregelt ist, können Angebotspreiskorrekturen im Zeitraum bis zur Entscheidung des Nachfragers theoretisch beliebig oft erfolgen. Eine solche Möglichkeit sehen die COMPETITIVE BIDDING-Modelle nicht vor.

---

45) Vgl. hierzu Abschnitt 3.2.2.4.4, Seite 123 f..
46) Vgl. Kempken (1980), S. 41 f..
47) Vgl. Haedrich (1978), S. 94.

c) Die Informationsbeschaffungsproblematik dürfte auf Märkten außerhalb von Ausschreibungen in der Regel so groß sein, daß dort der von den COMPETITIVE BIDDING-Modellen benötigte Informationspool kaum ausreichend gefüllt werden kann. Wenn hier vielleicht noch der Abschlußpreis eines nicht erhaltenen Auftrags in Erfahrung gebracht werden kann, so ist es allerdings kaum vorstellbar, daß Informationen über die nicht erfolgreichen Angebotspreise der Konkurrenten in ausreichender Zahl systematisch gesammelt werden können.[48)]

Somit ist davon auszugehen, daß ein Einsatz von COMPETITIVE BIDDING-Modellen auf Märkte außerhalb von Ausschreibungen im Normalfall wenig erfolgversprechend erscheint. Dennoch kann hier abschließend positiv festgehalten werden, daß die COMPETITIVE BIDDING-Modelle als relativ praxisnah einzustufen sind, wenn man sich auf die Marktform beschränkt, für welche diese Modelle konstruiert wurden.[49)] Daneben ist auch die **marktorientierte** Aufschlagssatzbestimmung zu begrüßen. Auf der anderen Seite stellen allerdings Preise, welche allein mit Hilfe einer teilkostenbasierten Preisuntergrenze und einem hierauf angewendeten rein marktorientierten Aufschlagssatz berechnet werden, grundsätzlich eine Gefahr dar, da hierdurch die zumindest langfristig notwendige Fixkostendeckung nicht berücksichtigt wird.[50)]

---

48) Informationen aus Verhandlungen des Konkurrenten mit dem Nachfrager dürften hier grundsätzlich legal kaum zu erhalten sein. Es könnte zwar möglich sein, solche Informationen durch den Nachfrager zu erhalten. Dabei ist allerdings nicht von der Objektivität dieser Information, sondern vielmehr vom taktischen Einsatz solcher Informationen auszugehen. Vgl. hierzu auch Simon (1982), S. 447.

49) Vgl. Böcker (1974), S. 362, Diller (1985), S. 269, Kuß (1977), S. 70, Wiegmann (1977), S. 258.

50) Vgl. hierzu auch Abschnitt 3.5.1, Seite 226-228.
Zur Unzulänglichkeit der Preisbestimmung mit Hilfe vollkostenorientierter Zuschlagsbasen bezogen auf die Problematik der Fixkostendeckung vgl. Kilger (1980a), S. 312.

3. KONZEPTION EINES MODELLS ZUR ANGEBOTSPREISBESTIMMUNG FÜR DIE AUFTRAGSORIENTIERTE FERTIGUNG

3.1 ZIELSETZUNG

Im vorhergehenden 1. Hauptabschnitt dieser Arbeit wurden ausgewählte Ansätze dargestellt, welche die Problematik der Angebotspreisbestimmung in der Auftragsfertigung behandeln. Mit Ausnahme der speziell für Ausschreibungssituationen konzipierten COMPETITIVE BIDDING-MOdelle konnte jedoch bei keinem Ansatz eine zufriedenstellende Lösung gefunden werden, wie dem Anbieter in der Praxis konkret geholfen wird, Angebotspreise marktorientiert festzulegen. Aus dieser Feststellung leitet sich nun die Zielsetzung der vorliegenden Arbeit folgendermaßen ab:

> Konzeption eines möglichst praxisnahen *Entscheidungsunterstützungssystems*, welches dem Auftragsfertiger konkrete Hilfestellung bei der marktorientierten Angebotspreisfestlegung bei *revidierbaren* Preisentscheidungen im Rahmen der auftragsorientierten Fertigung geben soll.

Dieses strategische Oberziel kann in Anlehnung an die Vorgehensweise der Analysen des ersten Hauptabschnitts folgendermaßen strukturiert werden:

1.) Auswahl einer (ggf. mehrerer) Preisuntergrenze(n),

2.) Versuch der Bestimmung einer Preisobergenze,

3.) Ermittlung einer Preisorientierungsgröße, welche als Versuch anzusehen ist, den in der Auftragsfertigung grundsätzlich ex-ante nicht existierenden Marktpreis [1] hilfsweise zu simulieren,

4.) Beurteilung des/der in 2.) und/oder 3.) ermittelten Preise(s) in bezug auf die aktuelle Anbietersituation,

5.) Bestimmung des Angebotspreises,

6.) organisatorische Anforderung zur praktischen Implementierung des vorgestellten Entscheidungsunterstützungssystems.

Im folgenden sollen nun diese Teilaufgaben sukzessive behandelt werden.

---

1) Vgl. Seite 6.

3.2 PREISUNTERGRENZEN

3.2.1 DIE KOSTENORIENTIERTE PREISUNTERGRENZE

3.2.1.1 DIE KOSTENORIENTIERTE PREISUNTERGRENZE OHNE KAPAZITÄTSENGPÄSSE

3.2.1.1.1 VORBEMERKUNGEN

Wie aus den im 2. Hauptabschnitt der vorliegenden Arbeit dargestellten Konzepten zur Preisbestimmung deutlich wurde, kann die Preisuntergrenzenproblematik im Vergleich zur eigentlichen Entscheidung über den Angebotspreis in der Literatur als relativ ausführlich behandelt angesehen werden.[2] Dabei ist festzustellen, daß aus der Menge der Preisuntergrenzenkonzepte keines existiert, welches uneingeschränkt Zustimmung findet.[3] Lediglich die These, daß auf Vollkosten basierende Preisuntergrenzen als Entscheidungsgrundlage abzulehnen sind, wird grundsätzlich nicht bestritten.[4] So geht auch das Preisuntergrenzenkonzept der vorliegenden Arbeit, welches in diesem Abschnitt differenziert dargestellt werden soll, von einer **Teilkostenrechnung** aus. Zur weiteren Konkretisierung interessiert nun hier zunächst die Frage des zu wählenden Kostenzurechnungsprinzips.

Soll eine Preisuntergrenze als »*willkürfrei*« bezeichnet werden, so kann diese nur auf Basis des von RIEBEL entwickelten Identitätsprinzips, welches letztlich "eine äußerst strenge Auslegung des Verursachungsprinzips"[5] darstellt, ermittelt werden, da lediglich hier die Objektivität durch den konsequenten Verzicht auf jegliche Gemeinkostenschlüsselung gesichert erscheint.[6] Ein Beispiel für eine solche Preisuntergrenze wurde z.B. im Konzept von LAYER dargestellt.[7] Dabei zeigte sich allerdings, daß die theoretische Exaktheit einer solchen Preisuntergrenze letztlich nur durch die Existenz eines relativ hohen Informationsniveaus erreicht werden kann.[8] Es wurde bei der Kritik an der Preisuntergrenzenkonzeption LAYERS anhand von beispielhaften Argumentationen

---

2) Vgl. Scholl (1981), S. 19, Unterguggenberger (1974), S. 133.
3) Vgl. Engelhardt (1975), Sp. 3049, Reichmann (1973), S. 11.
4) Vgl. hierzu auch Seite 24 f..
5) Nießen (1982), S 312; ähnlich Haberstock (1987), S. 57 f., Kilger (1980b), S. 42, Riebel (1983), S. 31, Schubert/Hohenbild (1975), Sp. 2367.
6) Vgl. Eisele (1990), S. 626, Freidank (1979), S. 253, Horváth/Kleiner/Mayer (1986), S. 134, Hummel (1983), S. 1206, Kloock/Sieben/Schildbach (1991), S. 196, Kosiol (1979), S. 383, Scherrer (1991), S. 166, Schweitzer/Küpper (1986), S. 389.
7) Vgl. Abschnitt 2.5.2.2, Seite 54-56.
8) Vgl. Seite 67.

gezeigt, daß zumindest für die Praxis der in dieser Arbeit betrachteten Auftragsfertiger ein derart hohes Informationsniveau grundsätzlich nicht vorausgesetzt bzw. nicht mit vertretbarem Aufwand aufgebaut werden kann.[9] Daraus leitet sich die Entscheidung ab, daß die von LAYER vorgeschlagene Preisuntergrenzenkonzeption, die hier stellvertretend für eine konsequente Anwendung des Identitätsprinzips betrachtet wurde, zumindest unter dem Gesichtspunkt der Praktikabilität keine grundsätzlich zu empfehlende Alternative darstellt.[10] Somit stellt sich für diese Arbeit das Problem, eine Preisuntergrenze auszuwählen, welche einerseits für die Praxis anwendbar ist, und andererseits der Kritik aus theoretischer Sicht ein Minimum von Ansatzpunkten bietet. Eine solche Preisuntergrenze könnte durch die von KILGER vorgeschlagene Vorgehensweise gegeben zu sein.

Das Preisuntergrenzenkonzept KILGERS unterscheidet sich von der Preisuntergrenze im LAYER-Konzept hauptsächlich durch die folgenden beiden Punkte, welche in den anschließenden Abschnitten differenziert betrachtet werden sollen.

1.) KILGER geht von der klassischen Trennung zwischen Investitionsrechnung als langfristiges sowie Kosten- und Leistungsrechnung als kurzfristiges Instrument zur Entscheidunterstützung aus.[11]

2.) Während LAYER den Kalkulationsobjekten ausschließlich direkt zurechenbare Kosten zuweist, werden den Aufträgen im Konzept KILGERS auch variable (echte) Gemeinkosten, also nicht direkt zurechenbare Kosten angelastet.[12]

---

9) Vgl. Abschnitt 2.5.5.1, Seite 67-69.
10) Vgl. hierzu auch Hohenbild (1974), S. 278 f., Kloock/Sieben/Schildbach (1991), S. 245 f., Scherrer (1991), S. 167 f..
11) Vgl. Freidank (1979), S. 250, Kilger, (1980a), S. 312.
12) Vgl. Kilger (1988), S. 95, Weigand (1988), S. 135.

3.2.1.1.2 *PROBLEMFELD*: KÜNSTLICHE SEPARATION VON INVESTITIONS- UND KOSTEN-/LEISTUNGSRECHNUNG

Im System KILGERS basiert die Kostenrechnung als kurzfristiges Entscheidungsinstrument auf der Prämisse gegebener Betriebsmittelkapazitäten. Entscheidungen, die über den Planungshorizont der Kostenrechnung hinausgehen, werden durch die langfristig orientierte Investitionsrechnung unterstützt.[13] Da Veränderungen der Betriebsmittelkapazitäten regelmäßig nicht nur für eine, sondern für mehrere Perioden geplant werden, sind diese somit nach KILGER nicht mit Hilfe der *Kosten-/Leistungsrechnung*, sondern durch die *Investitionsrechnung* zu bewerten, die damit den Rahmen der Kostenrechnung determiniert.[14] Für die hier betrachtete Preisuntergrenzenentscheidung bedeutet dies folgendes.

Im Konzept LAYERS wird in die Preisuntergrenze des betrachteten Auftrags der Investitions(-teil-)betrag eingerechnet, der noch nicht durch (verplante) Deckungsbeiträge anderer Aufträge gedeckt ist.[15] Bei KILGER hingegen ist eine größere Flexibilität insofern gewährleistet als der Investitionsbetrag nicht zwingend ex-ante durch konkrete Auftragsdeckungsbeiträge gedeckt sein muß. Hier wird lediglich der relevante Investitionsbetrag in Form eines Deckungsbudgets an die Kostenrechnung weitergegeben. Die Entscheidung, durch welche Aufträge dieses Deckungsbudget dann erwirtschaftet werden soll, bleibt somit zunächst offen und kann kurzfristig, also im Verantwortungsbereich der *Kosten-/Leistungsrechnung*, entschieden werden. Der entscheidende Unterschied zur Vorgehensweise LAYERS besteht also darin, daß eine positive Investitionsentscheidung bei KILGER keinen unmittelbaren Einfluß auf die Bestimmung der Preisuntergrenze ausüben muß.

Letztlich läßt sich dieser Unterschied auf die abweichende Ausgangsbasis der beiden Vorgehensweisen erklären. Während LAYER von einem **Totalmodell** ausgeht (ein Anbieter muß in der Lage sein, zukünftige Aufträge incl. deren Deckungsbeiträge auch über einen längerfristigen Zeitraum zu planen), beschränkt sich KILGER auf das **Teilmodell** »*kurzfristige Planung*«, welches Investitionsentscheidungen als exogen ansieht. Legt man als alleiniges Kriterium zur Beurteilung einer Vorgehensweise die Minimierung der Kritik aus theoretischer Sicht fest, so muß die Separation KILGERS abgelehnt werden,

---

13) Vgl. Kilger (1988), S. 16.
14) Vgl. Kilger (1980a), S. 312.
15) Vgl. Abschnitt 2.5.2.2, Seite 55.

da hier das Problem der Prognose zukünftiger Entwicklungen lediglich in den Bereich der Investitionsrechnung *verschoben* wird.[16] Denn wenn das interne Rechnungswesen nicht ohne die längerfristige Prognose von Aufträgen auskommen kann, so besteht zumindest aus theoretischer Sicht kein Vorteil in der Trennung der Entscheidungsfelder, sondern es ergibt sich zusätzlich die Problematik, daß kurzfristige und längerfristige Entscheidungen miteinander abgestimmt werden müssen. Insofern scheint es berechtigt, hier von einer künstlichen Separation zu sprechen.

Aus **praktischer Sicht** erscheint diese Argumentation jedoch weniger zwingend. So kann bezüglich der hier diskutierten Trennung der Entscheidungsfelder KILGER zitiert werden, der anführt, daß es nicht realisierbar sei, "bei jeder Planungs- und Kontrollmaßnahme *alle* Aktionsparamter als variabel"[17] anzusehen, wie dies aus theoretischer Sicht zur Optimierung notwendig wäre.[18]

In ähnlicher Weise äußert sich SCHÄFTER bezüglich dieser Problematik: "In der betrieblichen Realität ist eine solche Trennung in Entscheidungsfelder unabdingbar, da es bis heute noch nicht möglich ist den Wirkungsverbund der in der Praxis auftretenden komplexen Entscheidungsprobleme durch simultane Ansätze befriedigend zu lösen."[19] Auch KÜPPER sieht bei der praktischen Umsetzung seiner eigenen Lösungsansätze zum Problem der Integration von Investitions- und Kostenrechnung[20] ein wesentliches Problem bei der Informationsbeschaffung: "Die begrenzten Möglichkeiten zur Erstellung längerfristiger Pläne wirken sich einschränkend auf die Durchführbarkeit der Konzeption aus. Insbesondere die Möglichkeiten zur Prognose zukünftiger Daten beeinträchtigen die Zuverlässigkeit der Rechnung."[21] Selbst RIEBEL spricht davon, daß durch die Verknüpfung von Investitions- sowie Kosten- und Leistungsrechnung "die *Grenzen der Informationsmöglichkeiten* abgetastet" werden.[22]

---

16) Vgl. Riebel (1990), S. 368.
17) Kilger (1988), S. 16.
18) Vgl. ähnlich Wartmann (1983), S. 203.
19) Schäfter (1983), S. 81.
20) Vgl. z.B. Küpper (1985).
21) Schweitzer/Küpper (1986), S. 455.
22) Riebel (1983), S. 54 (*Diskussionsbeitrag*).

Als Fazit kann somit folgendes festgehalten werden: Der theoretischen Forderung nach *Simultanoptimierung* bzw. hier speziell nach *Integration* von *Investitions-* und *Kosten-/Leistungsrechnung* wird grundsätzlich zugestimmt.[23] Da die Umsetzung dieser Forderung mit den heute bekannten Methoden außerhalb deterministischer Modelle, zumindest jedoch in der Praxis, als kaum bzw. grundsätzlich nicht wirtschaftlich realisierbar eingeschätzt werden muß, erscheint die getrennte Betrachtung der Entscheidungsfelder unter der Zielsetzung der Konzeption eines Modells mit Anspruch auf Praktikabilität als notwendig. Schließlich nützt es einem Praktiker wenig, wenn ihm ein theoretisch nicht angreifbares System empfohlen wird, das er nicht anwenden kann, weil z.B. die hierfür geforderten Informationen nicht mit vertretbarem Aufwand bzw. überhaupt nicht beschafft werden können.[24]

3.2.1.1.3 *PROBLEMFELD* : VERRECHNUNG (ECHTER) VARIABLER GEMEINKOSTEN

Aus theoretischer wie praktischer Sicht besteht Einigkeit darüber, daß einem Kalkulationsobjekt so viele Kosten wie möglich zugerechnet werden sollen, wobei als allgemeines Zurechnungskriterium übereinstimmend die *Kostenverursachung* angesehen wird.[25] Da aber jeder Schlüsselung von echten Gemeinkosten immer auch Willküreinfluß nachweisbar ist,[26] kann eine Preisuntergrenze also nur dann **objektiv** sein, wenn auf eine Verrechnung echter Gemeinkosten vollständig verzichtet wird, wie dies z.B. im Konzept LAYERS geschieht.[27]

KILGER hingegen betrachtet die Gemeinkostenproblematik differenzierter. Für fixe Gemeinkosten lehnt auch er jede Zurechnung auf ein Kalkulationsobjekt mit der Begründung ab, daß dies verursachungsgerecht unmöglich ist.[28] Anders argumentiert er hingegen bezüglich des überwiegenden Teils der

---

23) Vgl. z.B. Kilger (1988), S. 16, Kloock (1986), S. 293, Lehmann/Wagner (1981), S. 48 f., Riebel (1990), S. 60-66, Schweitzer/Küpper (1986), S. 439.

24) Vgl. allgemein zur Forderung nach Praktikabilität von Entscheidungsmodellen z.B. Bäuerle (1989), Bretzke (1980), Pfohl (1976), Troll (1974), S. 7 f..

25) Vgl. z.B. Boecken (1974), S. 544, Hummel/Männel (1990), S. 53 f., Kilger (1987), S. 75, Mayer (1965), S. 148, Riebel (1972), S. 19.

26) Vgl. z.B. Becker (1962), S. 73, Deyhle (1962), S. 61, Gayer (1988), S. 183, Hummel (1983), S. 1206, Männel (1978a), S. 3, Menrad (1983), S. 7, Moews (1967), S. 205, Plinke (1989), S. 133, Raffée (1974), S. 148, Riebel (1990), S. 211, Schweinhardt (1974), Sp. 1659, Witt (1986), S. 116, Wolter (1948), S. 35 f..

27) Vgl. Seite 67.

28) Vgl. Kilger (1984), Sp. 1346.

variablen Gemeinkosten.[29] Diese können mit Hilfe des Bezugsgrößensystems auf die Bezugsobjekte "richtig" zugerechnet werden.[30] KILGER bezeichnet diese Zurechnung insofern als *»verursachungsgerecht«*, als er "bei der Anwendung des Verursachungsprinzips auch *indirekte Proportionalitätsbeziehungen*" zuläßt.[31]
Bezüglich dieser Vorgehensweise ist zunächst kritisch anzumerken, daß eine solche Gemeinkostenzurechnung nicht als *verursachungsgerecht* im Sinne des Identitätsprinzips bezeichnet werden darf, da die Entstehung der variablen Gemeinkosten letztlich nicht auf der gleichen Entscheidung basiert, welche für die Erstellung des betrachteten Kalkulationsobjektes ursächlich ist.[32] Auf der anderen Seite ist jedoch die Tatsache zu akzeptieren, daß es in der Praxis variable Gemeinkosten gibt, die sich bezüglich der zugeordneten Bezugsgröße proportional verhalten.[33] Über diese indirekte Proportionalität stehen diese Kosten in wesentlich engerer Beziehung zu den Kalkulationsobjekten als die fixen Kosten. Deshalb scheint zumindest eine Gleichbehandlung der fixen und variablen Gemeinkosten durch z.B. Aufnahme in ein gemeinsames (undifferenziertes) Deckungsbudget als nicht realitätsadäquat.[34]

Auf der anderen Seite wird es in dieser Arbeit allerdings als wenig sinnvoll angesehen, das Kostenzurechnungsprinzip zu erweitern, wie dies KILGER praktiziert, indem er auch die **indirekte** Proportionalitätsbeziehung zwischen Kosten und Kalkulationsobjekt als hinreichendes Kriterium für die **verursachungsgerechte** Kostenzurechnung akzeptiert. Hierdurch hebt sich lediglich die Eindeutigkeit der Interpretation des (strengen) Verursachungsprinzips (Identitätsprinzips) immer weiter auf.[35] Eine mögliche Gefahr aus der nicht eindeutigen Definition des Verursachungsprinzips besteht darin, daß letztlich

---

29) Vgl. Kilger (1988), S. 20.

30) Vgl. Kilger (1983), S. 59, ebenso Seicht (1963), S. 700.

31) Kilger (1988), S. 96. Die *Indirektheit* bezieht sich hier auf das Verhältnis dieser Kosten zu den eigentlichen Kalkulationsobjekten. Ebenso bzw. ähnlich argumentieren auch z.B.: Dellmann (1982), S. 138, Munzel (1966), S. 53 f., Peter (1969), S. 1953, Schneider (1961), S. 684, Seicht (1971), S. 58, Vormbaum (1977), S. 17.

32) Vgl. AK Hax (1980), S. 716, Hummel (1983), S. 1206, Plinke (1989), S. 48, Riebel (1990), S. 394.

33) Vgl. z.B. Jacobs (1968), S. 39, Kilger (1988), S. 95 f., Riebel (1990), S. 37, Schweitzer/Küpper (1986), S. 316.

34) Vgl. ähnlich Jacobs (1968), S. 51.

35) Riebel spricht hier von der »Vieldeutigkeit« des Verursachungsprinzips; vgl. Riebel (1990), S. 389. Zur Mehrdeutigkeit der Interpretation des »Verursachungsprinzips« vgl. auch Hohenbild (1974), S. 293, Huch (1986), S. 43, Hummel/Männel (1990), S. 54, Menrad (1983), S. 4 f., Scherrer (1991), S. 164 f., Seicht (1990), S. 61-65, Weber, J. (1987), S. 395.

sogar die Fixkostenschlüsselung der Vollkostenrechnung als verursachungsgerecht bezeichnet werden könnte.[36] Um trotzdem die enge Verbindung zwischen variablen Gemeinkosten und dem Kalkulationsobjekt auch aus theoretischer Sicht weniger angreifbar abbilden zu können, wäre es vorstellbar, die variablen Gemeinkosten als eigenständigen, *auftragsbezogenen Mindest-Deckungsbeitrag* zu interpretieren.[37] Bei einer solchen Vorgehensweise würde zunächst als absolute kostenorientierte Preisuntergrenze die Summe der nach dem *Identitätsprinzip* zugerechneten Einzelkosten ermittelt.[38] Addiert man hierzu die variablen Auftragsgemeinkosten (errechnet mit Hilfe des Bezugsgrößensystems der Kostenstellenrechnung) als *Soll-Deckungsbeitrag*, so könnte diese Summe dann als relevante kostenorientierte Preisuntergrenze bezeichnet werden.

Aus theoretischer Sicht kann zwar auch eine so definierte (relevante kostenorientierte) Preisuntergrenze nicht als verursachungsgerecht im Sinne des *Identitätsprinzips* angesehen werden. Der Vorteil dieser Alternative ist jedoch darin zu sehen, daß exakt sichtbar wird, welcher Teil der Preisuntergrenze objektiv und theoretisch einwandfrei ermittelt (***absolute kostenorientierte Preisuntergrenze***) und bei welchem Kostenbetrag indirekte funktionale Beziehungen (***variable Auftragsgemeinkosten als Soll-Deckungsbeitrag***) zu Hilfe genommen wurden.[39] Durch eine Trennung der Einzelkosten und der variablen Gemeinkosten eines Auftrags werden nach RIEBEL "die sachökonomischen Unterschiede auch terminologisch deutlich".[40]

36) Vgl. Schubert/Hohenbild (1975), Sp. 2366;
so z.B.: Bouffier (1984), Sp. 763, Feuerbaum (1978), S. 1043 f., Munzel (1966), S. 50 f., Neumayer (1970), S. 940, Rockstuhl (1961), S. 87 f., Sonnefeld (1962), S. 53, Vormbaum (1977), S. 18 f..

37) Vgl. ähnlich Heinen (1975), S. 60, Riebel (1985), S. 250 f..

38) Vgl. Becker (1962), S. 78, Riebel (1990), S. 590.

39) So fordert Mayer explizit, daß bei zugerechneten Kosten stets sichtbar sein muß, welche Kostenbestandteile verursachungsgemäß, und welche nach anderen Kriterien zugewiesen wurden; vgl. Mayer (1965), S. 148.

40) Riebel (1985), S. 251.
Anhand des hier angesprochenen Beispiels zeigt sich allerdings eine gewisse Inkonsequenz RIEBELS. In seinen primär theoretisch orientierten Veröffentlichungen hebt RIEBEL regelmäßig die durch den Verzicht auf jegliche Gemeinkostenschlüsselung erreichte Willkürfreiheit seines Kostenrechnungssystems hervor. Vgl. z.B. Riebel (1990), S. 618. Auf der anderen Seite schlägt er jedoch im seinem hier betrachteten Beispiel vor, den Kostenträgern variable (echte) Gemeinkosten zuzurechnen, vgl. Riebel (1985), S. 250 f. Dieser Widerspruch kann nun nicht allein durch die Umbenennung von »*variable Gemeinkosten*« in »*Mindestdeckungsbeiträge*« erklärt werden, denn ein gemeinsamer Deckungsbedarf sollte "nicht nach schematischen Schlüsseln ... (Ausl. d. Verf.) vorgegeben werden, sondern auf Grund unternehmenspolitischer, insbesondere absatzpolitischer Überlegungen. In jedem Falle muß dabei die *Tragfähigkeit* des Marktes beachtet werden, da sonst die

Letztlich hängt die Entscheidung für oder gegen eine Zurechnung von variablen (echten) Gemeinkosten von den Präferenzen des Entscheidungsträgers ab. Wünscht er eine »*willkürfreie*« Information, so kann nur die **absolute kostenorientierte Preisuntergrenze** gewählt werden. Wertet er jedoch die indirekte Proportionalität zwischen variablen Gemeinkosten und Kostenträger höher als die Willkürfreiheit, so wird diese Information durch die **relevante kostenorientierte Preisuntergrenze** abgebildet.

In dieser Arbeit wird bezüglich der Preisuntergrenzenproblematik folgendes vorgeschlagen. Grundsätzlich sind zunächst die Einzelkosten als Preisuntergrenze eines Auftrags zu ermitteln (*absolute kostenorientierte Preisuntergrenze*). Daneben sollten aber auch grundsätzlich die variablen Gemeinkosten *auftragsbezogen* (als Soll-Deckungsbeitrag) ausgewiesen werden. Rein kostenorientiert [41] gelten dann regelmäßig die variablen Kosten als Preisuntergrenze (*relevante kostenorientierte Preisuntergrenze*).[42] Falls dann tatsächlich der Fall eintritt, daß ein eventueller Vertragspreis zwischen Einzelkosten und variablen Kosten des Auftrags liegt, kann der Entscheidungsträger immer noch auf die *absolute kostenorientierte Preisuntergrenze* (als willkürfreies Entscheidungskriterium) zurückgreifen, vorausgesetzt es erscheint dem Anbieter im Einzelfall tatsächlich zieladäquat, einen derart niedrigen Preis zu akzeptieren. Durch eine solche Vorgehensweise wird dem Entscheidungsträger zumindest verdeutlicht, daß ein Preis unterhalb der variablen Auftragskosten absoluten Ausnahmecharakter haben muß, da ansonsten eine Deckung sämtlicher Gemeinkosten stark gefährdet erscheint.

Gesamtdeckung nicht gewährleistet wird." Riebel (1990), S. 264. Im Beispiel des hier angesprochenen Aufsatzes weist RIEBEL die Mindestdeckungsbeiträge jedoch nicht mit Hilfe absatzmarktbezogener Argumente zu, sondern schematisch aufgrund stochastischer Beziehungen, vgl. Riebel (1985), S. 250 f..

41) Neben den Kosten müssen grundsätzlich auch absatzmarktbezogene Einflußgrößen bei der Preisuntergrenzenbestimmung berücksichtigt werden; vgl. hierzu auch, Seite 116.

42) Dies geschieht im Unterschied zur Vorgehensweise bei z.B. RIEBEL oder KILGER mit dem expliziten Eingeständnis, daß eine solche Preisuntergrenze wegen der Zurechnung variabler (echter) Gemeinkosten letztlich nicht willkürfrei sein kann.

3.2.1.1.4 *PROBLEMFELD* : LIQUIDITÄTSINFORMATIONEN DER KOSTENORIENTIERTEN PREISUNTERGRENZE

In einem großen Teil der Publikationen zum Themenkreis "Preisuntergrenze" findet sich zumindest der Hinweis, daß kostenorientierte Preisuntergrenzen durch entsprechende Selektionen relevante Informationen bezüglich der Liquiditätssicherungen eines Unternehmens liefern können.[43] Wie bereits oben angemerkt, wird in dieser Arbeit die These vertreten, daß die Ermittlung einer **auftragsbezogenen liquiditätsorientierten Preisuntergrenze** aus den Daten der entsprechenden kostenorientierten Preisuntergrenze grundsätzlich abzulehnen ist.[44] Die Argumente zur Begründung dieser These können folgendermaßen zusammengefaßt werden.

Grundsätzlich gilt, daß die Bestimmung einer liquiditätsorientierten Preisuntergrenze exakt nur im Rahmen eines vollständigen Finanzplans möglich ist.[45] Wird dennoch versucht, eine liquiditätsorientierte Preisuntergrenze aus den Daten der Kostenrechnung abzuleiten, so sind zwei Fälle zu unterscheiden. Dabei dient als Differenzierungskriterium die Zurechnung kurzfristig auszahlungswirksamer Fixkosten.

Findet eine Zurechnung von solchen Kosten statt,[46] so muß die hieraus resultierende liquiditätsorientierte Preisuntergrenze als stark willkürlich bezeichnet werden, denn der Anteil, der einem einzelnen Kalkulationsobjekt zugerechneten Fixkosten ist auch wenn diese auszahlungswirksam sind objektiv nicht begründbar. Es ist nicht einsichtig, weshalb die im Bezug auf die Auftragsannahme bzw. -ablehnung nicht entscheidungsrelevanten fixen Kosten bzw. Teile hiervon bezüglich der Liquidität als entscheidungsrelevant gelten sollen;

---

43) Vgl. z.B. Agthe (1959a), S. 410 f., Becker (1962), S. 96-98, Bickel (1966), Eisele (1990), S. 521, Heinen (1975), S. 61 f., Jacobs (1968), S. 43, Kornagel (1962), S. 205, Kosiol (1979), S. 200 f., Krüger (1987), S. 8/229 f., Kurz (1969), S. 170 f., Mellerowicz (1977), S. 180, Munzel (1966), S. 159-170, Rall (1966), S. 80-117, Unterguggenberger (1974), S. 137 f., Winnes (1987), S. 23 f., Zoller (1988), S. 79-81.

44) Vgl. Seite 50 f..

45) Vgl. z.B. Heinen (1975), S. 62, Kilger (1988), S. 756, Männel (1978a), S. 12, Moews (1967), S. 91, Müller-Lindenberg (1976), S. 131 f., Raffée (1974), S. 150, Schläder (1975) S. 58, Schweitzer/Küpper (1986), S. 375, Seicht (1963), S. 699.

46) Diese Vorgehensweise scheint von der Mehrzahl der Befürworter liquiditätsorientierter Preisuntergrenzen gewählt zu werden. Vgl. ähnlich Moews (1967), S. 85.
Als Beispiele hierfür seien genannt: Agthe (1959a), S. 417, Bussmann (1979), S. 159, Hartmann (1963), S. 33 f. Jacobs (1968), S. 43, Kornagel (1962), S. 204-207, Kurz (1969), S. 170, Munzel (1966), S. 159, Schäfer (1986), S. 84, Schläder (1975), S. 59, Schubert (1965), S. 365, Unterguggenberger (1974), S. 137, Wäger (1969), S. 83, Winnes (1987), S. 23 f..

schließlich variieren diese Kosten bzw. Auszahlungen **nicht** mit der Entscheidung über die Auftragsannahme bzw. -ablehnung, sondern fallen hiervon *unabhängig* an. Somit können solche Auszahlungen nicht willkürfrei einem einzelnen Auftrag zugerechnet werden,[47] weshalb hier festzuhalten bleibt, daß liquiditätsorientierte Preisuntergrenzen, welche zugeschlüsselte Fixkostenanteile enthalten, wegen der fehlenden Objektivität bei ihrer Ermittlung genauso abzulehnen sind wie die vollkostenorientierten Preisuntergrenzen.

Geht man hingegen von einer Teilkostenkalkulation aus und differenziert die Auftragskosten nach *auszahlungswirksam* bzw. *nicht kurzfristig auszahlungswirksam*,[48] so kann der auszahlungswirksame Anteil, welcher dann als liquiditätsorientierte Preisuntergrenze zu interpretieren wäre, nie größer sein als die kostenorientierte Preisuntergrenze.[49] Da aber bei zwei Preisuntergrenzen stets die größere relevant ist, wird eine so ermittelte liquiditätsorientierte Preisuntergrenze überflüssig.[50]

Als Fazit gilt somit für diese Arbeit, daß die Ermittlung von liquiditätsorientierten Preisuntergrenzen, soweit sie aus der Kostenrechnung abgeleitet werden, grundsätzlich nicht sinnvoll erscheint. Durch diese Aussage ist nicht die mögliche Relevanz der Einflußgröße *Liquiditätssituation* (insbesondere in einer angespannten Finanzlage) bei der Entscheidung über die Auftragsannahme bzw. Ablehnung in Frage gestellt. Hier wird lediglich argumentiert, daß in einer solchen Situation nicht auf eine mehr oder weniger zweifelhaft schematisch ermittelte Größe, sondern bei Bedarf (Liquiditätsengpaß) auf detaillierte Informationen eines Finanzplans zurückzugreifen ist.[51]

---

47) Vgl. Moews (1989), S. 239, Müller-Lindenberg (1976), S. 132, Seicht (1988), S. 48 f., Zoller (1988), S. 78.
48) Vgl. z.B. Brand (1974), S. 81, Diller (1985), S. 166, Mann (1973), S. 145.
49) Vgl. Moews (1967), S. 93 f., Layer (1967), S. 132.
50) Vgl. Bickel (1966), S. 542, Layer (1969), S. 232.
51) Vgl. ähnlich: Kilger (1988), S. 756, Moews (1989), S. 239, Plaut/Bonin/Vikas (1988), S. 10, Raffée (1974), S. 150 f., Reichmann (1973), S. 25, Schweitzer/Küpper (1986), S. 375.

3.2.1.2 DIE KOSTENORIENTIERTE PREISUNTERGRENZE BEI KAPAZITÄTSENGPÄSSEN

Die Überlegungen des vorangegangenen Abschnitts bezüglich der Preisuntergrenzenproblematik setzten implizit voraus, daß in der Unternehmung keine Kapazitätsbeschränkungen wirksam sind. Bisher wurde also unterstellt, daß durch die Hereinnahme des betrachteten Auftrages bei keinem Potentialfaktor die Grenze des Leistungsvermögens überschritten wird. In diesem Abschnitt soll nun untersucht werden, inwieweit Besonderheiten bei der Preisuntergrenzenbestimmung für eine Auftragsanfrage zu berücksichtigen sind, wenn der potentielle Auftrag nicht innerhalb der gegebenen Kapazität ausgeführt werden kann.

Geht man von der Situation aus, daß ein Anbieter eine Anfrage bezüglich eines Auftrages erhält, welcher nicht innerhalb der bestehenden Kapazitätsgrenzen ausgeführt werden kann, so existieren für den Anbieter bei vorausgesetztem Interesse am Auftrag drei Alternativen. Zuächst wäre daran zu denken, durch **Stornierung** von bereits vertraglich abgesicherten Aufträgen freie Kapazitäten zu schaffen. Für den Bereich der Auftragsfertigung gilt jedoch grundsätzlich, daß es höchstens unter Inkaufnahme von Pönalien möglich ist, zugesagte Aufträge zu stornieren.[52] Da dies wohl nur in absoluten Ausnahmefällen wirtschaftlich sein kann[53], wird eine solche Vorgehensweise im weiteren nicht mehr berücksichtigt.[54]

Neben der Auftragsstornierung könnte durch eine **Kapazitätserweiterung** versucht werden, den Potentialfaktorengpaß zu beheben. Eine solche Möglichkeit wird jedoch hier aus folgendem Grund nicht weiter betrachtet. Bei der Abgrenzung des Untersuchungsfeldes dieser Arbeit wurde die langfristige Auftragsfertigung ausgeklammert.[55] Für den verbleibenden Bereich der Auftragsfertiger ist zu vermuten, daß die Zeit vom Eingang einer Auftragsanfrage bis zur Abgabe des Angebotspreises grundsätzlich zu knapp ist, um Investitionsentscheidungen zu realisieren. Berücksichtigt man, daß eine Entscheidung über Kapazitätserweiterungen regelmäßig auf Marktstudien des zukünftigen

---

52) Vgl. ähnlich Layer (1969), S. 230.

53) Neben der Zurechnung der Pönalien als Einzelkosten des verdrängenden Auftrags müßten hier auch die negativen Verbundwirkungen bezüglich zukünftiger Aufträge berücksichtigt werden, da ein Anbieter durch Auftragsstornierungen in Gefahr gerät, als "unzuverlässig" zu gelten. Vgl. hierzu auch Abschnitt 3.2.2.4.1, Seite 119 f..

54) Vgl. zu einer solchen »Verdrängungsrechnung« Neuhof (1975), S. 572.

55) Siehe Seite 5.

Absatzpotentials basieren und daneben die möglichen Investitionsalternativen, deren Preise und Konditionen zu ermitteln sind,[56] so erscheint eine Vorgehensweise wie sie z.B. LAYER vorschlägt, nämlich bei Kapazitätsengpässen grundsätzlich Investitionsüberlegungen bezüglich einer Kapazitätserweiterung vorzunehmen, zumindest für die im Mittelpunkt dieser Arbeit stehenden Auftragsfertiger kaum praktikabel.

Schließlich sei noch einmal darauf hingewiesen, daß in der vorliegenden Arbeit von der Aufgabentrennung zwischen *Kosten-* und *Leistungsrechnung* auf der einen und der *Investitionsrechnung* auf der anderen Seite ausgegangen wird.[57] Dabei muß jedoch betont werden, daß sehr wohl Impulse von Auftragsanfragen (z.B. bei Kapazitätsengpässen) auf die Investitionsrechnung ausgehen sollten.[58] Allerdings wird hier der z.B. in LAYERS Konzept vorgeschlagene »*Automatismus*« (jede nicht zu bewältigende Auftragsanfrage löst zwangsläufig direkt konkrete Investitionsüberlegungen aus[59]) abgelehnt. Insofern ist eine Potentialfaktorinvestition, auch für den sie auslösenden Auftrag, hier grundsätzlich[60] ohne Einfluß auf dessen Preisuntergrenzenbestimmung, da die Investitionssumme lediglich als Deckungsbudget an die Kostenrechnung weitergegeben wird.

Neben den beiden vorgenannten Alternativen zur Behebung von Kapazitätsengpässen ist schließlich noch daran zu denken, mit Hilfe eines (oder mehrerer) **Sub-Unternehmer** zusätzliche Kapazitäten zu nutzen.[61] Nach LAYER muß dabei zunächst unterschieden werden, ob der betrachtete Auftrag selbst (bzw. Teile hiervon) oder Arbeiten anderer Aufträge fremdvergeben werden sollen.[62]

Werden zur Engpaßumgehung der betrachtete Auftrag bzw. Teilarbeiten »*fremd*« vergeben, so sind die (ggf. geschätzten) Kosten, welche vom Sub-Unternehmer in Rechnung gestellt werden, vollständig dem zusätzlichen Auftrag zuzurechnen. Werden hingegen Arbeiten anderer Aufträge »*fremd*«

56) Bezüglich des Umfangs der benötigten Informationen kann auf die Beispiele von Neuhof (1975) verwiesen werden. Auch wenn dies konstruierte Fallstudien sind, wird deutlich, daß für die Praxis kaum davon auszugehen ist, daß diese Informationen grundsätzlich vorliegen bzw. kurzfristig beschaffbar sind.

57) Vgl. Seite 107.

58) Ebenso muß bei ständigen Überkapazitäten die bestehende Kapazitätsstruktur überdacht werden.

59) Vgl. Seite 54 f..

60) Es sei denn, die Investition kann ausschließlich vom betrachteten Auftrag genutzt werden.

61) Vgl. Neuhof (1975), S. 570, Schiffers (1973), S. 26.

62) Vgl. Layer (1969), S. 228 f..

vergeben, um für den betrachteten Auftrag freie Kapazitäten zu schaffen, so erhält der zur Diskussion stehende Auftrag neben den anbieter*internen* Kosten, noch jene Kosten zugerechnet, die **zusätzlich** durch die Fremdvergabe der (Teil-) Arbeiten der anderen Aufträge durch den/die Subunternehmer anfallen.

Als Fazit bleibt hier festzuhalten, daß für die in dieser Arbeit betrachteten Auftragsfertiger lediglich die Umgehung eigener Kapazitätsengpässe durch Einschaltung von Subunternehmern Einfluß auf die Preisuntergrenzenbestimmung ausübt. Da die Kosten, die durch einen Subunternehmer in Rechnung gestellt werden, jedoch **Auftragseinzelkosten**, also verursachungsgerecht zurechenbar sind, ergeben sich hier im Vergleich mit der *Preisuntergrenzenbestimmung ohne Kapazitätsengpässe* keine weiter zu diskutierenden Besonderheiten.

3.2.2 DIE PROBLEMATIK DER VERBUNDWIRKUNGEN

3.2.2.1 VORBEMERKUNGEN

Die bisherigen Ausführungen bezüglich der Preisuntergrenze haben streng genommen nur Gültigkeit unter der Prämisse, daß es sich bei der Bewertung des zur Diskussion stehenden Auftrags um eine isolierte Einzelentscheidung handelt, bei der keine Einflüsse auf zukünftige Auftragsanfragen oder -verhandlungen zu berücksichtigen sind.1) Da in der Realität aber, wie die Beispiele in den nachfolgenden Abschnitten verdeutlichen werden, Verbundwirkungen zwischen Aufträgen eher als Regel- denn als Ausnahmefall anzusehen sind,2) muß eine praxisorientierte Preisuntergrenze diese absatzmarktbezogenen Einflüsse grundsätzlich berücksichtigen.3) Dieses Problemfeld soll im folgenden genauer betrachtet werden.

3.2.2.2 DEFINITION VON VERBUNDWIRKUNGEN

Verbundwirkungen können differenziert werden nach Angebots- und Nachfrageverbund. Dabei versteht man nach ENGELHARDT unter *Nachfrageverbund* den Fall, daß die Beschaffungsentscheidungen eines Käufers voneinander abhängig sind und entsprechend *Angebotsverbund* als Abhängigkeiten zwischen den einzelnen Entscheidungen eines Anbieters bezüglich der anzubietenden Güter.4) In der vorliegenden Arbeit wird unterstellt, daß Angebote nur als **Reaktion** auf konkrete Aufforderungen von Nachfragern erstellt werden.5) Insofern scheint der Angebotsverbund vernachlässigbar, da die Entscheidung eines Anbieters bezüglich der Angebotserstellung zumindest im hier betrachteten operativen Entscheidungsbereich grundsätzlich keinen Einfluß auf andere Angebotsentscheidungen ausübt.

Als ein typisches Beispiel von Nachfrageverbund im Sinne der obigen Definition wäre für die im Mittelpunkt dieser Arbeit stehenden Auftragsfertiger daran zu denken, daß ein Auftrag mehr oder weniger zwangsläufig Wartungs- oder Ersatzteilaufträge nach sich ziehen kann.6) Ein anderes Beispiel von Verbund-

---

1) Vgl. Kilger (1980b), S. 66-68, Männel (1983), S. 207, Schneider (1967), S. 238.
2) Vgl. Schneider (1985), S. 2161, ähnlich: Engelhardt (1975), Sp. 3057, Moews (1967), S. 174.
3) Vgl. Engelhardt (1975), Sp. 3051-3056, Kilger (1982), S. 219-222.
4) Vgl. Engelhardt (1976), S. 78.
5) Vgl. Seite 6 f..
6) Vgl. Engelhardt (1976), S. 87, Jacob, (1985), S. 29, Riebel (1990), S. 125 f..

wirkungen stellt die Referenzeigenschaft eines Kunden dar.[7] In der Softwarebranche ist es z.B. üblich, daß die Anbieter mit Hilfe von Referenzlisten (insbesondere namhafter Kunden) versuchen, ihre Seriosität und Kompetenz zu belegen. Hier kann ein Auftrag mit einem renommierten Nachfrager positiv auf die Kaufneigung potentieller Kunden wirken.[8]

In ENGELHARDTS Definition des Nachfrageverbundes wird unterstellt, daß sich die Verbundwirkungen jeweils auf die Beschaffungsentscheidungen des gleichen Käufers beziehen.[9] Dies ist jedoch in dem letztgenannten Beispiel grundsätzlich nicht der Fall. Hier sollen durch die Kaufentscheidung eines Käufers gerade andere Käufer positiv beeinflußt werden.[10] Insofern deckt die Definition ENGELHARDTS die Verbundwirkungen von Referenzaufträgen in diesem Sinne nicht vollständig ab. Hieraus ergibt sich die Notwendigkeit, eine weiter gefaßte Definition zu wählen. Dabei könnte auf SCHERRER zurückgegriffen werden. Er definiert: "**Absatzverbundenheit** liegt vor, wenn der Absatzpreis und/oder die Absatzmenge eines Produktes von den Preisen und/ oder Mengen anderer Produkte des Unternehmens beeinflußt wird." [11] Noch allgemeiner formuliert RIEBEL; er spricht in diesem Zusammenhang von den Beziehungen "zwischen gegenwärtig konkretisierten und realisierten Leistungen und den durch sie induzierten künftigen Leistungspotentialen".[12] Aber auch diese Definitionsansätze scheinen noch nicht allgemein genug, wie folgendes Beispiel verdeutlichen soll.

Erhält ein kapazitätsmäßig vollständig ausgelasteter Anbieter eine Auftragsanfrage, so könnte er diese einfach ignorieren, also weder eine Preisuntergrenze berechnen noch einen Angebotspreis abgeben. Dabei muß er allerdings berücksichtigen, daß der Nachfrager das Desinteresse ggf. in seiner Person begründet sehen könnte und deshalb bei zukünftigen Aufträgen den Anbieter nicht mehr um ein Angebot bittet. Hier existiert weder ein »*Absatzpreis*« noch eine »*konkretisierte und realisierte Leistung*«, jedoch sind Auswirkungen auf zukünftige Auftragsanfragen und damit potentielle Aufträge nicht

7) Vgl. Backhaus (1980), S. 6, Günter (1979), S. 145, Hay (1991), S. 141, Riebel (1990), S. 147.
8) Vgl. Rose/Berke (1991), S. 106-108.
9) Vgl. Engelhardt (1976), S. 78, ähnlich Hax (1973), S. 65.
10) Vgl. Linnert/Koinecke (1969), S. 129.
Simon spricht in diesem Zusammenhang von **interpersonellen** und **intrapersonellen** Carryover-Effekten. Vgl. Simon (1982), S. 223 f..
11) Scherrer (1991), S. 149.
12) Riebel (1990), S. 148.

auszuschliessen.[13] Um sämtliche in dieser Arbeit als relevant erachteten Fälle von Verbundwirkungen erfassen zu können, wird somit eine eigenständige Definition zugrundegelegt:

> **Verbundwirkungen** sind durch nachfragerbezogene Reaktionen des Anbieters auf eine Auftragsanfrage hin ausgelöste Einflüsse auf zukünftige Auftragsanfragen, -verhandlungen und/oder -abschlüsse.

In dieser Definition wird das Ignorieren einer Auftragsanfrage durch einen Anbieter auch als eine Form der Reaktion angesehen. Darüber hinaus gilt, daß nicht nur die nachfragerbezogenen Reaktionen des Anbieters während der Akquisitionsphase gemeint sind, sondern hier die gesamte Auftragsepisode bis zur vollständigen Abwicklung bzw. Bezahlung des Auftrags als relevanter Zeitraum angesprochen ist.

3.2.2.3 SYSTEMATISIERUNG VON VERBUNDWIRKUNGEN

In der vorliegenden Arbeit wurde als Zielsetzung der betrachteten Anbieter die *langfristige Gewinnmaximierung* unterstellt.[14] Da dieses Ziel grundsätzlich nicht mit einem einzigen Auftrag realisiert werden kann, muß ein Anbieter bei jeder Preisbestimmung prüfen, inwieweit Verbundwirkungen im konkreten Fall zu berücksichtigen sind.[15] Dieser Notwendigkeit steht auf der anderen Seite das Dilemma gegenüber, solche Verbundwirkungen zu quantifizieren.[16] So kann es im Regelfall kaum möglich sein, den Einfluß z.B. eines Referenzauftrags bezüglich einer noch wenig bekannten Technologie auf die nachfolgenden Aufträge in diesem Bereich exakt zu berechnen.[17] Dennoch wird ein Anbieter bei einem Auftrag mit Referenzeigenschaft eher zu Preiszugeständnissen bereit sein als bei einem vergleichbaren Auftrag ohne diese Eigenschaft.[18]

---

13) Vgl. Engelhardt (1975), Sp. 3053.

14) Vgl. Seite 6.

15) Vgl. Engelhardt (1975), Sp. 3051-3056, Heraeus (1963), S. 90-99, Kilger (1980a), S. 304, Männel (1981), S. 594, Raffée (1961), S. 134-141.

16) Vgl. AK Deckungsbeitragsrechnung (1972), S. 7, Beier (1989), S. 200, Diller (1985), S. 205, Kilger (1980a) S. 309 f., Plinke (1989), S. 154, Raffée (1961), S. 141, Riebel (1990), S. 147 f..

17) Vgl. Günter (1979), S. 151.

18) Vgl. Riebel (1990), S. 146 f., Rose/Berke (1991), S. 108.

Ein erster Schritt zur allgemeinen Handhabung dieser Problematik scheint in der Systematisierung der Verbundwirkungen zu liegen. Dabei werden in der vorliegenden Arbeit anstelle einer relativ allgemeinen Unterteilung in *sachliche* und *zeitliche Verbundwirkungen* [19] die folgenden konkreten Fälle unterschieden:

1) Verbundwirkungen durch Reaktion auf eine nicht erfüllbare bzw. als »*uninteressant*« eingeschätzte Auftragsanfrage,
2) vom Nachfrager konkret in Aussicht gestellte zukünftige Aufträge,
3) allgemeine Referenzaufträge,
4) Folgeaufträge für Ersatzteile, Wartung, Schulung etc., die zumindest mit stochastischen Wahrscheinlichkeiten erwartet werden können,
5) Abwehr von Referenzaufträgen für Konkurrenten.

Auf diese Gruppen von Verbundwirkungen soll im folgenden separat eingegangen werden.

3.2.2.4 ANALYSE VON VERBUNDWIRKUNGEN

3.2.2.4.1 VERBUNDWIRKUNGEN DURCH AUFTRAGSABLEHNUNG

Gilt für eine Auftragsanfrage, daß die geforderte Leistung z.B. wegen Kapazitätsengpässen nicht erbracht werden kann oder besteht aus anderen Gründen kein Interesse am Erhalt dieses Auftrags, so wird ein Anbieter grundsätzlich auch keine Preisuntergrenze für den potentiellen Auftrag bestimmen. Von daher ist die Betrachtung dieser Situation zumindest für die Problematik der Preisuntergrenzenbestimmung irrelevant. Insofern sind die nachfolgenden kurzen Ausführungen quasi als Exkurs zu verstehen, um die Breite des Problemfeldes der *Verbundwirkungen* deutlich werden zu lassen.

Erhält ein Anbieter eine Auftragsanfrage, die er nicht weiter bearbeiten möchte, so sind grundsätzlich drei alternative Reaktionen vorstellbar.

1) Der Anbieter reagiert nicht auf die Auftragsanfrage.
2) Der Anbieter fordert einen Preis von dem er annimmt, daß dieser zu hoch, also am Markt chancenlos ist.
3) Der Anbieter teilt dem Nachfrager den wahren (bzw. einen vorgeschobenen) Grund mit, weshalb kein Angebot abgegeben wird.

---

19) Vgl. Scherrer (1991), S. 149 f..

Die erste Reaktion ist für den Anbieter mit den geringsten Kosten verbunden. Eine solche Vorgehensweise kann allerdings nur dann empfohlen werden, wenn der Anbieter auch zukünftig keinen Wert auf Aufträge des betrachteten Nachfragers legt, da negative zukünftige Verbundwirkungen nicht auszuschließen sind.[20] Die zweite Reaktion birgt die Gefahr in sich, daß der Anbieter in der Vorstellung des Nachfragers als »*sehr teuer*« eingeschätzt und deshalb unter Umständen in Zukunft nicht mehr um die Abgabe eines Angebotes gebeten wird.[21] Somit verbleibt hier als zu empfehlende Reaktion lediglich die dritte Alternative. Durch eine direkte Information des Nachfragers dürften sich negative Verbundwirkungen einer »*uninteressanten*« oder »*nicht erfüllbaren*« Auftragsanfrage mit einem vertretbaren Aufwand am ehesten vermeiden lassen.

3.2.2.4.2 VERBUNDWIRKUNGEN DURCH KONKRET IN AUSSICHT GESTELLTE AUFTRÄGE

Deklariert ein Nachfrager einen Auftrag quasi als »*Probeauftrag*«[22], so sind die wichtigsten Determinanten zur Erfassung der Verbundwirkung die *Wahrscheinlichkeit* des Erhalts der Folgeaufträge bei unterstelltem Erhalt des Probeauftrags sowie die *Qualität* der zukünftigen Aufträge. Zur Quantifizierung der Verbundwirkungen müßten diese beiden Größen abgeschätzt werden. Die Auftragsqualität ist dabei in bezug auf die Zielfunktion des Unternehmens zu bestimmen, also z.B. bei einer unterstellten Deckungsbeitragsmaximierung anhand der erwarteten Deckungsbeiträge.
Die Verantwortung für die hier notwendigen Abschätzungen sollte bei der Abteilung liegen, die am nächsten mit dem Marktgeschehen konfrontiert ist, also z.B. die Vertriebs- oder Marktforschungsabteilung.[23] Hierbei wäre es dem für die Verbundwirkungen zuständigen Entscheidungsträger zu überlassen, ob er die Verbundwirkungen einwertig oder mehrwertig in Verbindung mit subjektiven Wahrscheinlichkeiten abschätzt. Mit dem Ergebnis der Schätzungen muß dann der Entscheidungsträger, welcher letztlich für die Preisbestimmung zuständig ist, anhand seiner Risikoneigung (also z.B. durch Erwartungswertbildung) den Betrag festlegen, um den die Preisuntergrenze in Relation zu einem vergleichbaren Auftrag ohne Verbundwirkung niedriger sein darf. Hierbei ist zu

---

20) Vgl. Seite 117 f..
21) Vgl. Layer (1969), S. 242.
22) Vgl. Riebel (1990), S. 146.
23) Vgl. hierzu Abschnitt 3.8, Seite 257.

beachten, daß bei dieser letztlichen Entscheidung grundsätzlich auch kaum quantifizierbare Einflüsse, wie z.B. Imagewirkungen, persönliche Präferenzen etc., relevant sein können.[24]
Zur Kontrolle, inwieweit sich die geschätzten Verbundwirkungen tatsächlich realisieren, könnte hier entsprechend zu PLINKES Konzept jeweils ein separates Konto (Pool) gebildet werden. In dieser Arbeit wird folgende Vorgehensweise vorgeschlagen. Es wird eine separate Datei für alle Aufträge angelegt, bei denen Verbundwirkungen durch konkret vom Nachfrager in Aussicht gestellte Folgeaufträge erwartet werden. Diese Datei könnte folgendermaßen aufgebaut sein:

»PLANUNGSBEREICH«
Identifizierung des Auftrags
Geschätzte Wahrscheinlichkeit des Erhalts der Folgeaufträge
Geschätzte Summe der Deckungsbeiträge der Folgeaufträge
Festgelegter Verbundabschlag der Preisuntergrenze beim betrachteten Auftrag
Genauer Zeitpunkt, für wann die Entscheidung des Nachfragers über die Folgeaufträge erwartet wird
»KONTROLLBEREICH«
Folgeauftrag erhalten (ja/nein)
Realisierte Deckungsbeitragssumme der Folgeaufträge

Abb. 3.1: Verbundwirkungsdatei für konkrete in Aussicht gestellte Aufträge

24) Vgl. hierzu auch Abschnitt 3.6.3, Seite 247-251.

Auf dieser Basis könnte dann periodisch ein Analysegespräch zwischen der für die Revision und der für die Verbundschätzungen verantwortlichen Abteilung stattfinden. Anhand des *Zeitpunkts* wären jeweils die Aufträge aus der Datei zu selektieren, die abschließend zu analysieren sind. Durch ein solches Kontrollinstrument könnte erreicht werden, daß die Marktschätzungen möglichst realistisch abgegeben werden, da relevante Abweichungen in den Analysegesprächen begründet werden müßten.

Abschließend sei hier folgendes festgehalten. Werden Aufträge in Abhängigkeit eines Basisauftrags konkret in Aussicht gestellt, so muß sich der Entscheidungsträger dieser Tatsache durch Abschätzung des Betrages stellen, um den er die Preisuntergrenze des Basisauftrags bereit ist niedriger festzulegen als bei vergleichbaren Aufträgen ohne diese Verbundwirkungen. Liegen diese Abschätzungen vor, so läßt sich mit Hilfe der obigen, an PLINKES Konzept orientierten Verbundwirkungsdatei eine sinnvolle Kontrolle der Verbundwirkungsabschläge realisieren.

3.2.2.4.3 VERBUNDWIRKUNGEN DURCH REFERENZAUFTRÄGE

Im Unterschied zum vorherigen Abschnitt sind die Verbundwirkungen im Bereich der allgemeinen Referenzaufträge noch schwieriger zu erfassen. So merkt GÜNTER hierzu an: "Als offenes Problem hinsichtlich des Marketinginstrumentes Referenzanlage ist vor allem die Ermittlung des Referenzpotentials einer Anlage zu nennen." 25) Es erscheint hier zunächst kaum praktikabel, von einem Anbieter grundsätzlich zu verlangen, daß die Referenzwirkung detailliert quantifiziert werden muß. Auf der anderen Seite ist es eine Tatsache, daß ein Auftragsfertiger zum Erhalt von Aufträgen mit Referenzcharakter grundsätzlich einen größeren Abschlag von seinen Preisvorstellung machen muß als bei vergleichbaren Aufträgen ohne diese Eigenschaft.26)

In dieser Arbeit wird nun folgende Vorgehensweise vorgeschlagen. Die Vertriebsabteilung prüft eine Auftragsanfrage dahingehend, ob »Referenzeigen-schaften« vorliegen oder nicht. Im positiven Fall müssen der bzw. die für die Preispolitik des Unternehmens verantwortliche(n) Entscheidungsträger den Referenzabschlag festlegen. Dabei kann im Optimalfall auf Ergebnisse aus der Marktforschung (z.B. Marktpotentialanalysen) zurückgegriffen werden. Im

---

25) Günter (1979), S. 151.
26) Vgl. Diehl (1977), S. 182.

Normalfall wird es. sich jedoch hier mehr um eine *subjektiv-intuitive* Entscheidung handeln. Um den Entscheidungsfreiraum etwas enger zu gestalten, könnte von der Geschäftsleitung ein verbindlicher Rahmen für Preisentscheidungen bei Referenzaufträgen vorgegeben werden[27], der allerdings letztlich auch wieder nur *subjektiv-intuitiv* festgelegt werden kann.

Neben der Abschätzungsproblematik der Verbundwirkungen ergibt sich hier auch wieder das Kontrollproblem. Letztlich dürfte sich kaum objektiv bestimmen lassen, ob ein Auftrag allein wegen eines früheren Referenzauftrags erhalten wurde oder ob nicht andere Einflußgrößen ebenso relevant waren. Insofern kann eine Vorgehensweise, wie im vorigen Abschnitt beschrieben, hier nicht sinnvoll angewandt werden. Es wird lediglich empfohlen, die festgelegten Referenzabschläge im Sinne einer Erfahrungsdatenbank zu archivieren.

3.2.2.4.4 VERBUNDWIRKUNGEN DURCH STOCHASTISCH ERWARTETE FOLGEAUFTRÄGE

Die in diesem Abschnitt betrachtete Gruppe von Verbundwirkungen ist dadurch gekennzeichnet, daß die erwarteten Folgeaufträge in gewissem Sinne *zwangsläufig* eingehen werden.[28] Neben den oben erwähnten Ersatzteil- und Wartungskosten für z.B. Produktionseinrichtungen könnte hier aus dem Bereich der Softwareerstellung an zusätzliche Schulungen etc. gedacht werden, sofern sie über die im Angebot konkretisierten Leistungen hinausgehen. Ein weiteres Beispiel, allerdings bezogen auf die Serien- bzw. Massenfertigung, ist die Erstausstattung von Kraftfahrzeugen mit Reifen. Hier bieten die Reifenhersteller den Automobilproduzenten ihre Produkte grundsätzlich unter Herstellkosten an, da statistisch gesehen die Wahrscheinlichkeit relativ hoch ist, daß abgefahrene Reifen wieder durch Produkte des gleichen Herstellers ersetzt werden.[29]

Im Gegensatz zu den ersten drei Gruppen von Verbundwirkungen gilt hier, daß die Folgeaufträge mit Hilfe statistischer Methoden aus der Erfahrung von abgeschlossenen vergleichbaren Aufträgen relativ gut abgeschätzt werden können.[30] Hierzu sei folgendes Beispiel zur Verdeutlichung angeführt. Ein Software-Anbieter analysiert, daß in der Vergangenheit für ein bestimmtes

---

27) Vgl. ähnlich Mann (1973, S. 150.
28) Vgl. Sonnenschein (1990), S. 320.
29) Vgl. Hennes/Schlote (1991), S. 107-110.
30) Vgl. Sonnenschein (1990), S. 320.

Softwaremodul durchschnittlich 5 Tage Nachschulung angefordert wurden. Beträgt der Deckungsbeitrag eines Schulungstages z.B. 500 GE, so könnte als Verbundabschlag bei dem betrachteten Modul 2500 GE angesetzt werden. Die Preisuntergrenze wäre hier also um 2500 GE niedriger als bei vergleichbaren Programmen, wo regelmäßig keine weiteren Schulungen nach dem Verkauf benötigt werden.

3.2.2.4.5 VERBUNDWIRKUNGEN DURCH VERHINDERUNG VON REFERENZAUFTRÄGEN DER KONKURRENTEN [31)]

Hat ein Anbieter bezüglich einer bestimmten Leistungsgruppe eine dominierende Marktposition, so kann es für ihn strategisch sinnvoll sein zu versuchen, daß Konkurrenten in diesem Bereich keine als Referenz zu nutzenden Aufträge erhalten. Andernfalls wäre die dominierende Marktposition zumindest verstärkt gefährdet. Da diese Verbundwirkungen jedoch auch kaum quantifizierbar sein dürften, bietet sich hier eine Berücksichtigung entsprechend der in Abschnitt 3.2.2.4.3 vorgeschlagenen Vorgehensweise an. Besteht die Strategie, ein Marktsegment oder einen Markt zu dominieren bzw. bestimmte potentielle Konkurrenten von diesem Bereich abzuhalten, so sollte die Abteilung mit den besten Marktkenntnissen abschätzen, ob die betrachtete Auftragsanfrage für Konkurrenten als Referenzauftrag in Frage kommen könnte. Falls dies vermutet wird, muß der für die Preisentscheidung Verantwortliche die Höhe des hieraus begründeten Abschlags (ggf. unter Berücksichtigung eines von der Geschäftsleitung für solche Fälle vorgegebenen Rahmens) festlegen.

---

31) Vgl. Diehl (1977), S. 182, Günter (1979), S. 150.

3.2.3 PREISUNTERGRENZE MIT VERBUNDWIRKUNGEN

(Die kosten- und absatzorientierte Preisuntergrenze)

Nach den obigen Ausführungen bezüglich der Verbundwirkungen kann festgehalten werden, daß eine exakte Bestimmung von Verbundeinflüssen wohl nur in **Ausnahmefällen** möglich sein dürfte. Dieses Ergebnis relativiert letztlich auch die praktische Bedeutung der Entscheidungsregel für Verbundwirkungen nach LAYER,[32)] da hier die durch die Verbundwirkungen ausgelösten zusätzlich erzielbaren zukünftigen Deckungsbeiträge sowie die entsprechenden Deckungsbeitragseinbußen konkret abgeschätzt werden müssen. Die vorstehenden Ausführungen sollten verdeutlichen, wie problematisch derartige Schätzungen sind, sieht man einmal von den stochastischen Folgeaufträgen ab. Auf der anderen Seite darf hieraus nicht gefolgert werden, daß die Verbundproblematik bei der Preisuntergrenzenbestimmung außer acht gelassen werden sollte, da grundsätzlich keine exakten Verfahren zur Bestimmung dieser Einflüsse gegeben sind. Verbundwirkungen sind reale Einflüsse, denen sich der Entscheidungsträger durch Abschätzung stellen muß. Andernfalls kommt dies einem Ignorieren der Realität gleich. Abschließend dazu sei ENGELHARDT zitiert, der meint: "Wenn es auch praktisch kaum gelingen dürfte, alle Folgewirkungen und Verbundbeziehungen aufzudecken und zu erfassen, so muß doch das Bestreben dahin gehen, mindestens die abschätzbaren und mit hinreichender Wahrscheinlichkeit zu vermutenden Verbundwirkungen einzubeziehen." [33)]

Geht man nun davon aus, daß ein Entscheidungsträger nach obiger Maxime die Verbundwirkungen für eine Auftragsanfrage in Form eines Betrages zur Korrektur der kostenorientierten Preisuntergrenze abschätzt,[34)] so lassen sich die in dieser Arbeit als relevant eingeschätzten Preisuntergrenzen mit Hilfe des nachfolgenden Schemas darstellen.

---

32) Vgl. Abschnitt 2.5.4.2.2, Seite 60 - 62..

33) Engelhardt (1975), Sp. 3054, vgl. ähnlich Beier (1989), S. 200.

34) Diesbezüglich ist insbesondere auf die Notwendigkeit einer laufenden Kontrolle der Schätzwerte hinzuweisen.
Vgl. hierzu auch die Ausführungen in Abschnitt 3.2.2.4.2, Seite 121 f..

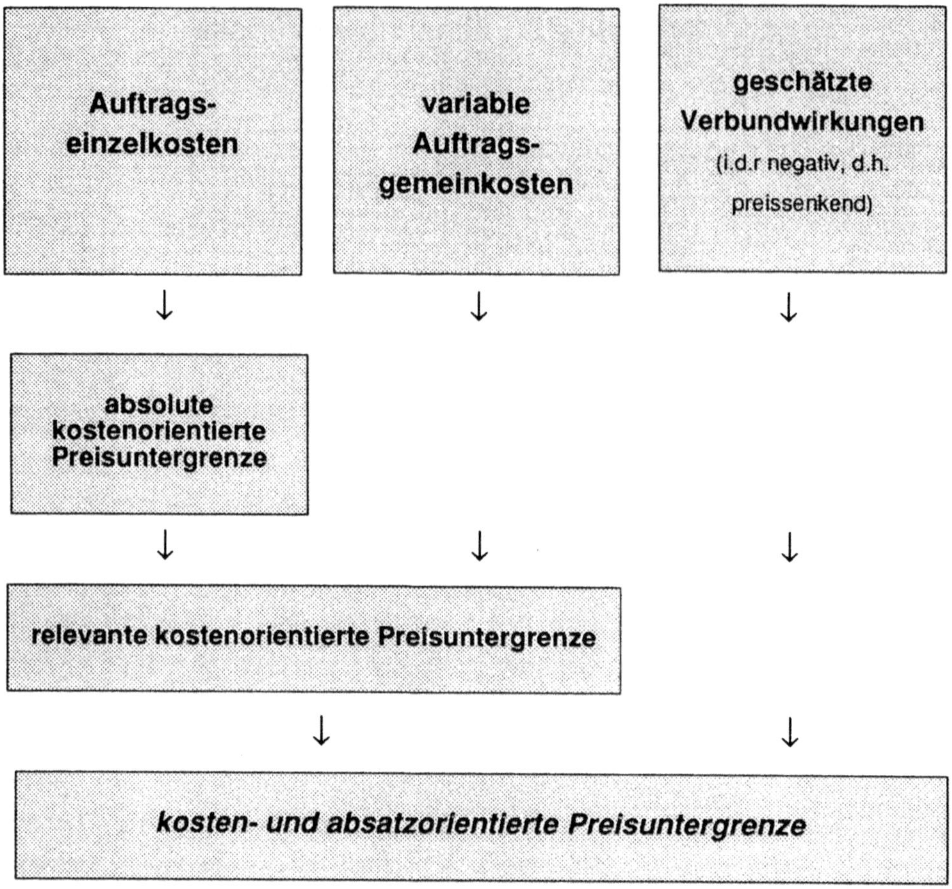

Abb. 3.2: Übersicht: Preisuntergrenzen

Wenn nun im folgenden allgemein von der Preisuntergrenze gesprochen wird, so ist hierunter grundsätzlich die *kosten- und absatzorientierte Preisuntergrenze* im obigen Sinne zu verstehen.[35] Diese Festlegung begründet sich aus der Tatsache, daß diese Preisuntergrenze zumindest aus praktischer Sicht die höchste Entscheidungsrelevanz bezüglich der Angebotspreisbestimmung aufweist, da die für kostenorientierte Preisuntergrenzen letztlich notwendige Prämisse des Ausschlusses von Verbundwirkungen nach den obigen Ausführungen kaum als praktischer Regelfall anzusehen ist.

35) Ausnahmen von dieser Begriffsdefinition werden im folgenden jeweils explizit genannt.

3.3 DIE PREISOBERGRENZE

3.3.1 EINFLUSSGRÖSSEN DER PREISOBERGRENZE

Nachdem mit der Preisuntergrenze eine unternehmensinterne Größe zur Quantifizierung der Minimalpreisforderung bestimmt wurde, soll in diesem Abschnitt versucht werden, auf die Ermittlung einer marktbezogenen Größe zur Realisierung eines maximal erzielbaren Preises (Preisobergrenze) einzugehen. Dabei wird hier unter der *Preisobergrenze* eines Auftrages das Maximum aus der Menge derjenigen Preise verstanden, die der betrachtete Nachfrager für den zur Diskussion stehenden Auftrag bereit ist zu zahlen.[1] Diese Information ist für einen Anbieter insofern bedeutend,[2] als er durch Kenntnis der Preisobergrenze in die Lage versetzt wird, den Auftragsdeckungsbeitrag zu maximieren. Besteht eine solche Zielsetzung, so ist der Anbieter grundsätzlich gezwungen, eigene Überlegungen bezüglich dieser Größe anzustellen, da der Nachfrager seine Preisobergrenze aus verständlichen Gründen nicht offenlegen wird[3] bzw. diese im Einzelfall sogar selbst nicht genau quantifizieren kann.[4]

Sieht man einmal von Ausnahmefällen ab, so dürfte die Preisobergrenze für einen Anbieter grundsätzlich nicht direkt abschätzbar sein.[5] Somit muß im Regelfall wohl zunächst auf die **Einflußgrößen** der Preisobergrenze zurückgegriffen werden. In dieser Arbeit werden für die Preisobergrenze eines Nachfragers folgende vier Einflußgrößen als relevant angesehen:

1.) Der Nutzen, den der Nachfrager durch die betrachtete Leistung erwartet.[6]

2.) Preisangebote der Mit-Anbieter.[7]

---

1) Vgl. Sieben/Diedrich (1990), S. 796, ähnlich z.B. Layer (1969), S. 233, Moews (1989), S. 9, Wiegmann (1977), S. 113.
2) Vgl. hierzu auch Hay (1991), S. 140.
3) Vgl. Sieben/Diedrich (1990), S. 796.
4) Vgl. Nagtegaal (1974), S. 44.
5) Vorstellbar wäre hier z.B., daß einem Anbieter durch Indiskretionen Informationen über das Nachfragerbudget bekannt geworden sind.
6) Vgl. z.B. Egli/Stutz (1989), S. 48, Hamann (1980), S. 1, Lange (1975), S. 109, Layer (1982), S. 764, Müller (1987), S. 86, Sabel (1973), S. 419.
7) Vgl. z.B. Heinen (1975), S. 56, Lange (1975), S. 109, Nieschlag/Dichtl/Hörschgen (1986), S. 303.

3.) Das Präferenzsystem des Nachfragers bezüglich des Leistungsumfeldes. [8]

4.) Preise von Substitutionsleistungen. [9]

Auf die Analyse dieser vier Einflußgrößen soll in den folgenden Abschnitten differenziert eingegangen werden.

3.3.2 DER NACHFRAGERNUTZEN

Für jeden Auftrag gilt: Der Nachfrager "zahlt für ein Leistungspaket nur so viel, wie ihm der Nutzen «wert» ist, den es stiftet".[10] In diesem Abschnitt soll nun die Problematik der Abschätzung des nachfragersubjektiven wirtschaftlichen Nutzens [11] der konkret nachgefragten Leistung behandelt werden. Hierbei sind sonstige preisrelevante Determinanten aus dem Leistungsumfeld, wie z.B. geographische Entfernung oder Image des Anbieters, explizit ausgeklammert.[12] Durch diese zugegebenermaßen künstliche Trennung soll es ermöglicht werden, den Nachfragernutzen der Leistung anbieterunabhängig zu analysieren, da die nachgefragte Leistung bei allen Anbietern als weitgehend gleich unterstellt werden kann.
Bei der Bestimmung des Nutzens, den ein Nachfrager der betrachteten Leistung zuordnet, stößt man in der Praxis auf erhebliche Probleme.[13] So gibt es eine Gruppe von Leistungen, bei denen der Nutzen überhaupt nicht quantifizierbar ist. Beispielhaft kann hier die Garten- und Landschaftsbaubranche genannt werden. Aufträge zur Gestaltung von firmeneigenen Grünanlagen beeinflussen grundsätzlich weder Produktionskosten noch -leistungen beim Nachfrager. Eine indirekte Einwirkung auf die Sachzielerfüllung ist höchstens in einer gesteigerten Motivation der Mitarbeiter oder einer Imageverbesserung und damit ggf. gesteigerten Absatzchancen zu sehen. Ein anderes, konkreteres Beispiel hierfür wären Geräuschdämmungsmaßnahmen in einem Fertigungsbetrieb.[14] Solche Leistungen werden in der Praxis, wenn sie nicht

---

8) Vgl. z.B. Meffert (1986), S. 319.
9) Vgl. Layer (1982), S. 764, Reinmuth/Barnes (1975), S. 362 f..
10) Egli/Stutz, 1989 S. 48, ähnlich: Beste (1964), S. 135, Heraeus (1963), S. 65 f., Jacob (1985), S. 34, Layer (1967), S. 140, Pfeiffer (1965), S. 116 f., Riebel (1972), S. 39.
11) "Hierbei ist der Nutzen eine subjektive Wertvorstellung und keine objektiv feststellbare und nachprüfbare deterministische Größe, deren Bildung dem Rationalprinzip folgt." Poth (1986), S. 49, vgl. hierzu auch Ogilvie (1987), S. 312, Simon (1982), S. 430.
12) Vgl. Abschnitt 3.3.4, Seite 136 f..
13) Vgl. Riebel (1972), S. 39, Simon (1982), S. 438.
14) Vgl. Jacob (1985), S. 34.

gesetzlich bzw. tariflich erzwungen sind, wohl in erster Linie als prophylaktische Gesundheitsmaßnahmen und Motivationshilfe für die Arbeitnehmer eingesetzt, wodurch evtl. indirekt die unternehmerische Sachzielerfüllung verbessert werden könnte. Eine direkte Leistungsveränderung, die eine Quantifizierung erlauben würde, ist aber auch hier wohl kaum gegeben.[15)]

Wie die obigen Beispiele zeigen sollten, kann grundsätzlich davon ausgegangen werden, daß der Nutzen solcher Leistungen selbst für den Nachfrager kaum zu erfassen ist. Insofern dürfte diese Quantifizierung für den Anbieter als externen Koalitionsteilnehmer nahezu unmöglich sein.[16)]

Aber auch bei den Leistungen, deren Nutzen der Nachfrager für sich quantifizieren kann, ist es fraglich, ob der Anbieter in der Lage ist, diese Überlegung wegen der grundsätzlichen Subjektivität der Ermittlung als »*Außenstehender*« nachzuvollziehen.[17)] Die hier angesprochenen quantifizierbaren Leistungen, deren Wirtschaftlichkeit in der Regel mit Hilfe der Verfahren der Investitionsrechnung abgeschätzt werden, können grob folgendermaßen strukturiert werden:[18)]

1) Investitionen zur Erstellung von Leistungen, mit denen der Nachfrager einen für sich **neuen** Markt erschließen will.
2) Investitionen, welche als Ersatz- oder Erweiterungsinvestition zur (mittel- oder unmittelbaren) Erstellung von Leistungen dienen, die auf einem Markt abgesetzt werden, auf dem der Nachfrager bereits tätig ist.
3) Leistungen zur Instandhaltung, Reparatur etc..

Im folgenden soll nun differenziert auf die Probleme solcher Nutzenschätzungen aus der Sicht des Anbieters eingegangen werden. Dabei ist unterstellt, daß als Maßstab zur Nutzenquantifizierung grundsätzlich <u>Kosteneinsparungen</u> und/oder <u>Leistungssteigerungen</u> dienen sollen.[19)]

---

15) Vgl. Jacob (1985), S. 34.
16) Zur koalitionstheoretischen Betrachtung eines Unternehmens vgl. Kloock (1990), S. 1-4.
17) Vgl. Sieben/Diedrich (1990), S. 796 und 799.
18) Vgl. ähnlich Engelhardt (1977), S. 23.
19) Vgl. Deyhle (1985), S. 532. Bei anderen Kriterien (z.B. Zufriedenheit der Arbeitnehmer mit den Arbeitsbedingungen, Prestige, Sicherheitsaspekte etc.) scheint eine Quantifizierung in der Praxis grundsätzlich kaum möglich.

Bevor eine Unternehmung sich entschließt, auf einem **neuen Markt** aktiv zu werden, sind in der Regel umfangreiche Marktforschungsaktivitäten zur Bestimmung der potentiellen Absatzchancen veranlaßt und analysiert worden.[20] Die Ergebnisse solcher Analysen sind grundsätzlich unsicher. Zur Entscheidung, ob diese Marktchance nun genutzt werden soll oder nicht, muß die Unternehmung jedoch letztlich von einem für wahrscheinlich gehaltenen Wert oder Bereich des zukünftigen Absatzes ausgehen bzw. eine wahrscheinliche Zahlungsreihe als Grundlage der Investitionsrechnung bestimmen.

Versucht nun ein Anbieter die konkrete Investitionsrechnung des Nachfragers nachzuvollziehen, so ergeben sich hier erhebliche Probleme. Zum einen dürfte es für Anbieter in der Regel kaum wirtschaftlich möglich sein, genauere Markforschungsanalysen über einen ihn direkt nicht betreffenden Markt (letztlich für jede Auftragsanfrage) durchzuführen. Selbst wenn der Anbieter über solche Studien verfügen würde, so müßte er bei der *Unsicherheit der Daten* zunächst exakt den gleichen Wert bzw. Bereich des potentiellen Absatzes als wahrscheinlich einschätzen, den der Nachfrager auch gewählt hat bzw. die gleiche Zahlungsreihe für das Investitionsobjekt bestimmen. Darüber hinaus ist zusätzlich zu fordern, daß der Anbieter hier auch das gleiche Investitionsrechnungsverfahren anwendet, welches der Nachfrager als Entscheidungsunterstüzung ausgewählt hat. Berücksichtigt man zudem noch, daß die Investitionsentscheidung des Nachfragers durch individuelle Verbundüberlegungen beeinflußt sein kann, so scheint die These gerechtfertigt, daß die Wahrscheinlichkeit für einen Anbieter, bei der Nutzenschätzung der betrachteten Leistung zum gleichen Ergebnis zu kommen wie der Nachfrager, äußerst gering einzuschätzen ist.

Fraglich ist, ob sich dieses Fazit dann ändert, wenn unterstellt wird, daß der Nachfrager die Investition als Ersatz- oder Erweiterungsinvestition zur (mittel- oder unmittelbaren) Erstellung von Leistungen tätigt, die auf einem Markt abgesetzt werden sollen, auf dem der Nachfrager bereits aktiv ist. Als primäre Einflußgrößen der Kaufentscheidung dürften hier *veränderte Absatzchancen* und/oder erwartete *Kosteneinsparungen* angesehen werden. Bezüglich der Absatzchancen kann folgendes angeführt werden. Für den Nachfrager mögen hier Marktforschungen im Gegensatz zum obigen Fall der Investition für einen neuen Markt weniger unsicher bzw. weniger aufwendig sein, da er in diesem

20) Vgl. z.B. Nieschlag/Dichtl/Hörschgen (1986), S. 10.

Markt bereits über **Erfahrungen** verfügt. Für den Anbieter hingegen verringert sich die Problematik nicht; ein Nachvollziehen der Absatzüberlegungen erscheint auch hier für den Anbieter höchstens im Ausnahmefall möglich.

Neben der Absatzorientierung kann im hier diskutierten Bereich die Möglichkeit von *Kosteneinsparungen* kaufentscheidend sein. Um diese jedoch abschätzen zu können, ist vorauszusetzen, daß der Anbieter die bisherige Kostenstruktur des Nachfragers in diesem Bereich kennt. Nur wenn diese Bedingung erfüllt ist, kann hier eine Nutzenschätzung mit einem Ergebnis erwartet werden, welches dem des Nachfragers entspricht. Als Beispiel für einen solchen Fall ließe sich hier die Erstellung von Software für den Verwaltungsbereich nennen. Hier ist der Anbieter in der Regel auch Organisationsberater und kann somit recht gut die Effekte seiner Leistung quantifizieren. Es kann also festgehalten werden, daß es im Falle einer Investition mit der alleinigen Begründung der Kosteneinsparung für einen Anbieter am ehesten möglich erscheint, die Nutzenquantifizierung mit einem ähnlichen Ergebnis wie der Nachfrager abzuschließen. Sobald aber auch veränderte Absatzchancen berücksichtigt werden müssen, dürfte dies, wie oben erläutert, für den Anbieter regelmäßig eine kaum zu überwindende Hürde darstellen.

Abschließend zum Problemkreis der nachfragerbezogenen Nutzenschätzung aus Anbietersicht sollen nun noch Leistungen betrachtet werden, welche zur Instandhaltung, Reparatur oder ähnlichem dienen. Diese müssen danach unterschieden werden, ob der Nachfrager die Möglichkeit hat, derartige Leistungen auch selbst durchzuführen, oder ob er zwangsläufig auf externe Hilfe angewiesen ist. Im ersten Fall müßten die variablen Kosten des Nachfragers als Nutzengröße (ggf. erhöht um Opportunitätskosten) angesetzt werden. Für einen Anbieter mag es zwar möglich sein, die variablen Kosten zu schätzen, die beim Nachfrager für die betrachtete Leistung anfallen würden, jedoch erscheint es kaum möglich zu beurteilen, ob und in welcher Höhe Opportunitätskosten anfallen.

Kann der Nachfrager die Leistung hingegen nicht eigenständig erbringen, so wird es in der Regel trotzdem kaum möglich sein, den Preis in Höhe des Nutzens festzulegen. Der Nutzen müßte hier letztlich aus der Höhe des Schadens für die Unternehmung abgeleitet werden, der entstehen würde, falls die Instandhaltung, Reparatur oder ähnliches unterbleiben würde. Solche notwendigen Leistungen können, selbst wenn ihr Aufwand relativ gering ist, bei Unterlassung zu Schäden führen, deren Wert in keinem Verhältnis mehr zu den Kosten für die unterlassene Maßnahme stehen. Als Beispiel sei nur auf die immensen Auswirkungen beim Stillstand einer *Fertigungsstraße* hingewiesen. Da ein Anbieter in der Praxis davon ausgehen kann, daß zumindest ein Konkurrent für derartige Leistungen einen Angebotspreis in Höhe seiner eigenen Kosten plus eines angemessen Gewinnaufschlages bestimmt,[21] ist hier eine Preisstellung in Nutzenhöhe wohl nur theoretisch möglich. Insofern kann der Versuch des Anbieters, für die Preisbestimmungsproblematik eine Nutzenschätzung dieser Leistungen durchzuführen, als wenig sinnvoll eingeschätzt werden.

Zusammenfassend kann somit zur Problematik der Errechnung des nachfragersubjektiven Nutzens durch den Anbieter festgehalten werden, daß dies im Bereich der Auftragsfertigung nur in Ausnahmefällen als möglich erscheint.[22]

3.3.3 DIE ANGEBOTSPREISE DER KONKURRENTEN

Hat ein Nachfrager für sich einen Wert konkretisiert, der seine Nutzenvorstellung bezüglich der nachgefragten Leistung quantifiziert, so ist dieser Wert allerdings noch nicht mit der Preisobergrenze gleichzusetzen. Dies begründet sich aus der Tatsache, daß ein rational handelnder Nachfrager eben höchstens einen Preis in Höhe seines Nutzens bezahlt.[23] Somit ist ein Anbieter bei der Angebotspreisfestlegung grundsätzlich gezwungen, auch die *Konkurrenzangebote* abzuschätzen, da (unter Ausklammerung der Präferenzproblematik[24]) regelmäßig derjenige Anbieter, "der das niedrigste Angebot abgibt, aber den zwingenden Qualitätsanforderungen genügen kann, den Auftrag erhält."[25] Eine für die Praxis nicht auszuschließende Möglichkeit bezüglich dieser Anforderungen besteht darin, daß ein Anbieter letztlich durch Indiskretionen zumindest in Einzelfällen Angebotspreise der Konkurrenten erfährt.[26] Da dies jedoch in der Regel als illegal anzusehen ist, soll in dieser Arbeit der Hinweis auf die Existenz solcher Fälle genügen.[27]

---

21) Vgl. Seite 1 f..
22) Vgl. hierzu auch Simon (1982), S. 438.
23) Vgl. ähnlich AK Marketing (1978), S. 5, Pfeiffer (1965), S. 118, Seicht (1971), S. 64.
24) Vgl. hierzu Abschnitt 3.3.4, Seite 136 f..
25) Ogilvie (1987), S. 307.
26) Vgl. Seicht (1971), S. 64.
27) Vgl. AK Hax (1980), S. 712.

Eine legale Vorgehensweise zur Abschätzung der Konkurrenzpreise könnte durch die in den Modellen zum COMPETITIVE BIDDING angewandte Technik gegeben sein.[28] Hierzu müßte der Anbieter Informationen über die Angebotspreise der Konkurrenten bei vergangenen Auftragsanfragen besitzen. Unter der Prämisse der Kalkulationskonstanz der Mitanbieter könnte dann jeweils eine Wahrscheinlichkeitsfunktion für die einzelnen Konkurrenzpreise ermittelt werden.

Abgesehen von der grundsätzlichen Kritik bezüglich der unterstellten Starrheit der Konkurrenzpreiskalkulationen muß angezweifelt werden, ob ein Anbieter aus dem Bereich der Auftragsfertigung (bei revidierbaren Preisentscheidungen) die notwendigen Informationen über die Konkurrenzpreise zumindest ex-post erhält. Falls der Anbieter in der Lage ist, sich eine solche Datenbank (mit vertretbarem Aufwand) aufzubauen, ist die Auswertung dieser Informationen zur Abschätzung von Konkurrenzpreisforderungen uneingeschränkt zu befürworten. Wie jedoch abschließend bei der Darstellung der COMPETITIVE BIDDING-Modelle festgestellt wurde, scheint die praktische Anwendung grundsätzlich auf Ausschreibungssituationen beschränkt zu sein.[29] Da diese Form der Preisbildung in der Themenstellung dieser Arbeit jedoch ausgeklammert ist,[30] müßte hier nach Alternativen zur Abschätzung von Konkurrenzpreisen gesucht werden.

In der Praxis wird bezüglich dieser Problematik häufig eine Vorgehensweise gewählt, die letztlich mit dem COMPETITIVE BIDDING vergleichbar ist. Auch hier versucht man, mit Hilfe der kalkulierten Auftragsselbstkosten auf die Angebotspreise der Konkurrenten zu schließen. Hierzu sei stellvertretend PLAUT zitiert: "Uns war immer bewußt, daß man nicht nur die Grenzkosten, sondern auch die *Vollkosten* benötigt, ...(Ausl.d.Verf.) nicht zuletzt um zu wissen, wie der Wettbewerb kalkuliert."[31] Dabei bestehen zumindest implizit die folgenden beiden Prämissen:[32]

a) Die eigene Kostenstruktur (incl. Gemeinkostenschlüsselung) und die der Mitanbieter sind ähnlich.

---

28) Vgl. Abschnitt 2.7, Seite 88-101.
29) Vgl. Abschnitt 2.7.5.3, Seite 101.
30) Vgl. Seite 4 f..
31) Plaut (1991), S. 38.
32) Vgl. hierzu auch Simon (1982), S. 148.

b) Die Konkurrenten bestimmen den Angebotspreis grundsätzlich nach dem Kalkulationsschema der Vollkostenrechnung:

Angebotspreis = Auftragsselbstkosten + Gewinnaufschlag [33)]

Wobei für den Gewinnaufschlag zu unterstellen ist, daß er keinen größeren Schwankungen unterliegt bzw. die Veränderungen abgeschätzt werden können.

Sind diese beiden Prämissen erfüllt, so kann von den eigenen Auftragsselbstkosten auf die möglichen Angebotspreise der Konkurrenten geschlossen werden.[34)]

Fraglich ist jedoch die **Realitätsadäquanz** der beiden Prämissen. Zum einen ist es strittig, ob die Kostenstrukturen aller Anbieter einer Leistung so ähnlich sind, daß die jeweils kalkulierten Auftragsselbstkosten letztlich nur wenig voneinander abweichen. Insbesondere unwahrscheinlich wird eine solche Annahme, wenn man berücksichtigt, daß gerade im Bereich der Fixkostenzurechnung keine objektiven Zurechnungskriterien existieren und somit für alle Anbieter die gleichen, letztlich willkürlichen Entscheidungen zur Schlüsselwahl unterstellt werden.[35)]

Sieht man einmal von dieser (eventuell empirisch widerlegbaren) Kritik ab, so ist jedoch die zweite Prämisse der hier diskutierten Vorgehensweise, also die Starrheit der Angebotspreisbestimmung der Mitanbieter nach dem »Selbstkosten-Plus«-Verfahren unter Berücksichtigung eines **relativ konstanten** Gewinnaufschlags, äußerst zweifelhaft.[36)] So stellt WIED-NEBBELING fest: "Zwar wird immer noch in einem Viertel der befragten Unternehmen nach dem starren Vollkostenprinzip kalkuliert, ...(Ausl.d.Verf.). Von weitaus größerer Bedeutung ist aber das sogenannte "flexible Vollkostenprinzip", bei dem zunächst einmal ein Vollkostenpreis kalkuliert wird, der aber nur als Richtgröße dient. Der endgültige Preis wird erst gebildet, nachdem untersucht

---

33) Bezüglich des Gewinnaufschlags ist anzumerken, daß entweder jeweils ein konkurrentenindividueller oder ein für alle Mitanbieter gleicher, z.B. "branchenüblicher" Aufschlagssatz abgeschätzt werden muß.

34) Vgl. Diller (1985), S. 154, Menrad (1983), S. 9, Riebel (1990), S. 207, Sommer (1984), Sp. 755.

35) Vgl. Männel (1978a), S. 9.

36) Vgl. Kilger (1988), S. 783, Riebel (1990), S. 207.

wurde, ob nach Berücksichtigunmg der Markt- und Konkurrenzbedingungen ein (etwas) höherer oder niedrigerer Preis mehr Gewinn bringen könnte."[37)]

Hierzu findet sich schon bei SCHMALENBACH der Hinweis, daß es eine "falsche Vorstellung" sei, "wenn man sich die Preiskalkulation des Fabrikanten so vorstellt, daß er seine Selbstkosten rechne, darauf einen festen, immer gleichen Gewinn schlage und mit den so errechneten Preisen an den Markt trete. Der zugeschlagene Gewinn ist vielmehr eine veränderliche Größe, mit der der Kalkulator sich an den erzielbaren Marktpreis heranfühlt."[38)]

Ebenso sieht RIEBEL die obige Prämisse als unrealistisch an: "Für mich ist es eine vielfältig erwiesene Tatsache, daß die Praxis sich in Wirklichkeit bei der Preisbildung nicht an die Vollkosten hält, es sei denn, daß der Vollkostenpreis im Markt leicht zu erlangen ist. In allen anderen Fällen wird der Selbstkostenpreis innerbetrieblich heruntergehandelt, nämlich in der Auseinandersetzung zwischen Verkäufern und Kalkulatoren, wenn man nicht von vornherein davon abweicht."[39)]

Somit kann also folgendes festgehalten werden: Preiskalkulationen nach einem starren kostenorientierten Schema können nicht als praxistypisch für die überwiegende Anzahl der Anbieter angesehen werden. Letztlich wird der Preis regelmäßig nachfrageorientiert flexibel festgelegt.[40)] Akzeptiert man diese These, so dürfte es kaum möglich sein, die Angebotspreise der Konkurrenten mit Hilfe der eigenen Auftragsselbstkosten abzuschätzen. Als Fazit bezüglich der hier betrachteten Konkurrenzpreise bleibt daher festzuhalten, daß für die in dieser Arbeit betrachteten Anbieter grundsätzlich keine Methode empfohlen werden kann, mit welcher die Preisforderungen der Mitanbieter sinnvoll abzuschätzen sind.[41)]

---

37) Wied-Nebbeling (1985), S. 47 f..

38) Schmalenbach (1963), S. 486, vgl. ebenso Mellerowicz (1959), S. 466.

39) Vgl. Riebel (1983), S. 161.
Auch Kilger stimmt dieser Argumentation uneingeschränkt zu, vgl. Kilger (1983), S. 161.

40) Auch der Verweis auf die empirische Untersuchung von WIED-NEBBELING, nach der knapp ein Viertel der befragten Unternehmen angaben, nach dem **starren Vollkostenprinzip** zu kalkulieren, dürfte letztlich nicht stichhaltig sein. Berücksichtigt man, daß ein Unternehmen die Aussage, »der Preis wird starr nach den Vollkosten berechnet« auch zur allgemeinen, extern orientierten Preisrechtfertigung nutzen kann, so ist die obige Zahl von knapp 25% der befragten Unternehmen entsprechend relativiert zu sehen.

41) Lediglich wenn ein Anbieter über die zur Anwendung des COMPETITIVE BIDDING notwendigen Informationen verfügt, wäre damit die Möglichkeit gegeben, Konkurrenzpreisforderungen systematisch abzuschätzen. Bei den in dieser Arbeit betrachteten Anbietern scheint diese Voraussetzung jedoch höchstens im Ausnahmefall gegeben, vgl. Abschnitt 2.7.5.3, Seite 101.

3.3.4 DAS PRÄFERENZSYSTEM DES NACHFRAGERS BEZÜGLICH DES LEISTUNGSUMFELDES

In dieser Arbeit wird davon ausgegangen, daß das zu handelnde Gut durch den Nachfrager eindeutig festgelegt wird.[42] Gibt der Nachfrager diese Leistungsbeschreibung nun an ausgewählte Anbieter weiter, so können die darauf hin angebotenen Leistungen in der Praxis dennoch **nicht als homogen** bezeichnet werden.[43] Dies begründet sich aus der Tatsache, daß grundsätzlich von der Existenz eines Präferenzsystems des Nachfragers ausgegangen werden muß, welches auch die Elemente des *Leistungsumfeldes* bewertet. Zum Leistungsumfeld gehören dabei diejenigen Merkmale des Angebots, die nicht explizit in der Anfrage des Nachfragers genannt wurden. Als mögliche Beispiele, auf die sich das Präferenzsystem des Nachfragers beziehen kann, seien hier genannt:[44] Image des Anbieters, Gesellschaftsform des Anbieters, geographische Entfernung zwischen Anbieter und Nachfrager etc..

Unterstellt man, daß die angebotenen Leistungen zumindest in bezug auf die in der Auftragsanfrage konkretisierten Anforderungen homogen sind, und daß der Nachfrager Präferenzen bezüglich des Leistungsumfeldes hat, so können die unterschiedlichen Offerten nicht mehr nur anhand des Angebotspreises beurteilt werden. Hier ist vielmehr eine **Relativierung** der Angebotspreise unter Beachtung des jeweiligen Leistungsumfeldes notwendig.[45] Zur Abschätzung der Preisobergrenze müßte ein Anbieter also neben der Kenntnis der Konkurrenzpreise zunächst das Leistungsumfeld für jeden Mitanbieter ermitteln und dieses jeweils mit Hilfe der geschätzten Präferenzen des Nachfragers bewerten. Im (theoretischen) Idealfall ist es vorstellbar, daß so ein Gewichtungsvektor bestimmt würde, mit dem die einzelnen Angebotspreise vergleichbar gemacht werden könnten. Auf dieser Basis wäre der Anbieter dann in der Lage, seinen Angebotspreis so festzulegen, daß er gute Chancen auf weitere Preisverhandlungen mit dem Nachfrager hätte.

---

42) Vgl. Seite 6.
43) Backhaus spricht in diesem Zusammenhang vom »relativen Konkurrenzvorteil«, vgl. Backhaus (1984), S. 18 f.. Vgl hierzu auch AK Marketing (1978), S. 3, Gutenberg (1984), S. 183-185.
44) Vgl. Backhaus (1984), S. 19, Gutenberg (1984), S. 183-185, Krüger (1987), S. 8/233 f., Stahlknecht (1991), S. 301.
45) Vgl. Peiffer (1965), S. 114 f..

Fraglich ist jedoch, inwieweit sich dieser Idealfall in der Praxis umsetzen läßt. Abgesehen von der Problematik der Prognose von Angebotspreisen der Konkurrenz,[46] dürfte die Hauptproblematik darin bestehen, die Nachfragerpräferenzen abzuschätzen. Sieht man einmal von der Situation ab, daß sich Nachfrager und Anbieter bereits lange kennen, so scheint es kaum möglich bzw. praktikabel, daß ein Anbieter versucht, pro Auftragsanfrage die jeweiligen Nachfragerpräferenzen zu berücksichtigen. Eine eher praktikable Alternative könnte darin gesehen werden, das eigene Leistungsumfeld mit dem der wichtigsten Konkurrenten z.B. jährlich in Relation zu setzen. Dabei müßte der Anbieter dann abschätzen, um wieviel Prozent die einzelnen Konkurrenzangebote am Markt allein aufgrund des Leistungsumfeldes teurer bzw. billiger sein dürfen als die eigene Preisforderung. So würde also nicht mehr konkret auf die Präferenzen eines einzelnen Nachfragers abgestellt, sondern letztlich auf einen imaginären, durchschnittlichen Nachfrager. Lassen sich diese Prozentwerte für die wichtigsten potentiellen Konkurrenten bestimmen, so wäre ein Gewichtungsvektor speziell für das Leistungsumfeld gegeben, der beim Vorliegen von Informationen über Konkurrenzpreise zumindest tendenziell Hilfestellung bei der eigenen Preisfestlegung geben könnte.

Trotz dieses in Richtung »*Praktikabilität*« zielenden Vorschlags muß das Fazit bezüglich der Abschätzung des Leistungsumfeldes der Konkurrenten und insbesondere der individuellen Präferenzen des Nachfragers auf diese Faktoren grundsätzlich negativ ausfallen. Der Grund hierfür ist in erster Linie darin zu sehen, daß als Voraussetzung zur sinnvollen Nutzung der aus einer Analyse des Leistungsumfeldes gewonnenen Informationen die Kenntnis der Angebotspreise der Mitanbieter notwendig ist. Eine solche Voraussetzung ist aber, wie die Ausführungen im vorigen Abschnitt ergeben haben, kaum als Regelfall anzusehen,[47] wodurch letztlich nur auf die Bedeutung einer solchen Präferenzanalyse im Ausnahmefall verwiesen werden kann.

---

46) Vgl. Abschnitt 3.3.3, Seite 132-135.
47) Vgl. Seite 135..

3.3.5 DIE PREISE VON SUBSTITUTIONSGÜTERN

Abschließend zu den Einflußgrößen der Preisobergrenze sollen hier die Preise von Substitutionsgütern betrachtet werden. Hat ein Nachfrager die zu beschaffende Leistung definiert, so existieren in der Regel neben dieser konkreten Leistung alternative Güter, welche der Nachfrager auch zur Befriedigung seines Bedürfnisses hätte auswählen können.[48] Ist eine solche Situation gegeben, so üben die Preise der Alternativgüter grundsätzlich auch Einfluß auf die Preisobergrenze des Nachfragers aus. Beispielsweise sei hier der Kauf einer Drehmaschine angeführt. Hat sich der Nachfrager für eine Maschine mit konventioneller Technik (manuelle Steuerung) entschieden, so gilt grundsätzlich, daß er kaum bereit sein wird, für eine solche Maschine einen Preis zu zahlen, der ungefähr in der Höhe des Preises einer NC-gesteuerten Drehmaschine liegt. Insofern gilt, daß die Preise von Substitutionsgütern regelmäßig preisbegrenzend wirken [49] und entsprechend von den Anbietern abzuschätzen sind.

Bezüglich der in dieser Arbeit betrachteten Anbieter ergibt sich allerdings die Problematik, daß die Substitutionsgüter grundsätzlich auch Güter aus der auftragsorientierten Fertigung sein dürften, für die es dann ebenfalls ex-ante keinen Marktpreis gibt. Es erscheint hier allerdings nicht realitätsfremd, davon auszugehen, daß ein Anbieter die ungefähre Größenordnung der Preise von Substitutionsgütern auch in der Praxis der Auftragsfertigung kennt und durch entsprechende Gewichtung der Vor- und Nachteile zwischen diesen Gütern eine grobe Preisobergrenze ableiten kann. Streng genommen müßte aber auch hier entsprechend zur Analyse der Angebotspreise der Mitanbieter eine Berücksichtigung der geschätzten, nachfragerindividuellen Präferenzen vorgenommen werden. Bezüglich der Praktikabilität dürfte eine solche Forderung jedoch grundsätzlich nicht zu realisieren sein.

---

48) Vgl. Riebel (1972), S. 40.
49) Vgl. AK Marketing (1978), S. 7, Riebel (1972), S. 42.

3.3.6 DIE BEDEUTUNG DER PREISOBERGRENZE FÜR DIE ANGEBOTSPREISBESTIMMUNG

Kennt ein Anbieter jeweils die Preisobergrenzen der potentiellen Aufträge, so ist er grundsätzlich in der Lage, sein Gewinnmaximierungsziel zumindest unter kurzfristiger Betrachtung zu realisieren.[50] Aus dieser Sicht kann die Bedeutung der Preisobergrenze in bezug auf die Problematik der Angebotspreisbestimmung kaum hoch genug eingeschätzt werden. Relativiert werden muß diese Einschätzung jedoch durch die in der Realität bestehenden Möglichkeiten der Bestimmung solcher Größen. Auf der Basis der in dieser Arbeit betrachteten Einflußgrößen der Preisobergrenze ergibt sich zunächst folgende Bestimmungsvorschrift. Die Preisobergrenze eines Auftrags ergibt sich als **Minimum** aus der Menge mit den folgenden 3 Elementen bzw. Elementgruppen:

1) Quantifizierter Nachfragernutzen des Auftrags.

2) Angebotspreise der Konkurrenten, wobei diese Preise durch die geschätzten individuellen Nachfragerpräferenzen bezüglich des jeweiligen Leistungsumfeldes zu gewichten sind.

3) Preise der möglichen Substitutionsleistungen, wobei diese wiederum durch die geschätzten individuellen Nachfragerpräferenzen zwischen nachgefragter Leistung und den Substitutionsgütern gewichtet werden müssen.

Vernachlässigt man die äußerst komplexe und mit extrem hohem Aufwand verbundene Problematik der Abschätzung individueller Nachfragerpräferenzen für jede einzelne Auftragsanfrage, so können die Punkte 2) und 3) der obigen Bestimmungsvorschrift folgendermaßen modifiziert werden:

2) Angebotspreise der Konkurrenten, wobei diese Preise durch einen vom Anbieter geschätzten Gewichtungsvektor auf der Basis eines imaginären durchschnittlichen Nachfragers relativiert werden.

3) Preise der möglichen Substitutionsleistungen, wobei diese wiederum durch die vom Anbieter für einen imaginären durchschnittlichen Nachfrager geschätzten Präferenzen zwischen nachgefragter Leistung und den Substitutionsgütern zu gewichten sind.

---

50) Bei einer langfristigen Gewinnmaximierung müßte der Anbieter zusätzlich zu den Preisobergrenzen noch über sichere Informationen bezüglich der Verbundwirkungen aller Aufträge bzw. Auftragsanfragen verfügen.

Selbst wenn man bereit ist, die soeben angeführte Vereinfachung zu akzeptieren, muß die Möglichkeit der Abschätzung von Preisobergrenzen in der Praxis grundsätzlich als kaum realisierbar angesehen werden. Diese begründet sich in erster Linie durch folgende beiden Punkte:

a) Der nachfragerindividuelle Nutzen der nachgefragten Leistung läßt sich nur in Ausnahmefällen vom Anbieter quantifizieren.[51]

b) Die Angebotspreise der Konkurrenten lassen sich ebenfalls nur im Ausnahmefall prognostizieren.[52]

Ein Zusammentreffen der beiden Ausnahmefälle für eine Auftragsanfrage muß als äußerst unwahrscheinlich eingeschätzt werden, wodurch letztlich die These bestätigt wird, daß die Möglichkeit der praktischen Ermittlung von Preisobergrenzen äußerst gering einzuschätzen ist.

Die bisherigen Ausführungen zur Preisobergrenze gingen davon aus, daß die Einflußgrößen entweder *deterministisch*, also einwertig abgeschätzt werden können oder gar nicht. Für die Praxis ist allerdings regelmäßig nicht die deterministische, sondern die *Risiko-* oder *Unsicherheitssituation* als typisch anzusehen, die beide durch Mehrwertigkeit der interessierenden Variablen gekennzeichnet sind.[53] Eine Erweiterung der bisherigen Analyse der Preisobergrenze auf diese Bereiche würde hier allerdings auch nicht weiterführen, da oben allgemein festgestellt wurde, daß bereits die Bestimmung von Einflußgrößenausprägungen, seien sie nun ein- oder mehrwertig, im praktischen Regelfall nicht gegeben ist. Somit läßt sich hier abschließend festhalten, daß ein Anbieter im Bereich der Auftragsfertigung (außerhalb der Ausschreibungssituation) grundsätzlich keine direkt marktbezogene Orientierungsgröße besitzt. Diesen Mangel teilweise zu beseitigen, ist letztlich ein Ziel der vorliegenden Arbeit. Im nächsten Kapitel soll es nun darum gehen, wie eine *marktgerichtete Preisorientierungsgröße* routinemäßig bestimmt werden kann.

---

51) Vgl. Seite 132.
52) Vgl. Seite 135.
53) Vgl. z.B. Sieben/Schildbach (1990), S. 18, Troll (1974), S. 120-124.

3.4 DIE PREISORIENTIERUNGSGRÖSSE

3.4.1 DEFINITION UND ABGRENZUNG

Der zentrale Begriff des in dieser Arbeit zu konzipierenden Systems zur Unterstützung der Angebotspreisentscheidung ist die »*Preisorientierungsgröße*«. Hierunter soll zunächst eine einzelauftragsabhängig, nach erfahrungsbasierten Regeln ermittelte Wertgröße verstanden werden, die Auskunft über den am Markt erzielbaren Preis des betrachteten Auftrags geben soll.[1] Im Unterschied zur Preisobergrenze, welche nach den Ausführungen des vorigen Kapitels nur in Ausnahmefällen praktisch ermittelbar sein dürfte,[2] soll die Konzeption des Bestimmungssystems für Preisorientierungsgrößen es ermöglichen, regelmäßig ein Ergebnis pro Auftragsanfrage zu generieren. Gelingt es, Preisorientierungsgrößen zuverlässig zu bestimmen, so dürfte sich hierdurch grundsätzlich ein höherer Zielerreichungsgrad bezüglich der Gewinnmaximierung realisieren lassen als ohne die Kenntnis einer solchen Größe, da zwei Gefahren zumindest verringert werden:

1) Durch einen zu hohen Angebotspreis vom Nachfrager von weiteren Preisverhandlungen ausgeschlossen zu werden, bzw.
2) durch einen zu niedrigen Angebotspreis die Möglichkeit der Realisierung von Gewinnen zu »*verschenken*«.

Eine in der Praxis häufig verwendete **Orientierungsgröße** zur Preisbestimmung bilden die um einen festen Gewinnaufschlag erhöhten Auftragsselbstkosten.[3] Im Gegensatz zu diesem rein kostenorientierten Wert soll die Preisorientierungsgröße dieser Arbeit, neben der Berücksichtigung der Preisuntergrenze, primär auf **marktorientierten** Informationen basieren. Es wird deshalb für die weiteren Ausführungen die nachfolgende Definition zugrundegelegt.

---

1) Zur differenzierten Abgrenzung der Begriffe **Preisorientierungsgröße**, **anzustrebender Vertragspreis** und **Angebotspreis** vgl. Abschnitt 3.4.2, Seite 143-145.
2) Vgl. Seite 139 f..
3) Vgl. Wied-Nebbeling (1985), S. 48.

Unter einer **Preisorientierungsgröße** wird eine einzelauftragsabhängig ermittelte, die Preisobergrenze hilfsweise ersetzende Wertgröße verstanden, welche auf der Basis operationalisierter Erfahrungen des Entscheidungsträgers bei der Preisbestimmung, unter expliziter Berücksichtigung aktueller absatzmarktbezogener Informationen, Auskunft über den am Markt erzielbaren Preis des betrachteten Auftrags geben soll.

Ein zentraler, bisher noch nicht näher angesprochener Begriff des Preisorientierungsgrößenkonzeptes stellt nach dieser Definition die Erfahrung des Entscheidungsträgers bei der Preisbestimmung dar. In der Literatur wird die »*Erfahrung*« regelmäßig als wesentliche Einflußgröße bei der praktischen Preisbestimmung angeführt.[4] Begründet wird dies hauptsächlich mit der realitätsinhärenten Unsicherheit[5], welche praktikable Optimierungsmodelle zur generellen Bestimmung zieloptimaler Angebotspreise verhindert.[6] Auch in dieser Arbeit soll nicht versucht werden, ein solches Modell zu konstruieren. Vielmehr gilt hier als Zielsetzung, die Größe »*Erfahrung des Entscheidungsträgers bei der Preisbestimmung*« möglichst weit zu operationalisieren bzw. zumindest transparenter werden zu lassen.[7]

Eine ähnliche Zielsetzung konnte bei den im darstellenden Teil dieser Arbeit vorgestellten Ansätzen des COMPETITIVE BIDDING festgestellt werden, wo auch die Erfahrung aus vergangenen Ausschreibungen für aktuelle Angebotspreisbestimmungen genutzt wird.[8] Dabei zeigte sich jedoch, daß die Anwendbarkeit dieser Modelle grundsätzlich auf klassische *Ausschreibungssituationen* beschränkt ist.[9] Anstelle der "modellfreundlichen Voraussetzungen" [10] bei Ausschreibungen werden in der vorliegenden Arbeit regelmäßig bilaterale

---

4) Vgl. z.B. Gutenberg (1984), S. 43, Heraeus (1963), S. 84, Jacob (1985), S. 38, Kilger (1988), S. 747, Nachtkamp (1969), S. 23 f., Nagtegaal (1974), S. 14, Ogilvie (1987), S. 307, Riebel (1990), S. 260, Wäger (1969), S. 86, Walker (1967), S. 125, Wiegmann (1977), S. 47 f. (und die dort angegebene Literatur), Zoller (1988), S. 31.

5) Vgl. z.B. Jacob (1985), S. 13, Jaensch (1984), Sp. 1730, Laßmann (1973), S. 16, Troll (1974), S. 114 f., Woitschach (1964), S. 2179.

6) Vgl. AK Hax (1980), S. 719, Kilger (1982), S. 167, Nieschlag/Dichtl/Hörschgen (1991), S. 300, Wiegmann (1977), S. 135 f..

7) Vgl. hierzu auch Wiegmann (1977), S. 262-270.

8) Vgl. Abschnitt 2.7, Seite 88-101.

9) Vgl. Seite 100 f..

10) Wiegmann (1977), S. 255.

Verhandlungen zur Preisfestlegung [11] sowie abweichende Leistungsumfelder der einzelnen Angebote vorausgesetzt.[12] Unter dieser Prämisse erscheint die für die COMPETITIVE BIDDING-Modelle typische Vorgehensweise, möglichst den maximalen Preis zu bestimmen, der zum einen die eigene Kostenrestriktion berücksichtigt und zum anderen das niedrigste Konkurrenzgebot unterbietet, [13] nicht optimal in bezug auf die Zielsetzung *Gewinnmaximierung*. Vielmehr können hier Präferenzen des Nachfragers durchaus dazu führen, daß nicht der billigste Anbieter den Auftragszuschlag erhält.[14] Von daher würde in einem solchen Markt die Strategie des billigsten Anbieters nicht grundsätzlich der Zielsetzung der Gewinn- bzw. Deckungsbeitragsmaximierung entsprechen. Trotz dieser Abweichung erfüllen die COMPETITIVE BIDDING-Modelle für das in dieser Arbeit zu konzipierende System eine Vorbildfunktion. Diese bezieht sich auf die grundsätzliche Vorgehensweise, indem versucht wird, die Erfahrung bei der Angebotspreisbestimmung durch statistische Analyse vergangener Aufträge zu operationalisieren und die Ergebnisse dieser Untersuchungen für die aktuelle Preisbestimmungsproblematik zu nutzen.

3.4.2 GROBABLAUF DER ANGEBOTSPREISBESTIMMUNG UNTER BERÜCKSICHTIGUNG VON PREISORIENTIERUNGSGRÖSSEN

Bevor nun detailliert auf die *Preisorientierungsgröße* eingeganen wird, soll in diesem Kapitel zunächst noch kurz der Grobablauf der Angebotspreisbestimmung unter Berücksichtigung von Preisorientierungsgrößen dargestellt werden. Dies erscheint nicht zuletzt aus dem Grunde sinnvoll, da hierduch die Abgrenzung der im folgenden regelmmäßig verwendete Begriffe **Preisorientierungsgröße, anzustrebender Vertragspreis** und **Angebotspreis** verdeutlicht werden kann.

---

11) Vgl. hierzu auch Simon (1982), S. 430.

12) In Competitive Bidding Modellen wird von homogenen Leistungen ausgegangen und Preisverhandlungen sind prinzipiell ausgeschlossen, vgl. Wiegmann (1977), S. 250-255.

13) Vgl. Kotler (1982), S. 410, Krautter (1974), S. 267, Nieschlag/Dichtl/Hörschgen (1991), S. 346, Wiegmann (1977), S. 251 f..

14) Vgl. z.B. AK Marketing (1978), S. 3, Beier (1989), S. 198, Deyhle (1985), S. 531 f., Gutenberg (1984), S. 290, Pfeiffer (1965), S. 115, Swoboda (1987), S. 10 f., Wiegmann (1977), S. 257.

Der erste Schritt eines Anbieters zur Angebotspreisbestimmung besteht darin, die **Preisuntergrenze** des potentiellen Auftrags zu bestimmen. Danach sollte zumindest versucht werden, eine *Preisobergrenze* abzuschätzen. Da dies nach den obigen Ausführungen im Regelfall kaum realisierbar sein dürfte, wurde als Ersatzgröße für die Preisobergrenze die **Preisorientierungsgröße** vorgestellt. Geht man davon aus, daß der Anbieter für den zu bewertenden potentiellen Auftrag eine Preisorientierungsgröße bestimmt hat, so stellt diese eine Information über den Wert dar, den der Anbieter aus der Erfahrung bei der Preisbildung vergangener Aufträge als wahrscheinlichen Preis am Markt für den betrachteten Auftrag ansieht. Neben dieser **absatzmarktbezogenen** Information wird dann die aktuelle **interne** Situation des Anbieters, also z.B. die konkrete Kapazitätsauslastung, der aktuelle Deckungsbudgeterfüllungsgrad etc. betrachtet. Dabei ist der Anbieter letztlich gefordert zu entscheiden, welchen Preis er unter Berücksichtigung der *Preisuntergrenze*, ggf. der Preisobergrenze, der *Preisorientierungsgröße* sowie der *aktuellen anbieterbezogenen* Situation für den potentiellen Auftrag zu realisieren anstrebt. Der hierdurch festgelegte Preis heißt im folgenden **anzustrebender Vertragspreis**. Ist eine Entscheidung über den anzustrebenden Vertragspreis getroffen worden, so muß dieser noch in den **Angebotspreis** überführt werden. Da der Angebotspreis in Preisverhandlungen regelmäßig eine Größe darstellt, die der Nachfrager versucht *herunterzuhandeln*, kann dies vom Anbieter antizipiert werden. Eine Möglichkeit hierzu bietet die Berücksichtigung von z.B. *branchenüblichen* oder auch *nachfragerindividuellen Verhandlungsaufschlägen*. Somit unterscheidet sich der **Angebotspreis** im Sinne der vorliegenden Arbeit vom **anzustrebenden Vertragspreis** lediglich durch einen vom Anbieter für die Preisverhandlungen gesetzten eigenen Verhandlungsspielraum. Zusammenfassend kann dieser Grobablauf mit Hilfe der nachfolgenden Abbildung dargestellt werden.

AUFTRAGSANFRAGE

↓

Preisuntergrenzenbestimmung

↓

ggf. Preisobergrenzenbestimmung

↓

Preisorientierungsgrößen-
bestimmung
(als Ersatzgröße für die in der Praxis regelmäßig kaum
ermittelbare Preisobergrenze)

↓

Entscheidung über den
anzustrebenden Vertragspreis
unter Berücksichtigung der Preisuntergrenze,
ggf. der Preisobergrenze,
der Preisorientierungsgröße
sowie der aktuellen anbieterinternen Situation

↓

Überführung des
anzustrebenden Vertragspreises
durch Berücksichtigung von
Verhandlungsaufschlägen in den Angebotspreis

Abb. 3.3: Grobablauf der Angebotspreisbestimmung

Nach diesem kurzen Überblick soll nun konkret auf die Vorgehensweise zur Ermittlung von Preisorientierungsgrößen eingegangen werden.

3.4.3 DIE ZENTRALTHESE DES KONZEPTES ZUR BESTIMMUNG VON PREISORIENTIERUNGSGRÖßEN

Allgemein kann zunächst formuliert werden, daß der zwischen Anbieter und Nachfrager ausgehandelte Preis das Ergebnis einer bestimmten Konstellation von Ausprägungen preisrelevanter Einflußgrößen darstellt. Aus Anbietersicht läßt sich der Preis grob in zwei Komponenten zerlegen; den Kosten, welche dem Auftrag zugerechnet werden, also der *Preisuntergrenze* sowie dem *Auftragsdeckungsbeitrag.*[15] Hieraus folgt, daß die preisrelevanten Einflußgrößen ebenso differenziert werden können. Zum einen wären dann preisuntergrenzen- und zum anderen auftragsdeckungsbeitragsrelevante Einflußgrößen zu nennen. Während ein Anbieter über die preisuntergrenzenrelevanten Einflußgrößen, also die Kostendeterminanten und deren Wirkungsweise auf den Preis (Preisuntergrenzenfunktion) relativ gut informiert sein dürfte, ist dies für den Auftragsdeckungsbeitrag bzw. für den prozentualen Auftragsdeckungsbeitragszuschlag grundsätzlich nicht zu unterstellen.[16] Bezeichnet man nun eine bestimmte Konstellation von Ausprägungen der für den Auftragsdeckungsbeitragszuschlagssatz relevanten Einflußgrößen als »*Situationsmuster*« oder kurz »*Situation*«, so interessiert also folgende Relation:

Situationsmuster → *realisierter Auftragsdeckungsbeitragszuschlagssatz*

Nach den Erläuterungen des vorangegangenen Kapitels besteht die Aufgabe von Preisorientierungsgrößen letztlich darin, Marktpreise zu antizipieren. Zerlegt man die Preisorientierungsgröße nun entsprechend zur obigen Vorgehensweise beim tatsächlich realisierten Preis auch in zwei Teile, so erhält man die geplante Preisuntergrenze und den erwarteten Auftragsdeckungsbeitrag. Fraglich ist, ob die obige Relation zwischen *Situationsmuster*

---

15) Wie in Abschnitt 3.2.1.1.1 (Seite 103) erläutert, liegt dieser Arbeit ein **Teilkostenrechnungskonzept** zugrunde, weshalb hier anstelle des vollkostentypischen Auftragsgewinns der Begriff »*Auftragsdeckungsbeitrag*« verwendet wird.

16) Will man beim Vergleich der Auftragsdeckungsbeiträge von absoluten Auftragsvolumen abstrahieren, also Deckungsbeiträge von kleinen und größeren Aufträgen sinnvoll gegenüberstellen, so kann anstelle des absoluten Deckungsbeitrags der **prozentuale Deckungsbeitragsaufschlag** auf die Preisuntergrenze verwendet werden.

und *realisiertem Auftragsdeckungsbeitragszuschlag* dazu benutzt werden kann, Preisorientierungsgrößen zu bestimmen. Voraussetzung hierzu wäre, daß **Aufträge bei gleichen Situationsmustern gleiche bzw. zumindest ähnliche Auftragsdeckungsbeiträge erzielen**. Ist dies gegeben, so könnte der erwartete Deckungsbeitrag für einen zu bewertenden Auftrag dadurch festgelegt werden, daß zum aktuellen Situationsmuster dieses Auftrags zunächst gleiche bzw. möglichst ähnliche Situationsmuster abgeschlossener Aufträge gesucht werden. Der bei diesen Aufträgen realisierte Deckungsbeitragszuschlagssatz müßte nach der eben formulierten Prämisse über die Aufträge mit gleichen bzw. ähnlichen Situationsmustern relativ homogen sein und wäre dann direkt als zu erwartender Deckungsbeitragszuschlagssatz des zu bewertenden Auftrags anzusehen. Durch Anwendung dieses Zuschlags auf die geplante Preisuntergrenze des betrachteten Auftrags ergäbe sich dann der aus der Erfahrung begründete zu erwartende Marktpreis bzw. die Preisorientierungsgröße des zu bewertenden Auftrags.

Fraglich ist nun die Realitätsadäquanz der obigen Prämisse. Zur Klärung könnte hier vielleicht die Formulierung einer Gegenthese helfen. Beispielsweise könnte folgendes behauptet werden:

> *Es gibt **keine** systematische Beziehung zwischen den »Situationsmustern« und den Auftragsdeckungsbeiträgen.*

Allgemein scheint in der Literatur sowie im Vorgehen der Praxis ein Konsens darüber zu bestehen, daß die Erfahrung des Entscheidungsträgers bei der Preisfestlegung eine dominierende Größe darstellt.[17] ***Erfahrung*** kann in diesem Zusammenhang interpretiert werden als (bewußt oder unbewußt) analysierte Informationen vergangener Preisfestlegungen. Nutzt ein Entscheidungsträger solche Informationen, so vergleicht er letztlich die aktuelle Entscheidungssituation mit historischen Entscheidungssituationen. Er wird sich, wenn auch nicht unbedingt bewußt, so doch zumindest **intuitiv** aus den vergangenen Situationen solche heraussuchen, die er als vergleichbar mit der jetzt zur Diskussion stehenden Entscheidung ansieht.[18] Akzeptiert man eine solche Erklärung, so müßte die oben formulierte Gegenthese abgelehnt

17) Vgl. Seite 142, Fußnote 4.
18) Vgl. Plinke (1985), S. 72 und die dort angegebene Literatur.
Vgl. ähnlich Riebel (1990), S. 206.

werden. Denn gäbe es keine zumindest ansatzweise systematische Beziehung zwischen noch nicht näher spezifizierten deckungsbeitragszuschlagsrelevanten Einflußgrößen und dem Deckungsbeitragszuschlag, so läßt sich die auffällige Betonung des Faktors »*Erfahrung*« für die Problematik der Preisbestimmung nicht erklären.

Nach dieser Argumentation scheint es durchaus sinnvoll, den Deckungsbeitragszuschlag als Resultat einer bestimmten *Situation* anzusehen. Bevor dies noch einmal endgültig als **Zentralthese** der vorliegenden Arbeit formuliert wird, sei noch kurz auf die Alternative zwischen relativer und absoluter Betrachtung der Auftragsdeckungsbeiträge eingegangen.

Deckungsbeiträge können zum einen als absolute Werte und zum anderen als prozentuale Deckungsbeitragszuschläge auf die Preisuntergrenze, also als relative Werte betrachtet werden. Wenn nun in der vorliegenden Arbeit primär die letztgenannte Möglichkeit gewählt wird, so sind hierfür zwei Argumente anzuführen. Auf der einen Seite dürfte die Preisbestimmung regelmäßig mit Hilfe der Zuschlagskalkulation vorgenommen werden, bei der ein prozentualer Aufschlag auf die entsprechende Kostengröße angewendet wird.[19] Auf der anderen Seite erlaubt eine relative Betrachtung, Deckungsbeiträge bzw. deren zugrundeliegende Situationsmuster zunächst unabhängig vom Auftragsvolumen zu vergleichen.[20] Geht man für die Preisorientierungsgröße nun von der Zerlegung in zwei multiplikativ zu verknüpfende Komponenten aus:

---

19) Vgl. Kilger (1988), S. 783.

20) Es sei an dieser Stelle bereits erwähnt, daß das **Auftragsvolumen** sicherlich eine für die Höhe des Deckungsbeitragszuschlagssatzes relevante Einflußgröße darstellt und insofern das Auftragsvolumen bei der Suche nach ähnlichen Situationsmustern bei den archivierten Aufträgen bzw. Auftragsanfragen zu berücksichtigen ist. Vgl. hierzu Abschnitt 3.4.5.1.2.a, Seite 156 f.. Bei einer absoluten Betrachtung der Deckungsbeiträge besteht jedoch die Gefahr, daß die These der Homogenität der Deckungsbeiträge von Aufträgen gleicher Situationsmuster zu unrecht abgelehnt wird, wie folgende Argumentation verdeutlichen soll. Zwei Aufträge weisen abgesehen vom Auftragsvolumen die gleichen Ausprägungen der deckungsbeitragszuschlagsrelevanten Einflußgrößen auf. Während der erste Auftrag bei einer Preisuntergrenze von 10000 GE einen Deckungsbeitrag von 6000 GE erzielte, ergeben sich für den zweiten Auftrag hier Werte von 2000 GE als Preisuntergrenze und 1200 GE als Deckungsbeitrag. Es könnte nun argumentiert werden, daß sich trotz Übereinstimmung fast aller Ausprägungen der deckungsbeitragsrelevanten Einflußgrößen keine ähnlichen Deckungsbeiträge ergeben. Wird hier allerdings eine relative Betrachtung vorgenommen, so zeigten sich die Deckungsbeitragszuschläge als gleich (60 %); die Zentralthese der Arbeit würde also bestätigt. Um so unberechtigte Kritik an der obigen These zu vermeiden, erscheint eine relative Betrachtung der Deckungsbeiträge in dieser Arbeit als sinnvoll.

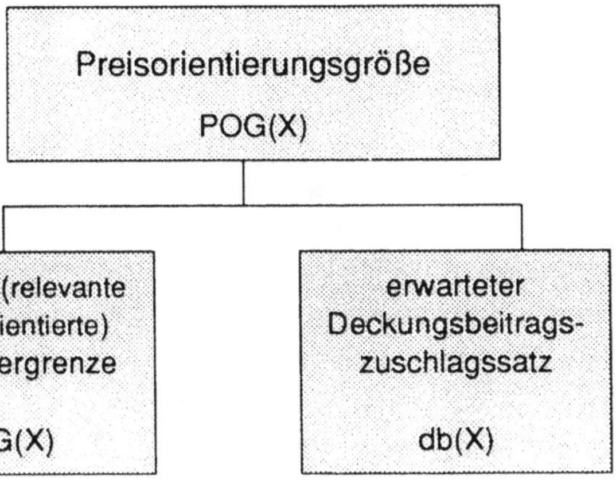

so kann die Formel zur Berechnung einer Preisorientierungsgröße des Auftrags X mit Hilfe der nachfolgenden Zuschlagskalkulation abgebildet werden.[21)]

$$POG(X) = PUG(X) \cdot (1 + db(X))$$

Akzeptiert man für die weiteren Ausführungen die relative Betrachtung der Deckungsbeiträge, so läßt sich die **Zentralthese** der vorliegenden Arbeit folgendermaßen formulieren.

> *Aufträge in gleichen »Situationsmustern« erzielen grundsätzlich gleiche bzw. zumindest ähnliche Deckungsbeitragszuschlagssätze im Sinne von prozentualen Aufschlägen auf die jeweiligen Preisuntergrenzen PUG(X).*

Bevor nun im Kapitel 3.4.5 konkret auf die Bestimmung von Preisorientierungsgrößen auf der Basis dieser Zentralthese eingegangen wird, seien hier noch einige allgemeine Anmerkungen zum Preisorientierungsgrößenkonzept eingeschoben. Nach den obigen Ausführungen gilt für den prozentualen Deckungsbeitragsaufschlagssatz db des Auftrags X:

---

21) Hierzu sei angemerkt, daß die Problematik der Verbundwirkungen zunächst ausgeklammert ist. Hierauf wird explizit in den Abschnitten 3.4.5.2.3 (Seite 167-169) sowie Abschnitt 3.4.6.2 (Seite 217 f.) eingegangen. Vorweggenommen sei allerdings bereits hier, daß Situationsdeterminanten grundsätzlich unabhängig von Verbundwirkungen festgelegt werden sollen. Die Verbundwirkungen sind also nach dem Konzept dieser Arbeit **nicht zur Beschreibung der Auftragssituation** zu verwenden.

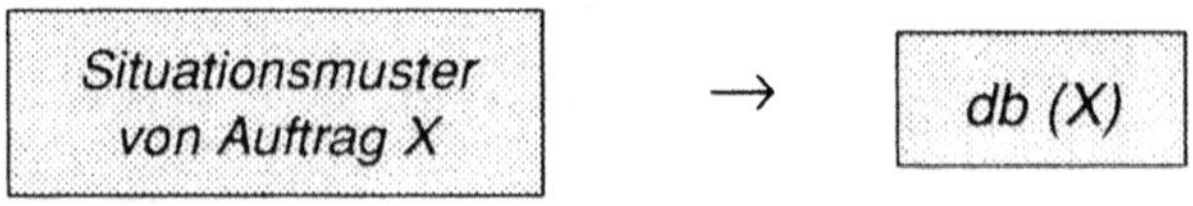

Bisher wurde unter einem »*Situationsmuster*« oder kurz unter einer »*Situation*« eine bestimmte Konstellation von Ausprägungen relevanter Einflußgrößen für den Deckungsbeitragszuschlagssatz verstanden. Einflußgrößen, welche für diese Zuschlagssätze relevant sind, können grob in vier Kategorien unterteilt werden;[22] nachfragerbezogene,[23] auftragsbezogene, konkurrentenbezogene und anbieterbezogene Einflußgrößen. Klammert man die anbieterbezogenen Einflußgrößen zunächst aus,[24] so läßt sich die obige Relation zwischen einem *Situationsmuster* und dem zugehörigen prozentualen Deckungsbeitragszuschlagssatz durch die nachfolgende Abbildung darstellen.

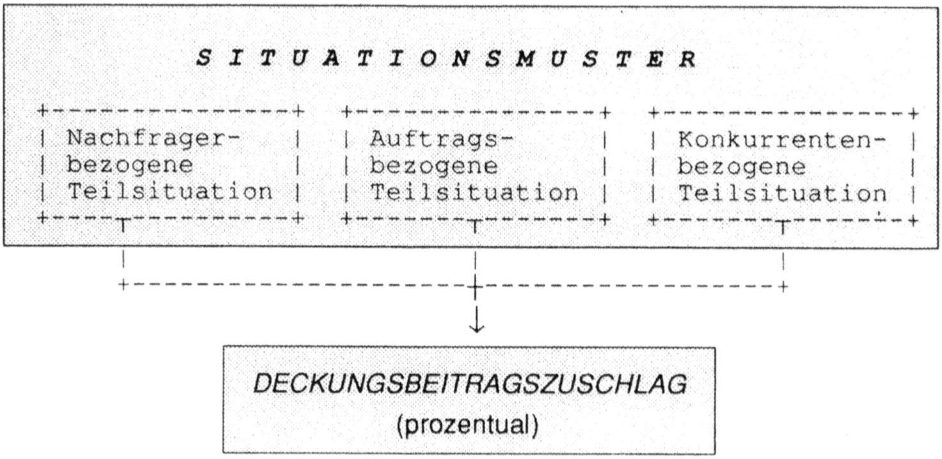

Abb. 3.4: Situationsabhängigkeit des Deckungsbeitragszuschlagssatzes

22) Vgl. ähnlich AK Marketing (1975), S. 770.

23) Simon spricht hier von der exogenen Einflußgrößengruppe "Käufermerkmale". Vgl. Simon (1982), S. 11.

24) Die *Kapazitätsauslastung des Anbieters* als beispielhafte **anbieterbezogene Situationsdeterminate** hat zwar sicherlich Einfluß auf die Höhe des Deckungsbeitragszuschlagssatz des Angebotspreises. In diesem Kapitel wird jedoch nicht der *Angebotspreis*, sondern die *Preisorientierungsgröße* als rein marktorientierter, zu erwartender Wert betrachtet. Nach dem Konzept der vorliegenden Arbeit sollen die anbieterbezogenen Einflußgrößen explizit bei der Überführung der Preisorientierungsgröße in einen anzustrebenden Vertragspreis bzw. Angebotspreis berücksichtigt werden. Vgl. hierzu Abschnitt 3.5.2, 229-234.

Analog zur Definition einer *Situation* bezeichnet dabei eine »*Teilsituation*« eine bestimmte Konstellation der für den Deckungsbeitragsaufschlagssatz relevanten Einflußgrößen der entsprechenden Einflußgrößengruppe. Bezeichnet z.B. D^n_i die i-te Determinante oder Einflußgröße der nachfragerbezogenen Einflußgrößengruppe und d^n_i eine konkrete Ausprägung dieser Determinante, so gilt für die nachfragerbezogene Teilsituation s^n bei einer unterstellten Anzahl von N nachfragerbezogener Determinanten:

$$s^n = \{ d^n_1 , d^n_2 , \ldots , d^n_i , \ldots , d^n_N \}$$

Bezeichnet schließlich s^a die auftragsbezogene und s^k die konkurrentenbezogene Teilsituation, so gilt für das komplette **Situationsmuster *S*** :

$$S = \{ s^n , s^a , s^k \}$$

Nachdem mit diesem Kapitel die Terminologie sowie die Zentralthese des Preisorientierungsgrößenkonzeptes ausreichend geklärt erscheint, soll im folgenden zunächst der Grobablauf zur Bestimmung von Preisorientierungsgrößen umrissen werden, um danach detailliert die einzelnen Arbeitsschritte zu behandeln. Dabei sei angemerkt, daß hier letztlich nur die Bestimmung des prozentualen Deckungsbeitragszuschlagssatzes zu analysieren ist, da die andere Komponente der Preisorientierungsgröße, die Preisuntergrenze in Kaptiel 3.2 ausführlich behandelt wurde.[25]

---

25) Vgl. Abschnitt 3.2, Seite 103-126.

3.4.4 GROBABLAUF ZUR BESTIMMUNG VON PREISORIENTIERUNGSGRÖSSEN

Die Vorgehensweise zur Bestimmung von Preisorientierungsgrößen läßt sich mit Hilfe der nachfolgenden Abbildung darstellen.

I. Aufbau des Systems zur Bestimmung von Preisorientierungsgrößen

I.1 Auswahl von Größen als Situationsdeterminanten (*Preiseinflußgrößen*)

I.2 Aufbau der vergangenheitsbezogenen Datenbasis.
Ermittlung der Situationsdeterminanten-ausprägungen, des Deckungsbeitrags-zuschlages etc. pro abeschlossenem Auftrag bzw. Auftragsanfrage

I.3 Analyse der Datenbasis zur Bestimmung der Relation zwischen Situationsmuster und Deckungsbeitragszuschlag

II. Anwendung des Systems zur Bestimmung von Preisorientierungsgrößen

II.1 Bestimmung der aktuellen Ausprägungen der Situationsdeterminanten für die zu bewertende Auftragsanfrage

II.2 Bestimmung der Preisorientierungsgröße mit Hilfe der in I.3 ermittelten Relation

Abb. 3.5: Erste Übersicht der Grobarbeitsschritte zur Bestimmung von Preisorientierungsgrößen

Bevor ein Anbieter Preisorientierungsgrößen im Sinne der vorliegenden Arbeit bestimmen kann, sind zunächst umfangreiche Vorarbeiten zu leisten. Der Block dieser Vorarbeiten wird in der obigen Abbildung mit **Aufbau des Systems zur Bestimmung von Preisorientierungsgrößen** bezeichnet. Dabei besteht der erste Schritt darin, Situationsdeterminanten auszuwählen.

Anders ausgedrückt, hier ist der Anbieter gefordert, Merkmale zu bestimmen, von denen er vermutet, daß sie Einfluß auf die Höhe des Deckungsbeitragszuschlags ausüben. Sind diese Einflußgrößen bestimmt, so gilt es, die zu analysierende Datenbasis aufzubauen. Es müssen also die Situationsdeterminantenausprägungen sowie die »*Deckungsbeitragszuschlagssätze*«[26] der abgeschlossenen Aufträge ermittelt werden. Hat man dann für eine als ausreichend angesehene Anzahl von Aufträgen die Ausprägungen der Situationsdeterminanten und den entsprechenden Auftragsdeckungsbeitragszuschlagssatz bestimmt, so ist im dritten Schritt die Relation zwischen den Situationsdeterminanten und den Zuschlagssätzen zu analysieren. Als Ergebnis sollten sich dabei möglichst systematische Aussagen bezüglich der Wirkungsweise von Input- zu Outputgröße ergeben. Ist dieser Schritt erfolgreich abgeschlossen, kann die Bestimmung von Preisorientierungsgrößen für zu bewertende Auftragsanfragen beginnen.

Die Preisorientierungsgrößenbestimmung teilt sich grob in zwei Schritte. Zum ersten müssen die aktuellen Ausprägungen der zu bewertenden Auftragsanfrage ermittelt werden. Diese Ausprägungen sind dann mit den aus der Analyse der abgeschlossenen Aufträge gewonnenen systematischen Erkenntnisse der Wirkungsweise zwischen Situationsdeterminatenausprägung und Deckungsbeitragszuschlagssatz zu bewerten. Als Ergebnis müßte sich schließlich ein Deckungsbeitragszuschlagssatz, basierend auf den Erfahrungen aus vergangenen Preisbildungsprozessen, ergeben.

Im folgenden soll nun zunächst auf die Vorarbeiten zur Bestimmung von Preisorientierungsgrößen, also die Analyse abgeschlossener Aufträge detailliert eingegangen werden.

---

26) Wie sich später zeigen wird, ist es nicht grundsätzlich günstig, den **tatsächlich** realisierten Deckungsbeitragszuschlagssatz, sondern statt dessen einen noch näher zu erläuternden *fiktiven* Zuschlagsatz in die Analyse einfließen zu lassen.
Vgl. hierzu Abschnitt 3.4.5.2, Seite 165-169.

3.4.5 DER AUFBAU DES SYSTEMS ZUR BESTIMMUNG VON PREISORIENTIERUNGSGRÖSSEN

3.4.5.1 DIE AUSWAHL VON SITUATIONSDETERMINANTEN [1]

3.4.5.1.1 VORBEMERKUNGEN

Nach dem vorstehenden Überblick über die grobe Vorgehensweise zur Bestimmung von Preisorientierungsgrößen besteht der erste Arbeitsschritt darin, mögliche Situationsdeterminanten (Preiseinflußgrößen) zu bestimmen. Hiermit sind Größen angesprochen, von denen man allgemein vermuten kann, daß ein Einfluß auf den Deckungsbeitragsaufschlagssatz ausgeübt wird.[2] Zuächst kann festgestellt werden, daß es für die vorliegende Arbeit unmöglich sein dürfte, einen mehr oder weniger vollständigen Katalog aller praxisrelevanten Preiseinflußgrößen aufzustellen. Dies kann folgendermaßen begründet werden. In dieser Arbeit wird ein **allgemeiner** Ansatz dargestellt, der zwangsläufig im Rahmen der praktischen Umsetzung einer **einzelfallabhängigen** Anpassung bedarf.[3] Die Zielsetzung kann hier also nicht darin bestehen, alle denkbaren Preiseinflußgrößen bzw. Situationsdeterminanten zu erfassen. Es soll vielmehr angestrebt werden, einen Anbieter in die Lage zu versetzen, die für ihn als relevant erachteten Einflußgrößen selbständig im System des Preisorientierungsgrößenkonzeptes zu integrieren. Wenn nun hier trotzdem zumindest einige beispielhafte Situationsdeterminanten angesprochen werden, so erfolgt dies primär, um so die Abstraktheit der Darstellung des zu konzipierenden Systems zumindest tendenziell zu verringern.

Insbesondere, um zusätzliche Einflußgrößen möglichst problemlos in das System einbauen zu können, ist die Darstellung der nachfolgend beispielhaft vorgeschlagenen Größen relativ schematisch gehalten. Im ersten Schritt ist zunächst für jede potentielle Situationsdeterminante eine *»ceteris paribus«* These aufzustellen, welche den vermuteten tendenziellen Einfluß allein dieser Größe auf die Höhe des Deckungsbeitragsaufschlags angeben soll.[4] Dabei ist

---

1) Zur Notwendigkeit einer Einflußgrößenanalyse auf der Absatzseite vgl. auch Laßmann (1973), S. 10, ders. (1984), S. 974, ähnlich Diller (1985), S. 40-58.

2) Vgl. hierzu auch Friedrich (1986), S. 467, Laßmann (1973), S. 10, Stahl (1989), S. 30. Von den "Hauptbestimmungsfaktoren der Preisfixierung" spricht in diesem Zusammenhang Thomaschewski (1971), S. 337.

3) Nach Wiegmanns Terminologie ist eine solche Vorgehensweise den "benutzerorientiert-subjektiven Ansätzen" zuzurechnen, da die "Ermittlung der relevanten Input-Faktoren ... (Ausl.d.Verf.) in erster Linie durch subjektive Wahlakte" erfolgt. Wiegmann (1977), S. 164 f..

4) Vgl. hierzu auch Köhler (1968), S. 274.

zu beachten, daß die Formulierung einer solchen These keinerlei Einfluß auf die später zu erläuternde Verknüpfung der Einflußgrößen ausübt. Sie soll **einzig** dem Ziel dienen, daß der Entscheidungsträger sich explizit mit den möglichen **sachlogischen Zusammenhängen** zwischen Deckungsbeitragsaufschlag und betrachteter Situationsdeterminante auseinandersetzt. Nur wenn sich ein Einfluß sachlogisch begründen läßt, sollte eine Determinante berücksichtigt werden, damit bei einer statistischen Analyse der abgeschlossenen Aufträge die Gefahr von Scheinkausalitäten möglichst minimiert wird. Ein solches Vorgehen zur Auswahl von Situationsdeterminaten soll das *intuitive* Handeln im Rahmen der *erfahrungsbasierten* Preisfestsetzung tendenziell reduzieren, wodurch letztlich ein Schritt in Richtung *Objektivität* bei der Entscheidungsfindung realisiert werden könnte.[5]

Im zweiten Schritt ist dann pro Situationsdeterminante ein Messkriterium zur Erfassung der möglichen Ausprägungen zu bestimmen. Als Anforderung an ein solches Kriterium gilt grundsätzlich, daß die Anwendung des Messkriteriums möglichst[6] *objektiv* (intersubjektiv nachprüfbar) durchführbar sein sollte, um somit denkbaren Manipulationen vorzubeugen. Dabei sollte primär eine kardinale Messung angestrebt werden.[7] Ist pro Determinante eine Maßgröße festgelegt, so sollten abschließend noch *Ausprägungsklassen* festgelegt werden. Diese Anforderung mag zunächst hier verwundern. Wie sich jedoch später zeigen wird, ist eine derartige Klassifizierung der Einflußgrößenskalen für das in der vorliegenden Arbeit zu entwickelnde Konzept äußerst hilfreich.[8]

Bevor nun auf Situationsdeterminanten **beispielhaft** eingegangen wird, erscheint es angebracht, die Definitionen der drei deckungsbeitragszuschlagsrelevanten Einflußgrößengruppen voranzustellen:

Auftragsbezogene Determinanten sind Merkmale, mit denen ein Anbieter seine *absatzbezogenen Leistungen* strukturieren kann, und von denen er glaubt, daß sie die Höhe des prozentualen Deckungsbeitragsaufschlags beeinflussen.

---

5) Vgl. Dichtl (1971), S. 130.

6) Hierzu sei bereits an dieser Stelle angemerkt, daß eine solche Optimalanforderung kaum für alle Einflußgrößen zu realisieren sein wird.

7) Wenn dies im Einzelfall nicht möglich sein sollte, ist hilfsweise auf ordinale oder auch nominale Messungen zurückzugreifen.

8) Vgl. Seite 192, insbesondere Fußnote 8.

Nachfragerbezogene Determinanten sind Merkmale, mit denen ein Anbieter seinen *Kundenstamm* (ggf. auch *potentielle Kunden*) strukturieren kann, und von denen er glaubt, daß sie die Höhe des prozentualen Deckungsbeitragsaufschlags beeinflussen.

Konkurrentenbezogene Determinanten sind Merkmale, mit denen ein Anbieter seine möglichen *Konkurrenten am Absatzmarkt* strukturieren kann, und von denen er glaubt, daß sie die Höhe des prozentualen Deckungsbeitragsaufschlags beeinflussen.

3.4.5.1.2 BEISPIELHAFTE AUFTRAGSBEZOGENE DETERMINANTEN

3.4.5.1.2.a AUFTRAGSVOLUMEN

Als erste Situationsdeterminante soll hier das Auftragsvolumen angesprochen werden.[9] Betrachtet man diese Größe wertmäßig, so bietet sich bezüglich der Erfassung an, die *absolute, kostenorientierte Preisuntergrenze* des Auftrags als Maßgröße festzulegen, da dieser Wert objektiv ermittelt werden kann.[10] Eine beispielhafte Skala könnte dann folgendermaßen aussehen,

	Preisuntergrenze	
Auftragsgrößenskala	von :	bis :
Kleinstauftrag Kleinerer Auftrag Durchschnittlicher Auftrag Mittelgroßer Auftrag Großauftrag		

wobei die Grenzen vom Anbieter anhand der möglichen Werte der Preisuntergrenzen konkret zu definieren sind. Geht man von einer solchen Systematik aus, so könnte ein Anbieter unter der Bedingung, daß sämtliche übrigen Situationsdeterminanten konstant sind (*ceteris paribus Bedingung*), folgenden Wirkungszusammenhang als realistisch unterstellen:

---

9) Vgl. Beste (1964), S. 126, Ogilvie (1987), S. 307, Swoboda (1987), S. 76 f..
10) Seite 109.

Je größer das Auftragsvolumen, desto höher muß c.p. der Aufschlagssatz gewählt werden, da ein großer Auftrag eine erhöhte Abhängigkeit des Anbieters vom Nachfrager zur Folge hat als viele kleine Aufträge.

Hier wird also ein langfristig größeres Risiko durch die Hereinnahme von Großaufträgen unterstellt.[11] In dieser Arbeit soll nun nicht die Allgemeingültigkeit derartiger Thesen diskutiert werden. Es genügt hier, daß die Realitätsadäquanz der obigen Unterstellung nicht grundsätzlich auszuschließen ist. Somit wird also der potentielle Einfluß des Auftragsvolumens auf den Deckungsbeitragszuschlagssatz explizit betrachtet, und ein sachlogischer Zusammenhang durch eine entsprechende Behauptung formuliert.[12] Durch die Existenz mindestens einer, für einen sachkundigen Dritten nachvollziehbaren und als empirisch relevant erachteten, »ceteris paribus« These, ist die Aufnahme einer Größe als *Situationsdeterminante* in das Modell zur Bestimmung von Preisorientierungsgrößen als begründet anzusehen.

3.4.5.1.2.b AUFTRAGSUNSICHERHEIT[13]

Bei der Fertigung und/oder dem Vertrieb von Gütern sowie bei der Erstellung von Dienstleistungen besteht für einen Anbieter grundsätzlich *Unsicherheit bezüglich der Vertragserfüllung.*[14] Diese Unsicherheit wird in der vorliegenden Arbeit kurz Auftragsunsicherheit genannt. Da ein Anbieter bestrebt sein dürfte, erhöhte Auftragsunsicherheit nicht allein zu tragen, könnte allgemein nachfolgende These zur Wirkung dieser Unsicherheit auf die relative Preishöhe als sachlogischer Zusammenhang formuliert werden:

---

11) Als Beispiel kann hier die strategische Richtlinie eines Unternehmens aus der Softwarebranche genannt werden, nach der innerhalb eines Geschäftsbereichs der Umsatzanteil pro Kunde nicht größer als 10% vom Gesamtumsatz sein soll.

12) Es wäre hier denkbar, die obigen Hypothesen empirisch mit Hilfe statistischer Verfahren nachzuprüfen. Dabei ist jedoch zu beachten, daß die in den Thesen unterstellte ceteris-paribus Prämisse praktisch kaum zu simulieren ist.

13) Der Begriff »*Unsicherheit*« wird in dieser Arbeit als Oberbegriff zur »*Ungewißheitssituation*« auf der einen, und »*Risikosituation*« auf der anderen Seite verwendet. Vgl. hierzu z.B. Kern (1974), S. 87. Vgl. hierzu auch Abschnitt 3.4.7, Seite 219 f..

14) Da in dieser Arbeit die Preisbestimmungsproblematik aus **Anbietersicht** zu untersuchen ist, wird die Unsicherheit des Nachfragers bezüglich der Vertragserfüllung nicht betrachtet.

Je größer die **Unsicherheit** eines Auftrages ist, desto höher muß c.p. der Deckungsbeitragszuschlag festgelegt werden. (*Ungewißheits-/Risikoprämie*)

Schwieriger als die Formulierung dieser These ist sicher die Messung der *Auftragsunsicherheit*, da diese Größe in der Regel als Kumulation einzelner *Teilunsicherheiten* anzusehen ist. Beispielsweise seien hier genannt: Reine Fertigungsunsicherheit [15] (Ausschußgefahr), Termindruck mit evtl. Sanktionen (Konventional-strafen), Gewährleistungsgarantien, Länge des Garantiezeitraums, politische Unsicherheit [16] etc..

Hier müßte also zur Messung der Auftragsunsicherheit zunächst auf der Ebene der Unsicherheitselemente (Teilunsicherheiten) eine Klassifikation vorgenommen werden, welche dann nach oben verdichtet, letztlich eine Auftrags(-gesamt-)unsicherheitsskala ergeben könnte. Da eine kardinale Messung der Unsicherheit kaum möglich erscheint, dürfte die Auftrags(-gesamt-)unsicherheit in der Praxis regelmäßig auf einer ordinalen Skala z.B. mit den nachfolgenden Klassen erfaßt werden.[17]

Unsicherheitssituation				
sehr hoch	hoch	mittel	niedrig	sehr niedrig

3.4.5.1.2.c STAND IM LEBENSZYKLUS [18]

"Jedes Produkt ...(Ausl.d.Ver.) unterliegt so im Zeitablauf unterschiedlichen Absatzentwicklungen. Sein »Lebenszyklus« beginnt mit seinem erstmaligen Erscheinen im gesamtwirtschaftlichen Waren- und Dienstleistungsangebot und endet mit seinem Ausscheiden aus eben diesem Angebot."[19] Voraussetzung

15) Vgl. hierzu beispielhafte Skala bei Backhaus/Dringenberg (1984), S. 82.
16) Vgl. Backhaus/Dringenberg (1984), S. 83.
17) Vgl. ähnlich Backhaus/Dringenberg (1984), S. 82.
18) Zum Produkt-Lebenszyklus als Preis-Einflußgröße vgl. insbesondere Brand (1974), Diller (1985), S. 191-203, Nagtegaal (1972), S 265-277, Simon (1976), S. 63-71.
19) Gutenberg (1984), S. 552.

zur Beobachtung eines *Lebenszykluses* ist, daß ein Gut mehrfach, ohne relevante Veränderungen innerhalb eines Zeitraums (also nicht nur zu einem einzigen Zeitpunkt) abgesetzt wird. Für die in dieser Arbeit betrachteten Güter könnte nun hier eingewandt werden, daß sich die Objekte der einzelnen Aufträge grundsätzlich unterscheiden und insofern hier keine Lebenszyklen existieren. Dieses Argument ist berechtigt, wenn man Lebenszyklen ausschließlich auf disaggregierter Ebene, also Auftragsebene sucht. Faßt man hingegen die einzelnen Aufträge nach Gruppen zusammen (z.B. Aufträge, bei denen die gleiche Technik verwendet wird[20]), so dürften in der Praxis für solche Gruppen grundsätzlich auch Lebenszyklen feststellbar sein, ohne daß die einzelnen Absatzleistungen identisch sind.

Kann ein Auftragsfertiger sein Absatzprogramm in diesem Sinne strukturieren, so sollten die Lebenszyklen der einzelnen Auftragsgruppen genauer analysiert werden. Basis einer Lebenszyklusanalyse sind die Definition der einzelnen Zyklusphasen und die Einordnung des betrachteten Gutes in diese Skala. Eine in der Literatur häufig anzutreffende Skala zur Abbildung von Produktlebenszyklen beinhaltet folgende Phasen:[21]

1) Innovationsphase
2) Einführungsphase
3) Wachstumsphase
4) Konsolidierungsphase
5) Abbröckelungsphase

Die Einordnung eines Auftrages zu einer Phase kann im Optimalfall auf der Basis von Marktforschungen erfolgen. In der Mehrzahl der Fälle wird der Entscheidungsträger jedoch auf subjektive Schätzungen zurückgreifen müssen. Der Lebenszyklus eines Gutes (bzw. hier einer Auftragsgruppe) wird in der Regel in Verbindung mit dem Absatz des Gutes betrachtet.[22] Dabei

---

20) Für einen Maschinenbauer könnten beispielsweise folgende beiden Auftragsgruppen relevant sein: a) Maschinen mit konventioneller Steuerung
b) Maschinen mit CNC-Steuerung.

21) Auf die Abgrenzung der einzelnen Phasen soll hier nicht weiter eingegangen werden. Vgl. hierzu allgemein Brand (1974), S. 61-65, Gutenberg (1984), S. 552, Hofstätter (1977), S. 18-28, Kotler (1982), S. 299-319, Nagtegaal (1972), S. 265-268, Nieschlag/Dichtl/ /Hörschgen (1991), S. 170 f..

22) Vgl. Diller (1985), S. 193, Hofstätter (1977), S. 13.

interessiert hier die Beziehung zwischen Zyklusphase und Deckungsbeitragszuschlagssatz. Auch wenn im praktischen Einzelfall wesentlich differenzierter analysiert werden muß, scheinen zwei alternative Grobverläufe dieser Beziehung die größte Praxisrelevanz aufzuweisen:

1) Der Deckungsbeitragszuschlagssatz fällt **streng monoton** mit den Zyklusphasen. Beispielsweise kann hier die Chip-Produktion aus dem Bereich der ADV genannt werden.

2) Innerhalb des Lebenszykluses gibt es einen Scheitelpunkt, bis zu dem die Zuschlagssätze steigen. Danach fallen diese wieder.
(Klassische »S-Kurve« des Lebenszykluskonzepts[23].)

Unabhängig, wie die These nun im praktischen Einzelfall formuliert wird, ist für die hier betrachtete Einflußgrößendefinition des Preisorientierungsgrößenkonzeptes nur relevant, daß eine Abhängigkeit zwischen Deckungsbeitragszuschlagssatz und Zyklusphase mit Hilfe einer These vermutet werden kann (*Lebenszyklusabhängige Preisdifferenzierung*). Mit Ausnahme des Falles, daß der Anbieter zwischen den beiden Größen eine Abhängigkeit ausschließt, muß der Lebenszyklus im Preisorientierungsgrößenkonzept als Situationsdeterminante berücksichtigt werden.

3.4.5.1.3 BEISPIELHAFTE NACHFRAGERBEZOGENE DETERMINANTEN[24]

3.4.5.1.3.a BONITÄT

Bonität oder Kreditwürdigkeit kann definiert werden als Information bezüglich der Zahlungsfähigkeit und/oder der allgemeinen Zahlungswilligkeit eines Wirtschaftssubjekts.[25] Ein Anbieter könnte hier nachfolgende These vertreten:

> Je schlechter die Bonität eines Nachfragers eingeschätzt wird, desto höher muß der Deckungsbeitragszuschlag angesetzt werden, da mit abnehmender Bonität c.p. die Gefahr einer unvollständigen bzw. absoluten *Vertragsnichterfüllung* durch den Nachfrager steigt.

---

23) Vgl. Hofstätter (1977), S. 13, wobei hier jedoch nicht direkt der Preis, sondern der Umsatz als abhängige Größe angesprochen wird.
24) Vgl. hierzu auch Diller (1985), S. 51-54, Ogilvie (1987), S. 98.
25) Vgl. z.B. Beyer/Bestmann (1989), S 171.

Eine Erhöhung des Aufschlagssatzes scheint auch insofern nachvollziehbar, als ein solcher Nachfrager bei den Mitanbietern aus denselben Gründen grundsätzlich auch auf Skepsis stoßen dürfte, und er kaum damit rechnen kann, gleiche Konditionen wie ein Nachfrager mit hervorragendem »*standing*« zu erhalten.

Als Möglichkeit zur Erfassung der Bonität eines Nachfragers kann regelmäßig auf Bankinformationen sowie darauf spezialisierte Informationsinstitutionen (z.B. Schufa, Creditreform etc.) zurückgegriffen werden. Deshalb bietet es sich hier für den Entscheidungsträger an, die vorgegebene Skala der in der Regel genutzten Informationsquelle zur Klassifizierung der Nachfrager zu übernehmen.[26)]

3.4.5.1.3.b BRANCHENKONJUNKTUR DES NACHFRAGERS [27)]

Es ist vorstellbar, daß ein Nachfrager, dessen Leistungen auf einem Markt mit guter Konjunktur abgesetzt werden, eher bereit ist, einen höheren Preis zu akzeptieren als ein Nachfrager, der selbst Absatzprobleme hat. Von daher könnte eine *ceteris-paribus* These lauten:

> Je besser die Branchenkonjunktur des Nachfragers bzw. die erwartete Entwicklung dieser Größe ist, desto höher kann c.p. ein Deckungsbeitragszuschlag festgelegt werden.

Im umgekehrten Fall könnte entsprechend argumentiert werden, daß mit sinkender Branchenkonjunktur des Nachfragers auch dessen Kostendruck steigt, wodurch der Nachfrager letztlich *preiskritischer* wird. Insofern wäre hier zu vermuten, daß c.p. mit sinkender Branchenkonjunktur des Nachfragers auch die Deckungsbeitragszuschlagssätze fallen.

Wenn die Skala zur Erfassung dieser Größe nicht zu differenziert festgelegt wird, dürfte es einem Anbieter im Normalfall mit vertretbarem Aufwand möglich sein, durch eigene Schätzungen, Firmenveröffentlichungen aus der Nachfragerbranche oder z.B. Verbandsmitteilungen, die aktuelle Ausprägung der Branchenkonjunktur des Nachfragers abzuschätzen.

---

26) Vgl. auch beispielhafte Skala bei Backhaus/Dringenberg (1984), S. 82.
27) Vgl. Kilger (1988), S. 200, Meurer (1980), S. 108-110.

3.4.5.1.3.c BEZIEHUNG ZUM NACHFRAGER

Ein relativ großer Anteil von Stammkunden ist für ein Unternehmen grundsätzlich positiv zu beurteilen, da sich hierdurch die Wahrscheinlichkeit für zukünftige Aufträge erhöht. Ein zusätzlicher positiver Effekt einer solchen Tatsache ist, daß sich z.B. die Marketingkosten reduzieren lassen, da die potentiellen Nachfrager viel gezielter erreicht werden können.

Das entscheidende Element, um Kunden als Stammkunden zu gewinnen, dürfte die Zufriedenheit der Kunden durch abgeschlossene Aufträge sein. Dabei muß nicht einmal der Preis die dominierende Größe spielen. Vielmehr ist hier insbesondere ein Eingehen auf den Kunden wichtig. Ist erst einmal eine Stammkundenbeziehung aufgebaut, so kann letztlich diese Tatsache auch zu bedingten Preiserhöhungen genutzt werden, insbesondere dann, wenn sich aus vergangenen Aufträgen gewisse Abhängigkeiten für Folgeaufträge ergeben. Eine einfache Skala zur Einteilung der Kunden könnte folgendermaßen aussehen:

1) Neue Kunden;
2) Kunden, welche die relevanten Leistungen nur vereinzelt bzw. teilweise beim betrachteten Anbieter beziehen;
3) Kunden, die regelmäßig ihren Bedarf an relevanten Leistungen beim betrachteten Anbieter beziehen.

Ein möglicher sachlogischer Zusammenhang zwischen diesen Klassen und dem Deckungsbeitragszuschlagssatz wäre folgendermaßen vorstellbar:

Zunächst fällt der Deckungsbeitragszuschlagssatz c.p. je öfter ein Kunde einen Auftrag erteilt. Falls dann eine gewisse Regelmäßigkeit auftritt und zu erwarten ist, daß der Kunde sich nicht mehr so intensiv um Alternativangebote kümmert, könnte der Aufschlagssatz c.p. behutsam wieder etwas erhöht werden.

3.4.5.1.4 BEISPIELHAFTE KONKURRENTENBEZOGENE DETERMINANTEN [28)]

3.4.5.1.4.a MARKTKONJUNKTUR

Auf den ersten Blick mag es verwundern, daß die Marktkonjunktur bei den konkurrentenbezogenen Determinanten erfaßt wird. Beachtet man jedoch, daß ein wesentlicher Indikator zur Konjunkturmessung der Kapazitätsauslastungsgrad der Anbieter eines Marktes ist,[29)] so kann die Marktkonjunktur hier als *durchschnittlicher Auslastungsgrad der Konkurrenten* interpretiert werden.[30)] Diese kann wiederum für die Preisbildung eine wesentliche Größe darstellen. Als These könnte nun ein Anbieter formulieren:

> Je besser die Kapazitäten der Anbieter auf einem Markt ausgelastet sind, desto höhere Preise können c.p. gefordert werden, da es für einen Nachfrager tendenziell immer schwieriger wird, einen Anbieter zu finden, der in der gewünschten Zeit den Auftrag ausführen kann.
>
> Umgekehrt sind sinkende Preise c.p. immer dann zu erwarten, wenn die Konjunktur sich verschlechter. Hier werden tendenziell immer mehr Anbieter zu Preiszugeständnissen bereit sein, um so zumindest partiell ihre fixen Kosten abdecken zu können.

Vermutet ein Anbieter im konkreten Einzelfall eine derartige Abhängigkeit, so wäre die Marktkonjunktur als Situationsdeterminante in das System zur Bestimmung von Preisorientierungsgrößen einzubeziehen. Die Maßgröße zur Erfassung der Ausprägung der aktuellen Marktkonjunktur ist grundsätzlich ohne größeren Aufwand aus Veröffentlichungen statistischer Ämter, der Bundesbank oder sonstiger Verbandsmitteilungen zu entnehmen.

---

28) Vgl. Fischer (1986), Illig (1980), S. 5-11, Troll (1974), S. 33-36 und die jeweils dort angegebene Literatur.

29) Vgl. z.B. Dahl (1970).

30) Es wird unterstellt, daß die Marktanteile der einzelnen Anbieter relativ homogen sind. Wäre dies nicht gegeben, so kann die Kapazitätsauslastungen der Konkurrenten nicht pauschal mit Hilfe der Marktkonjunktur abgeschätzt werden. In diesem Fall sind konkurrentenindividuelle Abschätzungen notwendig.

3.4.5.1.4.b MARKTSTRATEGIE DER KONKURRENTEN

Neben der Kapazitätsauslastung der Konkurrenten könnte als eine ebenso wichtige Einflußgröße die *Strategie der Mitanbieter am Markt* angesehen werden. In der Regel dürfte es kaum möglich sein, hierüber differenzierte Informationen bezüglich *aller* potentiellen Konkurrenten zu erhalten. Falls ein Anbieter im Einzelfall von dieser Größe einen Einfluß auf die Deckungsbeitragszuschläge vermutet, wird in der vorliegenden Arbeit deshalb vorgeschlagen, die *Marktstrategie der Konkurrenten* mit Hilfe einer relativ groben Skala abzuschätzen. Dabei kann z.B. vereinfachend davon ausgegangen werden, daß für jeden Konkurrenten eine bestimmte Zielgruppe von Nachfragern typisch ist, die dieser in erster Linie mit seiner Strategie zu erreichen versucht. Die Konkretisierung, welcher Konkurrent welche Zielgruppe besonders anvisiert, kann häufig schon durch einfache Analyse der entsprechenden Marketingaktivitäten abgeschätzt werden.

Die Skala zur Klassifizierung der Marktstrategie der Konkurrenten könnte dann folgendermaßen aussehen:

- **Keiner** der Konkurrenten hat spezielles Interesse an einem solchen Auftrag.
- **Genau ein** Konkurrent hat spezielles Interesse an einem solchen Auftrag.
- **Wenige** Konkurrenten haben spezielles Interesse an dem Auftrag.
- **Vielen** Konkurrenten dürfte dieser Auftrag in ihr strategisches Marktkonzept passen.

Grundsätzlich könnte danach von der These ausgegangen werden,

> daß die Realisation eines relativ hohen Aufschlagssatzes c.p. um so unwahrscheinlicher wird, je mehr Konkurrenten ein besonderes Interesse an diesem Auftrag haben.

3.4.5.2 ANALYSE DER DECKUNGSBEITRAGSZUSCHLAGSSÄTZE

3.4.5.2.1 DIE REALISIERTEN DECKUNGSBEITRAGSZUSCHLAGSSÄTZE

In den vorhergehenden Abschnitten wurde anhand beispielhafter Einflußgrößen vorgeschlagen, wie ein Anbieter die aus seiner Sicht als deckungsbeitragsrelevant eingeschätzten Einflußgrößen erfassen sollte. Als nächster Schritt im Rahmen des Preisorientierungsgrößenkonzeptes müssen die Deckungsbeitragszuschlagssätze der abgeschlossenen Aufträge näher betrachtet werden. Dies mag zunächst verwundern, denn die prozentualen Deckungsbeitragszuschläge der (selbst) realisierten Aufträge (db^{ist}) sind für den Anbieter bekannte (deterministische) Größen. Um trotzdem die Notwendigkeit für eine separate Analyse in diesem Bereich zu begründen, ist die Funktion der Aufschlagssätze im Rahmen der Ermittlung zukünftiger Preisorientierungsgrößen genauer zu betrachten.

Grundsätzlich soll im Rahmen des Preisorientierungsgrößenkonzepts ein zu bewertender Auftrag einen marktorientierten Preis zugewiesen bekommen, der sich an ähnlichen, abgeschlossenen Aufträgen orientiert. Es gibt nun zwei Gründe, weshalb es ungünstig erscheint, die tatsächlich erzielten Deckungsbeitragszuschlagssätze der ähnlichen, archivierten Aufträge als Richtgröße für die zu bewertende Auftragsanfrage heranzuziehen:

1) In der Praxis führt regelmäßig nur ein sehr geringer Teil der Auftragsanfragen zu Aufträgen.[31)] Zieht man für die Bestimmung der Preisorientierungsgrößen ausschließlich die tatsächlich realisierten Aufschlagssätze heran, so würden die Erfahrungen aus negativ verlaufenen Akquisitionsfällen (insbesondere solche, bei denen bereits Preisverhandlungen stattgefunden haben) im Konzept zur Bestimmung von Preisorientierungsgrößen nicht berücksichtigt.

2) Ein tatsächlich realisierter Aufschlagssatz eines abgeschlossenen Auftrags kann nur dann sinnvollerweise als Richtgröße zur Bestimmung zukünftiger Preisorientierungsgrößen verwendet werden, wenn dieser aus ex-post Sicht als *optimal* eingeschätzt wird. Das heißt, der Entscheidungsträger glaubt, den maximal erzielbaren Preis für diesen Auftrag erreicht zu haben. Eine solche Prämisse generell zu unterstellen, erscheint jedoch nicht realitätsadäquat.

---

31) Kambartel beispielsweise nennt für Unternehmen mit Auftragsfertigung eine Quote von 10 Angebotserstellungen auf einem Auftrag. Vgl. Kambartel (1973), S. 134.
Vgl. hierzu auch Eversheim/Minolla/Fischer (1977), S. 7 f..

Eine Alternative zu den tatsächlich erzielten Deckungsbeitragszuschlagssätzen als Basis zur Preisorientierungsgrößenbestimmung, welche auch die drei obigen Anmerkungen berücksichtigt, soll nun im nachfolgenden Kapitel vorgestellt werden.

3.4.5.2.2 DIE »*EX-POST-OPTIMALEN*« DECKUNGSBEITRAGS-ZUSCHLAGSSÄTZE

Im Mittelpunkt dieser Arbeit steht die Auftragsfertigung ausserhalb der klassischen Ausschreibungssituation. Hier ist es vorstellbar, daß sich als erstes Zwischenergebnis einer marktbezogenen Ergebnisanalyse abgeschlossener Preisverhandlungen folgende anbietersubjektive Grobklassifizierung ergibt:

Klasse 1 : Das abgegebene Preisangebot wurde vom Nachfrager abgelehnt und führte weder zu weiteren Preisverhandlungen noch zum Vertragsabschluß.

Klasse 2 : Aus den Preisverhandlungen ergab sich, daß der Preis, den der Nachfrager maximal bereit war zu zahlen, unterhalb des vom Anbieter geforderten Preises lag; es wurde keine Einigung erzielt.

Klasse 3 : Der Preis des Auftrags ist optimal; d.h., daß der ausgehandelte Preis gleich dem Preis ist, der aus ex-post Sicht als maximal erreichbar eingeschätzt wird.

Klasse 4 : Der realisierte Preis des Auftrags erscheint aus **ex-post** Sicht zu niedrig. Bei z.B. einer anderen Verhandlungsstrategie hätte ein höherer Preis erzielt werden können.[32)]

Abgesehen von Klasse 1 basiert obige Strukturierung auf einer anbieter-subjektiven Bewertung des Verlaufs der Preisverhandlungen. Beispielhaft könnte ein sofort akzeptierter Angebotspreis tendenziell als zu niedrig oder ein trotz Verhandlungsabschlag nicht erhaltener Auftrag als zu teuer interpretiert werden. Dabei ist eine solche Bewertung so zu verstehen, daß der Entscheidungsträger, wenn er die Entscheidungssituation wiederholen könnte, entspre-

32) Vgl. Köhler (1968), S. 251.

chend der vorherigen Klassifizierung einen höheren, gleich hohen oder niedrigeren **anzustrebenden Vertragspreis** und damit auch einen entsprechend korrigierten **Angebotspreis** festlegen würde. Als Bezugspunkt einer solchen Klassifizierung dient der Preis, den der Nachfrager gerade noch bereit gewesen wäre, für die betrachtete Leistung zu zahlen, also die **ex-post geschätzte Preisobergrenze**. Diesen aus Anbietersicht optimalen Preis kennt aber grundsätzlich nur der Nachfrager. Um nun dennoch Aufträge im obigen Sinne zu analysieren, muß der Anbieter einen solchen Optimalpreis bzw. den hierzu gehörigen Deckungsbeitragszuschlagssatz ex-post, also nach den Preisverhandlungen bzw. für die Aufträge der Klasse 1 nach Ablehnung des Angebots durch den Nachfrager abschätzen. Somit kann hier zunächst festgehalten werden, daß als Orientierungsgröße für gegenwärtige bzw. zukünftige Auftragsanfragen nicht die tatsächlich realisierten, sondern die geschätzten **ex-post optimalen Deckungsbeitragszuschlagssätze** herangezogen werden sollten.

3.4.5.2.3. EXKURS: EX-POST-OPTIMALER PREIS UND VERBUNDWIRKUNGEN

Abschließend zur Aufschlagssatz-Analyse sei noch kurz auf die Problematik der Verbundwirkungen im Rahmen der Preisorientierungsgrößenbestimmung hingewiesen. Um aus vergangenen Akquisitionsfällen bzw. Preisverhandlungen allgemeine Aussagen für zukünftig zu bewertende Auftragsanfragen ableiten zu können, dürfte es zunächst als kaum sinnvoll angesehen werden, Aufträge mit *relevanten Verbundwirkungen* als Basis der Analyse zu verwenden. Hierzu müßte unterstellt werden, daß zukünftig situationsähnliche Auftragsanfragen auch in bezug auf die Verbundwirkung ähnlich sind.[33] Diese Prämisse scheint jedoch für den Regelfall kaum realitätsadäquat. Insofern könnte hier eine Forderung lauten, alle Aufträge bzw. Auftragsanfragen mit relevanten Verbundwirkungen aus der Datenbasis zur Bestimmung von Preisorientierungsgrößen auszuschließen. Dies ist jedoch nicht notwendig, wie die folgende Argumentation zeigen soll.

---

33) Hierzu sei angemerkt, daß Verbundwirkungsinformationen nach dem Konzept der vorliegenden Arbeit nicht als Situationsdeterminante zu behandeln sind. Verbundwirkungen werden gesondert im Bereich der Preisuntergrenzenbestimmung (vgl. Abschnitt 3.2.2, Seite 116-126) sowie im Bereich der Preisorientierungsgrößenbestimmung (vgl. Abschnitt 3.4.6.2, 217 f.) berücksichtigt.

In den Ausführungen bezüglich der Verbundwirkungen wurde festgehalten, daß der Anbieter grundsätzlich die geschätzten Verbundwirkungen eines Auftrags bzw. einer Auftragsanfrage quantifizieren muß.[34] Letztlich ist es nur so möglich, Verbundwirkungserwartungen zu kontrollieren, um so z.B systematische Fehlschätzungen zu erkennen. Liegt eine solche Abschätzung vor, so läßt sich jeder ex-post optimale Aufschlagssatz ohne größere Schwierigkeiten um die ggf. enthaltenen Verbundwirkungen korrigieren. Hierzu sei folgendes kurze Beispiel eines abgeschlossenen Auftrags (mit relevanten Verbundwirkungen) angeführt:

relevante kostenorientierte Preisuntergrenze des betrachteten Auftrags:	500 GE
quantifizierte Verbundwirkungen (Deckungsbeiträge erwarteter Folgeaufträge unter Berücksichtigung der Wahrscheinlichkeit des Auftragserhalts)	– 200 GE
kosten- und absatzorientierte Preisuntergrenze des betrachteten Auftrags:	300 GE
ex-post optimal geschätzter Preis (ohne Berücksichtigung der Verbundwirkungen):	1700 GE
ex-post optimal geschätzter Preis (mit Berücksichtigung Verbundwirkungen):	1500 GE
(GE = Geldeinheiten)	

Aus diesen Daten ergibt sich zunächst ein ex-post optimaler Deckungsbeitragszuschlagssatz (bezogen auf die kosten- und absatzorientierte Preisuntergrenze[35]) von 400%, wobei hier die Verbundwirkungen im Zuschlagssatz berücksichtigt sind.

$$1500\text{ GE} = 300\text{ GE} \cdot (1 + \mathbf{400\%})$$

34) Vgl. Seite 125.

35) Für die spätere Bestimmung von Preisorientierungsgrößen ist es gleich, ob als allgemeingültige Zuschlagsbasis alternativ die *relevante kostenorientierte* oder die *kosten- und absatzorientierte Preisuntergrenze* verwendet wird. Wegen der grundsätzlich höheren Entscheidungsrelevanz der *kosten- und absatzorientierte Preisuntergrenze* (vgl. hierzu Seite 126) wird in dieser Arbeit vorgeschlagen, diese Größe als Zuschlagsbasis zur Preis- bzw. Angebotspreisbestimmung zu verwenden.

Sollen die Verbundwirkungen nun im Aufschlagssatz eliminiert werden, so ergibt sich hier ein Wert von 466,67%. Dieser errechnet sich durch die Beziehung von ex-post optimalem Preis ohne Berücksichtigung der erwarteten Verbundwirkungen, hier also 1700 GE bezogen auf die kosten- und absatzorientierte Preisuntergrenze (300 GE)) :

$$1700\ GE = 300\ GE \cdot (1 + \mathbf{466{,}67\%})$$

Durch eine solche Korrektur ist es also grundsätzlich möglich, auch Aufträge mit relevanten Verbundwirkungen sinnvoll in die Datenbasis zur Ermittlung von Preisorientierungsgrößen aufzunehmen, da der Einfluß der Verbundwirkungen auf den Deckungsbeitragszuschlagssatz rechnerisch eliminiert werden kann. Insofern wird im folgenden für die ex-post optimalen Deckungsbeitragszuschlagssätze unterstellt, daß diese grundsätzlich unter Eliminierung der Verbundwirkungen bestimmt werden. Bezüglich der weiteren Berücksichtigung von Verbundwirkungen im Rahmen der Preisorientierungsgrößenbestimmung wird auf Abschnitt 3.4.6.2 verwiesen.[36)]

3.4.5.3 DIE AUFTRAGSDATENBANK ALS ZWISCHENERGEBNIS DER ANALYSE ABGESCHLOSSENER AUFTRÄGE

Nach der Zentralthese der vorliegenden Arbeit kann vom Situationsmuster S des Auftrags X bzw. den Ausprägungen der Situationsdeterminanten d(X) grundsätzlich auf einen marktbezogenen Deckungsbeitragszuschlagssatz geschlossen werden.[37)] Betrachtet man nun die abgeschlossenen Aufträge bzw. Auftragsanfragen und bezeichnet dabei db^{opt} den aus ex-post Sicht optimalen Deckungsbeitragszuschlagssatz, so gilt für eine Auftragsanfrage X :

$$S(X) \dashrightarrow db^{opt}(X) \quad \text{bzw.}$$

$$\begin{aligned}[\ & d^n_1(X), d^n_2(X), \ldots, d^n_N(X), \\ & d^a_1(X), d^a_2(X), \ldots, d^a_A(X), \\ & d^k_1(X), d^k_2(X), \ldots, d^k_K(X)\ ] \dashrightarrow db^{opt}(X)\end{aligned}$$

---

36) Siehe 217 f..
37) Vgl. Seite 149.

Um diese Beziehung nun detailliert analysieren zu können, ist es notwendig, einen Informationspool anzulegen, welcher pro abgeschlossenem Auftrag bzw. Auftragsanfrage zum einen sämtliche Ausprägungen der Situationsdeterminanten, und zum anderen den im vorigen Abschnitt behandelten ex-post optimalen Deckungsbeitragszuschlagssatz $db^{opt}(X)$ archiviert.[38] Darüber hinaus sollte ggf. auch derjenige Aufschlagssatz erfaßt werden, welcher den Angebotspreis determiniert und hier mit $db^{angeb}(X)$ bezeichnet wird. Dies ist zwar für die Ermittlung von Preisorientierungsgrößen nach dem Konzept der vorliegenden Arbeit irrelevant, jedoch kann diese Information dazu benutzt werden, um bei der Bestimmung von Verhandlungsaufschlägen auf empirisches Datenmaterial zurückgreifen zu können.[39] Somit läßt sich eine Auftragsanfrage X für die hier betrachtete Problematik durch folgenden Vektor charakterisieren:

$$\begin{aligned} X := [\; & d^n{}_1(X),\ d^n{}_2(X), \ldots, d^n{}_N(X), \\ & d^a{}_1(X),\ d^a{}_2(X), \ldots, d^a{}_A(X), \\ & d^k{}_1(X),\ d^k{}_2(X), \ldots, d^k{}_K(X), \\ & db^{opt}(X),\ db^{angeb}(X) \;] \end{aligned}$$

Stellt man nun sämtliche zu analysierenden Auftragsanfragen in einer derartigen Vektorform dar, so ist die Auftragsdatenbank als ***Matrix*** vorstellbar, deren Zeilen durch jeweils eine zu analysierende Auftragsanfrage gebildet werden.

38) Zur Notwendigkeit der Erfassung und Archivierung der *Situationsdeterminanten* vgl. auch Stahl (1989), S. 32.

39) Vgl. Abschnitt 3.6.4, Seite 251 f..

3.4.5.4 ANALYSE DER RELATION ZWISCHEN »*SITUATION*« UND DECKUNGSBEITRAGSZUSCHLAGSSATZ

3.4.5.4.1 VORBEMERKUNGEN

3.4.5.4.1.1 VORBEMERKUNGEN ZUR VORGEHENSWEISE

Auf der Basis der eben beschriebenen Auftragsdatenbank geht es im folgenden darum, die gesuchte Relation zwischen den Ausprägungen der Situationsdeterminaten und den ex-post optimalen Deckungsbeitragszuschlagssätzen db^{opt} genauer einzugrenzen. Gelingt dies, so könnte diese Relation nach der Zentralthese der vorliegenden Arbeit dazu benutzt werden, für eine zu bewertende Auftragsanfrage einen marktbezogenen, zu erwartenden Deckungsbeitragszuschlagssatz zu bestimmen, welcher letztlich die Preisorientierungsgröße dieser Auftragsanfrage determiniert. Zur Analyse dieser Relation würde sich im Idealfall nachfolgende Vorgehensweise anbieten.

1.) Theoretische Darstellung alternativer Lösungsansätze.

2.) Empirische Überprüfung der dargestellten Lösungsansätze.

3.) Entscheidung für einen (evtl. mehrere) Lösungsansätze auf der Basis der empirischen Überprüfung.

Im Rahmen dieser Arbeit wird eine solche Vorgehensweise jedoch nicht realisiert. Der Grund hierfür ist in erster Linie im Fehlen von empirischen Datenmaterial zu sehen. Berücksichtigt man, daß die Deckungsbeitragszuschlagssätze sowie die Ausprägungen bestimmter Determinantenausprägungen (insbe-sondere konkurrentenbezogener Determinanten) in der Praxis grundsätzlich nur einer kleinen Zahl von **internen** Koalitionsteilnehmern, evtl. sogar nur dem Entscheidungsträger selbst, bekannt sind, so kann es nicht verwundern, daß hier **externen** Koalitionsteilnehmern mit dem Interesse einer *Publikation* der Ergebnisse grundsätzlich kein Einblick gewährt wird. Schließlich ist es für einen Anbieter kaum auszuschließen, daß auch Konkurrenten von diesen Informationen profitieren könnten.

Neben dieser verständlichen Geheimhaltung gibt es aber noch einen weiteren Grund, weshalb in dieser Arbeit keine empirischen Daten vorliegen. Die für das Preisorientierungsgrößenkonzept benötigten Informationen, insbesondere die Determinantenausprägungen, sind den Anbietern für vergangene Aufträge höchstens nur sehr beschränkt bekannt. Zwar ließen sich einige Ausprägungen nachträglich ermitteln (z.B. Konjunkturdaten), jedoch ist eine vollständige

Bestimmung schon für Aufträge, die zeitlich noch nicht sehr weit zurückliegen, kaum zu realisieren (so z.B. Informationen über die jeweilige Konkurrenzsituation um den betrachteten Auftrag). Geht man davon aus, daß eine aussagekräftige Datenbasis grundsätzlich die Aufträge bzw. -anfragen von **einigen** Jahren enthalten sollte, wird klar, daß eine ex-post Bestimmung der Datenbasis nahezu unmöglich ist.

Somit wird hier davon ausgegangen, daß die Auftragsdatenbank im obigen Sinne nur für aktuelle Auftragsanfragen sukzessive aufgebaut werden kann und eine Analyse mit relativ sicheren Ergebnissen frühestens nach einigen Jahren zu erwarten ist. Darüber hinaus muß auch damit gerechnet werden, daß im Zeitablauf des Aufbaus der Datenbasis Erkenntnisse hinzutreten können, die eine zusätzliche Aufnahme weiterer Situationsdeterminanten als sinnvoll erscheinen lassen, wodurch sich letztlich die Auswertung der Datenbasis wiederum zeitlich verzögern kann. Insofern dürfen sinnvolle, empirisch fundierte Ergebnisse einer solchen Untersuchung frühestens nach einem Zeitraum von ca. 5 Jahren erwartet werden. Neben der oben erläuterten Schwierigkeit, einen Anbieter zu finden, der grundsätzlich bereit wäre, diese Informationen einem externen Koalitionsteilnehmer zur Verfügung zu stellen, muß hier auf eine empirische Überprüfung verzichtet werden, da ansonsten der zeitliche Rahmen, der für diese Arbeit vorgesehen ist, erheblich überschritten würde. Somit besteht die Analyse zur Bestimmung von Preisorientierungsgrößen hier aus folgenden beiden Schritten: [1)]

1.) Darstellung ausgewählter statistischer Standardverfahren zur Analyse der im vorigen Abschnitt dargestellten Auftragsdatenbank.

2.) Zusammenfassende Wertung der dargestellten Methoden einschließlich der Auswahl eines Lösungsansatzes unter besonderer Berücksichtigung von Praktikabilitätsargumenten.

Bevor nun auf statistische Verfahren detailliert eingegangen wird, seien zunächst noch kurz zwei bedeutsame Charakteristika der unterstellten Datenbasis verdeutlicht.

---

1) Ein Ziel dieser Arbeit soll es sein, Anbieter im Bereich der auftragsorientierten Fertigung zu motivieren, den später in dieser Arbeit vorgeschlagenen Lösungsansatz zur Bestimmung von Preisorientierungsgrößen den grundsätzlich notwendigen empirischen Überprüfungen zu unterziehen.

3.4.5.4.1.2 VORBEMERKUNGEN ZUR STRUKTUR DES DATENMATERIALS

Die Struktur einer zu analysierenden Datenbasis ist eines der wichtigsten Kriterien bei der Auswahl von statistischen Verfahren. Aus diesem Grunde sollen zunächst zwei wesentliche Eigenschaften der hier unterstellten *Auftragsdatenbank* angesprochen werden:

> 1) Es muß davon ausgegangen werden, daß zwischen den Situationsdeterminanten relevante ***Korrelationen*** existieren, so daß diese in der Analyse nicht unabhängig voneinander behandelt werden können.

Beispielsweise könnten hier für mögliche Korrelationen zwischen den Situationsdeterminanten die nachfolgenden beiden Fälle angeführt werden.

a) Die **Konjunktur** auf dem Markt eines betrachteten Anbieters und die Konjunktur auf dem Absatzmarkt des Nachfragers dürften in vielen Fällen positiv miteinander korreliert sein, da die gesamtwirtschaftliche Entwicklung (Aufschwungphase, Rezession etc.) grundsätzlich branchenübergreifend spürbar ist.[2)]

b) Ein weiteres Beispiel kann anhand der beiden auftragsbezogenen Situationsdeterminanten **Stand im Lebenszyklus** und **Auftragsrisiko** angeführt werden. Hier ist eine Korrelation derart vorstellbar, daß wegen der fehlenden Erfahrung bei der Anwendung neuer Techniken ein erhöhtes Produktions- und damit Auftragsrisiko besteht. Es könnte also formuliert werden, daß mit dem Fortschreiten des Standes im Lebenszyklus das Auftragsrisiko tendenziell sinkt.

Diese und andere denkbare Thesen bezüglich möglicher Korrelationen zwischen den Situationsdeterminanten sollen hier nicht weiter erörtert werden. Vielmehr wird als Ergebnis dieser Überlegung festgehalten, daß *grundsätzlich nicht von einer unabhängigen Entwicklung der einzelnen Einflußgrößen ausgegangen werden kann.* Somit sind univariate, einfache statistische Lösungsansätze (eine Prädiktor- bzw. abhängige Variable und eine Kriteriums- bzw. unabhängige Variable)[3)] hier nicht anwendbar.

---

2) In Ausnahmefällen mag auch eine negative Korrelation festzustellen sein, jedoch erscheint die Annahme einer gleichgerichteten Entwicklung der Anbieter- und Nachfragerkonjunktur ohne weitere Informationen am sinnvollsten.

3) Zur Systematik statistischer Analyseverfahren vgl. z.B. Moosbrugger (1978), S. 49.

Die zweite Eigenschaft der unterstellten Datenbasis führt letztlich zur gleichen Schlußfolgerung wie die erste. Selbst wenn man voraussetzt, daß zwischen den einzelnen Einflußgrößen ***keine*** relevanten Korrelationen existieren, kann der Einfluß einer Situationsdeterminante auf die endogene Variable dp^{opt} nicht als unabhängig von einigen oder auch allen übrigen Situationsdeterminantenausprägungen angesehen werden, wie folgende beiden Beispiele verdeutlichen sollen:

a) Als These könnte formuliert werden, daß die Bedeutung der Lebenszyklusphase für den Aufschlagssatz abhängig ist von der Einstellung des Nachfragers. Der Preis, den ein extrem risikoscheuer Nachfrager für eine Leistung, welche erst am Anfang ihres Lebenszykluses steht, zu zahlen bereit ist, dürfte c.p. tendenziell niedriger sein als bei einem relativ risikofreudigen Nachfrager.

b) Als weiteres Beispiel könnte der Einfluß der Bonität auf db^{opt} als abhängig vom Auftragsvolumen angesehen werden. Je größer das Auftragsvolumen, desto bedeutsamer dürfte die Bonität des Nachfragers sein.

Somit wird im folgenden bezüglich der zu analysierenden Datenstruktur als zweites Charakteristikum festgehalten:

> 2) Die Gewichtung einer exogenen Variablen ist nicht grundsätzlich konstant, sondern kann von den Ausprägungen einzelner bzw. ggf. aller übrigen Situationsdeterminanten abhängig sein. [4)]

Diese beiden Eigenschaften der zugrundeliegenden Datenstruktur bereiten bei der Konkretisierung der Beziehung zwischen den Situationsdeterminanten und dem Deckungsbeitragszuschlagssatz erhebliche Probleme, wie sich nachfolgend zeigen wird.

Da die Problematik hier nun darin besteht, daß mehrere Kriteriumsvariable eine Prädiktorvariable erklären sollen, sind als potentielle Lösungsansätze zunächst **univariate, multiple statistische Analyseverfahren** darauf hin zu

4) Vgl. hierzu auch Engelhardt (1977), S. 32: "Für die Findung eines Angebotspreises hat die anbietende Unternehmung mehrere Orientierungs- und Bezugsgrößen, die sie je nach Marktlage (Konkurrenz, Beschäftigung) und eigener Zielsetzung mit unterschiedlichem Gewicht berücksichtigt."
Ähnlich auch Nagtegaal (1974), S. 193.

untersuchen, inwieweit sie sinnvoll Hilfe bei der Bestimmung von Preisorientierungsgrößen geben können.[5] Zur Auswahl der nachfolgend darzustellenden alternativen Lösungsansätze ist noch anzumerken, daß wegen der angestrebten Praxisorientierung dieser Arbeit eine Beschränkung auf Verfahren erfolgt, für die möglichst auch Standard-Anwendungssoftware existiert. Hierdurch könnte es einem potentiellen Anwender erspart bleiben, sich neben der zwangsläufig notwendigen Kenntnis der Prämissen und der groben Vorgehensweise des gewählten Lösungsansatzes, allzu detailliert in die teilweise sehr anspruchsvollen statistischen Verfahren einarbeiten zu müssen. Darüber hinaus scheint ein Einsatz multivariater statistischer Methoden ohne den Einsatz entsprechender Standardsoftware kaum ökonomisch durchführbar. Insofern sollen im folgenden als mögliche statistische Lösungsansätze die **Faktorenanalyse** (*Hauptkomponentenanalyse*), die **Regressionsanalyse**, die **Clusteranalyse** sowie die **Diskriminanzanalyse** näher betrachtet werden.

3.4.5.4.2 ALTERNATIVE STATISTISCHE LÖSUNGSANSÄTZE ZUR SITUATIONSANALYSE

3.4.5.4.2.1 DIE FAKTORENANALYSE ALS HILFSMITTEL ZUR DATENAUFBEREITUNG

Grundsätzlich gilt, daß die Analyse eines Wirkungszusammenhangs durch Korrelationen zwischen den unterstellten Einflußgrößen erheblich erschwert wird. In einem solchen Fall ist es nicht mehr zulässig, bei Variation einer Einflußgröße von der »ceteris-paribus« These bezüglich der übrigen Einflußgrößen auszugehen. Letztlich müssen hier alle miteinander korrelierten Einflußgrößen gleichzeitig betrachtet werden.

Eine Möglichkeit, die Komplexität eines derartigen Beziehungsgeflechts zwischen korrelierten Einflußgrößen zu reduzieren, bieten **faktorenanalytische Verfahren**. Unter diesem Begriff werden eine Vielzahl unterschiedlicher Techniken zusammengefaßt, wobei die **Hauptkomponentenanalyse** zu den am meisten angewandten faktorenanalytischen Methoden gehört.[6] Da die

---

5) Im folgenden wird der Problemkreis der Bestimmung von Preisorientierungsgrößen auch kurz als »***Situationsanalyse***« bezeichnet.

6) Vgl. Bortz (1989), S. 619.
An dieser Stelle sei angemerkt, daß einige Autoren die Hauptkomponentenanalyse nicht als faktorenanalytisches Verfahren »im eigentlichen Sinne« ansehen. So z.B. Hartung/-/Elpelt (1986), S. 512; ähnlich Flury/Riedwyl (1983). Da diese Problematik hier jedoch kaum relevant ist, soll darauf nicht näher eingegangen werden.

Anwendung der übrigen Vorgehensweisen außerhalb psychologischer Untersuchungen stark umstritten ist,[7] soll für diese Arbeit ausschließlich die Hauptkomponentenanalyse als faktorenanalytisches Verfahren betrachtet werden.

Grob läßt sich die Faktorenanalyse bzw. hier Hauptkomponentenanalyse folgendermaßen umreißen. Sind von n gemessenen Variablen einige (oder alle) miteinander korreliert, so unterstellen die Verfahren der Faktorenanalyse, daß die n Variable durch m *künstliche* (nicht gemessene) Einflußgrößen, den sogenannten **Faktoren** (bzw. hier **Hauptkomponenten**), substituiert werden können. Diese weisen gegenüber den ursprünglichen Variablen den Vorteil auf, daß die Hauptkomponenten *paarweise vollständig unkorreliert* sind. Daneben gilt $m \leq n$; [8] die Anzahl der Faktoren kann also nie größer werden als die Anzahl der Ausgangsvariablen.[9] Rechentechnisch werden die Hauptkomponenten durch Linearkombinationen aus den ursprünglichen Einflußgrößen bestimmt.[10]

Sollen nun also die Situationsdeterminanten einer Hauptkomponentenanalyse unterzogen werden, so gilt für eine beliebige Hauptkomponente HK_i:

$$\begin{aligned} HK_i = \; & b_i{}^n{}_1 * D^n{}_1 + \ldots + b_i{}^n{}_N * D^n{}_N + \\ & b_i{}^a{}_1 * D^a{}_1 + \ldots + b_i{}^a{}_A * D^a{}_A + \\ & b_i{}^k{}_1 * D^k{}_1 + \ldots + b_i{}^k{}_K * D^k{}_K \end{aligned}$$

[mit $i = 1,\ldots,H$ und $H \leq (N + A + K)$, wobei:

H : Anzahl der Hauptkomponenten

N : Anzahl der nachfragerbezogenen Situationsdeterminaten

A : Anzahl der auftragsbezogenen Situationsdeterminaten

K : Anzahl der konkurrentenbezogenen Situationsdeterminaten]

---

7) Vgl. Linder/Berchtold (1982), S. 61.

8) Bortz spricht in diesem Zusammenhang von einem **datenreduzierenden Verfahren**, vgl. Bortz (1989), S. 617.

9) Dies erklärt sich aus der Tatsache, daß durch den Ersatz der n beobachteten Einflußgrößen durch künstliche, nicht korrelierte Einflußgrößen keine zusätzliche, (n+1) te Dimension hinzutreten kann. Lediglich wenn die originalen Einflußgrößen nicht miteinander korreliert sein sollten, wäre eine Gleichheit zwischen m und n gegeben. Dies scheint jedoch ein kaum praxisrelevanter Fall zu sein.
Vgl. Bortz (1989), S. 625, Flury/Riedwyl (1983), S. 112.

10) Vgl. Bamberg/Baur (1985), S. 233, Nieschlag/Dichtl/Hörschgen (1991), S. 775.

Dabei werden die Gewichte *b* der ursprünglichen Einflußgrößen als »**factor scores**« oder »**Faktorwert**« bezeichnet.[11), 12)] Die Berechnung dieser factor scores und damit der Hauptkomponenten ist zumindest für Fälle, bei denen die Einflußgrößenanzahl größer 2 ist, grundsätzlich nicht mehr elementar lösbar.[13)] Da zur Berechnung jedoch leistungsfähige Standard-Software verfügbar ist,[14)] wird die Anwendung der Hauptkomponentenanalyse hierdurch kaum eingeschränkt. Auf der anderen Seite resultiert aus diesem Angebot jedoch die nicht zu unterschätzende Gefahr, daß ein solches Verfahren auch in Fällen angewandt wird, in denen dies nur wenig oder überhaupt nicht sinnvoll ist. Die einzige Möglichkeit zur Verringerung dieser Gefahr besteht letztlich darin, daß der Anwender zumindest grob die Rechenschritte des Verfahrens nachvollziehen kann.[15)] In diesem Sinne ist die folgende grobe Beschreibung der Vorgehensweise der Hauptkomponentenanalyse zu verstehen.[16)]

Die Meßwerte der n beobachteten Einflußgrößen (Situationsdeterminanten) befinden sich in einem n-dimensionalen Raum. Ziel der Hauptkomponentenanalyse ist es, ein neues Koordinatensystem festzulegen, welches im Gegensatz zum ursprünglichen Koordinatensystem den Vorteil hat, daß die neuen Koordinatenachsen (= Linearkombinationen der ursprünglichen Einflußgrößen) in Abhängigkeit von der Varianz dieser Linearkombinationen festgelegt werden. Zunächst wird so diejenige Linearkombination aus den n beobachteten Einflußgrößen gesucht, welche die <u>maximale</u> Varianz aufweist.[17)] Diese Linearkombination bildet dann die erste Hauptkomponente, welche vorstellbar ist als erste neu gebildete Koordinatenachse in dem *n-dimensionalen Punkteschwarm*. Danach wird die nächste Linearkombination gesucht, die wiederum

11) Vgl. Bortz (1989), S. 623, Flury/Riedwyl (1983), S. 119, Nieschlag/Dichtl/Hörschgen (1991), S. 775.

12) Ebenso können die ursprünglichen Einflußgrößen als Linearkombination der Hauptkomponenten dargestellt werden. In diesem Fall werden die Gewichte der Hauptkomponenten als »Faktorladungen« bezeichnet. Vgl. hierzu Bamberg/Baur (1985), S. 234, Hartung/ /Elpelt (1986), S. 508, Nieschlag/Dichtl/Hörschgen (1991), S. 775.

13) Vgl. Flury/Riedwyl (1983), S. 119.

14) Vgl. hierzu z.B. Bamberg/Baur (1985), S. 257-260, Bortz (1989), S. 619.

15) Vgl. ähnlich Bamberg/Baur (1985), S. 258, Flury/Riedwyl (1983), Vorwort (Seite V).

16) Vgl. hierzu detailliert z.B. Bortz (1989), S. 621-675, Hartung/Elpelt (1986), S. 527-533, Flury/Riedwyl (1983), S. 112-134, Linder/Berchthold (1982), S. 66-70, Nieschlag/Dichtl/Hörschgen (1991), S. 773-781 und die jeweils dort angegebene Literatur.

17) Damit die Varianz mit steigenden Werten für die Gewichtungsfaktoren der Einflußgrößen (= factor-scores) nicht unendlich wächst, muß eine Nebenbedingung für die factor-scores festgelegt werden. Hier bietet es sich an zu fordern, daß die Summe aller quadrierten factor-scores gleich 1 sein muß, wodurch man eine normierte Linearkombination erhält. Vgl. Bortz (1989), S. 648, Flury/Riedwyl (1983), S. 113.

maximale Varianz besitzt, aber zudem auch **unkorreliert** mit der ersten Hauptkomponente ist; sie muß also geometrisch senkrecht auf der ersten Hauptkomponente stehen.

Allgemein gilt für alle nachfolgend zu berechnenden Hauptkomponenten neben der Forderung nach *Varianzmaximierung*, daß sie mit **keiner** vorherigen Hauptkomponente **korreliert** sein dürfen. Sie müssen also geometrisch senkrecht auf allen vorher berechneten Koordinatenachsen stehen. Dieser Iterationsprozeß endet grundsätzlich dann, wenn alle H Hauptkomponenten bestimmt sind.[18]

Als Ergebnis eines Hauptkomponentenanalyseprogramms erhält man in der Regel eine Matrix, in der die **factor scores** sowie die **Varianzen V** der Hauptkomponenten zeilenweise aufgelistet sind.[19] Für die in dieser Arbeit betrachtete Problematik der korrelierten Situationsdeterminaten wäre allgemein folgende Matrix als Ergebnis einer Hauptkomponentenanalyse vorstellbar:

	$D^n_1 \; \ldots \; D^n_N$	$D^a_1 \; \ldots \; D^a_A$	$D^k_1 \; \ldots \; D^k_K$	V_i
HK_1	$b_1{}^n{}_1 \; \ldots \; b_1{}^n{}_N$	$b_1{}^a{}_1 \; \ldots \; b_1{}^a{}_A$	$b_1{}^k{}_1 \; \ldots \; b_1{}^k{}_K$	V_1
HK_2	$b_2{}^n{}_1 \; \ldots \; b_2{}^n{}_N$	$b_2{}^a{}_1 \; \ldots \; b_2{}^a{}_A$	$b_2{}^k{}_1 \; \ldots \; b_2{}^k{}_K$	V_2
$\vdots$	$\vdots$	$\vdots$	$\vdots$	$\vdots$
HK_H	$b_H{}^n{}_1 \; \ldots \; b_H{}^n{}_N$	$b_H{}^a{}_1 \; \ldots \; b_H{}^a{}_A$	$b_H{}^k{}_1 \; \ldots \; b_H{}^k{}_K$	V_H

mit $H \leq (N + A + K)$

Bezüglich der Varianzen gilt folgende Reihung:[20]

$$V_1 \geq V_2 \geq \ldots \geq V_i \geq \ldots \geq V_H$$

---

18) Gilt für die Anzahl der Hauptkomponenten $H = (N + A + K)$, so spricht man von einem *regulären* Fall. Gilt $H < (N + A + K)$, so wird dies *singulärer* Fall genannt. Vgl. hierzu Flury/Riedwyl (1983), S. 113. Der singuläre Fall ist um so wahrscheinlicher, je stärker die Korrelation zwischen den Variablen ist. Vgl. Bortz (1989), S. 625.

19) Eine Besonderheit dieser Matrix ist darin zu sehen, daß mit den gleichen Gewichten (factor-scores bzw. Faktorladungen), mit denen die Hauptkomponenten gebildet werden, aus den Hauptkomponentenwerten wieder die ursprünglichen Einflußgrößenwerte berechnet werden können, indem die Matrix spaltenweise betrachtet wird. Vgl. hierzu Flury/Riedwyl (1983), S. 120.

20) Vgl. hierzu Flury/Riedwyl (1983), S. 120.

Hierdurch wird deutlich, daß die Bedeutung der Hauptkomponenten *monoton fallend* ist, da der Anteil der erklärten Varianz an der totalen Varianz mit steigender Hauptkomponentenzahl abnimmt. Ist eine Datenreduktion angestrebt, so folgt hieraus, daß es den geringsten Informationsverlust bedeutet, die Hauptkomponenten von hinten zu eliminieren. Dabei muß jedoch beachtet werden, daß Informationen bezüglich Ausreißerwerten gerade in den letzten Hauptkomponenten enthalten sein können.[21] Mit dieser Bemerkung soll die Grobbeschreibung der Hauptkomponentenanalyse abgeschlossen werden. Bezüglich der Anwendung einer solchen Analyse seien allgemein noch folgende aus der Literatur bekannte Argumente angeführt:

- die berechneten Hauptkomponenten sind **nicht direkt meßbar** und schwierig zu interpretieren,[22]
- es werden lineare Abhängigkeiten zwischen den Variablen unterstellt,[23] bzw. es werden **nur lineare** Abhängigkeiten erfaßt.

Dem stehen als <u>Vorteile</u> gegenüber, daß

- **unkorrelierte** (künstliche) Einflußgrößen bestimmt werden,[24]
- durch die Hauptkomponentenanalyse kein Informationsverlust eintritt (*Rücktransformationsmöglichkeit*) [25]
- und zusätzlich mit der Varianz der Hauptkomponenten eine grundsätzliche Gewichtung der neuen Einflußgrößen gegeben ist.[26]

Abschließend bleibt hier folgendes festzuhalten. Die Problematik der Bestimmung einer Relation zwischen Situationsdeterminaten und den entsprechenden Deckungsbeitragszuschlagssätzen kann nicht allein mit der Hauptkomponentenanalyse gelöst werden, da hier lediglich eine Transformation bzw. Reduktion der Einflußgrößen erfolgt. Betrachtet man dieses Verfahren jedoch als Hilfsmittel zur Aufbereitung des ursprünglichen Datenmaterials, so ließe sich für weitere statistische Analysen zumindest die (lineare) Korrelations-

---

21) Vgl. Flury/Riedwyl (1983), S. 121.
22) Vgl. Hartung/Elpelt (1986), S. 528.
23) Vgl. Bortz (1989), S. 628.
24) Vgl. Flury/Riedwyl (1983), S. 112, Hartung Elpelt (1986), S. 528.
25) Vgl. hierzu Flury/Riedwyl (1983), S. 120.
26) Möchte man also die Anzahl der Hauptkomponenten verringern, so bedeutet ein Ignorieren derjenigen Hauptkomponente mit der minimalen Varianz den geringsten Informationsverlust. Vgl. Flury/Riedwyl (1983), S. 121.

problematik durch Anwendung einer Hauptkomponentenanalyse mit vertretbarem Aufwand ausschalten.[27)]

3.4.5.4.2.2 DIE MULTIPLE REGRESSIONSANALYSE

Das wichtigste Verfahren in der Statistik zur Bestimmung von Funktionen aus Meßwerten ist die **Regressionsanalyse**.[28)] Da in dem hier zur Diskussion stehenden Problem die Anzahl der exogenen Variablen größer 1 ist, könnte die multiple Regressionsanalyse angewandt werden.[29)] Für die Verfahren der Regressionsanalyse gilt allgemein, daß die exogenen Variablen als unkorreliert vorausgesetzt werden.[30)] Ist dies nicht gegeben, muß die Anwendung einer ermittelten Regressionsfunktion zur Bestimmung neuer Funktionswerte äußerst kritisch beurteilt werden, da Einflußgrößenvariationen streng genommen nicht unter der »ceteris-paribus« Prämisse vorgenommen werden können.[31)] Bei der in dieser Arbeit betrachteten Datenbasis kann grundsätzlich nicht von unkorrelierten Einflußgrößen ausgegangen werden.[32)] Insofern bietet sich hier die im vorigen Abschnitt beschriebene Hauptkomponentenanalyse als Hilfsmittel zur Datenaufbereitung an. Erst nach Anwendung eines solchen Verfahrens wäre sichergestellt, daß zwischen den Einflußgrößen keine Korrelationen bestehen. Die nachfolgenden Ausführungen bezüglich der Regressionsanalyse unterstellen nun, daß eine solche Transformation des Datenmaterials vorgenommen wurde.

Eine Voraussetzung für die Anwendung von Regressionsverfahren ist die Schätzung des zugrundeliegenden Funktionstyps aufgrund der ermittelten Daten.[33)] Dabei geht die Regressionsanalyse in der Regel von einem linearen

---

27) Bei den vorstehenden Ausführungen bezüglich der Hauptkomponentenanalyse wurde implizit unterstellt, daß die originären Einflußgrößen *kardinal* gemessen sind. Wie jedoch oben angemerkt, ist nicht ausgeschlossen, daß einzelne Einflußgrößen nur ordinal oder nominal erfaßt werden (vgl. Seite 142, Fußnote 7.). Eine explizite Einbeziehung von ordinalen und/oder nominalen Einflußgrößen würde die Anwendung einer Hauptkomponentenanalyse allerdings erheblich erschweren. Hieraufwird jedoch in der vorliegenden Arbeit nicht weiter eingegangen werden, da, wie sich später zeigen wird, die Analyse der Beziehung zwischen den Situationsdeterminanten und dem Deckungsbeitragszuschlagssatz auch ohne die Anwendung der Hauptkomponentenanalyse erfolgen kann (vgl. hierzu Abschnitt 3.4.5.4.3, Seite 189-214).

28) Vgl. Flury/Riedwyl (1983), S. 47, ähnlich Nieschlag/Dichtl/Hörschgen (1991), S. 738.

29) Vgl. Hartung/Elpelt (1986), S. 81.

30) Vgl. Nieschlag/Dichtl/Hörschgen (1991), S. 744.

31) Vgl. hierzu auch Hartung/Elpelt (1986), S. 88.

32) Vgl. Abschnitt 3.4.5.4.1.2, Seite 173-175.

33) Vgl. Hartung/Elpelt (1986), S. 78.

Funktionstyp aus, welcher für die hier zu betrachtende Problematik folgendermaßen aussehen könnte:

$$\begin{aligned} db^{opt}(X) = [\ \alpha_0 &+ \alpha_1 \cdot HK_1(X) + \\ &+ \alpha_2 \cdot HK_2(X) + \ldots \\ \ldots &+ \alpha_i \cdot HK_i(X) + \ldots \\ \ldots &+ \alpha_H \cdot HK_H(X)\ ] \end{aligned}$$

Eine solche lineare Funktion unterstellt durch die additive Verknüpfung implizit, daß die Einflußgrößen _unabhängig voneinander_ auf die endogene Variable db^{opt} wirken, die Gewichtung einer Hauptkomponente konstant ist, also unabhängig von der Ausprägung einer, mehrerer oder auch aller übrigen Hauptkomponenten. Bei der allgemeinen Beschreibung der unterstellten Datenstruktur wurde als 2. Charakteristikum festgehalten, daß die Gewichtungen der Situationsdeterminanten bezüglich des Einflusses auf den Deckungsbeitragszuschlagssatz grundsätzlich **nicht** als **konstant** angesehen werden können.[34] Da bei der Bestimmung der Hauptkomponenten lediglich die Korrelationsproblematik eliminiert wird (1. Datenstruktur-Charakteristikum), ist davon auszugehen, daß auch der Einfluß der Hauptkomponenten auf die endogene Größe db^{opt} nicht unabhängig von den Ausprägungen einer, mehrerer oder aller übrigen Hauptkomponenten bestimmbar sein dürfte. Akzeptiert man diese Argumentation, so muß zumindest die multiple ***lineare*** Regressionsanalyse für die hier betrachtete Problematik als nicht realitätsadäquat abgelehnt werden.

Fraglich ist, ob eine nicht-lineare Regressionsfunktion weiterhelfen kann. Ein Beispiel für eine solche Funktion ist die nachstehende ***Cobb-Douglas*** Funktion:[35]

$$db^{opt}(X) = \alpha_0 \cdot [HK_1(X)]^{\alpha_1} \cdot [HK_2(X)]^{\alpha_2} \cdot \ldots \cdot [HK_H(X)]^{\alpha_H}$$

Hier kann die Auswirkung einer Hauptkomponenten auf die endogene Variable db^{opt} nicht unabhängig von den Ausprägungen der übrigen Hauptkompo-

34) Vgl. Seite 174.
35) Vgl. hierzu allgemein z.B. Hettich (1976), Kloock (1989), S. 283.

nenten bestimmt werden. Dennoch ist auch eine solche Funktion bezüglich der Preisorientierungsgrößenproblematik letztlich kritisch einzuschätzen. Fraglich ist zunächst, ob ein Anbieter in der Lage ist, die auf den Deckungsbeitragszuschlagssatz bezogenen Abhängigkeiten zwischen den Hauptkomponenten aufgrund der archivierten Auftragsinformationen komplett zu erfassen und in einem allgemeinen Funktionstyp abzubilden. Beachtet man, daß dies bereits auf der weniger aggregierten Ebene der Relation zwischen Situationsdeterminaten und Deckungsbeitragsaufschlagssatz kaum möglich sein dürfte, so ist dies noch viel mehr für die Relation zwischen den nur abstrakt vorstellbaren Hauptkomponenten und db^{opt} anzweifelbar. Daneben ist zu berücksichtigen, daß die obige Cobb-Douglas Funktion nur eine Möglichkeit aus einer letztlich unendlich großen Menge alternativer nicht-linearer Funktionstypen ist.

Neben diesen Problemen ist grundsätzlich zweifelhaft, ob in der Realität die Relation zwischen den Situationsdeterminanten bzw. den Hauptkomponenten und dem Deckungsbeitragszuschlagssatz **allein** mit einer **einzigen Funktionsgleichung** beschrieben werden kann. An dieser Stelle könnte die Vermutung aufkommen, daß mit der Zentralthese der vorliegenden Arbeit die Existenz einer solchen Funktion vorausgesetzt wird. Dies ist jedoch nicht der Fall, denn letztlich sagt die Zentralthese auf Seite 149 lediglich aus, daß das Zusammentreffen bestimmter Situationsdeterminantenausprägungen eine bestimmte Größenordnung des Deckungsbeitragszuschlagssatzes determiniert. Hiermit wird keineswegs unterstellt, daß dieser Zusammenhang mit einer einzigen Funktionsgleichung erfaßbar ist.

Abschließend sei bezüglich der *multiplen Regressionsanalyse* folgendes festgehalten. Grundsätzlich ist die Existenz einer einzigen Regressionsfunktion zwischen Situationsdeterminanten bzw. Hauptkomponenten und dem Deckungsbeitragszuschlagssatz in der Realität anzuzweifeln. Falls jedoch tatsächlich eine solche Funktion existieren sollte, dürfte es für einen Anbieter in der Praxis kaum möglich sein, den Funktionstyp wegen der Komplexität (»*Nicht-Linearität* !«) des Problemfeldes exakt abzuschätzen. Insofern wird im folgenden davon ausgegangen, daß die weitere Betrachtung der Regressionsanalyse als möglicher Lösungsansatz zur Beschreibung der Beziehung zwischen den Situationsdeterminanten und den Deckungsbeitragszuschlagssätzen kaum sinnvoll erscheint und somit abzulehnen ist.

3.4.5.4.2.3 DIE CLUSTERANALYSE

Innerhalb der multivariaten statistischen Verfahren wird die **Clusteranalyse** dazu benutzt, Strukturen innerhalb einer gegebenen Menge von Objekten zu identifizieren.[36] Die systematische Klassifizierung (Clusterung) der Objekte erfolgt dabei nach der Zielsetzung, daß sich innerhalb der einzelnen Cluster *maximale Homogenität* und zwischen den Clustern möglichst große *Heterogenität* ergibt.[37]

Ausgehend von der Zentralthese dieser Arbeit, daß also die Deckungbeitragszuschlagssätze situationsabhängig sind,[38] heißt dies, daß die Clusteranalyse als mögliches Hilfsmittel zur Strukturierung der archivierten Aufträge nach »*Situationen*« angesehen werden könnte. Wie oben erläutert, läßt sich die »*Situation*« eines Auftrags durch den Vektor der Ausprägungen seiner Situationsdeterminanten beschreiben.[39] Somit müßte die Clusteranalyse Auftragsgruppen mit gleichen bzw. ähnlichen Situationsvektoren zusammenfassen. Wenn die Zentralthese der Arbeit stimmt, sollten die ex-post optimalen Deckungsbeitragszuschlagssätze der Aufträge eines Situationsclusters relativ homogen sein.

Als Voraussetzung für ein clusteranalytisches Verfahren muß zunächst eine Maßgröße für die Homogenität bzw. Heterogenität (Proximitätsmaß) der zu strukturierenden Elemente festgelegt werden.[40] Diese ist abhängig von der Skala, in der die Merkmale (hier also die Situationsdeterminaten) gemessen werden. In dieser Arbeit wurde unterstellt, daß die Situationsdeterminanten jeweils möglichst kardinal, zumindest jedoch intervallskaliert vorliegen.[41] Bei intervallskalierten Merkmalen wird als Proximitätsmaß regelmäßig die **euklidische Distanz** empfohlen, da diese u.a. der »menschlich-räumlichen« Anschauung entspricht.[42] Für zwei Aufträge X_i und X_j, berechnet sich die euklidische Distanz $e(X_i,X_j)$ folgendermaßen:[43]

---

36) Vgl. Hartung/Elpelt (1986), S. 443.

37) Vgl. Bortz (1989), S. 691, Hartung/Elpelt (1986), S. 443, Nieschlag/Dichtl/Hörschgen (1991), S. 767, Sitterberg (1978), S. 231.

38) Vgl. Seite 149.

39) Vgl. Abschnitt 3.4.5.3, Seite 169 f..

40) Vgl. Nieschlag/Dichtl/Hörschgen (1991), S. 767.

41) Vgl. Seite 155.

42) Vgl. Bortz (1989), S. 688 f., Nieschlag/Dichtl/Hörschgen (1991), S. 767 f..

43) Vgl. ebenda. Üblicherweise ist die euklidische Distanz mit dem Kürzel "*d*" bezeichnet. Da dies in der vorliegenden Arbeit bereits für die Ausprägungen der Situationsdeterminanten verwendet wurde, sei hier alternativ "*e*" verwendet.

$$e(X_i,X_j) = \left[\sum_{t=1}^{N} \left(d^n_t(X_i) - d^n_t(X_j) \right)^2 + \sum_{t=1}^{A} \left(d^a_t(X_i) - d^a_t(X_j) \right)^2 + \sum_{t=1}^{K} \left(d^k_t(X_i) - d^k_t(X_j) \right)^2 \right]^{1/2}$$

Nachdem ein Proximitätsmaß bestimmt wurde, ist zu entscheiden, welches clusteranalytische Verfahren angewandt werden soll. In der Literatur findet sich hierzu eine kaum zu überschauende Anzahl möglicher Techniken.[44] Grob lassen sich *hierarchische* und *partitionierde* Verfahren unterscheiden.[45]

1.) Hierarchische Verfahren

Die überwiegende Anzahl hierarchischer Klassifikationen gehen zunächst davon aus, daß jedes zu klassifizierende Objekt ein *einelementiges* Cluster darstellt.[46] Hierauf basierend werden dann iterativ jeweils die beiden Cluster zusammengefaßt, deren Homogenität am größten ist; hier also die beiden Aufträge, deren **euklidische Distanz** ihrer Situationsdeterminantenausprägungen minimal wäre. Danach werden wieder alle Cluster einschließlich des neu gebildeten, zweielementigen Clusters auf maximale Homogenität untersucht und entsprechend zwei Cluster zusammengefaßt.[47]

Die einzelnen hierarchischen Verfahren unterscheiden sich insbesondere dadurch, daß die Distanz zu einem ***mehrelementigen*** Cluster auf sehr unterschiedliche Weise berechnet werden kann.[48] Allen diesen Verfahren ist jedoch gemeinsam, daß ihre Ergebnisse sich in einem Dendogramm (»Baumdiagramm«) darstellen lassen.[49] Hierdurch wird aber gleichzeitig auch der

44) Vgl. Bortz (1989), S. 684 f..
45) Vgl. Nieschlag/Dichtl/Hörschgen (1991), S. 770.
46) Hiermit sind die »agglomerativen« Klassifikationsverfahren angesprochen. Der umgekehrte Weg, also ausgehend von einer groben Unterteilung der Objekte eine differenzierte Hierarchie zu entwickeln, wird als »divisive« Klassifikation bezeichnet. Vgl. z.B. Anderberg (1973), S. 131 und S 154 f., Bortz (1989), S. 693, Hartung/Elpelt (1986), S. 478, Späth (1975), S. 147.
47) Vgl. Bortz (1989), S. 692 f., Hartung/Elpelt (1986), S. 478, Nieschlag/Dichtl/Hörschgen (1991), S. 770.
48) Vgl. Bortz (1989), S. 693 f., Hartung/Elpelt (1986), S. 479-486. Bezüglich dieser einzelnen Verfahren vgl. auch Anderberg (1973), S. 131-155, Sitterberg (1978), S. 231-246.
49) Vgl. Bortz (1989), S. 693, Hartung/Elpelt (1986), S. 481, Nieschlag/Dichtl/Hörschgen (1991), S. 770 f..

gewichtigste Nachteil der hierarchischen Verfahren deutlich. Einmal zusam-men-gefaßte Elemente können im Verlauf des Verfahrens nicht mehr getrennt werden.[50)]

2.) Partitionierende Verfahren

Partitionierende Verfahren gehen von einer mehr oder weniger groben Anfangsklassifikation der Objekte aus. Es wird dann durch Umgruppierung der Elemente versucht, die Homogenität der einzelnen Klassen zu minimieren bzw. die Heterogenität zu maximieren. Auch hier unterscheiden sich die einzelnen Verfahren dadurch, daß die Distanz zu einem mehrdimensionalen Cluster unterschiedlich berechnet wird.[51)]

Als ein wesentliches Kennzeichen dieser Clusterung kann also hier bereits festgehalten werden, daß die Clusteranzahl sowie die Startelemente dieser Cluster ex-ante vom Anwender festzulegen sind.[52)] Neben dieser Problematik ist der Nachteil der partitionierenden Verfahren primär in ihrem hohen Rechen-aufwand zu sehen. Bei einer für die Praxis sicher nicht extrem hohen Anzahl von einigen hundert Objekten (archivierten Auftragsanfragen) kann davon ausgegangen werden, daß es selbst bei leistungsfähiger Hard- und Software-unterstützung grundsätzlich nicht vertretbar ist, **alle** möglichen Umgruppie-rungsalternativen durchrechnen zu lassen.[53)] Es muß also vom Entschei-dungsträger ein Abbruchkriterium festgelegt werden, ab wann die Güte der Clusterung als *ausreichend* angesehen wird.[54)] Hieraus folgt aber auch, daß in diesem Fall keine Optimierung garantiert ist, sondern grundsätzlich die Gefahr der Bestimmung von Lokaloptima besteht. Zudem ist den partitionierenden Verfahren die Abhängigkeit der Lösung von der Anfangsklassifikation inhärent, da es letztlich eben unmöglich ist, sämtliche Umgruppierungsmöglichkeiten durchzurechnen.[55)]

---

50) Vgl. Nieschlag/Dichtl/Hörschgen (1991), S. 770.
Würde man während der Clusterung feststellen, daß ein Clusterelement zu einem anderen Cluster nun eine geringere euklidische Distanz aufweist, als zum zugeordneten Cluster, so wäre bei den *hierarchischen Verfahren* eine Umgruppierung nicht möglich.

51) Vgl. Bortz (1989), S. 694-696, Hartung/Elpelt (1986), S. 465-473, Nieschlag/Dichtl/Hörschgen (1991), S. 770.

52) Vgl. Anderberg (1973), S. 156 f., Bortz (1989), S. 694 f., Hartung/Elpelt (1986), S. 465.

53) "Schon bei Stichproben mittlerer Größe benötigt auch der schnellste Computer Rechen-zeiten von mehreren Jahrhunderten, um unter allen möglichen Aufteilungen die beste herauszufinden." Bortz (1989), S. 692. Vgl. hierzu auch ebenda, S. 695.

54) Vgl. Hartung/Elpelt (1986), S. 465.

55) Vgl. Bortz (1989), S. 695.

Bezüglich der Problematik der Bestimmung einer Startklassifikation findet sich in der Literatur auch die Empfehlung, zunächst ein hierarchisches Clusteranalyseverfahren anzuwenden und dieses Ergebnis als Startklassifikation eines partitionierenden Verfahrens zu verwenden.[56] Neben dem stark erhöhten Aufwand einer solchen Vorgehensweise, kann jedoch auch hierdurch die Gefahr der Bestimmung von Lokaloptima nicht ausgeschaltet werden. Mit dieser Bemerkung soll die allgemeine Darstellung der Clusteranalyse abgeschlossen werden.

Im folgenden geht es nun konkret darum, abzuschätzen, inwiefern die Clusteranalyse sinnvolle Ergebnisse beim Auffinden von *Situationsmustern* innerhalb der in dieser Arbeit unterstellten Auftragsdatenbank erwarten lassen kann. Hierzu sei noch einmal auf Abschnitt 3.4.5.4.1.2 verwiesen, wo bezüglich der zugrundeliegenden Datenstruktur davon ausgegangen wurde, daß zwischen den Situationsdeterminanten relevante Korrelationen nicht ausgeschlossen werden können.[57] Bezüglich der Anwendung der Clusteranalyse kann hierzu dann folgendermaßen argumentiert werden.

Sind bei einer Clusteranalyse Situationsdeterminanten miteinander korreliert, so wird die Klassifizierung verzerrt. Dies begründet sich aus der Tatsache, daß Eigenschaften, welche mit Hilfe korrelierter Situationsdeterminanten beschrieben werden, die Ergebnisse der Clusterung im Vergleich mit Eigenschaften, die durch unkorrelierte Situationsdeterminanten erfaßt werden, (relativ gesehen) zu stark beeinflussen.[58] Eine Möglichkeit, dieser Problematik zu entgehen, besteht darin, die Situationsdeterminaten vor der Clusteranalyse einer Hauptkomponentenanalyse zu unterziehen. Danach kann jeder Auftrag durch einen Hauptkomponentenvektor abgebildet werden, wobei zwischen den einzelnen Hauptkomponenten keine Korrelationen bestehen.[59] Wird dann die euklidische Distanz zwischen den Hauptkomponentenvektoren der Aufträge anstatt zwischen den Vektoren ihrer Situationsdeterminanten berechnet, man spricht hier auch von der Mahalanobis-Distanz,[60] ist die Korrelationsproblematik aufgehoben.[61]

---

56) Vgl. Bortz (1989), S. 697.
57) Vgl. Seite 173.
58) Vgl. Bortz (1989), S. 689.
59) Vgl. hierzu Abschnitt 3.4.5.4.2.1, Seite 175-180.
60) Vgl. Bortz (1989), S. 690.
61) Vgl. ebenda, S. 689 f..

Neben der Korrelationsproblematik der Einflußgrößen wurde in Abschnitt 3.4.5.4.1.2 angeführt, daß der Einfluß einer Situationsdeterminante auf den Preis grundsätzlich nicht als unabhängig von den Ausprägungen einiger bzw. ggf. auch aller übrigen Situationsdeterminanten unterstellt werden kann (***Interdependenzproblematik***).[62] Geht man von einer solchen **variablen** Einflußgrößengewichtung aus, so stellt sich für die Clusteranalyse das Problem, alternative Gewichtungen zu berücksichtigen. Da die Clusteranalyse jedoch jeweils nur mit einer Gewichtung arbeiten kann, müßte hier also quasi pro alternativer Ausprägung des Gewichtungsvektors der Situationsdeterminanten eine separate Clusteranalyse vorgenommen werden. Unabhängig vom Aufwand spricht gegen eine solche Vorgehensweise, daß ein Anbieter in der Praxis wohl kaum in der Lage sein dürfte, alternative Gewichtungsvektoren exakt (also auf einer quantitativ-stetigen (kardinalen) Skala) abzuschätzen. Insofern wird die Clusteranalyse als Instrument zur Analyse der unterstellten Datenbasis und damit letztlich zur Preisorientierungsgrößenbestimmung hier als nicht praktikabel abgelehnt.

3.4.5.4.2.4 DIE DISKRIMINANZANALYSE

Als letztes statistisches Standardanalyseverfahren aus dem Bereich der multivariaten Methoden soll hier die Diskriminanzanalyse angesprochen werden. Bei diesem Verfahren geht man davon aus, daß sich eine Stichprobe von Objekten aufgrund ihres sie beschreibenden Merkmalsvektors in Gruppen strukturieren läßt.[63] Auf dieser Basis versucht die Diskriminanzanalyse, eine Funktion zu bestimmen, welche die Gruppenunterschiede möglichst gut erklärt.[64]

Eine solche Diskriminanzfunktion wird in der Regel als ***Linearkombination*** aus den Merkmalen der Objekte konstruiert (Lineare Diskriminanzanalyse), wobei die Aufgabe der Diskriminanzanalyse zunächst darin besteht, die Gewichte der Merkmale (Diskriminanzkoeffizienten) zu bestimmen.[65] Danach wird jeder Objektgruppe ein Wertebereich der Ergebnisse der Diskriminanzfunktion zugeordnet. Somit ist es bei Kenntnis dieser Funktion möglich, neue

---

62) Vgl. Seite 174.
63) Vgl. Nieschlag/Dichtl/Hörschgen (1991), S. 757.
64) Vgl. Linder/Berchtold (1982), S. 121.
65) Vgl. Bortz (1989), S. 737, Flury/Riedwyl (1983), S. 72 f., Nieschlag/Dichtl/Hörschgen (1991), S. 757 f..

Objekte mit einer bestimmten Wahrscheinlichkeit relativ einfach anhand ihres Diskriminanzwertes einer Objektgruppe zuzuordnen (Identifikation)[66].

Im Rahmen der Preisorientierungsgrößenproblematik müßte also zunächst eine Stichprobe der archivierten Aufträge in Gruppen eingeteilt werden (hier also nach »*Situationen*« strukturiert). Ist eine Struktur der Datenbasis bzw. der Stichprobe nicht direkt offensichtlich, wie dies bei der unterstellten Auftragsdatenbank der Fall ist, findet sich in der Literatur die Empfehlung, als Vorlauf einer Diskriminanzanalyse die Clusteranalyse zur Strukturierung zu verwenden.[67] Wie aber oben erläutert, ist die Clusteranalyse grundsätzlich nicht in der Lage, die Auftragsdatenbank wie gewünscht zu strukturieren.[68]

Fraglich ist, ob überhaupt ein statistisches Standardverfahren eine solche Klassifizierung leisten kann. Zumindest scheint dies unter der Nebenbedingung der Wirtschaftlichkeit fraglich, da für Spezialmodelle in der Regel keine Standard-Software existiert.[69] Eine Individualprogrammierung von multivariaten statistischen Verfahren dürfte grundsätzlich kaum ökonomisch sinnvoll realisierbar sein.

Abgesehen von den Schwierigkeiten der Bestimmung einer Startklassifikation, ergibt sich bei der Diskriminanzanalyse wie bereits bei der Regressions- und Clusteranalyse die Problematik, daß auch hier von einer konstanten Einflußgrößengewichtung ausgegangen wird. Da dies jedoch nach den Feststellungen bezüglich der in dieser Arbeit unterstellten Datenstruktur nicht gegeben ist,[70] wird auch die Diskriminanzanalyse als möglicher Lösungsansatz im Hinblick auf die Bestimmung von Preisorientierungsgrößen abgelehnt.

---

66) Vgl. Flury/Riedwyl (1983), S. 99-102, Hartung/Elpelt (1986), S. 489-494.

67) Vgl. Hartung/Elpelt (1986), S. 489, Linder/Berchthold (1982), S. 128.

68) Vgl. Seite 187.

69) Ohne den Einsatz automatischer Datenverarbeitung sind zumindest multivariate statistische Verfahren zur Lösung realer Probleme grundsätzlich kaum anwendbar, vgl. Bamberg/Baur (1985), S. 257.

70) Vgl. Seite 174.

3.4.5.4.3 SITUATIONSANALYSE ALS ITERATIVER NÄHERUNGSPROZESS

3.4.5.4.3.1 VORBEMERKUNGEN

Von den oben betrachteten statistischen Standardverfahren konnte letztlich keines als geeignetes Hilfsmittel zur Analyse der Relation zwischen den Situationsdeterminanten und dem Deckungsbeitragsaufschlagssatz empfohlen werden. Als Haupthindernis erwies sich die »*Variabilität der Einflußgrößengewichtung*«, welche von keinem Verfahren hinreichend erfaßt wurde. Es wäre nun vorstellbar, weitere Verfahren aus dem Bereich der multivariaten Statistik auf ihre Eignung hin zu untersuchen. Dieser Weg wird hier jedoch aus folgendem Grund nicht gewählt. Mit der *Faktoren-* bzw. *Hauptkomponentenanalyse*, der *Regressions-*, der *Cluster-* und schließlich der *Diskriminanzanalyse* wurde eine Auswahl der wichtigsten Verfahren aus dem Bereich der angewandten multivariaten Statistik vorgestellt.[1] Danach scheinen grundsätzlich Zweifel berechtigt, ob tatsächlich ein ***Standardverfahren*** der Statistik in der Lage ist, die Charakteristika der in dieser Arbeit unterstellten Datenstruktur hinreichend zu berücksichtigen. Aber selbst wenn es ein solches Verfahren gäbe, müßte auch gesichert sein, daß dieses als Standardsoftware verfügbar ist. Die Wahrscheinlichkeit, daß beide Punkte erfüllt sind, wird in der vorliegenden Arbeit als nicht besonders hoch eingeschätzt.

Darüber hinaus spricht aber noch ein anderes Argument gegen weitere Analysen alternativer statistischer Standardverfahren. Bei der Darstellung der bisherigen Verfahren zeigte sich, daß derartige multivariate statistische Methoden relativ komplex sind und deshalb grundsätzlich die Gefahr einer »**black-box**« Situation für einen Anbieter besteht. Anders ausgedrückt heißt dies, daß Ergebnisse eines solchen Verfahrens relativ unkritisch akzeptiert werden könnten, weil der Anbieter den Lösungsweg letztlich nicht detailliert nachvollziehen kann (oder will).[2] Da aus der Menge der multivariaten statistischen Standardverfahren die vier oben angesprochenen Methoden noch zu den weniger komplexen Verfahren zählen dürften, ist die »black-box« Problematik bei alternativen statistischen Standardverfahren tendenziell noch gewichtiger.

Akzeptiert man diese Argumentation, so läßt sich hieraus die Forderung ableiten, eine alternative Methode zur Analyse der Relation zwischen Situations-

---

1) Die genannten Verfahren sind nahezu in jedem Standardwerk zur **multivariaten Statistik** zu finden.

2) Vgl. Bamberg/Baur (1985), S. 258.

determinanten und Deckungsbeitragszuschlagssatz zu entwickeln, wobei als Nebenbedingung zu beachten wäre, daß ein praktischer Anbieter in der Lage sein müßte, das Verfahren ohne unverhältnismäßig hohen Aufwand möglichst detailliert nachzuvollziehen.

Eine Möglichkeit zur Realisierung dieser Anforderung besteht darin, einen **iterativ-dialogorientierten** Lösungsweg anzubieten. Dieser könnte sich zum einen dadurch auszeichnen, daß der Anbieter nicht nur das Endergebnis, sondern auch die Zwischenergebnisse nach jedem Teilschritt ausgewiesen bekommt. Zum anderen beinhaltet eine **dialogorientierte Lösungssuche**, daß der Anbieter selbst *steuernd* in das Verfahren eingreifen kann. Im folgenden soll nun versucht werden, ein Konzept zur Realisierung dieser Zielsetzung zu entwickeln.

3.4.5.4.3.2 PRÄMISSEN

Wie bereits im vorangegangenen Abschnitt angeführt, scheiterten die bisher diskutierten Lösungsansätze der multivariaten Statistik in erster Linie an der *Variabilität der Einflußgrößengewichtung*. Keines der dargestellten Verfahren konnte dieses Charakteristikum der unterstellten Datenstruktur befriedigend berücksichtigen. Das Dilemma besteht hier letztlich darin, daß es unmöglich ist, ohne Kenntnis der Einflußgrößengewichte einzelne *Situationen* zu identifizieren [3] und sich umgekehrt ohne Kenntnis der *Situationen* keine Einflußgrößengewichte festlegen lassen. An diesem Punkt setzen nun die Überlegungen für einen alternativen Lösungsansatz an, indem versucht wird, »***Situationen***« mit Hilfe alternativer Gewichtungen der Situationsdeterminanten aufzufinden.

Berücksichtigt man die Ausführungen zur Clusteranalyse, so wurde dort abschließend unter anderem die These aufgestellt, daß ein Anbieter in der Praxis grundsätzlich nicht in der Lage sei, alternative Situationsdeterminantengewichtungen auf einer kardinalen Skala abzuschätzen.[4] Dies scheint insofern plausibel, als eine Gewichtung einer Einflußgröße von z.B. alternativ *0,6* oder *0,8* einen wenig *anschaulichen* (greifbaren) Unterschied darstellt, gleichzeitig

---

3) Wobei in dieser Arbeit eine ***Situation*** oder ein *Situationsmuster* definiert ist als Konstellation gleicher bzw. ähnlicher Situationsdeterminantenausprägungen und zusätzlich auch gleichen oder ähnlichen Deckungsbeitragszuschlagssätzen. Vgl. Seite 146.

4) Vgl. Seite 187.

aber das Ergebnis einer Clusteranalyse wesentlich beeinflussen kann. Als entgegengesetzte Extremposition zur metrischen Abschätzung der Gewichtungsfaktoren könnte formuliert werden, daß ein Anbieter in der Praxis nicht in der Lage sei, alternative Gewichtungen der Situationsdeterminaten auch nur ***tendenziell*** abzuschätzen. Eine Folgerung aus dieser These wäre, daß ein solcher Anbieter von einer Gleichgewichtung der Einflußgrößen ausgehen würde. In der vorliegenden Arbeit wird dies jedoch nicht als realitätsadäquat angesehen; die Gegebenheiten der Praxis dürften vermutlich zwischen diesen Extrempositionen liegen. Hierzu wird nun folgende Prämisse formuliert:

> Der Entscheidungsträger kann die Situationsdeterminanten nach ihrem geschätzten Einfluß auf den Aufschlagssatz lexikographisch ordnen. Es sei an dieser Stelle darauf hingewiesen, daß sich als Ergebnis der Überlegungen nicht eine einzige Reihenfolge, sondern regelmäßig eine **Menge alternativer Reihenfolgen** ergeben kann, welche der Entscheidungsträger sämtlich als sinnvoll ansieht.

Es wird also unterstellt, daß der Entscheidungsträger zumindest »*gefühlsmäßig*« einige Situationsmuster unterscheiden kann. Dabei heißt »*gefühlsmäßig*«, daß er in der Lage ist, die wichtigsten[5)] Determinanten einer Situation nach ihrem Einfluß (lexikographisch) zu ordnen. Da die Menge der vom Anbieter definierbaren alternativen Einflußgrößengewichtungen durch den nachfolgenden Lösungsweg nicht beschränkt wird, erscheint eine solche Vorgehensweise zunächst als durchaus praktikabel. Insofern wird im folgenden von der obigen Prämisse ausgegangen.

Auf der Basis der vom Anbieter abgeschätzten alternativen Reihungen, die letztlich nichts anderes als alternative Gewichtungen der Situationsdeterminanten darstellen, soll nun der Vorschlag dieser Arbeit zur Identifikation bzw. Konkretisierung von ***Situationen*** dargestellt werden.

---

5) Wie sich nachher zeigen wird, hat die Ordnung der als weniger relevant eingeschätzten Einflußgrößen einer Situation auch entsprechend geringeren Einfluß auf das Ergebnis der Analyse. Insofern ist letztlich nur die Reihung der wichtigsten Determinanten entscheidend.

3.4.5.4.3.3 VORGEHENSWEISE DES ANSATZES

Geht man davon aus, daß für jede Situationsdeterminante Ausprägungsklassen bestimmt wurden,[6] so lassen sich die einzelnen Arbeitsschritte der Analyse **pro Reihenfolge** der Situationsdeterminanten wie folgt darstellen.

1) Auswahl einer bestimmten (bisher noch nicht analysierten) Reihenfolge der Situationsdeterminanten.

2) Differenzierung aller relevanten Aufträge der Datenbasis[7] nach den Ausprägungen der ersten (bzw. der nächsten, noch nicht analysierten) Situationsdeterminante der betrachteten Reihenfolge. Die Anzahl der sich hieraus ergebenden Auftragsgruppen ist durch die Anzahl der Ausprägungsklassen dieser Situationsdeterminante bestimmt.[8]

3) Berechnung folgender Werte pro Auftragsgruppe

   - **Besetzungszahl** : Anzahl der Elemente (Aufträge bzw. Auftragsanfragen) pro Auftragsgruppe.

   - **Mittelwert** der Aufschlagssätze aller Gruppenelemente

   - Ein **Streuungsmaß** der Aufschlagssätze aller Gruppenelemente, wobei hier die *Standardabweichung* oder der *Variationskoeffizient* vorgeschlagen wird.

4) *Bestimmung der »**Situationsqualität**«*

   Der Entscheidungsträger bewertet das Ergebnis pro Auftragsgruppe mit Hilfe folgender Fragestellung: Sind bei ausreichender Besetzungszahl der

---

6) Vgl. Seite 155.

7) Normalerweise dürften alle Aufträge der Auftragsdatenbank als ***relevant*** angesehen werden. Ausnahmen hiervon bilden archivierte Aufträge, die aus der Sicht des Entscheidungsträgers untypisch sind und somit grundsätzlich nicht zur Bewertung gegenwärtiger oder zukünftiger Auftragsanfragen herangezogen werden sollen.
Darüber hinaus wäre vorstellbar, daß ein Entscheidungsträger die Relevanz der archivierten Aufträge von einem zeitlichen Kriterium abhängig macht (z.B. nur Aufträge aus den letzten 5 Jahren). In diesem Fall müßte also vor Beginn des iterativen Prozesses eine entsprechende Selektion der Auftragsdatenbank durchgeführt werden.

8) Wurde bei der Erfassung der Situationsdeterminanten auf eine Festlegung von Ausprägungsklassen verzichtet, so muß spätestens hier eine Intervallstrukturierung des Ausprägungsbereichs der betrachteten Situationsdeterminante erfolgen.

Auftragsgruppe die Aufschlagssätze als relativ homogen zu bezeichnen? Als Bewertungsskala wäre hier z.B. vorstellbar:

0 - es sind zu wenig Elemente für eine Bewertung der Aufschlagssatzhomogenität in der betrachteten Auftragsgruppe vorhanden
1 - sehr heterogene Aufschlagssätze
2 - tendenziell heterogene Aufschlagssätze
3 - tendenziell homogene Aufschlagssätze
4 - homogene Aufschlagssätze
5 - sehr homogene Aufschlagssätze

5) Der Entscheidungsträger bestimmt, ob die betrachtete Auftragsstruktur noch weiter aufgegliedert werden soll. Hierzu könnte z.B. die folgende Frage als Hilfestellung dienen. *»Ist die Besetzungszahl in mindestens einer Auftragsgruppe der gerade betrachteten Gliederungsstufe so hoch, daß eine weitere Differenzierung sinnvoll erscheint?«*

Ja --> Gehe zu Arbeitsschritt 6

Nein --> Gehe zu Arbeitsschritt 8.

6) Differenzierung der vorliegenden Auftragsstruktur bzw. derjenigen Cluster der letzten Stufe, welche ausreichend besetzt sind, mit Hilfe der Ausprägungen der nächsten Situationsdeterminante in der gerade betrachteten Reihenfolge.

7) Gehe zu Arbeitsschritt 2.

8) Ende der Analyse dieser Reihenfolge.
Ggf. Übergang zu Arbeitsschritt 1.

Als Ergebnis einer solchen Analyse ergibt sich zunächst für jede vom Entscheidungsträger definierte Reihenfolge jeweils eine eigene ***Baumstruktur***, in der die Aufträge bzw. Auftragsanfragen der Datenbasis eingeordnet sind. Dabei bildet jede zur Auftragsstrukturierung tatsächlich herangezogene Situationsdeterminante der betrachteten Reihenfolge eine eigene

Stufe des Dendogramms.[9] Trifft die Zentralthese der vorliegenden Arbeit zu, so müßten sich innerhalb der alternativen Baumstrukturen zumindest einige Auftragscluster mit homogenen Aufschlagssätzen, bzw. anders ausgedrückt, »**Situationen**« identifizieren lassen.[10]

3.4.5.4.3.4 BEISPIEL

Nachdem im vorigen Abschnitt die in der vorliegenden Arbeit konzipierte Vorgehensweise zur Situationsanalyse abstrakt dargestellt wurde, scheint es nun angebracht, diesen Lösungsansatz anhand eines Beispiels zu verdeutlichen. Wie bereits oben angemerkt, steht dieser Arbeit kein empirisches Datenmaterial zur Verfügung,[11] weshalb hier ein Beispiel konstruiert werden soll. Hierzu sei unterstellt, daß ein Anbieter über eine »*Auftragsdatenbank*« verfügt, welche 100 archivierte Aufträge bzw. Auftragsanfragen enthält.[12] Die einzelnen Aufträge werden mit Hilfe von 5 Situationsdeterminanten (in den nachfolgenden Tabellen auch als »*Sit.-det.*« 1 bis 5 bezeichnet) beschrieben.[13] Alle fünf Situationsdeterminaten werden auf einer gemeinsamen (mindestens ordinalen) Skala gemessen, welche die nachfolgenden fünf alternativen Ausprägungsklassen beinhaltet:

++	+	0	-	--

9) Grundsätzlich kann davon ausgegangen werden, daß regelmäßig nur die wichtigsten (also die in der lexikographischen Ordnung vorderen) Situationsdeterminanten bei der Strukturierung herangezogen werden, da die Wahrscheinlichkeit der zu geringen Besetzungszahl der Auftragscluster steigt, je mehr Stufen bereits gebildet wurden.

10) Eine ***Situation*** wäre nach der obigen Bewertung (vgl. Arbeitsschritt 3, Seite 192) durch ein Ergebnis von größer bzw. ggf. größer/gleich 3 gekennzeichnet.

11) Vgl. Abschnitt 3.4.5.4.1.1, Seite 171 f..

12) Die einzelnen Sätze der Auftragsdatenbank, also die archivierten Aufträge bzw. Auftragsanfragen werden bei den nachfolgenden Tabellen des Beispiels verkürzt als *Aufträge* bezeichnet. Es sollte hierdurch jedoch nicht der Eindruck entstehen, daß analysierte *Auftragsanfragen* als Elemente der Auftragsdatenbank ausgeschlossen sind.

13) Da mit diesem Beipiel nicht versucht werden soll, einen Praxisfall möglichst exakt abzubilden, sondern lediglich die in dieser Arbeit vorgeschlagene Vorgehensweise zur Situationsanalyse zu verdeutlichen ist, scheint eine Berücksichtigung von *nur* 5 Einflußgrößen sowie eine Auftragsdatenbank von *lediglich* 100 archivierten Aufträgen bzw. Auftragsanfragen durchaus sinnvoll. Für praxisrelevante Fälle hingegen muß sicherlich von einem wesentlich größerem Datenvolumen ausgegangen werden.

Neben den Ausprägungen dieser Situationsdeterminanten werden jeweils pro Auftrag bzw. Auftragsanfrage der ex-post optimale Deckungsbeitragszuschlagssatz »***db***« in der Datenbank abgespeichert. Somit ist die Struktur der unterstellten **Auftragsdatenbank** beschrieben. Jeder archivierte Satz (Auftrag/Auftragsanfrage) in der Datenbank enthält neben der laufenden Nummer (0 < Auftrags-Nr. ≤ 100) jeweils die Ausprägungen der fünf Situationsdeterminanten und den ex-post optimalen Deckungsbeitragszuschlagssatz.

Als nächster Schritt werden dann für die 100 Elemente der Datenbank zunächst mit Hilfe eines Zufallszahlengenerators die Auspägungen der Situationsdeterminaten sowie der zugehörige ex-post optimale Deckungsbeitragszuschlagssatz bestimmt. Würde man nun auf dieser Basis eine Situationsanalyse durchführen, so dürfte die Wahrscheinlichkeit, eine »*Situation*«[14] innerhalb der Datenbasis zu finden, relativ gering sein. Um die Vorgehensweise der in dieser Arbeit vorgeschlagenen Situationsanalyse zu verdeutlichen, bietet es sich deshalb an, die originären Zufallszahlen derart zu manipulieren, daß mit einer geringen (überschaubaren) Anzahl von Iterationsschritten, ein Auftragscluster gefunden werden kann, dessen Elemente neben relativ homogenen Situationsdeterminantenausprägungen auch relativ homogene Deckungsbeitragszuschlagssätze aufweisen (»*Situation*«). Da mit dem vorliegenden Beispiel nicht versucht werden soll, die Zentralthese der vorliegenden Arbeit zu bestätigen, sondern lediglich die hier konzipierte **Vorgehensweise** zur Situationsanalyse darzustellen ist, scheint diese Datenmanipulation insbesondere im Hinblick auf eine anzustrebende Überschaubarkeit des Beipiels gerechtfertigt und hilfreich. Die sich nach der Datenmanipulation ergebende *Auftragsdatenbank* ist in den nachfolgenden Abbildungen (Abb. 3.6.a, Abb. 3.6.b sowie Abb. 3.6.c) dargestellt.

---

14) Zur Definition des Begriffs »***Situation***« bzw. »***Situationsmuster***« vgl. Seite 146.

A U F T R A G S D A T E N B A N K

(Teil 1: Aufträge/Auftragsanfragen Nr. 1 - 33)

Auftrag	Situationsdeterminanten					db
Nr.	1	2	3	4	5	[%]
1	++	-	-	0	+	72
2	+	+	0	+	--	64
3	-	--	0	+	++	132
4	-	--	++	++	-	104
5	++	-	++	--	++	48
6	+	0	-	+	++	124
7	++	-	++	0	--	72
8	-	+	0	--	--	92
9	-	++	+	-	++	48
10	-	-	-	--	++	44
11	++	0	--	--	--	104
12	0	++	+	+	-	130
13	--	-	-	+	++	72
14	-	0	0	-	+	112
15	+	-	-	+	0	62
16	++	-	--	--	+	30
17	--	0	++	+	0	30
18	-	+	++	++	-	132
19	-	-	++	-	0	132
20	0	+	++	0	++	50
21	++	0	-	--	0	104
22	--	+	++	++	-	108
23	0	+	0	0	-	102
24	-	+	0	++	--	112
25	++	++	++	++	-	24
26	++	0	--	-	0	42
27	0	0	-	-	++	30
28	-	-	+	--	-	102
29	+	-	+	--	--	92
30	++	--	--	--	0	124
31	0	0	-	0	+	48
32	--	-	-	++	0	30
33	0	--	+	--	0	124

Abb. 3.6.a: Beispielhafte Auftragsdatenbank (Teil 1)

A U F T R A G S D A T E N B A N K

(Teil 2: Aufträge/Auftragsanfragen Nr. 34 - 66)

Auftrag Nr.	Situationsdeterminanten 1	2	3	4	5	db [%]
34	+	0	0	-	++	22
35	--	++	-	-	--	42
36	+	++	+	+	-	128
37	0	--	+	0	--	28
38	--	--	++	++	-	42
39	--	-	--	0	0	122
40	-	--	0	++	++	106
41	0	0	+	++	+	68
42	--	0	-	0	-	88
43	--	-	++	-	++	62
44	++	0	+	--	--	112
45	-	--	+	+	++	106
46	-	--	-	0	0	32
47	0	++	0	0	++	104
48	--	0	+	--	-	62
49	-	0	++	+	-	130
50	--	--	++	+	--	48
51	++	++	++	+	--	28
52	+	-	0	+	++	22
53	++	+	-	--	--	48
54	++	--	+	-	-	130
55	-	-	--	++	-	86
56	-	-	-	+	-	62
57	0	+	-	-	0	64
58	+	--	0	-	-	46
59	++	0	+	-	--	102
60	-	0	-	--	--	62
61	++	+	++	+	++	30
62	-	--	++	+	--	22
63	++	+	+	-	0	22
64	-	--	-	+	-	66
65	--	-	0	+	++	48
66	+	--	+	--	+	78

Abb. 3.6.b: Beispielhafte Auftragsdatenbank (Teil 2)

A U F T R A G S D A T E N B A N K

(Teil 3: Aufträge/Auftragsanfragen Nr. 67 - 100)

Auftrag Nr.	Situationsdeterminanten 1	2	3	4	5	db [%]
67	--	-	--	-	++	68
68	++	+	+	--	-	132
69	+	++	-	-	+	132
70	--	+	0	+	+	82
71	-	+	--	-	0	84
72	+	++	--	-	--	64
73	++	--	+	+	-	62
74	-	--	--	--	0	112
75	--	--	++	+	++	24
76	--	-	--	-	0	42
77	0	+	+	++	--	104
78	0	+	++	+	0	110
79	-	0	0	-	+	64
80	-	++	0	-	++	70
81	++	--	++	0	++	46
82	+	++	--	+	++	70
83	++	-	+	--	-	24
84	++	--	+	++	-	124
85	0	0	+	--	+	86
86	++	0	-	+	--	108
87	++	++	-	+	+	124
88	--	-	-	+	-	112
89	+	++	--	-	0	92
90	++	0	+	++	--	96
91	--	--	--	++	++	48
92	++	--	+	0	--	144
93	+	-	++	--	++	64
94	+	--	0	--	-	68
95	0	-	-	+	--	44
96	--	--	++	-	++	52
97	-	--	++	++	--	72
98	+	++	+	-	++	42
99	+	0	0	-	--	82
100	-	++	-	+	0	104

Abb. 3.6.c: Beispielhafte Auftragsdatenbank (Teil 3)

Für die Situationsanalyse wurden dann folgende Auswertungsgrößen bestimmt:

1) Besetzungszahl des Auftragsclusters,

2) durchschnittlicher Deckungsbeitragszuschlagssatz innerhalb des Auftragsclusters,

3) Standardabweichung und Variationskoeffizient der Deckungsbeitragszuschlagssätze innerhalb des Auftragsclusters.

In einem ersten Auswertungsschritt wurden diese Kenngrößen für die **gesamte** Auftragsdatenbank, also über alle 100 archivierten Aufträge bzw. Auftragsanfragen bestimmt. Da hier noch keine Selektion innerhalb der Datenbasis erfolgt ist, wird diesem Auswertungsschritt innerhalb der iterativen Vorgehensweise die »***Stufe 0***« zugewiesen. Die Ergebnisse dieses ersten Arbeitsschrittes sind für die unterstellte Auftragsdatenbank auf den nachfolgenden beiden Abbildungen (3.7.a sowie 3.7.b) dargestellt.

S I T U A T I O N S A N A L Y S E

Stufe: 0

(Gesamte Auftragsdatenbank)

Anzahl archivierter Aufträge/Auftragsanfragen: 100

Besetzungszahl des Auftragsclusters	:	100
Ø Deckungsbeitragszuschlagssatz (db)	:	76.66%
Standardabweichung des db	:	34.93
Variationskoeffizient des db	:	0.46

Abb. 3.7.a: Ergebnisse der Situationsanalyse auf »Iterations-Stufe 0« (Darstellung 1)

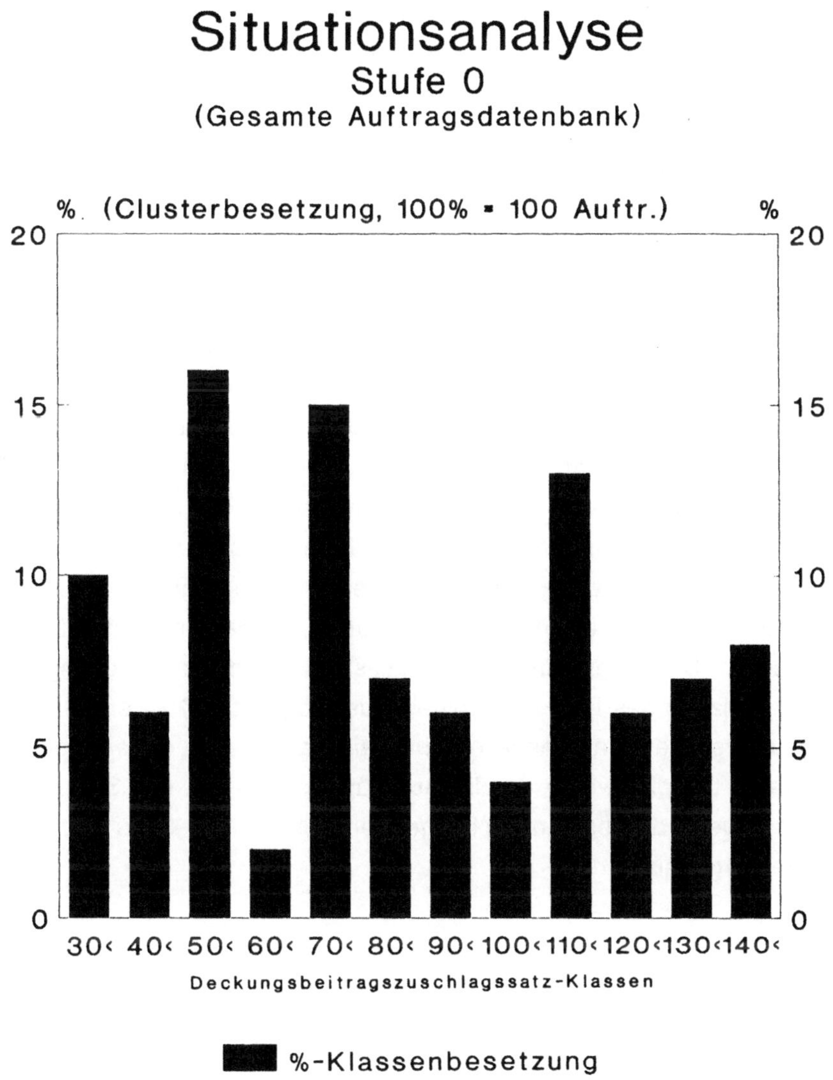

(z.B. Klasse "50<" bedeutet: 40% ≤ "db" < 50%, mit "db" = Deckungsbeitragszuschlagssatz)

Abb. 3.7.b: Ergebnisse der Situationsanalyse auf »Iterations-Stufe 0« (Darstellung 2)

Um nun die vorliegende Auftragsdatenbank weiter im Sinne des *iterativen Näherungsprozesses* analysieren zu können, ist es notwendig, zumindest eine Reihenfolge der fünf Situationsdeterminanten zu bestimmen. Für das hier betrachtete Beispiel wurde im Sinne einer lexikographischen Ordnung nachfolgende Reihenfolge festgelegt.

Situationsdeterminante	1 / 5 / 2 / 3 / 4

Auf dieser Basis wird nun also die Situationsdeterminante 1 als erstes Kriterium zur Selektion der Auftragsdatenbank verwendet. Das heißt, daß Cluster von Aufträgen gebildet werden, welche jeweils die gleiche Ausprägung der betrachteten Situationsdeterminante aufweisen. Da in diesem Beispiel fünf alternative Ausprägungen pro Situationsdeterminate unterstellt sind, ergeben sich hier also fünf Auftragscluster. Für jeden dieser Auftragscluster sind dann die oben festgelegten Auswertungsgrößen (Besetzungszahl des Auftragsclusters, ∅ Deckungsbeitragszuschlagssatz, Standardabweichung und Variationskoeffizient des Deckungsbeitragszuschlagssatzes) zu errechnen. Bei der hier unterstellten Datenbank ergeben sich auf dieser ersten Selektionsstufe (*Stufe 1*) beispielsweise für die Ausprägung " ++ " der Situationsdeterminante 1 die in den beiden nachfolgenden Abbildungen 3.8.a und 3.8.b dargestellten Ergebnisse.[1)]

1) Wie oben angemerkt, sind die originären Zufallszahlen der Auftragsdatenbank unter der Zielsetzung manipuliert, daß mit wenigen Iterationsschritten ein Auftragscluster mit homogenen Situationsdeterminantenausprägungen und relativ homogenen Deckungsbeitragszuschlagssätzen gefunden werden kann (vgl. S. 195). Um die Übersichtlichkeit des Beispiels nicht unnötig zu belasten, werden auf jeder Iterationsstufe lediglich die Ergebnisse desjenigen Auftragsclusters explizit dargestellt, welcher direkt zu dem letztlich gesuchten Cluster führt. Würden hingegen auf jeder Iterationsstufe sämtliche Cluster explizit betrachtet, dürfte der Umfang des Beipiels bezogen auf die hier verfolgte Zielsetzung, also der Verdeutlichung der grundsätzlichen Vorgehensweise der Situationsanalyse, unverhältnismäßig hoch sein.

S I T U A T I O N S A N A L Y S E

Stufe: 1

Situationsdeterm.-Reihenfolge: 1 / 5 / 2 / 3 / 4

Anzahl archivierter Aufträge/Auftragsanfragen : 100

Relevante Situationsdeterminante (Stufe 1) : 1
Analysierte Ausgrägung (Stufe 1) : ++

Auftrag Nr.	Situationsdeterminanten 1	2	3	4	5	db [%]
1	++	-	-	0	+	72
5	++	-	++	--	++	48
7	++	-	++	0	--	72
11	++	0	--	--	--	104
16	++	-	--	--	+	30
21	++	0	-	--	0	104
25	++	++	++	++	-	24
26	++	0	--	-	0	42
30	++	--	--	--	0	124
44	++	0	+	--	--	112
51	++	++	++	+	--	28
53	++	+	-	--	-	48
54	++	--	+	-	-	130
59	++	0	+	-	--	102
61	++	+	++	+	++	30
63	++	+	+	-	0	22
68	++	+	+	--	-	132
73	++	--	+	+	-	62
81	++	--	++	0	++	46
83	++	-	+	--	-	24
84	++	--	+	++	-	124
86	++	0	-	+	--	108
87	++	++	-	+	+	124
90	++	0	+	++	--	96
92	++	--	+	0	--	144

Besetzungszahl des Auftragsclusters	:	25
∅ Deckungsbeitragszuschlagssatz (db)	:	78.08%
Standardabweichung des db	:	41.41
Variationskoeffizient des db	:	0.53

Abb. 3.8.a: Ergebnisse der Situationsanalyse auf »Iterations-Stufe 1« (Darstellung 1)

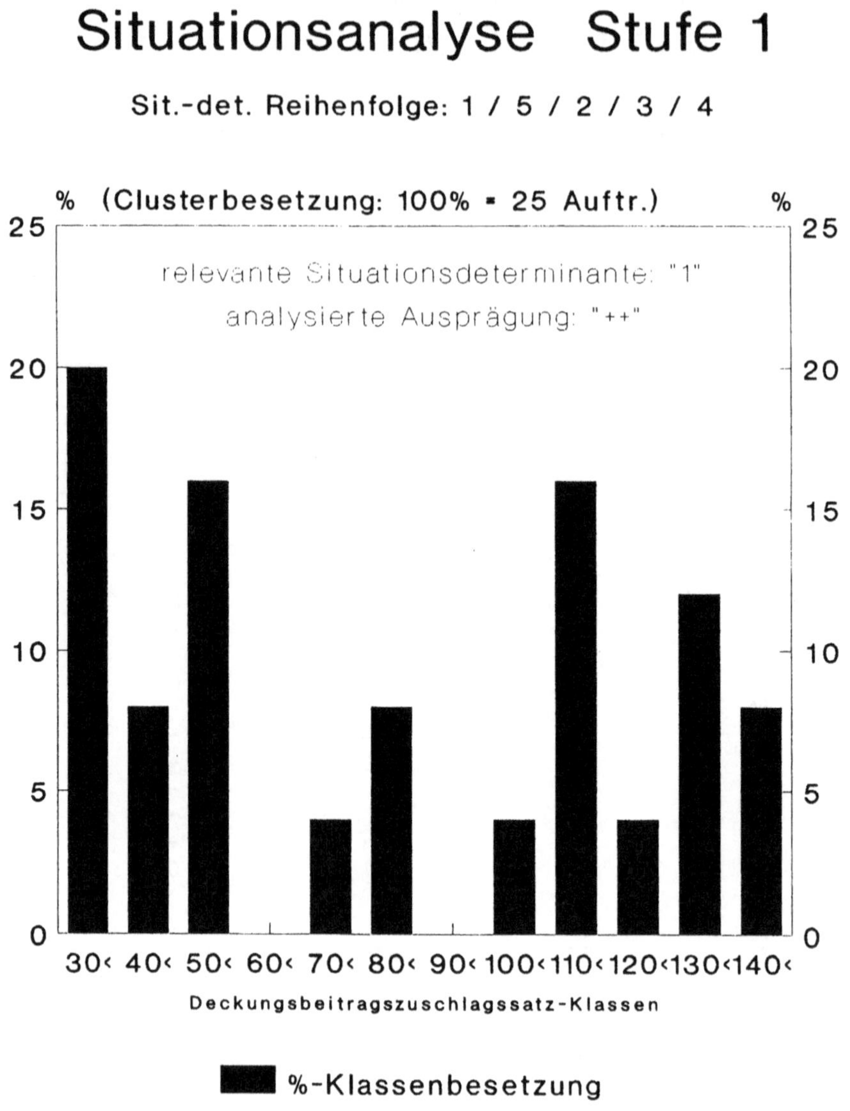

(z.B. Klasse "50<" bedeutet: 40% ≤ "db" < 50%, mit "db" = Deckungsbeitragszuschlagssatz)

Abb. 3.8.b: Ergebnisse der Situationsanalyse auf »Iterations-Stufe 1« (Darstellung 2)

Strukturiert man diesen Auftragscluster nun im folgenden Iterationsschritt weiter, so ist nach der oben festgelegten Situationsdeterminantenreihenfolge die 5. Sit.-det. zu berücksichtigen (vgl. Arbeitsschritt 6 auf Seite 193). In den Abbildungen 3.9.a sowie 3.9.b auf den folgenden beiden Seiten sind dann die Analyseergebnisse desjenigen Auftragsclusters der *Stufe 2* angegeben, welcher sämtliche Aufträge bzw. Auftragsanfragen enthält, deren Ausprägung der Situationsdeterminante 1 = " ++ " und deren Ausprägung der Situationsdeterminante 2 = " -- " ist. Dabei kann festgestellt werden, daß die Streuung der Deckungsbeitragszuschlagssätze innerhalb dieses Auftragsclusters im Vergleich mit der Streuung des übergeordneten Clusters deutlich geringer ist. So sank hier der Variationskoeffizient von Stufe 1 mit 0,55 auf einen Wert von 0,39 auf Iterationsstufe 2.

S I T U A T I O N S A N A L Y S E

Stufe: 2

Situationsdeterm.-Reihenfolge: 1 / 5 / 2 / 3 / 4

Anzahl archivierter Aufträge/Auftragsanfragen	:	100
Relevante Situationsdeterminante (Stufe 1)	:	1
Analysierte Ausgrägung (Stufe 1)	:	++
Besetzungszahl des Auftragsclusters	:	25
Relevante Situationsdeterminante (Stufe 2)	:	5
Analysierte Ausgrägung (Stufe 2)	:	--

Auftrag Nr.	Situationsdeterminanten 1	2	3	4	5	db [%]
7	++	-	++	0	--	72
11	++	0	--	--	--	104
44	++	0	+	--	--	112
51	++	++	++	+	--	28
53	++	+	-	--	--	48
59	++	0	+	-	--	102
86	++	0	-	+	--	108
90	++	0	+	++	--	96
92	++	--	+	0	--	144

Besetzungszahl des Auftragsclusters	:	9
Ø Deckungsbeitragszuschlagssatz (db)	:	90.44%
Standardabweichung des db	:	35.41
Variationskoeffizient des db	:	0.39

Abb. 3.9.a: Ergebnisse der Situationsanalyse auf »Iterations-Stufe 2« (Darstellung 1)

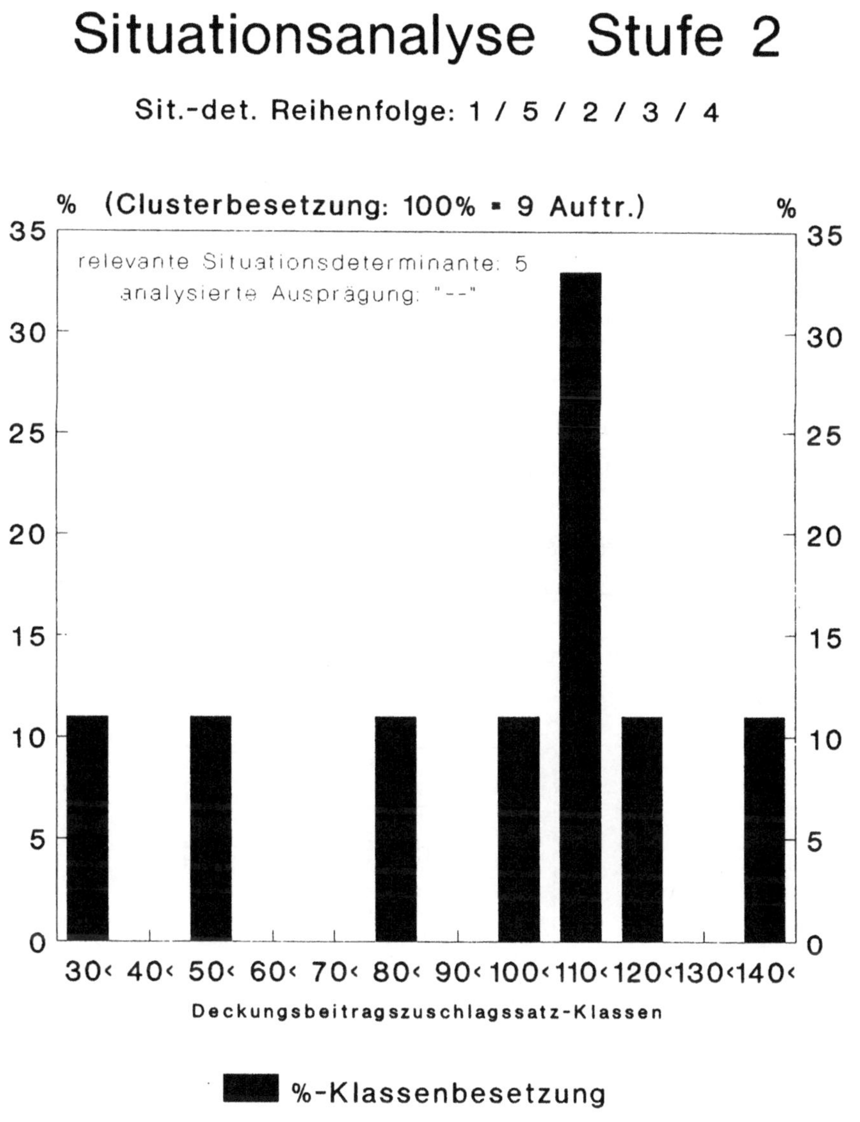

(z.B. Klasse "50<" bedeutet: 40% ≤ "db" < 50%, mit "db" = Deckungsbeitragszuschlagssatz)

Abb. 3.9.b: Ergebnisse der Situationsanalyse auf »Iterations-Stufe 2« (Darstellung 2)

Da der betrachtete Auftragscluster hier nur noch mit 9 Elementen besetzt ist, müßte normalerweise eine weitere Differenzierung abgelehnt werden, denn der Zufallseinfluß wird mit sinkender Besetzungszahl immer größer. Auf der anderen Seite handelt es sich hier, wie bereits mehrfach angemerkt, nur um ein Beispiel zur Verdeutlichung der Vorgehensweise der Situationsanalyse. Insofern scheint eine weitere Differenzierung des auf der 2. Stufe betrachteten Auftragsclusters dennoch vertretbar. In der Praxis wäre eine weitere Differenzierung hier sicherlich nicht zu befürworten.

Akzeptiert man eine weitere Strukturierung, so ergibt sich beim folgenden Iterationsschritt (*Stufe 3*) mit Hilfe der Situationsdeterminante 2 für die Ausprägung " 0 " ein Auftragscluster mit relativ homogenen Situationsdeterminantenausprägungen und gleichzeitig auch relativ homogenen Deckungsbeitragszuschlagssätzen, wie die nachfolgenden beiden Abbildungen (Abb. 3.10.a und Abb. 3.10.b auf den folgenden beiden Seiten) verdeutlichen.

Als Ergebnis könnte also festgehalten werden, daß bei Auftragsanfragen, welche die Bedingungen

Sit.-det. 1 = " ++ " und

Sit.-det. 5 = " -- " und

Sit.-det. 2 = " o "

erfüllen, aufgrund der Erfahrung aus abgeschlossenen Auftragen/-anfragen ein Deckungsbeitragszuschlagssatz von ca. 104% zu erwarten sein dürfte.

S I T U A T I O N S A N A L Y S E

Stufe: 3

Situationsdeterm.-Reihenfolge: 1 / 5 / 2 / 3 / 4

Anzahl archivierter Aufträge/Auftragsanfragen	:	100
Relevante Situationsdeterminante (Stufe 1)	:	1
Analysierte Ausgrägung (Stufe 1)	:	++
Besetzungszahl des Auftragsclusters (Stufe 1)	:	25
Relevante Situationsdeterminante (Stufe 2)	:	5
Analysierte Ausgrägung (Stufe 2)	:	--
Besetzungszahl des Auftragsclusters (Stufe 2)	:	9
Relevante Situationsdeterminante (Stufe 3)	:	2
Analysierte Ausgrägung (Stufe 3)	:	0

Auftrag Nr.	Situationsdeterminanten 1	2	3	4	5	db [%]
11	++	0	--	--	--	104
44	++	0	+	--	--	112
59	++	0	+	-	--	102
86	++	0	-	+	--	108
90	++	0	+	++	--	96

Besetzungszahl des Auftragsclusters	:	5
Ø Deckungsbeitragszuschlagssatz (db)	:	104.40%
Standardabweichung des db	:	6.07
Variationskoeffizient des db	:	0.06

Abb. 3.10.a: Ergebnisse der Situationsanalyse auf »Iterations-Stufe 3« (Darstellung 1)

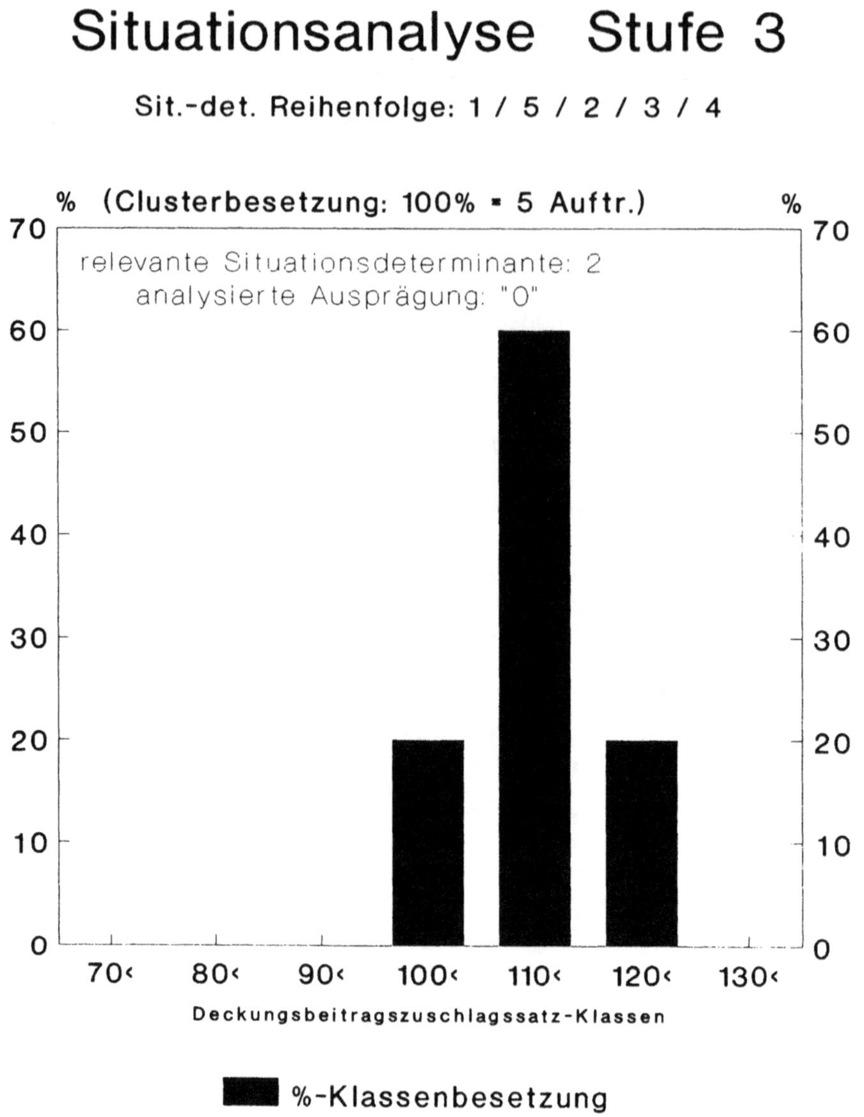

(z.B. Klasse "50<" bedeutet: 40% ≤ "db" < 50%, mit "db" = Deckungsbeitragszuschlagssatz)

Abb. 3.10.b: Ergebnisse der Situationsanalyse auf »Iterations-Stufe 3« (Darstellung 2)

3.4.5.4.3.5 ADV-UNTERSTÜTZUNG DES ANSATZES

Bezüglich einer Unterstützung des *iterativen Näherungsprozesses*[1] durch den Einsatz der automatischen Datenverarbeitung sind zwei Alternativen vorstellbar.

1) *Dialogorientierte Situationssuche*

Bei einer dialogorientierten Situationssuche ist der Entscheidungsträger jeweils nach den obigen beiden ersten Teilschritten (Strukturierung der Datenbank nach der betrachteten Situationsdeterminante sowie Errechnung der Auswertungsgrößen pro Auftragscluster), welche grundsätzlich ADV-gestützt ablaufen sollten, aufgefordert, die bis dahin ermittelten Ergebnisse zu bewerten (*Teilschritt 3* des iterativen Näherungsprozesses) und den weiteren Verlauf der Analyse festzulegen (*Teilschritt 4*).

2) *»Vollautomatisierte« Situationssuche*

Im Unterschied zur dialogorientierten Situationssuche legt der Entscheidungsträger hier vor dem Beginn der Analyse Entscheidungsregeln bezüglich der Teilschritte 3 und 4 fest. Diese müssen Informationen über den maximal tolerierbaren Streuungswert der Aufschlagssätze eines Auftragsclusters sowie die Mindestbesetzungszahl eines solchen Clusters zur Verfügung stellen. Erhält das entsprechende ADV-Programm die Entscheidungsregeln als Input, so kann dieses als Ergebnis der Analyse einer gewählten Reihenfolge diejenigen Auftragscluster als Output-Information liefern, welche bei ausreichender Besetzungszahl Aufschlagssätze mit einer tolerierbaren Streuung beinhalten (»*Situationen*«).

Darüber hinaus ließe sich dieses Programm noch weiter ausbauen, so daß letztlich auch die Reihenfolgen der Situationsdeterminanten automatisch (basierend auf **kombinatorischen Verfahren**) gebildet werden.

Bei der Entscheidung zwischen diesen beiden Alternativen sollte ein Anbieter folgende Argumente berücksichtigen. Der Vorteil einer »*vollautomatisierten Situationssuche*« dürfte primär darin zu sehen sein, daß die Ergebnisse nach dem Start des Programms relativ schnell zur Verfügung stehen.

---

1) Vgl. Abschnitt 3.4.5.4.3.3, Seite 192-194.

Auf der anderen Seite weist eine solche Vorgehensweise gewichtige Nachteile auf. Zum einen besteht hier zumindest tendenziell wieder, wie bei den diskutierten multivariaten statistischen Standardverfahren, die Gefahr einer Entschei-dungsunterstützung durch eine »**black-box**«, da die Informationssuche im Hintergrund letztlich durch den Anbieter nicht direkt verfolgbar abläuft. Daneben muß aber auch beachtet werden, daß die »*vollautomatisierte Situationssuche*« im Vergleich mit der dialogorientierten Vorgehensweise weniger flexibel ist, da die Entscheidungsregeln, also z.B. der maximal tolerierbare Streuungsbereich der Deckungsbeitragszuschlagssätze eines Auftragsclusters, während der Analyse nicht mehr geändert werden kann. Bei der dialogorientierten Situationssuche hingegen erhält der Anbieter schrittweise direkte **feed-back**-Informationen bezüglich seiner Entscheidung. Insbesondere hierdurch wird das Verfahren wesentlich durchschaubarer.

Wenn nun in dieser Arbeit die »*vollautomatisierte Situationssuche*« zwar nicht kategorisch abgelehnt wird, so scheint jedoch nach Abwägung der obigen Argumente eine Empfehlung bezüglich der Anwendung der **dialogorientierten Situationssuche** durchaus vertretbar.[2)]

3.4.5.4.3.6 MÖGLICHKEITEN ZUR ERGEBNISVERBESSERUNG

Stellt ein Anbieter nach Analyse der von ihm festgelegten Einflußgrößenreihenfolgen fest, daß die Anzahl der gefundenen Auftragscluster mit homogenen Deckungsbeitragszuschlagssätzen (»*Situation*«) aus seiner Sicht zu gering ist, muß zunächst versucht werden, die Ursachen für das unbefriedigende Ergebnis zu identifizieren und ggf. abzustellen. Als Ursachen sind dabei grundsätzlich nachfolgende Ursachen vorstellbar.

1) Zunächst kann ein unbefriedigendes Ergebnis dadurch zustandekommen, daß noch *zu wenig alternative Reihenfolgen* analysiert wurden.

2) Bringt die weitere Analyse zusätzlicher Reihenfolgen keine zufriedenstellende Verbesserung, so muß die Möglichkeit in Erwägung gezogen werden, daß *noch nicht sämtliche relevanten Situationsdeterminanten* bestimmt

2) Vgl. Krautter (1973), S. 3.

wurden.[3] Es müßte hier also nach weiteren Einflußgrößen gesucht werden, bei denen ein sachlogischer Zusammenhang zum Preis zu vermuten ist. Sind zusätzliche Situationsdeterminanten bestimmt worden, so müssen die Ausprägungen für die Aufträge der Datenbasis nacherfaßt,[4] die Situationsdeterminanten in die festgelegten Reihenfolgen eingefügt bzw. ggf. neue Reihenfolgen bestimmt und diese schließlich neu analysiert werden.

3.4.5.4.3.7 BEWERTUNG

Die Zielsetzung eines praxisorientierten Konzeptes zur »*Situationssuche*« kann grundsätzlich nur darin bestehen, möglichst viele der archivierten Aufträge »*Situationen*« zuzuordnen. Es dürfte klar sein, daß in der Praxis grundsätzlich eine nicht zu vernachlässigende Menge von Aufträgen bzw. Anfragen existiert, welche nicht durch eine verallgemeinernde Struktur erfaßt werden kann, da für sie *außergewöhnliche* Umstände relevant waren. Der Anspruch, diese »*Ausreißer*« ebenfalls in einem Modell zu erfassen, kommt letztlich dem Versuch gleich, das reale Marktgeschehen 1:1 abbilden zu wollen. Eine solche Vorgehensweise ist jedoch nicht realisierbar.[5] Akzeptiert man diese Einschränkung, so scheint mit der hier vorgeschlagenen Lösung zum Auffinden von ***Situationen*** ein Weg gefunden, wie eine Analyse der zugrundeliegenden Datenstruktur mit vertretbarem Aufwand realisiert werden könnte. Besonders ist dabei die Berücksichtigung der unterstellten Gewichtungsvariabilität der Einflußgrößen [6] hervorzuheben. Es wird bei dem hier vorgestellten Ansatz eben nicht unterstellt, daß eine bestimmte Einflußgrößengewichtung grundsätzlich gilt, sondern daß letztlich eine Menge alternativer Gewichtungen existiert, wobei ein Geiwchtungsvektor jeweils nur für eine bestimmte Anzahl von Situationen bzw. im Extremfall nur für eine einzige Situation gültig ist.

---

3) Vgl. hierzu auch Troll (1974), S. 100 f..

4) Der Aufwand des nachträglichen Erfassens von Einflußgrößenausprägungen dürfte im Normalfall relativ hoch sein und darüber hinaus im Einzelfall sogar unmöglich, da letztlich nicht von der Archivierung aller Informationen aus der Vergangenheit ausgegangen werden kann. Insofern ist allgemein die Forderung aufzustellen, daß bereits zu Beginn der Erstellung eines Auftragsarchivs möglichst viele Informationen/Kriterien erfaßt werden.

5) Vgl. z.B. Kloock/Sieben/Schildbach (1991), S. 8 f..

6) Vgl. Seite 174.

Neben der Flexibilität dieses Verfahrens kann als weiterer Vorteil angeführt werden, daß der Entscheidungsträger durch das ***iterative Vorgehen*** sowie die ***Dialogsituation*** letztlich gezwungen ist, die Vorgehensweise detailliert nachzuvollziehen bzw. zu verstehen, während bei den multivariaten statistischen Standardprogrammen die Gefahr einer »*black-box-Situation*« nicht zu unterschätzen ist. Im Gegensatz zu den oben diskutierten Standardverfahren der multivariaten Statistik existiert allerdings keine Standardsoftware für den in dieser Arbeit konzipierten Lösungsweg. Bei der individuellen Programmierung muß mit einem Aufwand von einigen Mann-Monaten gerechnet werden. Als Vorteil ist jedoch zu berücksichtigen, daß im Gegensatz zur Standardsoftware der multivariaten Statistik, dieses Verfahren selbst bei Realisierung auf einem *Personal-Computer* recht geringe Antwortzeiten erwarten läßt.[7)]

Abschließend ist festzuhalten, daß aus der Menge der in dieser Arbeit diskutierten Ansätze zur Analyse der Relation zwischen den Situationsdeterminanten und den Deckungsbeitragszuschlagssätzen innerhalb der unterstellten Auftragsdatenbank, der oben konzipierte **iterative Näherungsprozeß** am ehesten realistische Ergebnisse mit vertretbarem Aufwand erwarten lassen dürfte, da hier die Charakteristika der zu analysierenden Datenstruktur explizit berücksichtigt werden.[8)]

---

7) Auf die langen Rechenzeiten, z.B bei der Clusteranalyse weist ausdrücklich Bortz hin (vgl. Bortz (1989), S. 692). Dabei ist jedoch zu beachten, daß Programme zur multivariaten Statistik wie die Cluster- oder Faktoranalyse in der Regel nicht für Personal Computer, sondern für leistungsfähigere Hardware angeboten werden. Auf dem Niveau eines PC's käme es bei praktischen Anwendungen wohl regelmäßig zu nicht vertretbaren Rechenzeiten.

8) Für den oben aufgezeigten Lösungsweg sind ggf. existierende Korrelationen zwischen den Situationsdeterminanten irrelevant, da hier keine Einflußgrößenvariationen simuliert werden.

3.4.6 DIE BESTIMMUNG VON PREISORIENTIERUNGSGRÖSSEN

3.4.6.1 GRUNDSÄTZLICHE VORGEHENSWEISE

Unterstellt man, daß ein Anbieter seine Auftragsdatenbank mit Hilfe des oben beschriebenen iterativen Näherungsprozesses strukturiert hat und dabei »*Situationen*« identifizieren konnte, so läßt sich der eigentliche Prozeß der Bestimmung einer Preisorientierungsgröße für eine Auftragsanfrage in die nachfolgend beschriebenen 4 Teilschritte gliedern.[1]

Erhält ein Anbieter eine Auftragsanfrage, welche er weiter bearbeiten möchte, so sind zunächst die Ausprägungen aller Situationsdeterminanten der Auftragsanfrage zu bestimmen. Durch diese »*Objektivierung*« soll eine verbesserte Vergleichbarkeit mit den archivierten Aufträgen bzw. Auftragsanfragen der Auftragsdatenbank erreicht werden. Anzumerken ist dabei, daß dieser Arbeitsgang grundsätzlich[2] kaum durch ADV-Einsatz vereinfacht werden kann, da die Bestimmung der Ausprägungen letztlich auf anbietersubjektiven Entscheidungen basiert.

Im zweiten Teilschritt muß die Auftragsanfrage, welche nun durch den Vektor ihrer Situationsdeterminantenausprägungen dargestellt wird, sukzessive in sämtliche analysierten alternativen Reihenfolgen eingeordnet werden.[3] Dieser Arbeitsgang sollte vollständig automatisiert erfolgen.

Danach ist derjenige Auftragscluster zu bestimmen, welcher als Element die zu bewertende Auftragsanfrage enthält, und bei dem die *Situationsqualität*[4] (Homogenität der Deckungsbeitragsaufschlagssätze innerhalb des Clusters, unter der Nebenbedingung einer ausreichenden Besetzung des Clusters) den Anforderungen des Entscheidungsträgers genügt. Dieser Suchalgorithmus, könnte ebenso wie der vorhergehende Teilschritt, grundsätzlich per ADV ausgeführt werden.

---

1) Es sei hier noch einmal darauf hingewiesen, daß die *Preisorientierungsgröße* nicht mit dem später zu bestimmenden *anzustrebenden Vertragspreis* bzw. *Angebotspreis* verwechselt werden darf. Vgl. hierzu auch Abschnitt 3.4.2, Seite 143-145.

2) Als Beispiel für eine Ausnahme hiervon ist vorstellbar, daß im Unternehmen z.B. monatsweise eine Konjunkturmaßgröße gepflegt wird, die dann automatisch, also ohne explizite Einzelentscheidung des Entscheidungsträgers, für die Bewertung der Einflußgröße »*Konjunktur*« herangezogen werden könnte.

3) Ggf. kann auf die Einordnung in Reihenfolgen, bei denen sich keine Ansatzpunkte für »*Auftragssituationen*« ergeben haben, verzichtet werden.

4) Vgl. Seite 192 f., Teilschritt 4 des *iterativen Näherungsprozesses*.

Im letzten Arbeitsgang zur Bestimmung einer Preisorientierungsgröße geht es letztlich um die Bewertung der Resultate des vorangegangenen Suchprozesses, bei dem als potentielle Ergebnisse die nachfolgenden 3 Alternativen vorstellbar sind.

1) Im Idealfall gibt es für die betrachtete Auftragsanfrage genau einen Cluster, der die obige Bedingung erfüllt. Die Auftragsanfrage wird hier also eindeutig einer »*Situation*« zugeordnet, d.h, die Preisorientierungsgröße des Auftrags errechnet sich mit Hilfe des für die Situation typischen (z.B. mittleren) Deckungsbeitragszuschlagssatzes.
2) Das andere Extrem ist dadurch gekennzeichnet, daß für die Auftragsanfrage keine vergleichbare »*Situation*« innerhalb der Auftragsdatenbank gefunden werden konnte. Hier bewertet der Entscheidungsträger also die *Situationsqualität* der Auftragscluster, welche die zu bewertende Auftragsanfrage enthalten, als nicht ausreichend. Das System zur Bestimmung von Preisorientierungsgrößen liefert also keine(n) konkrete Entscheidungsvorschläge, sondern kann lediglich durch die Bereitstellung der archivierten Auftragsinformationen als Entscheidungsunterstützungssystem angesehen werden. So könnte beispielsweise hier daran gedacht werden, daß der Deckungsbeitragszuschlagssatz zur Preisorientierungsgrößenbestimmung hilfsweise festgelegt wird, indem ein *Mittelwert* über die Deckungsbeitragszuschlagssätze derjenigen Auftragscluster gebildet wird, zu denen die Auftragsanfrage aufgrund der Situationsdeterminantenausprägungen die höchste Ähnlichkeit aufweist.
3) Neben diesen beiden Fällen ist schließlich die Möglichkeit zu bedenken, daß eine Auftragsanfrage mehreren Auftragsclustern mit ausreichender Situationsqualität zugeordnet werden kann. Solange die verschiedenen Auftragssituationen in etwa homogene Aufschlagssätze aufweisen, ergeben sich hieraus keine Probleme zur Bestimmung der Preisorientierungsgröße. Entscheidungsbedarf könnte hingegen dann vermutet werden, wenn die Aufschlagssätze zwischen den relevanten Situationen heterogen sind. Fraglich ist allerdings, ob hier tatsächlich bereits eine Auswahl bezüglich genau einer »*Auftragssituation*« getroffen werden muß. Berücksichtigt man, daß die Bestimmung der Preisorientierungsgröße eine **Vorstufe** zur später folgenden Angebotspreisbestimmung darstellt,[5] wäre folgende Vorgehensweise denkbar.

---

5) Vgl. hierzu auch Abschnitt 3.4.2, Seite 143-145.

Die sich ergebenden *alternativen Preisorientierungsgrößen* werden **sämtlich** an den Entscheidungsträger weitergegeben, welcher letztlich für die Angebotspreisbestimmung verantwortlich ist. Hilfreich wäre es dabei, wenn die einzelnen Alternativen beispielsweise kurz durch die jeweils dominierenden Situationsdeterminanten kommentiert würden. Somit könnte erreicht werden, daß zumindest in diesem Stadium die Subjektivität der Angebotspreisbestimmung nicht unnötig durch eine zu frühe Selektion vergrößert wird. In diesem Zusammenhang muß insbesondere auf die Manipulationsgefahr hingewiesen werden, die insbesondere dann besteht, wenn die Ermittlung der Preisorientierungsgröße und die Bestimmung des Angebotspreises von verschiedenen Personen durchgeführt werden.[6)]

Als Ergebnis kann also festgehalten werden, daß sich, basierend auf der strukturierten Auftragsdatenbank, grundsätzlich jeder Auftragsanfrage ein marktorientierter Aufschlagssatz (bzw. im Ausnahmefall auch mehrere) zuordnen läßt. Die Preisorientierungsgrößen selbst berechnen sich schließlich jeweils durch Multiplikation von *(kosten-und absatzorientierter) Preisuntergrenze* der Auftragsanfrage mit dem ausgewählten Deckungsbeitragszuschlagssatz.[7), 8)]

3.4.6.2 PREISORIENTIERUNGSGRÖSSE UND VERBUNDWIRKUNGEN

Bei der Bestimmung der »*ex-post optimalen Aufschlagssätze*«, welche letztlich die Höhe der Preisorientierungsgröße determinieren, wurde oben gefordert, daß die Abschätzung so erfolgen sollte, als ob für den betrachteten Auftrag/ Auftragsanfrage keine Verbundwirkungen relevant wären.[9)] Da Verbundwirkungen nicht bei den Situationsdeterminanten berücksichtigt werden,[10)] kann hier zunächst festgestellt werden, daß die Verbundwirkungsproblematik bei der Preisorientierungsgrößenbestimmung bisher ausgeklammert wurde. Grundsätzlich ist jedoch anzuzweifeln, ob eine solche Vorgehensweise realitätsadäquat ist. Denn erscheint es einem Entscheidungsträger wegen

---

6) Vgl. bezüglich möglicher Organisationsformen des vorgestellten Konzeptes zur Angebotspreisbestimmung Abschnitt 3.8, Seite 256-263.

7) Vgl. Seite 148 f..

8) Auf die explizite Berücksichtigung von Verbundwirkungen bei der Bestimmung von Preisorientierungsgrößen wird differenziert im anschließenden Abschnitt eingegangen.

9) Vgl. Seite 169.

10) Vgl. Seite 149, Fußnote 21.

erwarteter Verbundwirkungen gerechtfertigt, die *relevante kostenorientierte Preisuntergrenze* um einen bestimmten Betrag nach unten zu korrigieren,[11] so dürfte es nur konsequent sein, wenn der gleiche Betrag auch als Korrekturfaktor bei der Preisorientierungsgröße berücksichtigt wird. Diese Vorgehensweise soll anhand des nachfolgenden kleinen Beispiels verdeutlicht werden.

Für eine Auftragsanfrage wird eine *relevante kostenorientierte Preisuntergrenze* in Höhe von 1000 Geldeinheiten (GE) und eine *Preisorientierungsgröße* von 1800 GE errechnet. Da der Nachfrager einen weiteren Auftrag in Aussicht stellt, falls der gerade betrachtete Auftrag zufriedenstellend abgewickelt wird, berücksichtigt der Anbieter folgende Verbundwirkungsinformationen:
Der Deckungsbeitrag des Folgeauftrags wird auf 600 GE und die Wahrscheinlichkeit der Erlangung dieses Auftrags auf 60% geschätzt. Aufgrund seiner Risikoeinstellung bewertet der Anbieter die Verbundwirkungen zusammenfassend mit 360 GE. Somit liegt die *kosten- und absatzorientierte Preisuntergrenze* der konkreten Auftragsanfrage bei 640 GE (1000 GE - 360 GE). **Ohne Verbundwirkungen** würde er aus der Erfahrung heraus 1800 GE als Vertragspreis für die zu bewertende Auftragsanfrage erwarten (= *Preisorientierungsgröße*).
Wenn dem Anbieter die Verbundwirkungen aber wert sind, daß er die Preisuntergrenze der Auftragsanfrage um 360 GE nach unten korrigiert, so ist nicht einsichtig, weshalb die Preisorientierungsgröße nicht um denselben Betrag korrigiert werden sollte. Als Ergebnis würde der Anbieter bei der Auftragsanfrage unter Berücksichtigung der erwarteten Verbundwirkung also einen Vertragspreis in Höhe von 1440 GE (1800 GE - 360 GE) als realistisch ansehen.

Insofern wird hier festgehalten, daß eine ermittelte *Preisorientierungsgröße* im Falle von relevanten Verbundwirkungen der betrachteten Auftragsanfrage jeweils um den gleichen Betrag korrigiert werden sollte, welcher auch bei der Bestimmung der *kosten- und absatzorientierten Preisuntergrenze* zu berücksichtigen ist. Wenn nun im folgenden von der *Preisorientierungsgröße* gesprochen wird, so ist hiermit grundsätzlich unterstellt, daß *Verbundwirkungen* im obigen Sinne eingerechnet sind.

---

11) Vgl. Seite 125 f..

3.4.7 DIE PROBLEMATIK DER MEHRWERTIGKEIT DER ERWARTUNGEN IM PREISORIENTIERUNGSGRÖSSENKONZEPT

Nach dem Konzept der vorliegenden Arbeit ist die *Preisorientierungsgröße* eine zukunftsbezogene Größe, da sie versucht, noch nicht realisierte Marktpreise zu prognostizieren. Typisch für Prognosegrößen in der Praxis ist, daß sie nicht mit Sicherheit bestimmt werden können.[12] Akzeptiert man die Zentralthese der vorliegenden Arbeit[13] sowie die oben aufgezeigte iterative Vorgehensweise zur Bestimmung von Preisorientierungsgrößen,[14] so basiert die **Unsicherheit** im Preisorientierungsgrößenkonzept zentral auf der Abschätzung der Situationsdeterminantenausprägungen.[15] Werden hiervon einige Determinanten[16] mehrwertig geschätzt, so resultieren daraus grundsätzlich jeweils unterschiedliche Preisorientierungsgrößen.

Bei einer mehrwertigen Abschätzung ist zunächst danach zu unterscheiden, ob Wahrscheinlichkeiten für die einzelnen Ausprägungen bekannt sind. Betrachtet man als abzuschätzende Situationsdeterminante beispielsweise die *Marktstrategie der Konkurrenten*, so scheint die These, daß der Anbieter hier regelmäßig nicht auf objektive Wahrscheinlichkeiten zurückgreifen kann, kaum zweifelhaft.[17] Fraglich ist, ob davon ausgegangen werden kann, daß der Entscheidungsträger den alternativen Ausprägungen hilfsweise subjektive Wahrscheinlichkeiten zuordnen kann.

Die Gegenthese zur Bestimmbarkeit von subjektiven Wahrscheinlichkeiten (im Falle des Fehlens objektiver Wahrscheinlichkeiten) wäre im Unsicherheitsmodell gegeben, bei dem der Entscheidungsträger den ungewissen Ereignissen **keinerlei** Wahrscheinlichkeiten zuordnen kann.[18] Hierzu merkt KERN an:

---

12) Vgl. z.B. Bechtel (1974), S. 8 f., Haas (1965), S. 21, Jacob (1985), S. 13, Jaensch (1984), Sp. 1733 f., Laßmann (1973), S. 16, Szyperski/Winand (1974), S. 91, Troll (1975), S. 120.

13) Vgl. Seite 149.

14) Vgl. Abschnitt 3.4.5.4.3.3, Seite 192-194.

15) Vgl. hierzu auch Laßmann (1973), S. 10.

16) Es dürfte immer eine Gruppe von Situationsdeterminanten geben, die grundsätzlich einwertig abgeschätzt werden, wie z.B. das Auftragsvolumen und die Marktkonjunktur. Insofern gilt die Mehrwertigkeit nur für eine Teilmenge der Situationsdeterminanten.

17) Um *objektive Wahrscheinlichkeiten* ermitteln zu können, ist "eine große Zahl sich wiederholender, relativ gleichartiger Vorgänge erforderlich derart, daß die relativen Häufigkeiten bei Vergrößerung der Beobachtungen einem Grenzwert zustreben" (Krelle (1957), S. 634). Es ist kaum vorstellbar, daß in der Praxis z.B. für die Situationsdeterminante *Marktstrategie der Konkurrenten* regelmäßig empirisches Datenmaterial vorliegt, welches (quantitativ und qualitativ) eine sinnvolle Grenzwertberechnung erlauben würde.

18) Vgl. z.B. Dichtl (1967), S. 32, Menges (1976), Sp. 1518, Sieben/Schildbach (1990), S. 25, Szyperski/Winand (1974), S. 54.

"Objektive (absolute) Unsicherheit ist eigentlich nur ein praktisch irrelevanter Extremfall",[19] wobei unter objektiver (absoluter) Unsicherheit das Fehlen von objektiven und subjektiven Wahrscheinlichkeiten verstanden wird.[20] Ähnlich argumentiert TROLL bezüglich der Ungewißheit von zukünftigen Marktdaten. Er führt aus, daß in diesem Bereich "die Feststellung subjektiver Wahrscheinlichkeiten wahrscheinlich der einzige Weg sein wird, um zu befriedigenden Ergebnissen zu gelangen."[21] Schließlich sei hierzu noch KRAUTTER zitiert, der anführt, "daß ein Manager auch bei einer einmaligen Entscheidung, für die ex definitione keine »**objektiven**« Wahrscheinlichkeiten existieren, regelmäßig gewisse Erfahrungen und Vorstellungen hat, und daß er mit jeder Entscheidung, die ja in der Praxis stets irgendwie getroffen werden **muß,** tatsächlich auch **implizit** von bestimmten Wahrscheinlichkeitsvorstellungen ausgeht. Demnach kann es nur vernünftig sein, diese Wahrscheinlichkeitsvorstellungen zu explizieren."[22]

Akzeptiert man diese Argumentationen, so müßte von einem Entscheidungsträger in der Praxis verlangt werden, daß er pro mehrwertig abgeschätzter Situationsdeterminante jeweils auch eine (subjektiv) geschätzte Wahrscheinlichkeitsverteilung angibt. Auf dieser Basis stellt sich nun die Frage, in welcher Weise die Wahrscheinlichkeitsinformationen bei der Bestimmung der Preisorientierungsgrößen berücksichtigt werden sollen. Dabei sind grundsätzlich zwei unterschiedliche Vorgehensweisen denkbar.

Zunächst könnte daran gedacht werden, für jede mögliche Kombination aller abgeschätzten Situationsdeterminantenausprägungen eine separate Preisorientierungsgröße zu bestimmen. Als Ergebnis dieser Vorgehensweise erhält der Entscheidungsträger eine Menge von alternativen Preisorientierungsgrößen für die zu bewertende Auftragsanfrage. Unterstellt man z.B., daß 5 Situationsdeterminanten jeweils mit 3 alternativen Ausprägungen abgeschätzt werden, so ergeben sich allein hier $3^5 = 243$ unterschiedliche Konstellationen von Situationsdeterminantenausprägungen bzw. alternative Preisorientierungsgrößen. Da in der Praxis die zu berücksichtigende Situationsdeterminantenzahl sicherlich weit über 10 liegen dürfte, wird der »*explodierende*« Aufwand einer expliziten Erfassung aller mehrwertig abgeschätzter Situations-

---

19) Kern (1974), S. 88.
20) Vgl. ebenda.
21) Troll (1974), S. 128.
22) Krautter (1974), S. 266; vgl. ähnlich auch Dichtl (1967), S. 125, Poth (1986), S. 48.

determinanten bereits deutlich. Darüber hinaus ergibt sich bei der Interpretation dieser Werte ein zusätzliches Problem. Grundsätzlich müßte hier gefordert werden, daß die zugrundeliegenden Wahrscheinlichkeitswerte der alternativen Situationsdeterminantenausprägungen dazu benutzt werden, einen Wahrscheinlichkeitswert für die resultierende Preisorientierungsgröße zu bestimmen. Da in dieser Arbeit Korrelationen zwischen den Situationsdeterminanten nicht ausgeschlossen werden können,[23] setzt eine Anwendung des *Multiplikationssatzes der Wahrscheinlichkeitstheorie* zur Bestimmung des Wahrscheinlichkeitswertes der Preisorientierungsgröße voraus, daß bedingte Wahrscheinlichkeiten für die alternativen Situationsdeterminantenausprägungen abzuschätzen sind,[24] was wiederum einen erheblich gesteigerten Arbeitsaufwand erfordert. *Somit scheint hier nachfolgende These vertretbar.* Eine regelmäßig explizite Berücksichtigung mehrwertig abgeschätzter Situationsdeterminanten zur Preisorientierungsgrößenbestimmung dürfte in der Praxis grundsätzlich wegen eines unverhältnismäßig hohen Aufwandes nicht realisierbar sein. Insofern wird hier von einer derartigen Vorgehensweise abgeraten.

Resultiert aus einer expliziten Berücksichtigung der mehrwertig abgeschätzten Situationsdeterminanten eine nicht vertretbar hohe Arbeitsbelastung, so kann als Alternative nur empfohlen werden, Situationsdeterminanten einwertig abzuschätzen. Der Anbieter muß also aus der Menge der alternativ abgeschätzten Ausprägungen einer Situationsdeterminante zur Bestimmung einer Preisorientierungsgröße jeweils eine Ausprägungen auswählen. Hierdurch bleibt es einem Anbieter sicherlich unbenommen, mehrere Durchläufe zur Preisorientierungsgrößenbestimmung auf der Basis alternativer Situationsdeterminatenausprägungen vorzunehmen, vorausgesetzt, er ist bereit, den erhöhten Aufwand einer solchen Vorgehensweise zu akzeptieren. In diesem Fall sollten die alternativen Preisorientierungsgrößen jeweils mit den ihnen zugrundeliegenden abweichenden Situationsdeterminantenausprägungen im weiteren Prozeß der Angebotspreisbestimmung zunächst nebeneinander stehen bleiben bzw. an den für die Angebotspreisbestimmung verantwortlichen Entscheidungsträger weitergegeben werden. Um bei der Preisorientierungsgrößenbestimmung, abgesehen von der unvermeidbaren Subjektivität der Schätzung von Einflußgrößenausprägungen, möglichst objektiv vorgehen zu

---

23) Vgl. Seite 173.
24) Vgl. z.B. Hansen (1985), S. 118.

können, wäre es falsch, hier bereits Abschätzungen bezüglich der Realisierbarkeit der ermittelten Preisorientierungsgrößen zuzulassen.

Bezüglich der in diesem Abschnitt behandelten Problematik bleibt somit abschließend nur festzuhalten, daß eine explizite Berücksichtigung der mehrwertig abgeschätzten Situationsdeterminanten im Preisorientierungsgrößenkonzept wegen einer grundsätzlich kaum zu realisierenden praktischen Umsetzung nicht empfohlen werden kann.

3.4.8 DIE DYNAMIK IM PREISORIENTIERUNGSGRÖSSENKONZEPT

Nach der Zentralthese der vorliegenden Arbeit erzielen Aufträge mit gleichen Ausprägungen der Situationsdeterminanten auch gleiche bzw. ähnliche Deckungsbeitragszuschlagssäte am Absatzmarkt.[25] Diese These kann zumindest dann berechtigterweise kritisiert werden, wenn anstelle einer **statischen**, eine ***dynamische*** Betrachtung gewählt wird. So dürfte es kaum realistisch sein, daß die Deckungsbeitragszuschlagssätze selbst bei gleichen Situationsdeterminantenausprägungen im Zeitablauf konstant bleiben. Zum einen seien hier *inflatorische Prozesse* genannt, welche jedoch durch eine Inflationsbereinigung der Zuschlagssätze eliminiert werden können. Daneben wird es an den Absatzmärkten im Zeitablauf aber auch Veränderungen geben, die sich nicht wie die Inflation global auf alle Aufträge gleichermaßen auswirken, sondern das Verhältnis der Zuschlagssätze verschiedener Auftragsgruppen untereinander variieren. Hieraus leitet sich die Forderung ab, daß bei expliziter Berücksichtigung der realitätsinhärenten Dynamik, Veränderungen am Absatzmarkt grundsätzlich als Anstoß zur Anpassung des Bestimmungssystems der Preisorientierungsgrößen an die veränderten Gegebenheiten genutzt werden sollten.

Allgemein können Veränderungen am Absatzmarkt im Preisorientierungsgrößenmodell durch relevante Abweichungen des »*ex-post*« *optimalen* Preises einer Auftragsanfrage von der vorher bestimmten Preisorientierungsgröße erfaßt werden. Wann Abweichungen als »*relevant*« einzustufen sind, kann letztlich nur einzelfallabhängig, unter Beachtung der bisherigen Verteilung der ex-post optimalen Deckungsbeitragszuschlagsssätze, innerhalb des betrachteten Auftragsclusters entschieden werden. Dabei ist insbesondere immer die

---

25) Vgl. Seite 149.

Möglichkeit von *Ausreißerwerten* zu bedenken, so daß Abweichungen erst dann »*relevant*« sein können, wenn diese durch mehrere Werte bestätigt sind. [26)]

Geht man nun von einer festgestellten *relevanten* Abweichung aus, so können hierfür im System zur Bestimmung von Preisorientierungsgrößen die nachfolgenden drei Ursachen unterschieden werden, welche letztlich alle auf **marktdynamische Effekte** zurückzuführen sind.

1) Die Verteilung der ex-post optimalen Aufschlagssätze innerhalb eines Auftragsclusters hat sich verschoben. Tendenziell entweder höhere oder niedrigere ex-post optimale Aufschlagssätze;

2) die zugrundegelegten Einflußgrößenreihenfolgen beschreiben die Situation(en) nicht mehr zufriedenstellend;

3) die bisher berücksichtigten Einflußgrößen sind (teilweise) nicht mehr aktuell.

Während die unter 1) genannte Veränderung am Absatzmarkt relativ einfach durch eine Neubestimmung des für die betrachtete Situation *typischen* Deckungsbeitragszuschlagssatzes beseitigt werden kann, ist der Anpassungsaufwand für die beiden übrigen Ursachen wesentlich höher einzuschätzen. Bezüglich der hierzu notwendigen Arbeitsschritte kann auf Abschnitt 3.4.5.4.3.6 verwiesen werden,[27)] wo im einzelnen die Berücksichtigung weiterer Reihenfolgen der bisherigen Situationsdeterminanten, die Aufnahme neuer Situationsdeterminanten sowie die hieraus resultierenden Konsequenzen eingegangen wird.

Zusammenfassend können die Kontrollhandlungen im Preisorientierungsgrößenmodell zur Erfassung von **marktdynamischen Prozessen** sowie die hieraus resultierenden Anpassungsmaßnahmen mit Hilfe des nachfolgenden Flußdiagramms dargestellt werden:

---

26) Bezüglich dieser Problematik wäre es beispielsweise vorstellbar, daß der Entscheidungsträger pro *Situation* eine Kennzahl festlegt (z.B. X Auftragsanfragen mit einer Standardabweichung größer Y bzw. Variationskoeffizient größer Z), bei deren Überschreitung er automatisch eine Warnmeldung erhält. Diese kann somit als Anlaß zu einer Revision zumindest der betrachteten Situation, ggf. aber auch weiterer Situationen des gesamten Preisorientierungsgrößenmodells dienen.

27) Vgl. Seite 212 f..

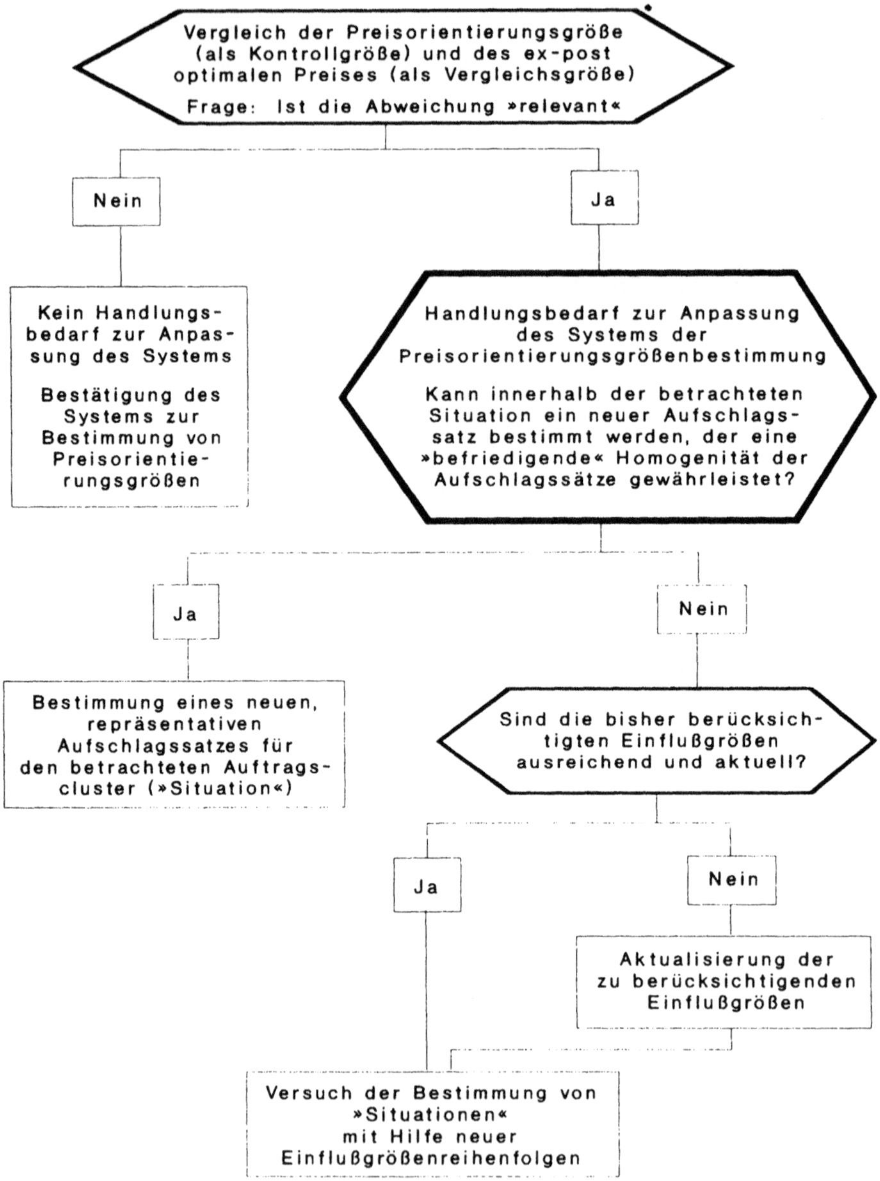

Abb. 3.11: Grobablaufplan der Kontrollhandlungen zur Erfassung *marktdynamischer Prozesse*

Nach diesen Ausführungen wird im folgenden von der These ausgegangen, daß die drei obigen Anpassungsmaßnahmen den Anbieter grundsätzlich in die Lage versetzen, der Dynamik der Absatzmärkte in ausreichendem Maße Rechnung zu tragen, vorausgesetzt, Abweichungen der Aufschlagssätze innerhalb der *Situationen* werden rechtzeitig als »*relevant*« erkannt.

In dem 3. Hauptabschnitt der vorliegenden Arbeit wurde bisher erläutert, wie sich grundsätzlich *rein marktbezogene Preisorientierungsgrößen* für Auftragsanfragen bestimmen lassen. Im folgenden soll nun darauf eingegangen werden, wie ausgehend von einer Preisorientierungsgröße der **anzustrebende Vertragspreis** und der letztlich interessierende **Angebotspreis** festgelegt werden können.

3.5 PREISBESTIMMUNG UND ANBIETERSITUATION

3.5.1 VORBEMERKUNGEN

Die Bestimmung der in den vorangegangenen Abschnitten dargestellten Preisorientierungsgröße basiert zum einen auf der aktuellen Abschätzung der nachfrager-, konkurrenten- und auftragsbezogenen Einflußgrößen (*Situationsdeterminaten*) und zum anderen auf der bisherigen Wirkung dieser Einflußgrößen bei vergangenen Akquisitionsfällen. Dabei besteht die Zielsetzung der *Preisorientierungsgröße* darin, den Anbieter über die aus der Erfahrung von vergangenen Aufträgen bzw. Auftragsanfragen begründeten Höhe des möglichen Vertragspreises für die zur Diskussion stehende Auftragsanfrage zu informieren. Anders ausgedrückt, kann diese Größe als ein Versuch angesehen werden, den im Bereich der Auftragsfertigung ex-ante grundsätzlich nicht existierenden Marktpreis [1] hilfsweise abzuschätzen.

Neben diesen absatzmarktbezogenen Informationen ist es nun aber zur Bestimmung eines *anzustrebenden Vertragspreises* zwingend notwendig, auch aktuelle anbieterbezogene Preiseinflußgrößen zu berücksichtigen.[2] Das heißt, daß der Anbieter unter Beachtung der **unternehmensinternen Situation** entscheiden muß, ob der durch die Preisorientierungsgröße repräsentierte zu erwartende Marktpreis aus seiner Sicht als *»ausreichend«* oder *»nicht ausreichend«* zu bewerten ist.[3] Im positiven Fall wäre ein Angebotspreis zu bestimmen, mit dem die ermittelte Preisorientierungsgröße in Verhandlungen realisiert werden kann. Im negativen Fall sollte der Anbieter zur Angebotspreisbestimmung unabhängig von der Preisorientierungsgröße einen Wert ermitteln, der aus seiner Sicht für die betrachtete Auftragsanfrage *»ausreichend«* erscheint (auf Basis eines solchen Wertes kann dann immer noch entschieden werden, ob überhaupt ein Angebot abgegeben werden soll[4]).

An dieser Stelle könnte nun der Verdacht aufkommen, daß der Problemkreis bezüglich der Entscheidungen über die *Wirtschaftlichkeit eines Preises* bereits mit den Ausführungen zur **Preisuntergrenze** abgedeckt wurde; schließlich erbringt jeder Preis oberhalb der Preisuntergrenze einen positiven Deckungs-

---

1) Vgl. Seite 6.
2) Vgl. Becker (1962), S. 29.
3) Vgl. Moews (1967), S. 43, Schiffers (1973), S. 56.
4) Vgl. hierzu allerdings auch Abschnitt 3.2.2.4.1, Seite 119 f..

beitrag,[5] wodurch sich "die individuelle Situation des Unternehmens gegenüber seiner augenblicklichen Lage verbessert"[6].

In der Literatur finden sich jedoch regelmäßig zwei Argumente, weshalb die Bewertung absatzmarktbezogener Preise aus Anbietersicht nicht **allein** anhand des Kriteriums »*Preisuntergrenze*« erfolgen sollte.[7] Zum einen wird die Preisuntergrenze in der Literatur häufig als rein kostenorientierte Größe beschrieben.[8] Klammert man jedoch die Absatzseite bei der Preisuntergrenzenbestimmung aus, so werden Verbundwirkungen zwischen Aufträgen ignoriert.[9] Eine Folge hiervon ist, daß die Realisierung des Unternehmensziels »*Deckungsbei-tragsmaximierung*« kaum möglich sein dürfte, da eine Maximierung der einzelnen Auftragsdeckungsbeiträge wegen der praxistypischen [10] Auftragsinterdependenzen nicht automatisch auch einer Maximierung des Gesamtdeckungsbeitrags entspricht.

Im Konzept dieser Arbeit gelten Verbundwirkungen jedoch explizit als Bestandteil der Preisuntergrenze.[11] Insofern könnte eine derartige Preisuntergrenze zunächst doch als hinreichend zur anbieterbezogenen Bewertung eines Preises angesehen werden.

Das zweite Argument gegen eine Entscheidung über die Angemessenheit eines Preises, allein anhand der Preisuntergrenze, ist allerdings gewichtiger. Hier wird angeführt, daß es für das Überleben eines Unternehmens eine notwendige Bedingung ist, daß mittel-, zumindest aber langfristig der **gesamte Fixkostenblock** gedeckt wird,[12] und daß teilkostenbasierte Preisuntergrenzen bezüglich der Realisierung dieser Restriktion keinerlei Hilfestellung anbieten.

Nach dem Konzept der vorliegenden Arbeit sind die fixen Kosten nicht auf die Kostenträger (Aufträge) zurechenbar.[13] Ignoriert aber eine Preisuntergrenze diese Kosten, so ist es für einen Anbieter unmöglich, allein anhand einer

5) Vgl. z.B. Ahlert/Franz (1988), S. 124, Dörrie/Kicherer (1973), S. 103, Schläder (1975), S. 29, Unterguggenberger (1971), S. 114.
6) Schiffers (1973), S. 57; vgl. ähnlich z.B. Pfeiffer/Preißler (1975), S. 44.
7) Vgl. z.B. Agthe (1959b), S. 747, Kilger, (1980b), S. 65, Riebel (1990), S. 585-588.
8) Vgl. z.B. Ahlert/Franz (1988), S. 124, Bussmann (1979), S. 148, Czeranowsky (1981), S. 327, Dahm (1989), S. 81, Hax (1961), Köhler/Stölzel (1976), S. 492, Mellerowicz (1959), S. 481, Plaut (1961), S. 468-470, Wolfstetter (1984), S. 8/822 f..
9) Vgl. Männel (1981), S. 594.
10) Vgl. Seite 116, insbesondere Fußnote 2.
11) Vgl. Abbildung 3.2, Seite 126.
12) Vgl. hierzu auch Seite 11.
13) Vgl. Abschnitt 3.2.1.1.3, Seite 107-110. Vgl. auch Abschnitt 2.2.6, Seite 24.

solchen Größe zu entscheiden, ob der Preis ausreichend ist, da die Deckung der nicht zugerechneten Gemeinkosten nicht gewährleistet wird.[14]

Die Mißachtung der obigen beiden Punkte kann als zentraler Anwendungsfehler bei der *Teilkostenrechnung* angesehen werden, der in praktischen Einzelfällen bis hin zur vollständigen Ablehnung der Teilkostenrechnungssysteme geführt hat.[15]

Somit bleibt festzuhalten, daß ein Anbieter für die Entscheidung, ob ein erwarteter Marktpreis aus seiner Sicht ausreichend ist oder nicht, neben der Preisuntergrenze zusätzliche Informationen berücksichtigen muß. Anders ausgedrückt muß die *marktorientierte Preisorientierungsgröße* durch explizite Berücksichtigung anbieterbezogener Preiseinflußgrößen in einen *anzustrebenden Vertragspreis* überführt werden.

Hierzu sollen im folgenden mit der *Kapazitätsauslastung* und der *Deckungssituation* die für die in dieser Arbeit unterstellte Zielfunktion[16] wichtigsten anbieterbezogenen Preiseinflußgrößen (neben der Preisuntergrenze) bzw. deren Entscheidungsrelevanz dargestellt werden. Die letztliche Entscheidung über die Höhe des anzustrebenden Vertrags- bzw. Angebotspreises unter Berücksichtigung der bisherigen Informationen (also Preisuntergrenze, Preisorientierungsgröße sowie den anbieterbezogenen Einflußgrößen) wird dann im Anschluß an diese Darstellung diskutiert.

---

14) Vgl. Böcker (1982), S. 25.

15) Vgl. hierzu beispielhaft Henniger (1978) und die entsprechenden Erwiderungen von Hübers-Kemink (1978), Männel (1978b), Willas (1978).

16) Vgl. Seite 6 f..

3.5.2 KAPAZITÄTSSITUATION

3.5.2.1 KAPAZITÄTSSITUATION UNTER AUSSCHLUSS DES EINSATZES VON SUBUNTERNEHMERN

Als erstes Kriterium zur Beurteilung eines Preises aus Anbietersicht nach der Preisuntergrenze kann die Kapazitätssituation des Unternehmens genannt werden.[17] Hierzu sei folgende These angeführt: [18]

> Je kleiner die freien Kapazitäten in der betrachteten Periode sind, desto höher wird c.p. der Anspruch des Anbieters an den erwarteten Deckungsbeitragszuschlagssatz des potentiellen Auftrags sein und umgekehrt.[19]

Rechnet ein Anbieter z.B. damit, daß seine Kapazitäten in der betrachteten Periode nicht voll ausgelastet sein werden, so wird er c.p. eher bereit sein, einen Auftrag mit unterdurchschnittlichen Deckungsbeitragszuschlagssatz anzunehmen, als wenn nur noch geringe freie Kapazitäten bestehen und ausreichend Auftragsanfragen vorliegen bzw. erwartet werden.[20]

Anhand der obigen These bzw. des angeführten Beispiels wird bereits deutlich, daß zur Vorbereitung der Entscheidung über die Angemessenheit eines Preises aus Anbietersicht **verschiedene** Informationen aus dem Bereich der Kapazitätsauslastung benötigt werden.[21]

Zunächst muß der Anbieter wissen, wie hoch die bereits fest verplante Kapazitätsauslastung der relevanten Periode ist.[22] Diese Information dürfte relativ problemlos durch die vertraglich erhaltenen Aufträge bestimmbar sein.

Daneben ist die zukünftige allgemeine Entwicklung der Kapazitätssituation für die Periode (unabhängig vom gerade betrachteten Auftrag) abzuschätzen. Auf dieser Basis sollte es möglich sein, die Entscheidung zu treffen, ob im rele-

---

17) Vgl. z.B. Finkenrath (1980a), S. 140 f., Mann (1973), S. 148 f., Männel (1978a), S. 9, Neuhof (1975), S. 570, Zwehl (1981), Sp. 879 f..
18) Vgl. ähnlich Thormählen (1978), S. 12.
19) Verfolgt ein Anbieter eine von der langfristigen Gewinnmaximierung abweichende Zielfunktion, so ist ein entsprechendes, individuelles Auftrags-Qualitätskriterium zu definieren.
20) Vgl. AK Marketing (1978), S. 13.
21) Vgl. Layer (1967), S. 143.
22) Vgl. Riebel (1990), S. 265.

vanten Zeitraum Kapazitätsengpässe auszuschließen sind oder nicht.[23] Da es sich hierbei nicht um *sichere* Daten handeln kann, ist der Entscheidungsträger letztlich gefordert, alternative Kapazitätsauslastungsgrade jeweils mit Wahrscheinlichkeiten abzuschätzen.[24] Eine der wichtigsten Einflußgrößen dieser Abschätzung dürfte grundsätzlich die Erfahrung des Entscheidungsträgers bezüglich der Kapazitätsentwicklung in vergleichbaren Perioden sein.[25] Mindestens gleichgewichtig daneben sind allerdings aktuelle Informationen zu berücksichtigen, die z.B. von der momentanen Statistik des Eingangs von Auftragsanfragen bis hin zu allgemeinen Konjunkturdaten bzw. -prognosen reichen können.

Schließt ein Anbieter aus, daß die Unternehmenskapazität in der betrachteten Periode zum Engpaß werden kann, so ist grundsätzlich jeder Auftrag anzunehmen, dessen Preis oberhalb der Preisuntergrenze liegt, vorausgesetzt, die Verbundwirkungen wurden berücksichtigt.[26] In diesem Fall sind also regelmäßig keine weiteren Informationen aus dem Bereich der Kapazitätssituation entscheidungsrelevant, es sei denn, der Entscheidungsträger orientiert sich bei der Preisbestimmung an Kennzahlen wie z.B. den Deckungsbeitrag pro Kapazitätsbeanspruchung.[27]

Kann der der Anbieter jedoch nicht ausschließen, daß die Unternehmenskapazität in der betrachteten Periode zum Engpaß wird, so ist als letzte Information aus dem Bereich der Kapazitäten die auftragsspezifische Kapazitätsbeanspruchung zu nennen. Zur Entscheidungsrelevanz der *auftragsspezifischen Kapazitätsbeanspruchung* bei möglichen Kapazitätsengpässen sei folgender kurze Exkurs eingefügt. Ist die Kapazität eines Unternehmensbereichs der einzige relevante Engpaßfaktor, so wird ein rational handelnder Anbieter bei der Auswahl zwischen zwei Aufträgen nicht anhand der absoluten Auftragsdeckungsbeiträge entscheiden, sondern statt dessen spezifische Deckungsbeiträge (hier also jeweils Auftragsdeckungsbeitrag pro Kapazitäts-

---

23) Die Entscheidungsrelevanz von Kapazitätsengpässen dürfte durch die oben stehende »ceteris-paribus These« (vgl. Seite 229) ausreichend verdeutlicht sein.

24) Dies entspricht der Vorgehensweise, welche auch bezüglich der Abschätzung der unsicheren Situationsdeterminantenausprägungen zur Bestimmung der Preisorientierungsgröße gewählt wurde. Vgl. Abschnitt 3.4.7, Seite 220-222.

25) Beispielsweise könnte hier angeführt werden, daß in bestimmten Branchen die Nachfrage gegen Jahresende zum Teil sprunghaft ansteigen kann, weil bestimmte Nachfrager ihr vorgegebenes Budgets noch nicht vollständig ausgeschöpft haben.
Vgl. Layer (1969), S. 236.

26) Vgl. Layer (1982), S. 757.

27) Vgl. z.B. Mann (1973), S. 149.

beanspruchung) wählen.[28] Wenn nun argumentiert wird, daß auch bei der Entscheidung über die Angemessenheit eines Preises die auftragsspezifische Kapazitätsbeanspruchung eine entscheidungsrelevante Information darstellt, so geschieht dies mit der Begründung, daß hier letztlich auch eine Auswahl erfolgt. Denn wenn der Anbieter davon ausgeht, daß die Unternehmenskapazität einen Engpaßfaktor darstellt, so heißt dies nichts anderes als daß die Menge der erwarteten Aufträge größer ist als die Menge der Aufträge, welche tatsächlich ausgeführt werden können. Insofern muß der Anbieter also bei der Preisentscheidung in diesem Fall eine Auswahl treffen,[29] wobei hier zusätzlich das Problem besteht, daß zum Entscheidungszeitpunkt neben der Unterlassungsalternative grundsätzlich **keine konkreten** Auftragsalternativen bekannt sind. Somit ist der Entscheidungsträger letztlich gefordert, die Alternativen bezüglich ihres Deckungsbeitrags und der jeweiligen Kapazitätsbeanspruchung abzuschätzen.[30] Liegen diese Abschätzungen vor, so ist die Entscheidung (entsprechend zur Produktionsprogrammplanung) anhand des Entscheidungskriteriums »Deckungsbeitrag pro Kapazitätsbeanspruchung« zu treffen,[31] wodurch die Relevanz der Information »*auftragsspezifische Kapazitätsbeanspruchung*« als hinreichend begründet angesehen wird.

Zusammenfassend lassen sich die Informationen aus dem Bereich der Kapazitätssituation, welche dem Entscheidungsträger zur Angebotspreisentscheidung grundsätzlich zur Verfügung gestellt werden sollten, anhand des nachfolgenden Tableaus darstellen.

---

28) Vgl. z.B. Ahlert/Franz (1988), S. 127-133, Kilger (1988), S. 707, Kloock/Sieben/Schildbach (1991), S. 228-232, Riebel (1990), S. 296-301, Schweitzer/Küpper (1986), S. 367 f..

29) Vgl. Layer (1982), S. 759.

30) Diese kann z.B. auch pauschal anhand eines für die erwarteten Aufträge geschätzten **durchschnittlichen** Deckungsbeitrags pro Kapazitätsbeanspruchung erfolgen.

31) Falls mehrere Engpässe wirksam werden, muß anstelle der Entscheidung auf Basis spezifischer Deckungsbeiträge ein simultanes Planungsmodell konstruiert werden (vgl. hierzu z.B. die in Fußnote 28 angegebene Literatur), in das jedoch notwendigerweise auch wieder die *auftragsspezifische Kapazitätsbeanspruchung* als Inputgröße (Restriktion) eingehen muß.

1) Kapazitätsauslastung in der betrachteten Periode auf der Basis vertraglich abgesicherter Aufträge.
2) Auf der Basis des erwarteten Auftragsvolumens geschätzter Kapazitätsauslastungsgrad für die betrachtete Periode. (Wird diese Größe mehrwertig abgeschätzt, so sollten den Alternativen jeweils Wahrscheinlichkeitswerte zugeordnet sein.)
3) Wird unter 2) ein Kapazitätsengpaß für die betrachtete Periode nicht absolut ausgeschlossen, so ist hier die auftragsspezifische Kapazitätsbeanspruchung als letzte Information aus dem Bereich der Kapazitätssituation anzuführen.

Bezüglich der Ermittlung der vorstehenden Informationen sei schließlich noch folgendes angeführt. Im Gegensatz zur Kapazitätsbeanspruchung des betrachteten Auftrags (Information 3) scheint es unnötig, die Bestands- und globale Bewegungsgröße der Periodenkapazität, also die aktuelle Plan-Kapazitätsauslastung in der relevanten Periode (Information 1 des obigen Tableaus) und deren geschätzte Entwicklung (Information 2) bei jeder Auftragsanfrage neu zu bestimmen. Ist die Planungsperiode z.B. ein Monat, so könnten hier im wöchentlichen Rhythmus die aktuelle Kapazitätsauslastung der Planperioden und deren erwartete Veränderungen abgeschätzt werden. Nur, falls sich innerhalb einer Woche relevante Änderungen ergeben, sollten die Größen entsprechend aktualisiert werden. Diese Vorgehensweise wäre insbesondere unter der Zielsetzung einer Rationalisierung der Angebotsbearbeitung zu sehen.

3.5.2.2 KAPAZITÄTSSITUATION UNTER BERÜCKSICHTIGUNG DES EINSATZES VON SUBUNTERNEHMERN

Bei den Ausführungen des vorangegangen Kapitels wurde unterstellt, daß der Anbieter keine Möglichkeit hat bzw. nicht davon Gebrauch macht, Aufträge oder Auftragsteile an Subunternehmer zu vergeben. Hebt man diese Prämisse auf, so vergrößert sich die Kapazität für den betrachteten Anbieter. Dabei sind zwei Fälle zu unterscheiden:

1) Der/die Subunternehmer stellen dem Anbieter *ex-ante* feste Kapazitätskontingente zur Verfügung.

2) Die durch Subunternehmer zusätzlich nutzbare Kapazität ist *ex-ante* nicht fest definiert.

Erhält ein Anbieter von Subunternehmern feste Zusagen bezüglich der zur Verfügung stehenden Kapazitätskontingente, so gilt für die Informationsbereitstellung zur Entscheidung über die Angemessenheit eines Preises aus Anbietersicht keine zum vorangegangenen Kapitel abweichende Besonderheit.

Im zweiten Fall kennt der Anbieter den Umfang der durch Subunternehmer zusätzlich nutzbaren Kapazität nicht. Hier bildet die Kapazitätsgrenze für den Anbieter eine ungewisse Größe. Insofern ist die Schätzung, ob die Kapazität in der betrachteten Periode zum Engpaß werden kann, erheblich erschwert, da neben dem »*risikobehafteten Auftragseingang*«, nun auch die Kapazitätsgrenze mehrwertig abzuschätzen ist.

Zur Bereitstellung der für den Entscheidungsträger notwendigen Informationen aus dem Bereich der Kapazitätssituation kann für den hier betrachteten Fall folgende Erweiterung des obigen Informationstableaus vorgeschlagen werden:

1)	Kapazitätsauslastung in der betrachteten Periode auf der Basis vertraglich abgesicherter Aufträge.
2a) 2b)	Kapazitätsgrenze für die betrachtete Periode, Geschätztes Auftragsvolumen für die betrachtete Periode. Da hier beide Informationen (2a und 2b) *mehrwertig* abzuschätzen sind, müssen die zugehörigen (geschätzten) Wahrscheinlichkeitswerte jeweils mit hinterlegt werden.
3)	Kapazitätsbeanspruchung des betrachteten Auftrags, falls nach den Schätzungen unter 2) ein Kapazitätsengpaß nicht absolut auszuschließen ist.

Nach diesen Ausführungen zur Kapazitätssituation ist abschließend folgendes festzuhalten. Im Falle von möglichen Kapazitätsengpässen kann der Entscheidungsträger nicht jeden angebotenen Auftrag realisieren, wodurch letztlich auch die Gewinnmaximierung eingeschränkt wird. Insofern muß der für die Angebotspreisentscheidung Verantwortliche, Informationen bezüglich der Kapazitätssituation berücksichtigen. Ziel dieses Abschnitts war es, diesen Sachverhalt zu verdeutlichen sowie die notwendigen Informationen aus diesem Bereich möglichst systematisch zu erfassen. Im folgenden soll nun entsprechend differenziert auf die zweite anbieterbezogene Preiseinflußgröße, die »*Deckungssituation*« eingegangen werden.

3.5.3 DECKUNGSSITUATION

Wie im Abschnitt 3.2 erläutert, liegt dieser Arbeit ein Teilkostenrechnungskonzept zugrunde.[32] Kennzeichnend hierfür ist, daß die den Kostenträgern zugerechneten Kosten nur eine Teilmenge der Gesamtkosten des Unternehmens sind.[33] Da jedoch als existentielle Nebenbedingung gilt, daß mittel- bis langfristig sämtliche Kosten gedeckt sein müssen,[34] ergibt sich die Notwendigkeit, die Deckung der nicht auf die Kalkulationsobjekte zugerechneten Kosten zumindest systematisch zu kontrollieren. Ein (im Gegensatz zur Preisuntergrenze) hierzu geeignetes Hilfsinstrument kann durch Bildung eines **kostenorientierten Deckungsbudgets** realisiert werden.[35]

Unter dem Begriff »Deckungsbudget«[36] kann ein Zielkalkül verstanden werden, welches neben den Gemeinkosten, die nicht direkt den Kostenträgern zugerechnet werden, regelmäßig einen Plangewinn beinhaltet.[37] Bei einer mehrperiodigen Deckungsbudgetplanung ist es darüber hinaus auch möglich, nicht zugerechnete Gemeinkosten in ein Deckungsbudget einer anderen Periode zu verlegen (Periodenausgleich). Bezüglich der Planung von *Deckungsbudgets oder Soll-Deckungsbeiträgen* kann an dieser Stelle beispiel-

32) Vgl. Seite 103.

33) Vgl. Haberstock (1981), Sp. 980, Kosiol (1979), S. 383.

34) Vgl. Seite 11.

35) Vgl. z.B. Diller (1985), S. 163, Franzen (1985), S. 17 f., Kilger (1980b), S. 59-61, Körlin (1985), S. 23, Männel (1978a), S. 22-25, Riebel (1984), Sp. 397, Schmalenbach (1963), S. 501, Stüben (1979), S. 1143.

36) Im folgenden wird der Begriff Deckungsbudget ausschließlich im Sinne eines »*kostenorientierten*« Deckungsbudgets verwendet.

37) Vgl. z.B. Diller (1985), S. 164, Riebel (1990), S. 398, Schweitzer/Küpper (1986), S. 390.

haft auf die oben dargestellte Vorgehensweise KILGERS verwiesen werden.[38] Im folgenden wird davon ausgegangen, daß der betrachtete Anbieter unter Berücksichtigung der durch die Kapazitätsvorhaltung entstehenden Gemeinkosten sowie aufgrund seiner Ansprüche an die Kapitalrentabilität[39] ein Unternehmens-Deckungsbudget (*Soll-Deckungsbeitrag der Zielplanung*[40]) für die betrachtete Periode festgelegt hat.[41] Das heißt, daß die Summe der Deckungsbeiträge aller Aufträge der betrachteten Periode mindestens dieses Deckungsbudget erwirtschaften soll.

Ist ein Anbieter nun gefordert, den erwarteten Preis eines potentiellen Auftrags aus seiner Sicht als »*ausreichend*« bzw. »*nicht ausreichend*« zu bewerten, so muß der Entscheidungsträger aus dem Bereich der Deckungssituation (entsprechend zur Einflußgröße »*Kapazitätssituation*«) grundsätzlich verschiedene Informationen berücksichtigen.

Als erste relevante Größe aus dem Bereich der *Deckungssituation* sei der Zielerreichungsgrad bezüglich des vorgegebenen Deckungsbudgets der Periode genannt, der aufgrund bereits vertraglich abgeschlossener Aufträge als relativ sicher angesehen werden kann. Hieraus leitet sich direkt die Summe der noch zu erzielenden Deckungsbeiträge ab, die also durch weitere Aufträge in der betrachteten Periode erwirtschaftet werden sollen.[42] Die Bereitstellung des hier angesprochenen Zielerreichungsgrades dürfte grundsätzlich auf der Basis der Auftragsvorkalkulationen und der Vertragspreise ohne größere Probleme möglich sein.

Neben dieser Bestandsgröße ist ebenso die zugehörige Bewegungsgröße entscheidungsrelevant. Erwartet der Anbieter z.B. noch eine größere Anzahl von Aufträgen mit relativ hohen Deckungsbeiträgen für die betrachtete Periode und schließt er Kapazitätsengpässe nicht aus, so dürfte der Anspruch zur Vergabe des Prädikates »*Deckungsbeitrag ausreichend*« grundsätzlich höher sein als wenn davon ausgegangen wird, daß kaum noch Auftragsanfragen eingehen werden. Da es sich bei dieser Größe um ungewisse Daten handelt,

---

38) Vgl. Seite 35 f..
vgl. hierzu auch z.B.: Diller (1985), S. 166-169, Finkenrath (1980a), S. 77-114, Kilger (1980a), 318-323, Layer (1982), S. 766 f., Männel (1981), S. 597 f., Nießen (1982), S. 476 f., Riebel (1990), S. 478-489, Unterguggenberger (1974), S. 126-128.

39) Vgl. hierzu auch Nagtegaal (1974), S. 132 f..

40) Zu dieser Terminologie vgl. Seite 35.

41) Vgl. Seite 7.

42) Vgl. Riebel (1990), S. 265.

ist es entsprechend zur Abschätzung der erwarteten Kapazitätsauslastung notwendig, alternative Schätzungen jeweils mit den zugeordneten Wahrscheinlichkeiten zu bestimmen.

Es könnte an dieser Stelle der Eindruck entstehen, daß die Abschätzung der Veränderung der Deckungssituation nicht separat erfolgen muß, wenn bereits die Veränderung der Kapazitätsauslastung prognostiziert wurde; schließlich kann sich die Deckungssituation nur dann verändern, wenn auch die Kapazitätsauslastung variiert.

Diesem Einwand muß aber insofern widersprochen werden, als er eine implizite Prämisse beinhaltet, deren praktische Relevanz fraglich ist. Es ist zwar richtig, daß zwischen der Entwicklung der Kapazitätsauslastung und derjenigen der Deckungssituation in der Regel eine positive Korrelation besteht. Auf die separate Abschätzung der Veränderung des Deckungsbudgeterfüllungsgrades kann jedoch nur dann verzichtet werden, wenn mit einer Einheit der Kapazitätsbeanspruchung stets der gleiche Deckungsbeitrag erzielt wird. Da es jedoch für die Praxis kaum vorstellbar ist, daß der Deckungsbeitrag pro Kapazitätsbeanspruchung konstant ist, muß neben der Entwicklung der Kapazitätsauslastung regelmäßig auch die Entwicklung der Deckungssituation abgeschätzt werden.

Abschließend lassen sich somit die entscheidungsrelevanten Informationen aus dem Bereich der »*Deckungssituation*« zur Bewertung eines Preises aus Anbietersicht folgendermaßen zusammenfassen.[43)]

43) An dieser Stelle könnte die Vermutung aufkommen, die zweifelsohne entscheidungsrelevante Information (erwarteter) *Deckungsbeitrag des betrachteten Auftrags* sei hier übersehen worden. Dies ist jedoch nicht der Fall. Letztlich stellt der *Deckungsbeitrag des betrachteten Auftrags* ja gerade die Größe dar, die es aus Anbietersicht zu bewerten gilt. Sie ist gegeben durch die Differenz aus Preisorientierungsgröße und Preisuntergrenze. Da dieser Deckungsbeitrag keine anbieter-, sondern eine *marktbezogene* Einflußgröße darstellt, wird diese Information dem Anbieter nicht hier, sondern zusammen mit der Preisorientierungsgröße zur Verfügung gestellt. Vgl. hierzu Abb. 3.12, Seite 238 f..

1) Deckungsbudget sowie Deckungsbeiträge der vertraglich abgesicherten Aufträge für die betrachtete Periode. Diese Informationen können auch sinnvoll als *relative* Kennzahl zusammengefaßt werden.
2) Geschätzte Veränderung des *Deckungsbudget-Erfüllungsgrades* in der betrachteten Periode aufgrund erwarteter Aufträge bzw. Auftragsdeckungsbeiträge (incl. der jeweils zugeordneten Wahrscheinlichkeit, falls **mehrwertige** Schätzungen vorliegen).

Nachdem nun mit der *Kapazitäts-* und *Deckungssituation* die bei der in dieser Arbeit unterstellten Zielfunktion wichtigsten anbieterbezogenen Einflußgrößen zur Bewertung eines Preises dargestellt und systematisiert wurden, soll im folgenden auf die Problematik der konkreten Angebotspreisbestimmung eingegangen werden.

3.6 DIE FESTLEGUNG DES ANGEBOTSPREISES

3.6.1 DAS INFORMATIONSTABLEAU ALS ENTSCHEIDUNGSBASIS

In den vorangegangenen Abschnitten wurde analysiert, welche Informationen grundsätzlich bei der Entscheidung über die Höhe eines anzustrebenden Vertragspreises relevant sein können. Hier soll es nun darum gehen, die Entscheidung des Anbieters in bezug auf die Höhe dieses Preises vorzubereiten. Das heißt, die vorgenannten Informationen müssen dem Entscheidungsträger vollständig zur Verfügung gestellt werden, wobei dies so komprimiert wie möglich, aber auch so differenziert wie notwendig erfolgen soll. Dazu wird in dieser Arbeit das nach folgende Informationstableau vorgeschlagen, welches auch als Preiskalkulationsschema bezeichnet werden könnte:

PREISKALKULATIONSSCHEMA (Teil 1) [1]	**Auftragsanfrage: Nr./Identifikation/Kunde etc.**				
I.	Preisuntergrenze (PUG)	(ggf. alternative Ausprägungen)			
I.2	Relevante kostenorientierte Preisuntergrenze				*******.**
I.3	Ggf. Verbundwirkungen				
I.3.a	Alternative Verbundschätzungen [2]	*******	*******	...	
I.3.b	Zugeordnete Wahrscheinlichkeiten	**%	**%	...	
I.4	Kosten- und absatzorientierte Preisuntergrenze				*******.**
I.4.a	Alternative Verbundschätzungen	*******	*******	...	
I.4.b	Zugeordnete Wahrscheinlichkeiten	**%	**%	...	
II.	falls bekannt: Preisobergrenze [3]				*******.**
III.	Preisorientierungsgrösse (POG) [4]				
III.1	Preisorientierungsgröße [5]	[db : *** %]	[POG - PUG : *******]		*******
III.2	Ggf. durch Verbundwirkungen korrigierte POG				
III.2.a	Alternative POG'n bei mehrwertig abgeschätzten Verbundwirk.	*******	*******	...	
III.2.b	Wahrscheinlichkeiten der Verbundwirkungen aus I.3.b	**%	**%	...	

Abb. 3.12.a: Informationstableau zur Angebotspreisbestimmung (Kalkulationsschema) Teil 1

PREISKALKULATIONSSCHEMA (Teil 2) **Auftragsanfrage: Nr./Identifikation/Kunde etc.**

IV.	Anbietersituation	(ggf. alternative Ausprägungen)			
IV.1	Kapazitätssituation [6]				
IV.1.1	Kapazitätsauslastung durch die (vertraglich) gesicherten Aufträge				*******
IV.1.2	Erwartete Kapazitätsauslastung in der Periode				
IV.1.2.1	Kapazitätsgrenze [7]				*******
IV.1.2.1.a	Ggf. alternativ geschätzte Ausprägungen der Kap.-grenze	*******	*******	...	
IV.1.2.1.b	Zugeordnete Wahrscheinlichkeiten	**%	**%	...	
IV.1.2.2	Geschätzte Kapazitätsauslastung in der Periode				*******
IV.1.2.2.a	Ggf. altern. Schätzungen der Kap.-auslastungen in der Periode	*******	*******	...	
IV.1.2.2.b	Zugeordnete Wahrscheinlichkeiten	**%	**%	...	
IV.1.2.3	Kapazitätsbedarf des betrachteten Auftrags				*******

V.	Anzustrebender VERTRAGSPREIS [8]	*******
VI	Verhandlungsaufschlag	*******
VII	ANGEBOTSPREIS	*******

Abb. 3.12.b: Informationstableau zur Angebotspreisbestimmung (Kalkulationsschema) Teil 2

Anmerkungen:

1) Die Aufspaltung des Preiskalkulationsschema in 2 Teile geschieht hier lediglich aus drucktechnischen Gründen. Grundsätzlich sollte jedoch angestrebt werden, die Informationen zur Preisbestimmung möglichst auf einem einzigen Kalkulationsblatt (z.B. DIN A3) abzubilden.

2) Falls Verbundwirkungen abgeschätzt werden, dürfte dies regelmäßig **mehrwertig** geschehen. Da derartige Abschätzungen kaum sinnvoll bis auf Nachkommawerte genau durchzuführen sind, wurden die Nachkommastellen in diesem Fall, wie auch bei allen übrigen, mehrwertig abzuschätzenden Informationen im obigen Schema eliminiert.

3) Im Ausnahmefall kann nicht ausgeschlossen werden, daß dem Anbieter eine konkrete Preisobergrenze bekannt ist; (vgl. z.B. Seite 127, insbesondere auch Fußnote 5.)

4) Nach den Ausführungen des Abschnitts 3.4.7 soll grundsätzlich pro Auftragsanfrage nur **eine** Preisorientierungsgröße (POG) bei der Preisbestimmung berücksichtigt werden (vgl. insbesondere Seite 222). Deshalb wird die POG im obigen Schema (Zeile III.1) zunächst nicht mehrwertig dargestellt.

Sollte der Ausnahmefall eintreten, daß abgeschätzte Situationsdeterminantenausprägungen jeweils gleiche (bzw. unwesentlich abweichende) Wahrscheinlichkeiten aufweisen (und deshalb alternative POG'n ermittelt werden, vgl. Seite 221 f.), so wäre zunächst denkbar, diese als Alternativen im obigen Schema nebeneinander darzustellen. Da die Verbundwirkungen jedoch regelmäßig als mehrwertig abgeschätzte Korrekturgröße bei der POG berücksichtigt werden müssen, ergäbe sich hieraus letztlich eine Matrix von POG'n (Korrektur jeder alternativen POG durch jede abgeschätze Ausprägung der Verbundwirkungen.) Eine solche Darstellung innerhalb des Preiskalkulationsschemas dürfte die Übersichtlichkeit allerdings erheblich einschränken. Deshalb wird vorgeschlagen, im (Ausnahme-) Fall von alternativ ermittelten POG'n, jeweils pro POG ein eigenes Kalkulationsschema zu erstellen, wobei hier zusätzlich eine Kommentierung im Kalkulationsschema aufzunehmen ist (z.B. durch Einfügen einer Zeile

Anmerkungen: (Fortsetzung)

unterhalb von III.1), welche die Ausprägung der alternativ abgeschätzten Situationsdeterminantenausprägung enthält. Hierdurch wäre sichergestellt, daß der Entscheidungsträger die Begründung des Abweichens der alternativen POG'n erhält. (Gleiches gilt entsprechend auch für die auf Seite 216 f. angesprochenen alternativen POG'n)

5) Die Informationen aus dem Bereich der POG sollten neben dem Absolutwert grundsätzlich auch den zugrundeliegenden Deckungsbeitragszuschlagssatz db sowie den entsprechenden (absoluten) Deckungsbeitrag, welcher aus der Differenz zwischen POG und PUG resultiert, abbilden.

6) Bei den Informationen aus dem Bereich der Kapazitätssituation sind zwei Fälle zu unterscheiden. Kennt der Anbieter eindeutig seine Kapazitätsgrenze (keine Subunternehmer oder feste Kapazitätskontingente der Subunternehmer), so können die Kapazitätsinformationen grundsätzlich als *relative* Werte bezogen auf die Kapazitätsgrenze dargestellt werden. Ist die Kapazitätsgrenze hingegen für den Anbieter keine eindeutige Größe, so sollten die Informationen *absolut* angegeben werden.

7) Die zu IV.1.2.1 gehörenden Zeilen des Kalkulationsschemas sind nur im Falle einer *unsicheren Kapazitätsgrenze* relevant.

8) Zur Bestimmung des **Angebotspreis** auf Basis des anzustrebenden Vertragspreises vgl. Abschnitt 3.6.4, Seite 251 f..

Im Unterschied zu herkömmlichen Kalkulationsschemata, bei denen marktbezogene Informationen höchstens indirekt in den Aufschlagssätzen auf die Selbstkosten berücksichtigt werden, sind im obigen Informationstableau anbieter- und marktbezogene Informationen **gleichermaßen explizit** enthalten. Hierdurch soll der Tatsache Rechnung getragen werden, daß Preise nicht in erster Linie durch die Kostenstruktur, sondern durch den Ausgleich zwischen Angebot und Nachfrage am Markt gebildet werden.[1]

Während bei den Kalkulationsschemata der traditionellen Form der Angebotspreis letztlich durch eine (»*relativ triviale*«) Additionsrechnung festgelegt werden kann,[2] ist die gleiche Entscheidung nach der Vorgehensweise dieser Arbeit wesentlich komplexer, da die marktbezogenen Informationen **explizit** berücksichtigt werden müssen. Hierauf soll nun im folgenden genauer eingegangen werden.

3.6.2 DIE PROBLEMATIK DER ABBILDUNG DES ENTSCHEIDUNGSVERHALTENS

Verkürzt dargestellt könnte man vermuten, daß es in diesem Abschnitt darum geht, die Bestimmung einer Funktion *f* zu beschreiben, welche für einen Entscheidungsträger folgende Relation abbildet:

$$AV(X) = f\,[\,(PUG\,(X), POG\,(X), AS\,]$$

mit:
- AV(X) : anzustrebender Vertragspreis der Auftragsanfrage X
- PUG(X) : Preisuntergrenze der Auftragsanfrage X
- POG(X) : Preisorientierungsgröße der Auftragsanfrage X
- AS : Anbietersituationsbezogene (unsichere) Informationen (Kapazitäts- und Deckungssituation)

Da die unabhängigen Variablen dieser Funktion zum größten Teil keine sicheren Größen darstellen, muß die Funktion *f* die Risikoeinstellung des Entscheidungsträgers berücksichtigen.[3] Hierzu sei folgendes kurze Beispiel angeführt:

1) Zur Forderung der expliziten Einbeziehung von Marktinformationen in die Preiskalkulation vgl. auch Schweinhardt (1974), Sp. 1663.

2) So z.B. Gsell/Bossard (1948), S. 26; vgl. hierzu auch Simon (1982), S. 97.

3) "So hängen preispolitische Aktivitäten in der Praxis sehr stark von der Risikobereitschaft der Entscheidungsträger ab". Meffert (1986), S. 325. Vgl. ähnlich Lange (1972), S. 163.

Auftragsanfrage : Nr. 1234 / **Kunde** : Schmitz & Co., Köln

I. P R E I S U N T E R G R E N Z E

I.1	Absolute kostenorientierte PUG	:	100.00 GE
I.2	Relevante kostenorientierte PUG	:	130.00 GE
I.3	Verbundwirkungen	:	---.-- GE
I.4	Kosten- und absatzorientierte PUG	:	130.00 GE

III. P R E I S O R I E N T I E R U N G S G R Ö S S E 200.00 GE

Deckungsbeitrag	:	70.00 GE
Aufschlagssatz	:	53.85 %

IV. A N B I E T E R S I T U A T I O N

IV.1 KAPAZITÄTSSITUATION

IV.1.1 Kapazitätsauslastung (auf der Basis vertr. zugesagter Aufträge)	:			65 %
IV.1.2 Erwartete Kapazitätsauslastung (auf der Basis des geschätzten Auftragseingangs für die betrachtete Periode)	:	85 %	110 %	
(subjektive) Wahrscheinlichkeiten	:	65 %	35 %	
IV.1.3 Kapazitätsbedarf (des betrachteten Auftrags)	:			4 %

IV.2 DECKUNGSSITUATION

Soll-Deckungsbudget	:			5000 GE
IV.2.1 Deckungsbeitragssumme (DBS) (auf der Basis vertr. zugesagter Aufträge)	:			3000 GE
IV.2.2 Erwartete Entwicklung der DBS (auf der Basis des geschätzten Auftragseingangs für die betrachtete Periode)	:	4250 GE	4750 GE	
(subjektive) Wahrscheinlichkeiten	:	30 %	70 %	

Abb. 3.13: Bsp.: Informationstableau zur Bestimmung des »*anzustrebenden Vetragspreises*«

Berechnet man für die hier betrachtete Auftragsanfrage die Kennzahl »*Deckungsbeitrag pro Kapazitätsbeanspruchung*«, so ergibt sich ein Wert von (70 GE / 4 % =) 17,5. Der entsprechende *durchschnittliche* Wert aller bereits vertraglich zugesagter Aufträge in der Periode beträgt ca. 46,15 (= 3000 GE / 65 %). Somit ist zunächst festzuhalten, daß es sich bezüglich dieses Kriteriums um einen **unterdurchschnittlichen** Auftrag handelt.

Berücksichtigt man nun noch die Informationen aus dem Bereich der Anbietersituation, so wird die Preisentscheidung in erster Linie durch die mehrwertige Abschätzung von erwarteter *Kapazitätsauslastung* und *Deckungsbudgeterfüllungsgrad* erheblich erschwert. Für den Entscheidungsträger kann die Problemstellung hier vereinfachend mit Hilfe der nachfolgenden Fragestellung zusammengefaßt werden.

> Soll für den Auftrag ein Vertragspreis in Höhe der Preisorientierungsgröße angestrebt werden, obwohl der Deckungsbeitrag pro Kapazitätsbeanspruchung unterdurchschnittlich ist und zudem die Gefahr besteht, daß es in der betrachteten Periode zu Kapazitätsengpässen kommen kann, wodurch später evtl. qualitativ bessere Aufträge abgelehnt werden müssen ?

Tendenziell dürfte die Entscheidung in Abhängigkeit der *Risikoeinstellung* des Entscheidungsträgers folgendermaßen aussehen. Je risikofreudiger ein Entscheidungsträger ist, desto eher wird er einen Vertragspreis anstreben, der **höher** ist als die Preisorientierungsgröße. Die Gefahr, den Auftrag dann nicht zu erhalten, wird hier durch die Hoffnung auf attraktivere Aufträge kompensiert. Entscheidungsträger mit Risikoaversionen werden hingegen eher bereit sein, den Auftragserhalt zu den erwarteten Konditionen anzustreben. In diesem Fall dürfte die Furcht vor einer geringen Kapazitätsauslastung (im negativen Fall eine Auslastung von nur 80% bei einer Wahrscheinlichkeit hierfür von 60%), und der damit noch gesteigerten Schwierigkeit der Deckungsbudgeterfüllung die Hoffnung auf genügend qualitativ bessere Aufträge dominieren.

Klar geworden sein dürfte anhand dieses Beispiels, daß die oben angesprochene Funktion *f* höchstens entscheidungsträgerindividuell, nämlich durch explizite Berücksichtigung der subjektiven Risikoeinstellung zu konkretisieren ist.[4] Für einen Entscheidungsträger könnten nun theoretisch zwei alternative Wege zur Bestimmung einer Funktion *f* eingeschlagen werden. Zum einen wäre denkbar, daß der Entscheidungsträger nach Bestimmung **aller möglichen Ausprägungen** des Argumentvektors der Funktion *f* jedem dieser Vektoren einen anzustrebenden Vertragspreis zuweist.

In der Realität kann jedoch davon ausgegangen werden, daß die Anzahl möglicher Ausprägungen alternativer Argumentvektoren der Funktion *f* unendlich groß ist. Aus dieser Feststellung leitet sich direkt die Unmöglichkeit ab, das Entscheidungsverhalten des Anbieters mit Hilfe einer vollständigen Enumeration aller Situationsmöglichkeiten zu analysieren.[5]

Eine zweite Möglichkeit, die obige Beziehung allgemein zu konkretisieren, könnte dann realisiert werden, wenn der Entscheidungsträger ungefähre Vorstellungen über den Funktionstyp von *f*, bzw. über das Aussehen dieser Funktion hat. In diesem Fall kann z.B. versucht werden, durch Ausprobieren mit einzelnen Vektoren *f* genauer zu bestimmen.

Fraglich ist allerdings, ob ein Entscheidungsträger in der Praxis ungefähre Vorstellungen über die hier diskutierte Funktion *f* haben kann. Dies würde voraussetzen, daß er in etwa die Wirkungszusammenhänge zwischen den einzelnen Argumenten der Funktion *f* **unter Berücksichtigung seiner Risikoeinstellung** überblickt. Geht man davon aus, daß ein Anbieter für die betrachtete Periode Kapazitätsengpässe nicht vollständig ausschließen kann, so existieren in der Minimalkonstellation (auf der Aggregationsebene des in dieser Arbeit vorgeschlagenen Kalkulationsschemas) bereits 7 Inputvariable für die Funktion *f*, nämlich die Preisuntergrenze, die Preisorientierungsgröße, die Kapazitätsbeanspruchung durch den betrachteten Auftrag, die Kapazitätsauslastung, die (risikobehaftete) erwartete Kapazitätsveränderung, den erreichten Deckungsbudgeterfüllungsgrad sowie die geschätzte (und damit auch wieder risikobehaftete) Veränderung der Deckungsbudgeterfüllung. Da das tatsächliche Entscheidungsverhalten in der Praxis kaum als linear unterstellt werden kann, scheint die These, daß die Möglichkeit der Abschätzung des ungefähren Verlaufs der Funktion *f* weit über die menschlichen Fähigkeiten hinausgeht, zumindest unter realitätsnaher und insbesondere ökono-

---

4) Zur Subjektivität der Preisentscheidungen vgl. auch Backhaus/Plinke (1978), S. 5 f., Oxenfeldt (1951), S. 151, Wiegmann (1977), S. 73-77.

5) Vgl. Dichtl (1971), S. 137.

mischer Betrachtung kaum angreifbar. Akzeptiert man diese These, so kann hier bereits festgehalten werden, daß keine der beiden oben angesprochenen Vorgehensweisen als praktikable Methode zur Konkretisierung der Funktion *f* geeignet ist.

Alternativ zur Bestimmung einer mathematischen Funktion *f* könnte nun daran gedacht werden zu versuchen, das Entscheidungsverhalten mit Hilfe der Formulierung von (entscheidungsträger-individuellen) Entscheidungsregeln abzubilden. Hierzu ist jedoch anzumerken, daß neben der auch hier relevanten Problematik der Dynamik des Entscheidungsverhaltens, die Komplexität der Entscheidungen kaum zu bewältigen sein dürfte. Denn wie oben angesprochen, müßten im Minimalfall 7 Einflußgrößen bei der Formulierung der Entscheidungsregeln berücksichtigt werden. Es ist kaum vorstellbar, daß dies in der Praxis mit vertretbarem Aufwand für alle denkbaren Fälle ohne das Auftauchen von Widersprüchen innerhalb dieser Regeln gelingen könnte.

Abgesehen von der Problematik der Ermittlung der Funktion *f* bzw. der entsprechenden Entscheidungsregeln dürfte die zu erfassende Risikoeinstellung des Entscheidungsträgers in der Praxis eine bisher nicht angesprochene Eigenschaft besitzen, welche das hier betrachtete Problemfeld noch komplexer erscheinen läßt. Geht man davon aus, daß das Entscheidungsverhalten in der Praxis nicht als <u>statisch</u>, sondern als <u>dynamisch</u> angesehen werden muß,[6] so hätte die Funktion *f* (bzw. die entsprechenden Entscheidungsregeln) entweder nur Gültigkeit für einen einzigen **Zeitpunkt** oder aber die Dynamik des Entscheidungsverhaltens müßte explizit berücksichtigt werden.

Eine *statische* Erfassung des Entscheidungsverhaltens wäre also streng genommen für jeden Entscheidungszeitpunkt neu zu bestimmen. Wenn nun aber schon die Problematik der einmaligen Erfassung wegen der Komplexität in der Realität kaum lösbar sein dürfte, kann zumindest davon ausgegangen werden, daß in der Praxis der Aufwand zur Erfassung der Risikoeinstellung des Entscheidungsträgers in keinem Verhältnis zur alternativen Einzelfallentscheidung über die Angebotspreise der Auftragsanfragen eines Zeitpunktes stehen dürfte. Insofern kann die Ermittlung der Risikoeinstellung ohne Berücksichtigung der Dynamik unter realitätsnaher Betrachtung keinen erfolgver-

---

6) Hier könnten beispielsweise **Lerneffekte** genannt werden.

sprechenden Lösungsansatz darstellen. Auf der anderen Seite dürfte es kaum Widersprüche geben, wenn die These vertreten wird, daß ein Entscheidungsträger höchstens in einer modelltheoretischen Betrachtung die Entwicklung seiner zukünftigen Risikoeinstellung prognostizieren und abbilden kann.

Abschließend bleibt hier festzuhalten, daß es für einen Entscheidungsträger[7] in der Praxis grundsätzlich unmöglich, zumindest jedoch vom Kosten-Nutzen Verhältnis kaum sinnvoll sein kann, zu versuchen, sein Entscheidungsverhalten bezüglich der Preisbestimmung mit Hilfe einer Funktion bzw. durch Entscheidungsregeln abzubilden.

3.6.3 DIE PRAKTISCHE ENTSCHEIDUNG ÜBER DEN »*ANZUSTREBENDEN VERTRAGSPREIS*«

Geht man davon aus, daß in der Praxis keine formal abbildbare Entscheidungstechnik bestimmbar ist, welche bezüglich der im vorigen Abschnitt diskutierten Problematik grundsätzlich ein *entscheidungsträgerindividuell* zieloptimales Ergebnis liefert, so kann hiermit die Grenze zwischen theoretischer und praktischer Betriebswirtschaft verdeutlicht werden. Während in der hier betrachteten Situation die praktische Betriebswirtschaft an ihre Grenze stößt, behilft sich der theoretische Zweig durch Bildung von **Prämissen**, z.B. bezüglich der Abbildbarkeit der Risikoeinstellung des Entscheidungsträgers oder der Determiniertheit von Marktdaten. Da in dieser Arbeit die **Praktikabilität** ein wesentliches Kriterium darstellt,[8] wird eine Problemlösung durch Bildung einschränkender Prämissen abgelehnt, soweit diese einer Anwendung des hier vorgestellten Unterstützungssystems zur Preisbestimmung in der Praxis entgegenstehen. Für die Entscheidung über den anzustrebenden Vertragspreis auf dem hier betrachteten Markt gilt, daß sie in der Praxis bisher durch kein bekanntes Modell hinreichend genau abgebildet werden kann,[9] weshalb folgende These gerechtfertigt erscheint:

---

7) Berücksichtigt man zusätzlich noch die Möglichkeit, daß nicht ein, sondern mehrere Entscheidungsträger über den anzustrebenden Vertragspreis bestimmen (vgl. z.B. Simon (1982), S. 429), so wird die Problematik wegen möglicher bzw. wahrscheinlicher *interpersoneller Konflikte* noch komplexer.
Vgl. hierzu auch Wiegmann (1977), S. 34 und S. 77-82.

8) Vgl. Seite 2.

9) Die beiden wichtigsten Gründe hierfür dürften in der Unsicherheit der Input-Informationen und der Problematik der Abbildung der entscheidungsträgersubjektiven Risikoeinstellung (vgl. Wiegmann (1977), S. 77) liegen.

Auf der Basis aller Informationen, die unter Beachtung der Wirtschaftlichkeit in der Praxis beschaffbar sind,[10] kann der Entscheidungsträger die konkrete Preisentscheidung (unter zumindest impliziter Berücksichtigung der bestehenden Unsicherheitsprofile) **letztlich** nur **subjektiv unternehmerisch** treffen.

Sieht man einmal von eng eingegrenzten theoretischen Modellen ohne direkten Praxisbezug ab, so findet sich insbesondere in der aktuelleren Literatur diese These nahezu einhellig bestätigt.[11] WIEGMANN stellt hierzu fest: "Der Mensch behält ... [Ausl. d. Verf.] nach wie vor die Schlüsselposition jeder Gestaltsentscheidung".[12] Neben den von WIEGMANN ausgewählten Zitaten zur Belegung dieser Behauptung[13] und somit auch der obigen These dieser Arbeit, seien noch einige weitere Literaturstellen hierzu angeführt.

So argumentiert RIEBEL: "Die Daten des Marktes - und dazu gehört der erzielbare Preis - kann naturgemäß weder die Kostenrechnung noch die Deckungsbeitragsrechnung liefern. Diese Daten - mit oder ohne Marktforschung - richtig abzuschätzen, ist eine Kunst, die einen reichen Schatz an theoretisch richtig interpretierten Erfahrungen und einen sechsten Sinn für kommende Dinge erfordert; aber gerade diese Kunst ist es ja, die den Unternehmer und den Verkaufsleiter auszeichnet."[14]

Ebenso stellt KILGER fest: "Für die *Bestimmung von Verkaufspreisen*, die unter Berücksichtigung der Marktverhältnisse für eine Unternehmung am günstigsten sind, stehen auch bei Anwendung einer Grenzplankostenrechnung und Deckungsbeitragsrechnung *keine exakten Verfahren* zur Verfügung."[15] Aufgrund der in der Realität kaum möglichen Ermittlung von Preisabsatzfunktionen gilt: "In der Praxis ist man daher weitgehend darauf angewiesen, marktgerechte Preise aufgrund von Intuition und Erfahrung festzulegen."[16]

---

10) Das in dieser Arbeit vorgeschlagene *Kalkulationsschema* kann als ein Versuch angesehen werden, die in der These angesprochenen Informationen zusammenfassend darzustellen.

11) " K e i n uns bekannter Verfasser preispolitischer Modelliteratur vergißt die Relativierung der Rolle des eigenen oder dargestellten, formalisierten Entscheidungsinstrumentariums." Wiegmann (1977), S. 268 f..
Dabei bezieht sich die hier angesprochene *Relativierung* auf "Die besondere Bedeutung des Menschen in der modellgestützten Preisentscheidung". Ebenda, S. 268.

12) Wiegmann (1977), S. 268.

13) Vgl. ebenda, S. 268-270.

14) Riebel (1990) S. 260.

15) Kilger (1980a), S. 312.

16) Kilger (1988), S. 747.

In ihrem Standardwerk zum Marketing führen NIESCHLAG / DICHTL / / HÖRSCHGEN aus: "Die Preisfindung in der Praxis wird im Regelfall also nicht durch ein Optimierungskalkül abgesichert, sondern durch ein auf vorhandene, wenngleich unvollkommene Informationen gestütztes Herantasten an den »optimalen« Preis gekennzeichnet sein." [17)]

Der Verweis auf das »*Herantasten*«, der auch schon bei SCHMALENBACH zu finden ist,[18)] kann so interpretiert werden, daß hier anstelle ausschließlich konkret definierter Rechenvorschriften, auch nicht-rational begründbare Entscheidungseinflüsse wirksam werden.

Bei BESTE findet sich hierzu folgende Aussage: "Preispolitik ist eine der erregendsten Tätigkeiten jeden Wirtschafters, besonders des Unternehmers. Mit Erkenntnissen allein, die durch Wissenschaft, sei es Erfahrung, sei es Theorie, gewonnen werden, läßt sich Preispolitik nicht treiben. Sie ist zum Teil eine Kunst, die Übung und vielleicht auch Begabung voraussetzt. Rationales und Irrationales fließen bei ihr ineinander ".[19)]

Ausgehend von teilkostenbasierten Preisuntergrenzen argumentiert MANN bezüglich der Preisbestimmung: "Die Preisbildung verlangt eine gute Marktkenntnis und das Gespür für günstige Gelegenheiten. Wenn hier für die intuitive Entscheidung des Außendienstes eine Lanze gebrochen wird, so geschieht das in aufrichtiger Überzeugung. Ermittlungsverfahren und Überlegungen am grünen Tisch würden das Ergebnis verschlechtern." [20)]

Auch HERAEUS kommt zu dem Schuß: "Die Preisfestsetzung ... [Ausl. d. Verf.] ist vielmehr eine echte unternehmerische Entscheidung, die nicht durch eine noch so genaue und umfangreiche Rechnung ersetzt werden kann."[21)]

Bei KRAUTTER heißt es hierzu: "Vergleicht man die unbestreitbare Komplexität der Marktphänomene mit dem gegenwärtigen Stand der Forschung in der Unternehmensforschung und der mathematischen Statistik, dann erscheint das Unterfangen, das Verhalten von Unternehmern und Konsumenten in einem mathematischen Modell realistisch abbilden und praktisch brauchbare

---

17) Nieschlag/Dichtl/Hörschgen (1991), S. 300.
18) "Der zugeschlagene Gewinn ist vielmehr eine veränderliche Größe, mit der der Kalkulator sich an den erzielbaren Marktpreis heranfühlt." Schmalenbach (1963), S. 486.
19) Beste (1964), S. 143.
20) Mann (1973), S. 150.
21) Heraeus (1962), S. 174.

optimale Entscheidungsregeln für das unternehmerischen Verhalten ableiten zu wollen in der Tat aussichtslos." [22]

ZOLLER führt zu dieser Problematik an: "Aus der praktischen Erfahrung des Verfassers soll lediglich festgestellt werden, daß die »Treffsicherheit« eines abzugebenden Angebotspreises weder durch die Vollkostenrechnung noch durch eine Teilkostenrechnung mit ergänzender Deckungsbudget-Kalkulation befriedigend gewährleistet werden kann, sondern ausschließlich durch unternehmerischen Instinkt und möglichst zutreffende Informationen über das voraussichtliche Preisverhalten der potentiellen Mitbewerber." [23]

Der Unternehmensberater FINKENRATH stellt fest: "Es gibt gerade bei der Belegung der Kapazität und gerade bei der Festlegung von Preisen für die einzelnen Aufträge keine betriebswirtschaftliche Berechnung. Hier ist ein großer Spielraum für die unternehmerische Initiative und für den unternehmerischen Spürsinn." [24]

Bei NAGTEGAAL findet sich folgendes Zitat: "Vor zwei Gefahren muß allerdings gewarnt werden: Erstens ist jede Generalisierung für die praktische Preisbestimmung fehl am Platze. Zweitens sollten auf Erfahrung basierendes Urteilsvermögen und Common sense nicht durch die Ansammlung von Informationen und die Verwendung von mathematischen Techniken und statistischen Methoden verdrängt werden. Bis für die praktische Preisbestimmung ein schrittweise aufbauendes Verfahren entwickelt werden kann, bleibt ein gesundes Urteilsvermögen eine wesentliche Voraussetzung für den Erfolg." [25]

Zu einem ähnlichen Ergebnis kommt auch JACOB: "Mögen auch die Bemühungen im Rahmen der Betriebswirtschaftslehre, zieladäquate Preise unter Beachtung der jeweils relevanten Daten abzuleiten, zu beachtenswerten Einsichten und Ergebnissen geführt haben, so ist es letztlich doch der einzelne Entscheidungsträger, der in einem konkreten Falle darüber zu befinden hat, wie vorzugehen ist, von welchen Hilfsmitteln Gebrauch gemacht werden soll und was alles zu berücksichtigen ist, um den Preis herauszufinden und zu bestimmen, den das Unternehmen fordern soll. Dieser Entscheidungsträger kann durch kein Computerprogramm ersetzt werden." [26]

---

22) Krautter (1973), S. 2.
23) Zoller (1988), S. 212.
24) Finkenrath (1980a), S. 150.
25) Nagtegaal (1974), S. 14.
26) Jacob (1985), S. 13. Vgl. hierzu auch Salz (1991), insbesondere S. 60.

Als Fazit kann nun hier unter realitätsnaher Betrachtung festgehalten werden, daß die letztliche Entscheidung über die Höhe des anzustrebenden Vertragspreises nicht durch ein allgemeines *Optimierungsmodell* abbildbar ist.[27] Selbst entscheidungsträgerindividuelle Modelle dürften kaum formulierbar sein, da die notwendige explizite Abbildung der Risikoeinstellung des Entscheidungsträgers in der Praxis nahezu unmöglich ist.[28] Insofern kann das Ziel eines Entscheidungsunterstützungssystems zur Preisbestimmung nur darin bestehen, alle für die Problemstellung als relevant erachteten Informationen in möglichst überschaubarer Form zur Verfügung zu stellen. Dies zu realisieren, wurde mit dem Informationstableau (*Kalkulationsschema*) [29] in der vorliegenden Arbeit versucht.

3.6.4 ANGEBORTSPREISBESTIMMUNG AUF DER BASIS DES ANZUSTREBENDEN VERTRAGSPREISES

Häufig gilt für Preisverhandlungen, daß der Nachfrager den vom Anbieter genannten Preis quasi routinemäßig als »*zu teuer*« bezeichnet, um so den Anbieter zu Preiszugeständnissen zu bewegen.[30] Diese fast als Usance zu bezeichnende Vorgehensweise kann ein Anbieter nun bei der Angebotspreisbestimmung antizipieren, indem er den *anzustrebenden Vertragspreis* um einen geschätzten Verhandlungsabschlag erhöht.[31] Somit kann die Festlegung des **Angebotspreises** nach Ermittlung des *anzustrebenden Vertragspreises* in zwei Schritten erfolgen:

1) Zunächst sollte der *anzustrebende Vertragspreis* grundsätzlich um eine für die jeweilige Branche als »*normal*« angesehene Verhandlungsmarge erhöht werden. In Ausnahmefällen, wenn z.B. ein Anbieter dafür bekannt ist, daß er bei Preisverhandlungen für seine qualitativ überdurchschnittlichen Produkte nur minimale Verhandlungsabschläge gewährt, sind selbstverständlich solche anbieterindividuellen, anstatt der branchenüblichen Aufschläge zu berücksichtigen.

---

27) Vgl. hierzu auch Simon (1982), S. 20 f..
28) Vgl. Wiegmann (1977), S. 147 f..
29) Vgl. Seite 238 f..
30) Vgl. Baensch (1976), S. 544.
31) Vgl. Jacob (1985), S. 38, Müller-Lindenberg (1976), S. 182, Plinke (1985), S. 61.

2) Im zweiten Schritt ist ggf. eine Korrektur des unter 1) festgelegten Angebotspreises vorzunehmen. Diese ist davon abhängig, ob vom betrachteten Nachfrager besondere *Verhandlungseigenschaften* bekannt sind. Als Beispiel wäre hier zu nennen, daß bestimmte Nachfrager ihre Kaufentscheidung, überspitzt formuliert, »primär vom erzielten Verhandlungsabschlags abhängig machen«.[32] In diesem Fall sollte der Angebotspreis auf der Basis des anzustrebenden Vertragspreises mit Hilfe eines entsprechend branchenüberdurchschnittlichen Verhandlungsaufschlag bestimmt werden, wobei jedoch grundsätzlich die Gefahr beachtet werden muß, daß es wegen eines zu hohen Angebotspreises ggf. zu keinen weiteren Verhandlungen kommen kann.[33]

Auch bezüglich der Bestimmung von *branchenüblichen* und/oder *nachfragerindividuellen* Verhandlungsaufschlägen kann die in dieser Arbeit vorgestellte Vorgehensweise dem Entscheidungsträger Hilfestellung leisten. Dies begründet sich aus der Empfehlung, bei der Archivierung der abgeschlossenen Aufträge bzw. Auftragsanfragen auch Informationen über die Höhe des Angebotspreises zu archivieren.[34] Durch entsprechende Selektionen über z.B. Kunden, Kundengruppen oder Marktsegmente innerhalb der Auftragsdatenbank sollten somit Verhandlungsmargen gezielter festzulegen sein als ohne explizite Berücksichtigung des empirischen Datenmaterials.

---

32) So ist dem Autor ein Prämiensystem bekannt, welches den Einkäufern eines deutschen Großunternehmens bis vor einigen Jahren noch Gehaltszulagen abhängig von den bei Preisverhandlungen erzielten Abschlägen vom Angebotspreis sicherte.
33) Vgl. Plinke (1985), S. 61.
34) Vgl. hierzu Abschnitt 3.4.5.3, Seite 169 f..

3.7 DIE BERÜCKSICHTIGUNG DER DYNAMIK BEI DER ANGEBOTSPREISBESTIMMUNG

Das Zustandekommen eines Vertragspreises bzw. dessen Höhe wird auf dem **Markt** als Ort des Zusammentreffens von Angebot und Nachfrage entschieden.[1] Da die am Marktgeschehen Beteiligten grundsätzlich als *dynamische Akteure* anzusehen sind, muß ein System zur Angebotspreisbestimmung letztlich auch **dynamisch** konzipiert sein.[2] Diese Forderung wurde im vorliegenden Modell durch einen **kybernetischen** Ansatz realisiert, indem die Analyseergebnisse aus abgeschlossenen Preisverhandlungen Einfluß auf die Bestimmung zukünftiger Preisorientierungsgrößen und damit auch zukünftiger Angebotspreise nehmen. Zur Erläuterung dieser Aussage bietet es sich an, von einer groben Zusammenfassung der Angebotspreisbestimmung im Sinne dieser Arbeit auszugehen.

Der erste relevante Schritt zur Bearbeitung von Auftragsanfragen dürfte bei vorausgesetztem grundsätzlichen Interesse am Auftragserhalt die Bestimmung der Preisuntergrenze sein. Auf dieser Basis wird dann mit Hilfe der abgeschlossenen, archivierten Aufträgen bzw. Auftragsanfragen ein Aufschlagssatz festgelegt, welcher aus der Preiserfahrung des Anbieters den wahrscheinlich am Markt erzielbaren Aufschlagssatz darstellt. Das Produkt dieses Aufschlagssatzes und der Preisuntergrenze wird in dieser Arbeit als *Preisorientierungsgröße* bezeichnet. Danach ist unter Berücksichtigung der Preisuntergrenze, (ggf. der Preisobergrenze) sowie der *Preisorientierungsgröße* die Entscheidung über den *anzustrebenden Vertragspreis* zu treffen. Dieser wird schließlich mit Hilfe eines abgeschätzten Verhandlungsaufschlags in den letztlich gesuchten *Angebotspreis* überführt.

Im Anschluß an die **Preisverhandlungen** mit dem Nachfrager entscheidet der Anbieter über die Höhe des aus »*ex-post-Sicht*« optimalen anzustrebenden Vertragspreises bzw. des hierzu gehörigen Deckungsbeitragszuschlagssatzes. Dieser »*ex-post*« optimale Deckungsbeitragszuschlagssatz wird dann als »**feed-back**« Information in der Auftragsdatenbank abgespeichert und nimmt somit Einfluß auf zukünftig zu bestimmende Preisorientierungsgrößen für Auftragsanfragen mit ähnlichen bzw. gleichen Situationsdeterminantenausprägungen.

---

1) Vgl. z.B.: Simon (1982), S. 15.
2) Vgl. hierzu auch allgemein Krautter (1974), S. 263, Simon (1982), S. 25 f..

Aus dieser Grobbeschreibbung ergibt sich, daß die Angebotpreisbestimmung im Sinne dieser Arbeit als ***kybernetisches Modell*** interpretiert werden kann. Dabei ist die Preisorientierungsgröße als **Sollgröße**, die Preisverhandlung als **Regelstrecke** und der *»ex-post«* optimale Deckungsbeitragszuschlagssatz als **Regelgröße** anzusehen.

Die nachfolgende Abbildung soll den Gesamtzusammenhang sowie den kybernetischen Ansatz des hier vorgestellten Modells noch einmal zusammenfassend darstellen.

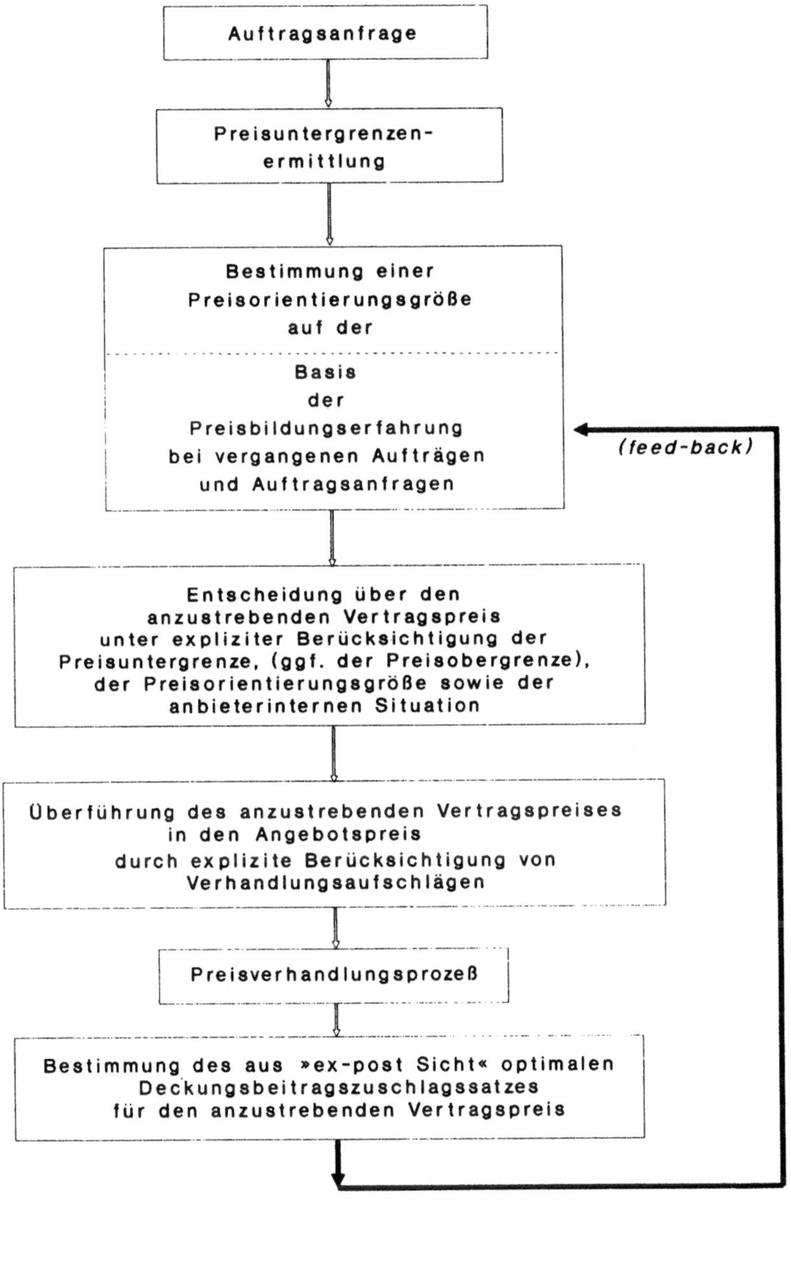

Abb. 3.14: Regelkreismodell der Angebotspreisbestimmung

3.8 ORGANISATORISCHE ASPEKTE BEI DER PREISBESTIMMUNG

Die Organisation im Sinne einer Aufgabenverteilung zwischen den einzelnen Funktionsbereichen eines Unternehmens stellt für die Wirksamkeit eines Preisbestimmungssystems, wie es in dieser Arbeit dargestellt wurde, einen nicht zu unterschätzenden Faktor dar. Allgemein kann bezüglich der hier interessierenden Problematik grob von folgender Aufbauorganisation eines Unternehmens ausgegangen werden: [1]

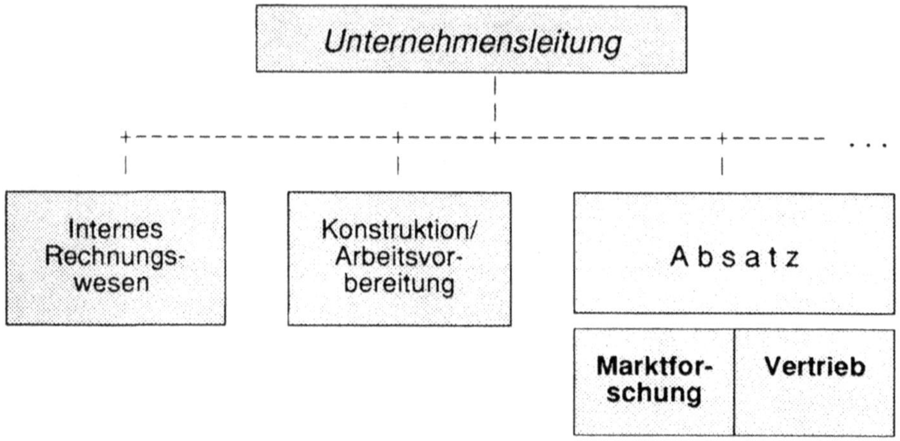

Abb. 3.15: Teilausschnitt »Allgemeine Aufbauorganisation«

In dieser Abbildung scheint lediglich die weitere Unterteilung der Organisationseinheit »*Absatz*« erklärungsbedürftig; als Differenzierungskriterium soll hier die *Abhängigkeit* bzw. *Unabhängigkeit* von konkreten Akquisitionsfällen dienen. Insofern wird vereinfachend folgende Aufgabenverteilung unterstellt. Alle absatzbezogenen Aufgaben, welche **losgelöst von konkreten Aufträgen** zu sehen sind, werden grundsätzlich bei der Organisationseinheit *Marktforschung* angesiedelt, während sich der *Vertrieb* mit den **auftragsspezifischen Absatzaktivitäten** beschäftigt. Auf der Basis der obigen Aufbauorganisation

1) Mit dieser Abbildung wird nicht unterstellt, daß zur Angebotspreisentscheidung nach dem Konzept der vorleigenden Arbeit die im obigen Schema enthaltenen Elemente tatsächlich als separate Organisationseinheiten existieren müssen. Ist z.B. in einem kleineren Unternehmen nur eine Person für den Bereich *Absatz* zuständig, so fallen eben die nachfolgend den Bereichen Marktforschung und Vertrieb zugewiesenen Aufgaben in dessen Zuständigkeit.

2) In dieser Abbildung sind explizit nur solche Organisationseinheiten angeführt, bei denen eine Zuständigkeit bezüglich der Problematik der Angebotspreisbestimmung unterstellt werden kann.

soll nun im folgenden eine mögliche, grobe Ablauforganisation für das in dieser Arbeit vorgestellte Modell zur Angebotspreisbestimmung aufgezeigt werden.

Geht man davon aus, daß der betrachtete Anbieter eine Auftragsanfrage erhalten hat, so besteht der erste Handlungsschritt zur Angebotspreisbestimmung darin, die **Preisuntergrenze** zu ermitteln, vorausgesetzt der Anbieter hat grundsätzlich Interesse an dem potentiellen Auftrag. In dieser Arbeit wurden die *absolute* (Einzelkosten), die *relevante kostenorientierte* (Einzelkosten plus zugewiesene variable Gemeinkosten) sowie die *kosten- und absatzorientierte Preisuntergrenze* unterschieden.[3]
Zumindest für die Bestimmung der beiden kostenorientierten Preisuntergrenzen scheint organisatorisch ausschließlich die Organisationseinheit *internes Rechnungswesen* - bzw. genauer die Kostenrechnungsabteilung in Frage zu kommen.[4] Um schließlich von der relevanten kostenorientierten Preisuntergrenze zur *kosten- und absatzorientierten Preisuntergrenze* zu kommen, müssen die **Verbundinformationen** berücksichtigt werden. Diese sind am ehesten von denjenigen abschätzbar, die am engsten mit dem Marktgeschehen konfrontiert sind. Da die Verbundwirkungen grundsätzlich auftragsspezifisch zu erfassen sind, wird hier vorgeschlagen, diese Aufgabe ablauforganisatorisch dem »*Vertrieb*« gemäß Abb. 3.14 zuzuordnen. Somit wären die Aufgaben zur Bereitstellung der Preisuntergrenzeninformationen für das in dieser Arbeit vorgestellte Kalkulationstableau verteilt.

Da es nicht auszuschließen ist, daß in Ausnahmefällen auch eine Preisobergrenze abgeschätzt werden kann, wäre nun zunächst die »*Marktforschung*« gefordert, ggf. einen ungefähren Maximalpreis zu ermitteln, welcher z.B. durch Substitutionsgüter/ -dienstleistungen vorgegeben wird. Ergänzend zu diesem eher aufragsübergreifenden Arbeitsschritt dürfte es ansonsten regelmäßig Aufgabe des »*Vertriebs*« sein, Überlegungen bezüglich der auftragsabhängigen Preisobergrenze (z.B. Nachfragerbudget) anzustellen.

Als zentrales Hilfsmittel zur Preisbestimmung wurde in dieser Arbeit die »*Preisorientierungsgröße*« vorgestellt. Die Aufgaben zur Realisierung eines Bestimmungssystems für derartige Größen können in Erweiterung von Abb. 3.5 [5] grob folgendermaßen gegliedert werden:

---

3) Vgl. Abb. 3.2, Seite 126.
4) Vgl. z.B. Kloock/Sieben/Schildbach (1991), S. 16.
5) Vgl. Seite 152.

I.	**Aufbau des Systems zur Bestimmung von Preisorientierungsgrößen**
I.1	Auswahl von Größen als Situationsdeterminanten (*Preiseinflußgrößen*)
I.2	Aufbau der vergangenheitsbezogenen Datenbasis (Ermittlung der Situationsdeterminantenausprägungen, Deckungsbeitragszuschlagssatzes etc. pro abgeschlossenem Auftrag bzw. Auftagsanfrage)
I.3	Analyse der Datenbasis zur Bestimmung der Relation zwischen Situationsmuster und Deckungsbeitragszuschlagssätzen
I.3.1	Festlegung alternativer Einflußgrößenreihenfolgen
I.3.2	Durchführung des »*iterativen Näherungsprozesses*« zur Identifizierung von Auftragsgruppen gleicher bzw. ähnlicher Situationsdeterminatenausprägungen **und gleichzeitig** (relativ) homogenen Aufschlagssätzen (»*Situationen*«).
II.	**Anwendung des Systems zur Bestimmung von Preisorientierungsgrößen**
II.1	Bestimmung der aktuellen Ausprägungen der Situationsdeterminanten für die zu bewertende Auftragsanfrage
II.2	Bestimmung der Preisorientierungsgröße
II.2.1	Einordnung der Auftragsanfrage in die mit Hilfe des *iterativen Näherungsprozesses* analysierten Einflußgrößenreihenfolgen
II.2.2	Auswahl desjenigen *Auftragsclusters*, welcher als Element die zu bewertende Auftragsanfrage enthält, und bei dem die Aufschlagssätze der archivierten Aufträge bzw. Auftragsanfragen *relativ homogen* sind
II.2.3	Bestimmung der Preisorientierungsgröße durch Multiplikation der Preisuntergrenze mit dem für den ausgewählten Auftragscluster typischen Deckungsbeitragszuschlagssatz
II.3	Ermittlung des ex-post optimalen Aufschlagssatzes und Archivierung des Auftrags bzw. der Auftragsanfrage.

Abb. 3.16: Grobarbeitsschritte zur Bestimmung von Preisorientierungsgrößen

Nach der oben erläuterten Abgrenzung zwischen den Organisationseinheiten »*Marktforschung*« und »*Vertrieb*«, scheint sich bezüglich der Aufgabenverteilung im Bereich der *Preisorientierungsgröße* zunächst folgende Lösung anzubieten. Da der Aufbau des Systems zur Bestimmung von Preisorientierungsgrößen auftragsübergreifend erfolgen muß, sollte dies die Abteilung »*Marktforschung*« übernehmen. Die Anwendung des Systems ist hingegen direkt *auftragsspezifisch* und daher organisatorisch dem »*Vertrieb*« zuzuordnen.

Bei differenzierter Betrachtung zeigt sich jedoch, daß eine derartige Organisation vermeidbare Schwächen aufweist. So läßt sich die organisatorische Zuweisung des *Aufbaus des Systems zur Bestimmung von Preisorientierungsgrößen* zur Organisationseinheit »*Marktforschung*« folgendermaßen kritisieren: Ein System zur Bestimmung von Preisorientierungsgrößen basiert in erster Linie auf **Erfahrungen des gesamten Absatzbereichs**. Hier ist es durchaus vorstellbar, daß die Abteilung »*Vertrieb*« z.B. bei der Auswahl der Preiseinflußgrößen Argumente liefern kann, die von der »*Marktforschung*« so nicht erkannt werden. Nach der obigen Abgrenzung kann angenommen werden, daß der »*Vertrieb*« seine Überlegungen regelmäßig eher induktiv, die »Marktforschung« hingegen tendenziell deduktiv ansetzen dürfte. Aus dieser Konstellation sollten sich grundsätzlich positive **synergetische Effekte** ableiten lassen. Hieraus folgt nun der Vorschlag, daß zum Aufbau des Systems für die Bestimmung von Preisorientierungsgrößen eine auf Dauer eingerichtete Arbeitsgruppe gebildet werden sollte, die sich sowohl aus Mitarbeitern des »*Vertriebs*« wie auch der »*Marktforschung*« zusammensetzt.

Darüber hinaus sollte bei Interesse ggf. auch die oberste Ebene der für die Preisproblematik zuständigen Entscheidungsträger der Unternehmung, also z.B. der Marketingvorstand einbezogen werden. Dies ist jedoch einzelfallabhängig zu entscheiden, während die gemeinsame Verantwortung von »*Marktforschung*« und »*Vertrieb*« als grundsätzlich anzusehen ist.

Erwähnt sei an dieser Stelle noch, daß die hier vorgeschlagene Arbeitsgruppe neben dem erstmaligen Aufbau des Systems auch die Verantwortung für die Kontrolle der Effektivität tragen sollte. Das heißt, daß sich die Arbeitsgruppe nach Implementierung des Systems nicht auflöst, sondern im Rahmen regelmäßiger Zusammenkünfte versucht, Schwachstellen zu analysieren und ggf. Effektivitätssteigerungen des Preisorientierungsgrößensystems (möglichst geringe Abweichung der Preisorientierungsgrößen von den ex-post optimalen Preisen) zu erzielen. Nur durch eine systematische Kontrolle ist es möglich, der Dynamik an den Absatzmärkten auch bei der Bestimmung von Preisorientierungsgrößen Rechnung zu tragen.

Da die Anwendung des Systems zur Bestimmung von Preisorientierungsgrössen immer auftragsspezifisch erfolgt, wurde oben die organisatorische Verantwortung des »*Vertriebs*« abgeleitet. Aber auch diese Zuordnung muß differenzierter betrachtet werden. Bei der Bestimmung der aktuellen Ausprägungen der Situationsdeterminaten sind zwei Gruppen von Preiseinflußgrößen zu unterscheiden:

1) Einflußgrößen, die auftragsspezifisch zu ermitteln sind, wie z.B. das *Auftragsvolumen*.

2) Einflußgrößen, die auftragsübergreifend ermittelt werden können, wie z.B. die *Marktkonjunktur*.

Aus dieser Aufteilung ergibt sich direkt die Forderung, daß die Organisationseinheit »*Vertrieb*« für die Abschätzung der Einflußgrößen unter 1) sowie die »*Marktforschung*« für die Einflußgrößen unter 2) zuständig sein sollte. [6)]

Bezüglich der letzten beiden Arbeitsschritte, zum einen die konkrete Bestimmung der Preisorientierungsgröße für eine zu bewertende Auftragsanfrage sowie zum anderen die Schätzung des ex-post optimalen Deckungsbeitragszuschlagssatzes wird hier vorgeschlagen, die Verantwortung der Organisationseinheit »*Vertrieb*« zuzuordnen, da es sich hierbei um unmittelbar auftragsspezifische Aufgaben handelt.

Somit wären die Arbeitsschritte zum Aufbau und zur Anwendung des Systems für die Bestimmung von Preisorientierungsgrößen, organisatorisch gesehen, eindeutig zugewiesen.

---

6) Die Bestimmung der Zuständigkeit für die einzelnen Preiseinflußgrößen bzw. deren Abschätzung sollte möglichst direkt bei der Festlegung dieser Größen (Arbeitsschritt I.1 in Abb. 3.16, Seite 258) erfolgen, so daß es bei der Anwendung des Systems nicht zu Kompetenzstreitigkeiten kommt.

Neben der primär marktorientierten Information der Preisorientierungsgröße sind zur Angebotspreisbestimmung nach den Ausführungen des Abschnitts 3.5 der vorliegenden Arbeit zumindest noch die intern orientierten Daten der der Kapazitäts- und Deckungssituation bereitzustellen. Diesbezüglich wird hier folgende Aufgabenverteilung vorgeschlagen. Die Abschätzung der Kapazitätsbeanspruchung eines potentiellen Auftrags dürfte grundsätzlich im Aufgabenbereich der Abteilung »*Konstruktion bzw. Arbeitsvorbereitung*« liegen, da hier die Erfahrung mit Kapazitätsbeanspruchungswerten wohl am größten ist. Ebenso kann die Aufgabe der Bereitstellung von Informationen bezüglich zukünftiger Plankapazitätsauslastung auf der Basis der für die Periode bereits (vertraglich) zugesagten Aufträge dieser Organisationseinheit zugewiesen werden, da dort die Kapazitätsplanung regelmäßig angesiedelt sein dürfte.

Als letzte Information aus dem Kapazitätsbereich ist die Entwicklung der Kapazitätsauslastung abzuschätzen. Dabei lassen sich Argumente finden, daß einerseits der »*Vertrieb*« (z.B. durch Abschätzung der Erfolgswahrscheinlichkeit konkreter Akquisitionsfälle) und andererseits die »*Marktforschung*« (z.B. durch globale Abschätzung der Marktentwicklung) diese Information liefern sollten. Aus diesem Grunde wird hier folgender Kompromiß vorgeschlagen. Bei den regelmäßigen Treffen der oben erwähnten Arbeitsgruppe (bestehend aus *Vertriebs*- und *Marktforschungsmitarbeitern*) soll unter anderem auch über die erwartete Kapazitätsauslastung diskutiert und eine Entscheidung über die zu schätzende Ausprägung getroffen werden. Nur so scheinen Konflikte vermeidbar, die zwangsläufig entstehen dürften, falls nur eine der beiden Absatzabteilungen die zukünftige Kapazitätsauslastung abschätzen würde.

Nach den Kapazitätsinformationen sind schließlich Informationen aus dem Bereich der Deckungssituation bereitzustellen. Hier ist zunächst der Deckungsbudgeterfüllungsgrad auf der Basis vertraglich zugesagter Aufträge zu nennen. Nach SZYPERSKI gilt: "Die Informationen, die vom Rechnungswesen bereitgestellt werden, sind deskriptiver Natur. Sie sollen beschreibende, feststellende Aussagen über vergangene, gegenwärtige oder zukünftige ökonomisch relevante Ereignisse und Situationen enthalten." [7] Wird das Rechnungswesen einer Unternehmung dieser Aufgabe gerecht, so dürfte die Bereitstellung der Information über den Grad der Deckungsbudgeterfüllung

7) Szyperski (1981), Sp. 1426.
Vgl. ähnlich Coenenberg (1980), Sp. 1996, Eisele (1990), S. 3.

keine Probleme bereiten. Insofern wird davon ausgegangen, daß die organisatorische Verantwortung zur Bereitstellung dieser Information der Abteilung »*Internes Rechnungswesen*« zuzuordnen ist.

Problematischer hingegen dürfte die Abschätzung der Veränderung des Deckungsbudgeterfüllungsgrades sein. Beachtet man, daß sich die Deckungssituation grundsätzlich nur dann verändern kann, wenn auch die Kapazitätsauslastung variiert,[8] so ist hier folgende Aufgabenverteilung vorstellbar. Die oben angesprochene Arbeitsgruppe, welche u.a. auch die Veränderung der Kapazitätsauslastung abschätzt, erhält nach ihren Anforderungen vom »internen Rechnungswesen« Informationen z.B. über die durchschnittlichen Deckungsbeiträge ausgewählter Perioden, Auftragsgruppen etc., um so über Vergleichszahlen zu verfügen. Für die abgeschätzte Veränderung der Kapazitätsauslastung muß dann in dieser Gruppe eine Entscheidung darüber getroffen werden, wie hoch der durchschnittliche Auftragsdeckungsbeitrag der zugrundegelegten zukünftigen Aufträge sein wird. Organisatorisch scheint hierzu keine Alternative zu existieren, da zur Generierung einer solchen Information detaillierte Marktkenntnisse erforderlich sind, welche konzentriert insbesondere in der unterstellten Arbeitsgruppe anzutreffen sein dürften.

Bezüglich der letztlichen Entscheidung über die Höhe des anzustrebenden Vertragspreises sei auf Abschnitt 3.6.4 verwiesen, wo unter anderem deutlich werden sollte, daß diese Entscheidung hierarchisch möglichst hoch anzusiedeln ist, da hier auch nicht-rationale Einflüsse relevant sein können, welche argumentativ grundsätzlich schwierig begründbar bzw. zu rechtfertigen sind. Insofern scheint es am günstigsten, wenn über den **anzustrebenden Vertragspreis** z.B. der Marketingvorstand selbst die Preisentscheidung trifft.[9]

Der letzte Arbeitsschritt, die Überführung des anzustrebenden Vertragspreises in den Angebotspreis, muß möglichst von denjenigen getroffen werden, die den betreffenden Kunden am besten kennen. Informationen über Kunden dürften bei der obigen Organisationsstruktur in der Abteilung »*Vertrieb*« angesiedelt sein, weshalb die Bestimmung der Verhandlungsmargen auch zu deren Aufgaben gehören sollte. Dies ist auch insofern plausibel, da die konkreten

---

8) Vgl. Seite 236.
9) Vgl. Hay (1991), S. 130, Huch (1976), S. 1445, Finkenrath (1980b), S. 156, Kilger (1988), S. 772, Nagtegaal (1973), S. 393

Preisverhandlungen wohl regelmäßig von Vertriebsmitarbeitern geführt werden dürften.[10)]

Somit kann abschließend festgehalten werden, daß mit diesem Kapitel eine beispielhafte, grobe Aufgabenverteilung zur Angebotspreisbestimmung nach dem Konzept der vorliegenden Arbeit aufgezeigt wurde, welche allerdings im praktischen Einzelfall sicherlich noch den speziellen Gegebenheiten entsprechend anzupassen ist.

---

10) Im Ausnahmefall mag auch die Marketingleitung selbst Preisverhandlungen führen. Hier dürfte der »*Vertrieb*« jedoch zumindest nachträglich über den konkreten Verhandlungsverlauf informiert werden. Insofern scheint auch dieser Fall nicht der Empfehlung zu widersprechen, die Bestimmung der Verhandlungsmargen grundsätzlich dem »*Vertrieb*« zuzuordnen.

4. SCHLUSS

4.1 ZUSAMMENFASSUNG

Betrachtet man die Problematik der Preisbestimmung in der Auftragsfertigung, so stellt man fest, daß lediglich für den »*modellfreundlichen*« Bereich der Ausschreibung quantitative Lösungsansätze existieren, welche theoretisch abgesichert und gleichzeitig auch in der Praxis angewandt werden. Das Ziel dieser Arbeit bestand nun darin, für diejenigen Auftragsfertiger, welche ihre Preise bilateral mit den Nachfragern aushandeln, möglichst praktikable Hilfsmittel zur Angebotspreisbestimmung zu entwickeln.

Zunächst wurden hierzu im ersten Hauptabschnitt ausgewählte, in der Literatur dargestellte Lösungsansätze analysiert, welche primär die Problematik der Angebotspreisbestimmung in der Auftragsfertigung behandeln. Dabei konnte festgestellt werden, daß diese Ansätze sich in der Regel schwerpunktmäßig mit der Ermittlung von Preisuntergrenzen beschäftigen, während *Hilfsmittel zur konkret marktorientierten Angebotspreisbestimmung* kaum angesprochen wurden. Da dies vermutlich einer der wesentlichen Gründe für die mangelnde Akzeptanz theoretischer Lösungsansätze in der Praxis ist, ergab sich die Forderung für die vorliegende Arbeit, auch diesen Bereich explizit und gleichgewichtig neben den Kosteninformationen zu behandeln.

Soll ein Angebotspreis bestimmt werden, so ist einer der ersten Arbeitsschritte in der Ermittlung der Preisuntergrenze(n) zu sehen. Im darstellenden Teil der Arbeit zeigte sich, daß die in der Literatur anzutreffenden Preisuntergrenzenkonzepte primär durch das jeweils zugrundeliegende **Kostenzurechnungsprinzip** differieren. Im Streit um das »*richtige*« Zurechnungsprinzip wurde unter der Zielsetzung dieser Arbeit das Identitätsprinzip (als strenge Auslegung des Verursachungsprinzips) ausgewählt, da hier jeglicher Willküreinfluß durch Zurechnung von Gemeinkosten eindeutig verhindert wird. Damit bilden die Einzelkosten des Kalkulationsobjektes die **absolute kostenorientierte Preisuntergrenze**.

Um den Teil der Gemeinkosten, der mit der Beschäftigung variiert (*variable Gemeinkosten*), dennoch auf die Kostenträger zurechnen zu können, wurden diese als ein (*subjektiv*) zugewiesenes **Auftragsdeckungsbudget** interpretiert und entsprechend separat ausgewiesen.[1] Somit besteht auf der einen Seite

---

1) In dieser Arbeit wurde eine Zurechnung letztlich aufgrund der »*indirekten Beziehung*« (vgl. hierzu Kilger (1988), S. 96) zwischen den variablen Gemeinkosten und dem Kalkulations-

kein Verstoß gegen das Identitätsprinzip und auf der anderen Seite ist es dennoch möglich, den Aufträgen variable Gemeinkosten zuzurechnen. Die Summe aus Auftragseinzelkosten und anteiligen variablen Gemeinkosten wurde dann als **relevante kostenorientierte Preisuntergrenze** bezeichnet.

Da Aufträge in der Regel nicht isoliert zu bewerten sind, sondern schon bei der Preisuntergrenzenbestimmung diverse Verbundwirkungen berücksichtigt werden müssen,[2)] wurde die Forderung aufgestellt, daß der Entscheidungsträger sich diesem Problem durch quantitative Abschätzung stellen muß.[3)] Ausgehend von derart quantifizierten Verbundwirkungen bildet dann die Summe aus relevanter kostenorientierter Preisuntergrenze und Verbundwirkungen die **kosten- und absatzorientierte Preisuntergrenze**.

Zur **Preisobergrenze**, welche mehrfach in den Ansätzen des 1. Hauptabschnitts angesprochen wurde, ergab sich letztlich, daß es als wenig realitätsadäquat angesehen wird, regelmäßig von einer realistischen Quantifizierungsmöglichkeit dieser Größe auszugehen. Falls ein Anbieter im Ausnahmefall in der Lage sein sollte, die Preisobergrenze zu quantifizieren, wurde jedoch in der vorliegenden Arbeit die Möglichkeit vorgesehen, diese Information in den Entscheidungsprozeß einfließen zu lassen.

Ausgehend von den ermittelten Preisuntergrenzen bestand der nächste Schritt im Konzept dieser Arbeit in der Bestimmung der **Preisorientierungsgröße**, welche hier die oben angesprochene Funktion des *Hilfsmittels zur konkret marktorientierten Angebotspreisbestimmung* wahrnehmen soll. Unter einer Preisorientierungsgröße wird ein Wert verstanden, der einen aus der Erfahrung von abgeschlossenen Aufträgen begründeten, marktbezogenen Preis für eine zu bewertende Auftragsanfrage darstellt. Dieser Preis basiert auf der zentralen These der vorliegenden Arbeit, daß Aufträge in gleichen »*Situationen*« auch gleiche bzw. ähnliche Deckungsbeitragsprozentsätze erzielen.[4)]

---

objekt als sinnvoll angesehen. Im Unterschied zu KILGER geschieht dies jedoch mit dem expliziten Zugeständnis, daß eine solche Zurechnung nicht verursachungsgerecht im Sinne des Identitätsprinzips, sondern letztlich willkürbeeinflußt ist.

2) Vgl. hierzu insbesondere Engelhardt (1975), Sp. 3051-3055.

3) Ein Ignorieren der Verbundwirkungen kommt dem Verschenken der Chance gleich, mit einer Schätzung zumindest ungefähr die Realität zu beschreiben.

4) Es wurde gezeigt, daß letztlich nur durch eine solche These die allgemeine Betonung des in der Literatur regelmäßig genannten Faktors »Erfahrung« in bezug auf die Preisbestimmungsproblematik begründet werden kann.

Eine »**Situation**« war dabei gekennzeichnet durch gleiche oder ähnliche Ausprägungen von Situationsdeterminanten, die auch als Preiseinflußgrößen bezeichnet werden können. Beispielsweise wurden in dieser Arbeit drei Gruppen von Situationsdeterminanten berücksichtigt: Auftragsbezogene, wie z.B. das Auftragsvolumen oder das Produktionsrisiko, nachfragerbezogene, wie die Bonität oder die Branchenkonjunktur des Nachfragers sowie konkurrentenbezogene Determinanten, wie die allgemeine Marktkonjunktur und die Marktstrategie der Konkurrenten. Diese beispielhaften Determinanten sind selbstverständlich einzelfallabhängig für den praktischen Einsatz anzupassen.

Setzt man nun voraus, daß ein Anbieter über eine ausreichend große Anzahl von archivierten Aufträgen und Auftragsanfragen mit den entsprechenden Situationsdeterminantenausprägungen und optimalen Deckungsbeitragszuschlagssätzen verfügt, so kann mit Hilfe statistischer Analysen dieser Daten versucht werden, Gesetzmäßigkeiten zwischen den Situationsdeterminanten und dem Preis bzw. genauer dem Deckungsbeitragsprozentsatz aufzudecken.[5] Diese Gesetzmäßigkeiten sollen dann schließlich dazu dienen, marktorientierte Preise für zu bewertende Auftragsanfragen zu bestimmen.

Es konnte in der Arbeit gezeigt werden, daß die bekannten **statistischen Standardverfahren** kaum sinnvolle Ergebnisse bei der Analyse der Datenbasis, also der archivierten vergangenen Aufträge bzw. Auftragsanfragen erwarten lassen. Daher wurde alternativ ein iteratives, statistisches Analyseverfahren vorgestellt, welches dem Anbieter beim Auffinden typischer Situationsmuster innerhalb der Datenbank helfen soll.

Der letzte Hauptschritt im Konzept dieser Arbeit zur Preisbestimmung bestand dann darin, auf die Entscheidung über die tatsächliche Höhe des anzustrebenden Vertragspreises, unter Berücksichtigung der Preisuntergrenzen, Preisorientierungsgröße sowie der aktuellen Kapazitätsauslastung und Deckungssituation, einzugehen. Hierzu wurde festgestellt, daß insbesondere wegen der

5) Durch die Kurzbeschreibung der Preisorientierungsgrößenbestimmung wird noch einmal die Notwendigkeit der Zielgruppeneinschränkung in dieser Arbeit deutlich. Die Bestimmung von Preisorientierungsgrößen erscheint nur für solche Auftragsfertiger sinnvoll, welche pro Periode möglichst viele Auftragsanfragen zu bearbeiten haben, da mit wachsender Zahl der zu bearbeitenden Auftragsanfragen pro Periode gleichzeitig auch die Datenbasis zur statistischen Analyse dieser Daten wächst. Je größer aber die Datenbasis ist, desto größer ist c.p. auch die Wahrscheinlichkeit zum Auffinden von Gesetzmäßigkeiten. Insofern dürfte verständlich sein, daß z.B. für langfristige Einzelfertiger, die in der Regel nur einige wenige Aufträge pro Periode bearbeiten, das Preisorientierungsgrößenkonzept grundsätzlich kaum sinnvolle Ergebnisse liefern kann.

Unsicherheit der Informationen und der Probleme bezüglich der Abbildung der Risikoeinstellung des Entscheidungsträgers keine festen Entscheidungsregeln ableitbar sind und somit grundsätzlich kein Optimalpreis **errechenbar** ist. Dieses Ergebnis konnte auch anhand diverser Zitate aus der Literatur bekräftigt werden. Letztlich handelt es sich bei der Preisbestimmung um eine nicht mehr ausschließlich durch rationale Einflüsse begründbare subjektive Unternehmensentscheidung, die lediglich durch Bereitstellung möglichst aller als relevant erachteten Informationen unterstützt werden kann.

Wurde der anzustrebende Vertragspreis festgelegt, so ergibt sich, durch Berücksichtigung eines adäquaten Verhandlungsaufschlags auf diese Größe, der letztlich dem Nachfrager mitzuteilende **Angebotspreis**.

In einem abschließenden Kapitel wurde schließlich eine grobe organisatorische Aufgabenverteilung der praktischen Umsetzung des vorgestellten Modells zur Preisbestimmung aufgezeigt.

4.2 BESONDERHEITEN DER PREISBESTIMMUNG MIT HILFE VON PREISORIENTIERUNGSGRÖSSEN

In den bisher bekannten praxisorientierten Lösungsvorschlägen zur Preisbestimmung wurden, abgesehen von den *COMPETITIVE BIDDING*-Modellen, in der Regel eine bzw. mehrere Preisuntergrenzen bestimmt und vereinzelt auch theoretisch auf die Preisobergrenze eingegangen. Diese beiden Größen bildeten dann die Grenzen (*preispolitischer Spielraum*) innerhalb derer der Entscheidungsträger den Preis festsetzen sollte.[6] Da die Preisobergrenze in der Praxis grundsätzlich kaum exakt bestimmbar ist, wurde häufig hilfsweise auf die Vollkostenrechnung zurückgegriffen, welche zumindest die Fähigkeit **vortäuscht**, einen Preis »kalkulieren« zu können.[7]

Im Gegensatz zu dieser Vorgehensweise wird in der vorliegenden Arbeit der Versuch unternommen, für eine Auftragsanfrage eine rein marktbezogene Wertgröße als *Orientierungspunkt* zu ermitteln. Diese ist als **zusätzliche** Information zur Preisuntergrenze zu interpretieren und soll so dem Entscheidungsträger Hilfestellung bei der Preisfestlegung geben.

Während also die kostenorientierten Preiskalkulationsverfahren einen mehr oder weniger festen Lösungsalgorithmus anbieten, wird dies nach dem Konzept der vorliegenden Arbeit explizit abgelehnt. Die Preisentscheidung ist in der Praxis grundsätzlich derart komplex, daß insbesondere durch die Unsicherheit bezüglich der absatzbezogenen Informationen sowie der Problematik der expliziten Abbildung und Einbeziehung der Risikoeinstellung des Entscheidungsträgers, kein Optimierungskalkül ableitbar ist. Insofern bedeutet die Preisentscheidung im Sinne dieser Arbeit für einen Anbieter, daß die **Verantwortung des Entscheidungsträgers** explizit größer ist als bei klassischen Verfahren. Er kann sich hier, überspitzt formuliert, nicht darauf berufen, daß die Kalkulation eben den Preis X ergeben hat, sondern muß (zumindest sich selbst gegenüber) argumentieren, weshalb er den Preis in Höhe X festgelegt hat.[8] Dies bedeutet gleichzeitig, daß die *Unsicherheit der Entscheidung* hier wesentlich bewußter wahrgenommen wird.[9] Aus einem solchen Bewußtsein läßt sich für einen Entscheidungsträger die Motivation bzw. Notwendigkeit

6) Vgl. Layer (1982), S. 762.
7) Vgl. Simon (1982), S. 97.
8) Vgl. ebenda.
9) Vgl. Becker (1962), S. 80.

ableiten, zusätzliche Informationen zu beschaffen. Hierbei hilft die Vorgehensweise der vorliegenden Arbeit in zweifacher Hinsicht.

1) Die Preisorientierungsgröße ist als *unsicherheitsreduzierende* Information konzipiert, welche im (grundsätzlich nach oben offenen) [10] preispolitischen Spielraum, zusätzlich zu den Preisuntergrenzen, einen weiteren (wenn auch selbst wieder unsicheren) Anhaltspunkt liefern soll.

2) Die Datenbasis zur Ermittlung von Preisorientierungsgrößen, welche als Versuch angesehen werden kann, zumindest alle preisrelevanten Informationen auftragsbezogen zu sammeln, kann selbstverständlich auch für andere, hier nicht angesprochene Auswertungen verwendet werden. Sie ist letztlich als *universell nutzbarer Informationsspeicher* zu verstehen. [11] So sei hier beispielhaft genannt, daß sich durch entsprechende Selektionen besonders »*deckungsbeitragsstarker*« Aufträge ggf. Folgerungen für zukünftige Marktstrategien ableiten lassen. [12]

Eine weitere Besonderheit der Preisorientierungsgröße besteht in ihrer kybernetischen Konzeption. Dabei dient die Preisorientierungsgröße als **Sollgröße**, der Preisverhandlungsprozeß als **Regelstrecke** und der aus ex-post Sicht optimale Deckungsbeitragszuschlagssatz als **Regelgröße**, der durch die Aufnahme in die Datenbasis schließlich wieder auf die Bestimmung zukünftiger Preisorientierungsgrößen bzw. Stellgrößen Einfluß nimmt. Hierdurch wird letztlich versucht, der Dynamik der Absatzmärkte bei der Preisbestimmung Rechnung zu tragen.

Wesentlich für eine praktische Realisierbarkeit und Akzeptanz des vorgestellten Verfahrens scheint, daß hier kein Lösungsalgorithmus in Form einer »black-box« entwickelt wurde. In jeder Phase des Preisbestimmungsprozesses ist der Anwender in der Lage nachzuvollziehen, was geschieht. So steuert er beim Aufbau des Systems zur Ermittlung von Preisorientierungsgrößen die Situationsanalyse »Schritt für Schritt«; ein Eingreifen ist jederzeit

---

10) Lediglich im Ausnahmefall, wenn der Anbieter eine Preisobergrenze direkt abschätzen könnte, wäre der preispolitische Spielraum nach oben eingeschränkt.

11) Zur grundsätzlichen Notwendigkeit der Informationsarchivierung als Basis absatzpolitischer Entscheidungen vgl. Dichtl (1967), S. 75-80.

12) Auch wenn sich im Einzelfall für einen Anbieter herausstellen sollte, daß die Ermittlung von Preisorientierungsgrößen für ihn nicht sinnvoll erscheint, so ist der Aufwand des Aufbaus der Datenbasis durch den Nutzen anderer Auswertungsmöglichkeiten grundsätzlich relativiert zu sehen.

möglich. Eine solche »*Transparenz*« wäre z.B. bei komplexen statistischen Standardverfahren oder eines Expertensystems nur mit entsprechend hohem Fachwissen auf dem jeweiligen Gebiet möglich.

Da hier also kein *Quasi-Automatismus* der Angebotspreisfestlegung, wie z.B. bei den kostenorientierten Kalkulationsschemata gegeben ist, wird die Entscheidungsverantwortung explizit dem Entscheidungsträger zugewiesen. Insofern dürfte eine Preisentscheidung nach dem Konzept dieser Arbeit weniger der Gefahr unterliegen, den Preis nur »*mechanisch*« (z.B. durch Addition bestimmter Kosten bzw. festliegender Aufschlagssätze) festzulegen. Ebenso positiv muß die Chance eingeschätzt werden, durch die direkte Informationsbereitstellung marktorientierter Größen, Marktchancen und -risiken besser erkennen zu können.

Wie dann die optimale Preisentscheidung getroffen wird, ist letztlich nicht allgemein darstellbar. Hierzu sei abschließend Erich GUTENBERG zitiert, der feststellt: "Von verantwortlicher Stelle aus ... [Ausl. d. Verf.] richtige Entscheidungen zu treffen - diese Kunst ist im Grunde weder lehr- noch lernbar." [13] Insofern ist auch das Konzept dieser Arbeit zu verstehen:

Hilfestellung in Form von *zielgerichteten Informationen* so weit wie möglich anzubieten, ohne dabei jedoch die Preisentscheidungen zu diktieren.

---

13) Gutenberg (1962), Vorwort.

Anhang

Abbildungsverzeichnis Seite

Seite

Abkürzungsverzeichnis

ADV	Automatische Datenverarbeitung
asw	Absatzwirtschaft
BfuP	Betriebswirtschaftliche Forschung und Praxis
cm	controller magazin
DB	Der Betrieb
Diss.	Dissertation
FAZ	Frankfurter Allgemeine Zeitung
GE	Geldeinheiten
HBR	Harvard Business Review
HWA	Handwörterbuch der Absatzwirtschaft
HWB	Handwörterbuch der Betriebswirtschaft
HWF	Handwörterbuch der Finanzwirtschaft
HWR	Handwörterbuch des Rechnungswesens
krp	Kostenrechnungspraxis
PdR	Praxis des Rechnungswesens
POG(X)	Preisorientierungsgröße des Auftrags X
PUG(X)	Preisuntergrenze des Auftrags X
Sit.-det.	Situationsdeterminante
u.d.N.	Unter der Nebenbedingung
WiSt	Wirtschaftswissenschaftliches Studium
WiSu	Das Wirtschaftsstudium
WiWo	Wirtschaftswoche
WPg	Die Wirtschaftsprüfung
ZfB	Zeitschrift für Betriebswirtschaft
ZfbF	Zeitschrift für betriebswirtschaftliche Forschung

Symbolverzeichnis

$AV(X)$	:	Anzustrebender Vertragspreis des Auftrags X
AS	:	Anbieterbezogene (unsichere) Informationen, welche für die die Preisbestimmung relevant sind (Kapazitäts- und Deckungssituation)
b_i	:	zur i-ten Hauptkomponente gehörender Faktorwert (*factor score im Rahmen der Faktorenanalyse*)
$d^a{}_i(X)$	:	Konkrete Ausprägung der i-ten Determinante der auftragsbezogenen Einflußgrößengruppe in Abhängigkeit des Auftrags X
$d^k{}_i(X)$	:	Konkrete Ausprägung der i-ten Determinante der konkurrentenbezogenen Einflußgrößengruppe in Abhängigkeit des Auftrags X
$d^n{}_i(X)$	:	Konkrete Ausprägung der i-ten Determinante der nachfragerbezogenen Einflußgrößengruppe in Abhängigkeit des Auftrags X
$\underline{d}^m{}_n(X)$	:	Erhöhung der m-ten Bezugsgrößenausausprägung in der n-ten Hauptkostenstelle aufgrund des unterstellten Erhalts des Auftrags X
db	:	prozentualer Deckungsbeitrags-Zuschlag
(db^{angeb})	:	Zuschlagssatz zur Angebotspreisbestimmung
(db^{ist})	:	realisierter Zuschlagssatz des Deckungsbeitrags
(db^{opt})	:	Optimaler Zuschlagssatz des Deckungsbeitrags aus ex-post Sicht
$D^a{}_i$	:	i-te Determinante der auftragsbezogenen Einflußgrößengruppe
$D^k{}_i$	:	i-te Determinante der konkurrentenbezogenen Einflußgrößengruppe
$D^n{}_i$	:	i-te Determinante der nachfragerbezogenen Einflußgrößengruppe

$DB(X_i)$: Deckungsbeitrag des Auftrags X_i
(Berechnet aus der Differenz zwischen Preisobergrenze und den geplanten Auftragseinzelkosten.)

$DB(X_{j \backslash -i})$: Deckungsbeitrag des Auftrags X_j, unter der Voraussetzung, daß Auftrag X_i nicht ausgeführt wird.

$DB(X_{j \backslash +i})$: Deckungsbeitrag des Auftrags X_j, unter der Voraussetzung, daß Auftrag X_i ausgeführt wird

DBS : (periodenbezogene) Deckungsbeitragssumme

$e(X_i, X_j)$: Euklidische Distanz der beiden Aufträge i und j (*Clusteranalyse*)

f : (hypothetische) Funktion, welche in Abhängigkeit der Preisuntergrenze, der Preisorientierungsgröße und der preisrelevanten anbieterbezogenen Informationen den *anzustrebenden Vertragspreis* ermitteln soll.

F : Verteilungsfunktion

g : Gewinnaufschlagssatz bei Vollkostenrechnung

gk^m_n : Summe der variablen und fixen Gemeinkosten, welche in der n-ten Hauptkostenstelle über die m-te Bezugsgröße verrechnet werden sollen

HK_i : i-te Hauptkomponente (*Faktorenanalyse*)

$k(X)$: gesamte (variable plus fixe) Gemeinkosten der Auftragsanfrage X

$kv(X)$: variable Gemeinkosten des X-ten Auftrags

$K(X)$: Selbstkosten des Auftrags X

N^m_n : Plansumme der Bezugsgrößeneinheiten für die m-te Bezugsgröße in der n-ten Hauptkostenstelle (innerhalb der betrachteten Periode)

p^m_n : Kalkulationssatz für die Zurechnung der variablen Gemeinkosten über die m-ten Bezugsgröße in der n-ten Kostenstelle

$P(X)$	:	Preisforderung für den Auftrag X
$s^a(X)$	:	Auftragsbezogene Teilsituation des Auftrags X mit: $s^a(X) = \{ d^a_1(X), d^a_2(X),..., d^a_i(X),..., d^a_A(X) \}$ und $\{ d^a_1(X), d^a_2(X), ... , d^a_i(X), ... , d^a_A(X) \}$ als Ausprägungsvektor aller Determinanten der auftragsbezogenen Einflußgrößengruppe und A als Anzahl der auftragsbezogenen Determinanten (Einflußgrößen)
$s^k(X)$	:	Konkurrentenbezogene Teilsituation des Auftrags X mit: $s^k(X) = \{ d^k_1(X), d^k_2(X),..., d^k_i(X),..., d^k_K(X) \}$ und $\{ d^k_1(X), d^k_2(X), ... , d^k_i(X), ... , d^a_K(X) \}$ als Ausprägungsvektor aller Determinanten der konkurrentenbezogenen Einflußgrößengruppe und K als Anzahl der konkurrentenbezogenen Determinanten (Einflußgrößen)
$s^n(X)$	:	Nachfragerbezogene Teilsituation des Auftrags X mit: $s^n(X) = \{ d^n_1(X), d^n_2(X),..., d^n_i(X),..., d^n_N(X) \}$ und $\{ d^n_1(X), d^n_2(X), ... , d^n_i(X), ... , d^n_N(X) \}$ als Ausprägungsvektor aller Determinanten der nachfragerbezogenen Einflußgrößengruppe und N als Anzahl der nachfragerbezogenen Determinanten (Einflußgrößen)
$S(X)$	:	Situationsmuster des Auftrags X mit $S(X) = \{ s^n(X) , s^a(X), s^k(X) \}$
vp^m_n	:	Vollkostenkalkulationssatz der m-ten Bezugsgröße in der n-ten Hauptkostenstelle
V	:	Varianz
$w()$	:	Wahrscheinlichkeit
$\varnothing$	:	Durchschnittsgröße
$*$	:	Multiplikationszeichen

Literaturverzeichnis

AGTHE (1959a)
Agthe, Klaus
Stufenweise Fixkostendeckungsrechnung im System des Direct Costing
in: ZfB, 29. Jg., 1959, S. 404-418.

AGTHE (1959b)
Agthe, Klaus
Zur stufenweisen Fixkostendeckung
in: ZfB, 29. Jg., 1959, S. 742-748.

AHLERT/FRANZ (1988)
Ahlert, Dieter / Franz, Klaus-Peter
Industrielle Kostenrechnung
4. neubearb. u. erw. Aufl. des VDI Taschenbuches T47, Düsseldorf 1988.

ANDERBERG (1973)
Anderberg, Michael R.
Cluster Analysis for Applications
New York/San Francisco/London 1973.

AK BORCHERS (1979)
Das Rechnungswesen als Instrument zur Preisfindung und Preisbeurteilung
Kurzfassung eines von einem Arbeitskreis unter Leitung von Dipl.-Kfm. Willi Borchers, Frankfurt, erstellten, als Heft 2 der Schriftenreihe "Betriebswirtschaft + Finanzen" des Betriebswirtschaftlichen Ausschusses und des Finanzauschusses des Verbandes der Chemischen Industrie e.V. Frankfurt am Main, veröffentlichten Beitrags
in: DB, 32. Jg., 1979, S. 2433-2438.

AK DECKUNGSBEITRAGSRECHNUNG (1972)
Arbeitskreis "Deckungsbeitragsrechnung" im Betriebswirtschaftlichen Ausschuß des Verbandes der Chemischen Industrie
Zur Anwendbarkeit der Deckungsbeitragsrechnung
in: DB, 25. Jg., 1972, Beilage Nr. 13 zu Heft Nr. 33.

AK HAX (1964)
Arbeitskreis Hax der Schmalenbach-Gesellschaft
Wesen und Arten unternehmerischer Entscheidungen
in: ZfbF, 16. Jg. 1964, S. 685-715.

AK HAX (1980)
Arbeitskreis Hax der Schmalenbach-Gesellschaft
Der Preis als Instrument der Absatzpolitik
in: ZfbF, 32. Jg., 1980, S. 701-720.

AK MARKETING (1975)
Arbeitskreis "Marketing in der Investitionsgüter-Industrie" der Schmalenbach-Gesellschaft
Systems Selling
in: ZfbF, 27. Jg., 1975, S. 757-773.

AK MARKETING (1978)
Arbeitskreis "Marketing in der Investitionsgüter-Industrie" der Schmalenbach-Gesellschaft
Einige Besonderheiten der Preisbildung im Seriengeschäft und Anlagengeschäft
in: ZfbF, 30. Jg., 1978, S. 2-18.

BACKHAUS (1980)
Backhaus, Klaus
Auftragsplanung im industriellen Anlagengeschäft
Stuttgart 1980.

BACKHAUS (1984)
Backhaus, Klaus
Die Besonderheiten des industriellen Anlagengeschäfts in ihrer Bedeutung für die Planung - Eine Einordnung der vorgestellten Planungskonzepte
in: Planung im industriellen Anlagengeschäft, hrsg. von Klaus Backhaus, Düsseldorf 1984, S. 1-30.

BACKHAUS/DRINGENBERG (1984)
Backhaus, Klaus / Dringenberg, Herbert
Anfragenselektion
in: Planung im industriellen Anlagengeschäft, hrsg. von Klaus Backhaus, Düsseldorf 1984, S. 53-92.

BACKHAUS/PLINKE (1978)
Backhaus, Klaus / Plinke, Wulff
Der Einfluß von Kosteninformationen auf Preisentscheidungen
Arbeitspapiere zum Marketing Nr. 3/1978,
Hrsg. von Engelhardt, W. H./ Hammann, P. (Ruhr-Universität Bochum, Seminar für angewandte Wirtschaftslehre, 1978).

BAENSCH (1976)
Baensch, Axel
Positionieren Sie den Preis in Ihrem Verkaufsgespräch!
in: Marketing Journal, 9. Jg., 1976, S. 539 - 544.

BAETGE (1974)
Baetge, Joerg
Ein Regelungsmodell für die Preispolitik
in: Computergestützte Marketingplanung, hrsg. von Hans Robert Hansen, München 1974, S. 156-173.

BÄUERLE (1989)
Bäuerle, Paul
Zur Problematik der Konstruktion praktikabler Entscheidungsmodelle
in: ZfB, 59. Jg., 1989, S. 175-192.

BAMBERG/BAUR (1985)
Bamberg, Günther / Baur, Franz
Statistik
4. Auflage, München-Wien 1985.

BEA (1968)
Bea, Franz Xaver
Kritische Untersuchungen über den Geltungsbereich des Prinzips der Gewinnmaximierung
Berlin 1968.

BECHTEL (1974)
Bechtel, Wilfried
Theoretische Grundlagen zur Prognose der Absatzmöglichkeiten in den einzelnen Branchen
Frankfurt am Main und Zürich 1974.

BECKER (1962)
Becker, Hans Dietrich
Die Anforderungen der Preispolitik an die Gestaltung der Kostenrechnung
Diss., Frankfurt 1962.

BEIER (1989)
Beier, Jörg
Markt- und kostenorientierte Preispolitik - dargestellt am Beispiel der Wälzlagerindustrie
in: krp, 1989, S. 197-208.

BESTE (1963)
Beste, Theodor
Schmalenbachs »Gewerbliche Kalkulation«
in: ZfbF, 15. Jg., 1963, S. 373-375.

BESTE (1964)
BESTE, Theodor
Möglichkeiten und Grenzen der Preispolitik in der Unternehmung
in: ZfbF, 16. Jg., 1964, S. 112-144.

BEYER/BESTMANN (1989)
Beyer, Horst-Tilo / Bestmann, Uwe
Finanzlexikon
2., völlig neubearbeitete und erweiterte Aufl.,
München 1989.

BICKEL (1966)
Bickel, Günther
Die Preisuntergrenze unter besonderer Berücksichtigung der Sorge um die Liquidität
in: ZfB, 36. Jg., 1966, S. 527-543.

BIERGANS (1968)
Biergans, Enno
Grenzkostenrechnung - Direct Costing - Moderne Kostenrechnung in der Brauerei
Nürnberg 1968.

BIHN/SCHÄFFER (1988)
Bihn W. R. / Schäffer, K.-A.
Formeln und Tabellen zur Grundausbildung in Statistik für Wirtschaftswissenschaftler
5. Auflage, Köln 1988.

BIRGEL (1988)
Biergel, Karl J.
Überlegungen zur Kalkulation öffentlicher Aufträge in einem Teilkostenrechnungsverfahren
in: cm, 1988, S. 191-195.

BIRGEL (1989)
Birgel, Karl J.
Kalkulation öffentlicher Aufträge zu Ist- und Plankosten in Teil- und Vollkostenrechnungs-Systemen
in: cm, 1989, S. 87-93.

BOECKEN (1974)
Boecken, Bernd
Anwendungsmöglichkeiten der Grenzkostenrechnung in der chemischen Industrie
in: BFuP, 26. Jg., 1974, S. 543-562.

BÖCKER (1974)
Böcker, Franz
Quantitative Marketing-Modelle
in: WiSt, 3. Jg., 1974, S. 357-364.

BÖCKER (1982)
Böcker, Franz
Preistheorie und Preispolitik - Ein Überblick
in: Preistheorie und Preisverhalten, hrsg. von Franz Böcker, München 1982, S. 1-26.

BORTZ (1988)
Bortz, Jürgen
Statistik
3. Auflage, Berlin-Heidelberg-New York 1988.

BOUFFIER (1984)
Bouffier, Willy
Kalkulation und Preisgestaltung
in: HWR, hrsg. von Erich Kosiol u.a., ungekürzte Sonderausgabe der 1. Auflage, Stuttgart 1984, Sp. 759-766.

BRAND (1974)
Brand, Eberhard
Der Lebenszyklus von Produkten und sein Einfluß auf die Preispolitik der Unternehmung
Diss., Hamburg 1974.

BRETZKE (1980)
Bretzke, Wolf-Rüdiger
Der Problembezug von Entscheidungsmodellen
Tübingen 1980.

BUSSMANN (1979)
Bussmann, Karl-Ferdinand
Industrielles Rechnungswesen
2., neu bearbeitete Auflage, Stuttgart 1979.

CHMIELEWICZ (1983)
Chmielewicz, Klaus (Hrsg.)
Entwicklungslinien der Kosten- und Erlösrechnung
Stuttgart 1983.

CORDES (1964)
Cordes, Walter
Preispolitik zur Erzielung optimaler Beschäftigung
in: ZfbF, 16. Jg., 1964, S. 145-157.

COENENBERG (1980)
Coenenberg, Adolf Gerhard
Rechnungswesen, Organisation des
in: Handwörterbuch der Organisation, 2., völlig neu gestaltete Auflage, hrsg. von E. Grochla, Stuttgart 1980, Sp. 1996-2006.

CZERANOWSKY (1981)
Czeranowsky, G.
Anwendungsmöglichkeiten und Grenzen der Deckungsbeitragsrechnung
in: WiSu, 10. Jg., 1981, Teil 1: S. 321-327, Teil 2: S. 373-375.

DAHL (1970)
Dahl, Dieter
Konjunktur und Wachstum
Wiesbaden 1970.

DAHM (1989)
Dahm, Edgar
Kalkulation in Klein- und Mittelbetrieben
in: krp, 1989, S. 77-81.

DELLMANN (1982)
Dellmann, Klaus
Produktionstheorie und Kostenplanung
in: krp, 1982, S. 127-138.

DEYHLE (1962)
Deyhle, Albrecht
Grenz- oder relative Einzelkosten
in: ZfB, 32. Jg., 1962, S. 61-64.

DEYHLE (1985)
Deyhle, Albrecht
Bi-Proportional
in: cm, 1985, S. 263-264.

DEYHLE/HERRMANN (1989)
Deyhle, Albrecht / Herrmann, Peter Julius
Theorie hinter und Bühnenbilder vor der Flexiblen Plankostenrechnung
in: cm, 1989, S. 261-267.

DICHTL (1967)
Dichtl, Erwin
Über Wesen und Struktur absatzpolitischer Entscheidungen
Berlin 1967.

DICHTL (1971)
Dichtl, Erwin
Zur Problematik der Ableitung exakter Lösungen im Absatzbereich
in: BFuP, 23. Jg., 1971, S. 129-138.

DIEDERICH (1975)
Diederich, Helmut
Aufträge, öffentliche
in: HWB, 4. Aufl., hrsg. von E. Grochla / W. Wittmann,
Band 1, Stuttgart 1975, Sp. 298-309.

DIEHL (1977)
Diehl, Herbert
Probleme der Preisfindung im industriellen Anlagengeschäft
in: ZfbF Sonderheft 7/77, Anlagen-Marketing,
hrsg. von Werner Hans Engelhardt und Gert Laßmann, S. 173-184.

DILLER (1985)
Diller, Hermann
Preispolitik
Stuttgart-Berlin-Köln-Mainz 1985.

DÖRRIE/KICHERER (1973)
Dörrie, Ulrich / Kicherer, Hans-Peter
Deckungsbeitragsrechnung als Entscheidungshilfe
in: WiSt, 2. Jg., 1973, S. 101-108.

DORN (1962)
Dorn, Gerhard
Die Kostenrechnung im Dienste der Unternehmensführung
in: DB, 15. Jg., 1962, S. 1577-1579.

DROSIHN (1981)
Drosihn, Otto
Probleme und Gestaltungsmöglichkeiten der Gemeinkostenrechnung
bei Einzelfertigung
Diss., Essen 1981.

EDELMAN (1965)
Edelman, Franz
Art und science of Competitive Bidding
in: HBR, Vol. 43, (No. 4) July/Aug. 1965, S. 53-66.

EGLI/STUTZ (1989)
Egli, Max / Stutz, Hans-Ruedi
Es lebe die Kundennutzenforschung
in: Management-Zeitschrift/Industrielle Organisation, 58. Jg., 1989, S. 48-51.

EISELE (1990)
Eisele, Wolfgang
Technik des betrieblichen Rechnungswesens
4. überarb. u. erw. Aufl., München 1990.

ENGELBRECHT-WIGGANS (1980)
Engelbrecht-Wiggans, R.
Auctions and BiddING-Models: A Survey
in: Management Science, Vol. 26, 1980, No. 2, S. 119-142.

ENGELHARDT (1975)
Engelhardt, Werner Hans
Preisuntergrenzen
in: HWB, 4. Aufl., hrsg. von E. Grochla / W. Wittmann, Band 2, Stuttgart 1975, Sp. 3049-3058.

ENGELHARDT (1976)
Engelhardt, Werner Hans
Erscheinungsformen und absatzpolitische Probleme von Angebots- und Nachfrageverbunden
in: ZfbF, 28. Jg., 1976, S. 77-91.

ENGELHARDT (1977)
Engelhardt, Werner Hans
Grundlagen des Anlagen-Marketing
in: ZfbF Sonderheft 7/77, Anlagen-Marketing, hrsg. von Werner Hans Engelhardt und Gert Laßmann, S. 9-37.

EVERSHEIM/MINOLLA/FISCHER (1977)
Eversheim, Walter / Minolla, Wolfgang / Fischer, Werner
Angebotskalkulation mit Kostenfunktionen
Berlin und Köln 1977.

FETTEL (1954)
Fettel, Johannes
Marktpreis und Kostenpreis
Meisenheim am Glan 1954.

FEUERBAUM (1978)
Feuerbaum, Ernst
Das Rechnungswesen in einem Unternehmen des Großanlagenbaus
in: DB, 31. Jg., 1978, S. 992-998 u. 1042-1046.

FINKENRATH (1980a)
Finkenrath, Rolf
Das Rollierende Budget als Basis flexibler Preispolitik
Zürich 1980.

FINKENRATH (1980b)
Finkenrath, Rolf
Den Preis angreifen heißt fehlinvestieren!
in: asw, 23. Jg., Sonderausgabe 10/1980, S. 154-161.

FISCHER (1986)
Fischer, Gerhard
Strategische Konkurrenzanalyse
in: Strategisches Marketing,
hrsg. von Norbert Wieselhuber und Armin Töpfer,
2. Aufl., Landsberg am Lech 1986, S. 103-115.

FLURY/RIEDWYL (1983)
Flury, Bernhard / Riedwyl, Hans
Angewandte multivariate Statistik
Computergestützte Analyse mehrdimensionaler Daten
Stuttgart-New York 1983.

FRANZEN (1985)
Franzen, Wolfgang
Entscheidungswirkungen von Kosteninformationen
Frankfurt a.M-Bern-New York 1985.

FREIDANK (1979)
Freidank, Christian
Zum Einsatz der Grenzplankosten- und Deckungsbeitragsrechnung
zur Lösung von Entscheidungsaufgaben
in: krp, 1979, S. 249-255.

FRIEDMAN (1956)
Friedman, Lawrence
A Competitive-Bidding Strategy
in: Operations Research, Vol. 4, 1956, No. 1, S. 104-112.

FRIEDRICH (1986)
Friedrich, Roland
Strategisches Marketing in der Investitionsgüter-Industrie
in: Strategisches Marketing,
hrsg. von Norbert Wieselhuber und Armin Töpfer,
2. Aufl., Landsberg am Lech 1986, S. 464-475.

FUKKING (1985)
Fukking, Gerhard
Deckungsbeitragsoptimierung als Entscheidungshilfe bei der
Exportpreiskalkulation
in: ZfB, 55 Jg., 1985, S. 37-48.

GAYER (1988)
Gayer, Stephan
Mängel und Gefahren der traditionellen Vollkosten- und Nettoergebnisrechnung
in: krp, 1988, S. 182-183.

GRINYER/WHITTAKER (1973)
Grinyer, Peter H. / Whittaker, John D.
Managerial Judgement in a Competitive Bidding-Modell
in: Operational Research Quaterly, Vol. 23, 1973, S. 181-191.

GSELL/BOSSARD (1948)
Gsell, Emil / Bossard, Ernst
Kostenrechnung und Preiskalkulation
2. Aufl., Zürich 1948.

GÜNTER (1979)
Günter, Bernd
Die Referenzanlage als Marketing-Instrument
in: ZfbF, 31. Jg., 1979, Kontaktstudium S. 145-151.

GUTENBERG (1962)
Gutenberg, Erich
Unternehmensführung, Organisation und Entscheidungen
Wiesbaden 1962.

GUTENBERG (1983)
Gutenberg, Erich
Grundlagen der Betriebswirtschaftslehre,
Bd. 1: Die Produktion
24. Auflage, Berlin-Heidelberg-New York 1983.

GUTENBERG (1984)
Gutenberg, Erich
Grundlagen der Betriebswirtschaftslehre,
Bd. 2: Der Absatz
17. Aufl., Berlin-Heidelberg-New York 1984.

HAAS (1965)
Haas, Christof
Unsicherheit und Risiko in der Preisbildung
Köln-Berlin-Bonn-München 1965.

HABERSTOCK (1981)
Haberstock, Lothar
Kosten, Voll- und Teil-
in: HWR, hrsg. von Erich Kosiol u.a., 2., völlig neu gestaltete Aufl., Stuttgart 1981, Sp. 980-983.

HABERSTOCK (1986)
Haberstock, Lothar
Kostenrechnung II, (Grenz-) Plankostenrechnung
7. Aufl., Hamburg 1986.

HABERSTOCK (1987)
Haberstock, Lothar
Kostenrechnung I, Einführung mit Fragen, Aufgaben und Lösungen
8. Aufl., Hamburg 1987.

HAEDRICH (1977)
Haedrich, Günther
Preisfestsetzung mit Hilfe von Competitive Bidding-Modellen
in: Operationale Entscheidungshilfen für die Marketingplanung,
hrsg. von Günther Haedrich, Berlin-New York 1977, S. 119-132.

HAEDIRCH (1978)
Haedrich, Günther
Der Computer macht Preise
in: asw, 21. Jg., 1978, S. 92-97.

HAHN (1965)
Hahn, Dietger
Direct Costing und die Aufgaben der Kostenrechnung
in: Neue Betriebswirtschaft, 18. Jg., 1965, S. 8-13.

HAMANN (1980)
Hamann, Klaus
Preisuntergrenzen in der kurzfristigen Planung
Frankfurt am Main 1980.

HAMMANN (1974)
Hammann, Peter
Modelle zur Preispolitik
in: Computergestützte Marketingplanung, hrsg. von H.R. Hansen,
München 1974, S. 198-217.

HANSEN (1985)
Hansen, Gerd
Methodenlehre der Statistik
3. Aufl., München 1985.

HARTMANN (1963)
Hartmann, Bernhard
Preisbildung und Preispolitik
Stuttgart 1963.

HARTUNG/ELPELT (1986)
Hartung, Joachim / Elpelt, Bärbel
Multivariate Statistik
München-Wien 1986.

HAX (1959)
Hax, Karl
Planung und Organisation als Elemente der Unternehmungsführung
in: ZfbF, 11. Jg. 1959, S. 605-615.

HAX (1961)
Hax, Herbert
Preisuntergrenzen im Ein- und Mehrproduktbereich
Ein Anwendungsfall der linearen Planungsrechnung
in: ZfbF, 13. Jg., 1961, S. 424-449.

HAX (1973)
Hax, Herbert
Preisuntergrenzen bei Ungewißheit über den Auftragseingang
in: Zur Theorie des Absatzes, Festschrift zum 75. Geburtstag
von Erich Gutenberg, hrsg. von H. Koch, Wiesbaden 1973, S. 63-80.

HAX (1984)
Hax, Herbert
Modelle im Absatzbereich
in: HWR., hrsg. von Erich Kosiol u.a., ungekürzte Sonderausgabe
der 1. Auflage, Stuttgart 1984, Sp. 1170-1179.

HAY (1991)
Arbeitskreis 'Internes Rechnungswesen' der Schmalenbach-Gesellschaft -
Deutsche Gesellschaft für Betriebswirtschaft e.V.
Planungs- und Kontrollrechnungen im Anlagenbau
(Die erste Fassung dieses Aufsatzes wurde anläßlich der Schmalenbach-Tagung am 29. April 1986 in Düsseldorf formuliert und vorgetragen von Paul Helmut Hay.)
in: Beiträge zur Betriebswirtschaft des Anlagenbaus, zfbf Sonderheft 28, Düsseldorf/Frankfurt 1991, hrsg. von Ernst Höffken und Marcell Schweitzer, Seite 113-172.

HEINEN (1975)
Heinen, Edmund
Kosteninformation und Preispolitik bei Auftragsfertigung
in: krp, 1975, S. 55-62.

HEINRICH (1977)
Heinrich, Hartmut
Die Absatzpolitik als Teil der Unternehmenspolitik
Würzburg-Wien 1977.

HENNES/SCHLOTE (1991)
Hennes, Markus / Schlote, Stephan
Schützenhilfe für Conti
in: WiWo, 45. Jg., 1991, Heft Nr. 7, S. 107-110.

HENNIGER (1978)
Henniger, Claus
Die verflixte Deckungsbeitragsrechnung
in: FAZ vom 1.2.1978, S. 11.

HERAEUS (1963)
Heraeus, Jürgen
Direct Costing als Grundlage kurzfristiger Unternehmungsentscheidungen
Diss., München 1963.

HETTICH (1976)
Hettich, Günther O.
Cobb-Douglas-Funktion
in: WiSt, 5. Jg., 1976, S. 227-230.

HOFSTÄTTER (1977)
Hofstätter, Horst
Die Erfassung der langfristigen Absatzmöglichkeiten mit Hilfe des Lebenszyklus eines Produktes
in: Modernes Marketing, hrsg. von Ernst Gerth, Bd. 2, Die Marketingstrategie der Unternehmung, Teil 2, Würzburg 1977.

HOHENBILD (1974)
Hohenbild, Ralf
Das Verursachungsdenken in der betriebswirtschaftlichen Kostenlehre
Bern-Frankfurt 1974.

HORVATH/KLEINER/MAYER (1986)
Horváth, Péter / Kleiner, Franz / Mayer, Reinhold
Differenzierte Kosteninformationen zur Entscheidungsunterstützung in der flexiblen Montage
in: krp, 1986, S. 133-139.

HUCH (1976)
Huch, Burkhard
Deckungsbeitragsrechnung - Verlustbegründungsrechnung
in: DB, 29. Jg., 1976, S. 1444-1446.

HUCH (1986)
Huch, Burkhard
Einführung in die Kostenrechnung
8. Auflage, Heidelberg 1986.

HÜBERS-KEMINK (1978)
Hübers-Kemink, Rainer
Die Gefahren einer falsch verstandenen Deckungsbeitragsrechnung
in: krp, 1978, Sonderheft S. 62-65.

HUMMEL (1983)
Hummel, Siegfried
Entscheidungsorientierter Kostenbegriff, Identitätsprinzip und Kostenzurechnung
in: ZfB, 53. Jg., 1983, S. 1204-1209.

HUMMEL/MÄNNEL (1990)
Hummel, Siegfried / Männel, Wolfgang
Kostenrechnung 1, Grundlagen, Aufbau und Anwendung
4. Auflage, Wiesbaden 1990.

ILLIG (1980)
Illig, Anette
Konkurrenzanalyse mit Hilfe multivariater Klassifikation
Frankfurt am Main 1980.

JACOB (1985)
Jacob, Herbert
Preisbildung und Preiswettbewerb in der Industriewirtschaft
Köln-Berlin-Bonn-München 1985.

JACOBS (1968)
Jacobs, Otto H.
Aussagemöglichkeiten und Grenzen der industriellen Kostenrechnung aus kostentheoretischer Sicht
Köln und Opladen 1968.

JAENSCH (1984)
Jaensch, Günter
Unvollkommene Information und Rechnungswesen
in: HWR, hrsg. von Erich Kosiol u.a., ungekürzte Sonderausgabe der 1. Auflage, Stuttgart 1984, Sp. 1728-1736.

KAMBARTEL (1973)
Kambartel, Karl-Heinz
Systematische Angebotsplanung in der Auftragsfertigung
Diss., Aachen 1973.

KAPLAN (1982)
Kaplan, Robert S.
Advanced Management Accounting
Englewood Cliffs 1982.

KEMPKEN (1980)
Kempken, Jörg
Competitive Bidding: Optimale Angebotspreisstrategien bei Submission unter besonderer Berücksichtigung der Situation im Bauwesen
Diss., Bonn 1980.

KERN (1974)
Kern, Werner
Investitionsrechnung
Stuttgart 1974.

KILGER (1975)
Kilger, Wolfgang
Plankostenrechnung
in: HWB, 4. Aufl., hrsg. von E. Grochla / W. Wittmann, Band 2, Stuttgart 1975, Sp. 2984-3001.

KILGER (1980a)
Kilger, Wolfgang
Soll- und Mindest-Deckungsbeiträge als Steuerungselemente der betrieblichen Planung
in: Führungsprobleme industrieller Unternehmen, Festschrift für F. Thomée zum 60. Geburtstag, hrsg. von Dieter Hahn, Berlin-New-York 1980, S. 299-326.

KILGER (1980b)
Kilger, Wolfgang
Offene Probleme der Plankosten- und Deckungsbeitragsrechnung
in: Plankosten- und Deckungsbeitragsrechnung in der Praxis,
hrsg. von W. Kilger u. A.-W. Scheer,
Würzburg-Wien, 1980, S. 39-70.

KILGER (1982)
Kilger, Wolfgang
Bestimmung von Preisuntergrenzen
in: WiSu, 11. Jg., 1982, Teil 1: S. 167-171, Teil 2: S. 219-222.

KILGER (1983)
Kilger, Wolfgang
Grenzplankostenrechnung
in: Entwicklungslinien der Kosten- und Erlösrechnung,
hrsg. von Klaus Chmielewicz, Stuttgart 1983, S. 57-81.

KILGER (1984)
Kilger, Wolfgang
Plankostenrechnung
in: HWR., hrsg. von Erich Kosiol u.a., ungekürzte Sonderausgabe
der 1. Auflage, Stuttgart 1984, Sp. 1342-1358.

KILGER (1987)
Kilger, Wolfgang
Einführung in die Kostenrechnung
3. Auflage, Wiesbaden 1987.

KILGER (1988)
Kilger, Wolfgang
Flexible Plankostenrechnung und Deckungsbeitragsrechnung
9. Auflage, Wiesbaden 1988.

KIND (1986)
Kind, Helmut
Das interne Rechnungswesen mittelständischer Industrieunternehmen
2. Aufl., Speyer 1986.

KLIMM (1982)
Klimm, Joachim
Optimale Gebote bei Ausschreibungen
Frankfurt am Main 1982.

KLOOCK (1981)
Kloock, Josef
Plankosten- und Planleistungsrechnung
in: HWR, hrsg. von Erich Kosiol u.a., 2., völlig neu gestaltete Aufl.,
Stuttgart 1981, Sp. 1290-1309.

KLOOCK (1986)
Kloock, Josef
Perspektiven der Kostenrechnung aus investitionstheoretischer und anwendungsorientierter Sicht
in: Zukunftsaspekte der anwendungsorientierten Betriebswirtschaftslehre, Erwin Grochla zum 65. Geburtstag gewidmet, hrsg. von Eduard Gaugler, Hans Günther Meissner und Norbert Thom, Stuttgart 1986, S. 289-302.

KLOOCK (1989)
Kloock, Josef
Produktion
in: Vahlens Kompendium der Betriebswirtschaftslehre, hrsg. von J. Baetge u.a., Band 1, 2. überarbeitete und erweiterte Auflage, München 1989, S. 241-298.

KLOOCK (1990)
Kloock, Josef
Bilanz- und Erfolgsrechnung
Düsseldorf 1990.

KLOOCK/SIEBEN/SCHILDBACH (1991)
Kloock, Josef /Sieben, Günter/ Schildbach, Thomas
Kosten- und Leistungsrechnung
6., überarbeitete und erweiterte Aufl., Düsseldorf 1991.

KÖHLER (1964)
Köhler, Richard
Die Prämissen der Vollkosten-Trägerrechnung
in: Neue Betriebswirtschaft, 17. Jg., 1964, S. 43-47.

KÖHLER (1968)
Köhler, Richard
Das Problem »richtiger« preispolitischer Entscheidungen bei unvollkommener Voraussicht
in: ZfbF, 20. Jg., 1968, S. 249 -274.

KÖHLER/STÖLZEL (1976)
Köhler, Richard / Stölzel, Albrecht
Nutzen Sie Ihr Rechnungswesen (3) ... für die Preispolitik
in: Marketing Journal, 9. Jg., 1976, S. 485-492.

KÖRLIN (1985)
Körlin, Erich
Einsatz der Deckungsbeitragsrechnung im Vertrieb
in: krp, 1985, S. 23-27.

KORNAGEL (1962)
Kornagel, Karl
Das Fixkostenproblem in der Deckungsbeitragsrechnung
Diss., Berlin 1962.

KOSIOL (1979)
Kosiol, Erich
Kosten- und Leistungsrechnung
Berlin-New York 1979.

KOTLER (1982)
Kotler, Philip
Marketing-Management
(Deutsche Übersetzung der vierten Auflage von Heidi Reber)
4., völlig neubearb. Aufl., Stuttgart 1982.

KRAUSS (1976)
Krauss, Axel
Die Anwendung der Teilkostenrechnung für unternehmerische Entscheidungen
Frankfurt am Main - Zürich 1976.

KRAUTTER (1973)
Krautter, Jochen
Marketing-Entscheidungsmodelle
Wiesbaden 1973.

KRAUTTER (1974)
Krautter, Jochen
Quantitative Modellanalyse von Preisentscheidungen
in: WiSt, 3. Jg., 1974, S. 262-268.

KRELLE (1957)
Krelle, Wilhelm
Unsicherheit und Risiko in der Preisbildung
in: Zeitschrift für die gesamte Staatswissenschaft, Bd. 113, 1957, S. 632-677.

KRÖNUNG Dieter (1988)
Krönung, Hans Dieter
Kostenrechnung und Unsicherheit
Wiesbaden 1988.

KROPFBERGER (1981)
Kropfberger, Dietrich
Entscheidungsorientierte Kosten- und Erfolgsrechnung im Marketing
Linz 1981.

KRÜGER (1987)
Krüger, Günther
Kostenrechnung und Preispolitik
in: PdR, Heft Nr. 6 vom 8.12.1987, S. 8/225 - 8/234.

KÜHNEMUND (1971)
Kühnemund, Klaus
Bikausale Deckungsbeitragsrechnung.
Ein neues Konzept der Kostenrechnung
Frankfurt am Main 1971.

KÜPPER (1981)
Küpper, Hans-Ulrich
Kosten, fixe und variable
in: HWR, hrsg. von Erich Kosiol u.a., 2., völlig neu gestaltete Aufl., Stuttgart 1981, Sp. 950-962.

KÜPPER (1985)
Küpper, Hans-Ulrich
Investitionstheoretische Fundierung der Kostenrechnung
in: ZfbF, 37. Jg., 1985, S. 26-46.

KURZ (1969)
Kurz, Ingolf
Das Wesen der verschiedenen Fixkostentheorien und ihre Verwertungsmöglichkeiten für die betriebliche Preispolitik
Berlin 1969.

KUSS (1977)
Kuss, Alfred
Competitive-Bidding-Modelle
in: ZfbF, 29. Jg., 1979, Kontaktstudium S. 63-70.

LANGE (1972)
Lange, Manfred
Preisbildung bei neuen Produkten
Berlin 1972.

LANGE (1974)
Lange, Manfred
Preisstrategie für neue Produkte
in: asw, 17. Jg., 1974, S. 92-102.

LANGE (1975)
Lange, Manfred
Die Preisbildung als Entscheidungsproblem
in: WiSt, 4. Jg., 1975, S. 105-111.

LASSMANN (1973)
Lassmann, Gert
Gestaltungsformen der Kosten- und Erlösrechnung im Hinblick auf Planungs- und Kontrollaufgaben
in: WPg, 26. Jg., 1973, S. 4-17.

LASSMANN (1984)
Lassmann, Gert
Aktuelle Probleme der Kosten- und Erlösrechnung sowie des Jahresabschlusses bei weitgehend automatisierter Serienfertigung
in: ZfbF, 36. Jg., 1984, S. 959-978.

LAYER (1967)
Layer, Manfred
Möglichkeiten und Grenzen der Anwendbarkeit der Deckungsbeitragsrechnung im Rechnungswesen der Unternehmung
Berlin 1967.

LAYER (1969)
Layer, Manfred
Die Festlegung der Preisforderung bei Kundenfertigung
in: Rechnungswesen und Betriebswirtschaftspolitik, Festschrift für Gerhard Krüger zu seinem 65. Geburtstag, hrsg. von Manfred Layer und Heinz Strebel, Berlin 1969, S. 223-251.

LAYER (1982)
Layer, Manfred
Deckungsbeitragsrechnung
in, Management Enzyklopädie, 2. Aufl. München 1982, Bd. II, S. 745-768.

LEHMANN/WAGNER (1981)
Lehmann, Matthias / Wagner, Gerd Rainer
Die Disponierbarkeit von Gemeinkosten in rechnungstheoretischer Sicht
in: BfuP, 33. Jg., 1981, S. 37-69.

LEHMANN (1950)
Lehmann, Max Rudolf
Die Problematik der Preispolitik auf Grenzkosten- und auf Vollkosten-Basis
in: ZfB, 20. Jg., 1950, S. 332-338.

LINDER/BERCHTHOLD (1982)
Linder, Arthur / Berchthold, Willi
Statistische Methoden III
3. Auflage, Basel 1982.

LINNERT/KOINECKE (1969)
Linnert, Peter / Koinecke, Jürgen
Preispolitik: Bessere Preisdifferenzierung durch EDV
in: Marketing Journal, 9. Jg., 1969, S. 128-131.

MACHENHEIMER (1972)
Machenheimer, Detlev
Die Problematik des Kostenpreises bei öffentlichen Aufträgen
Diss. Universität Marburg 1972

MANN (1973)
Mann, Rudolf
Die Praxis des Controlling
München 1973.

MÄNNEL (1978a)
Männel, Wolfgang
Preiskalkulation nach den Grundsätzen der Deckungsbeitragsrechnung
in: krp, 1978, Sonderheft S. 3-26.

MÄNNEL (1978b)
Männel, Wolfgang
Falsche Interpretation des Wesens und der Anwendungsmöglichkeiten der Deckungsbeitragsrechnung
in: krp, 1978, Sonderheft S. 57-60.

MÄNNEL (1981)
Männel, Wolfgang
Preiskalkulation auf Vollkostenbasis oder nach den Grundsätzen der Deckungsbeitragsrechnung?
in: DB, 34. Jg., 1981, S. 593-599.

MÄNNEL (1983)
Männel, Wolfgang
Flexible Preiskalkulation auf Basis relevanter Kosten
in: WiSu, 12. Jg., 1983, S. 203-211.

MAYER (1965)
Mayer jun., Leopold
Probleme der verursachungsgerechten Kostenzurechnung
in: Beiträge zur Begriffsbildung und Methode der Betriebswirtschaftslehre, Festschrift für Willy Bouffier zur Vollendung seines 60. Lebensjahres, hrsg. von Rudolf Bratschitsch und Karl Vodrazka, Wien 1965, S. 148-165.

MEFFERT (1986)
Meffert, Heribert
Marketing
7. Auflage, Wiesbaden 1986.

MELLEROWICZ (1959)
Mellerowicz, Konrad
Preis-, Kosten- und Produktgestaltung als Mittel der Absatzpolitik
in: Der Markenartikel, 21. Jg., 1959, S. 465-483.

MELLEROWICZ (1977)
Mellerowicz, Konrad
Neuzeitliche Kalkulationsverfahren
6., neubearb. Aufl., Freiburg im Breisgau 1977.

MENGES (1976)
Menges, Günter
Risiko und Ungewißheit
in: HWF, hrsg. von Hans E. Büschgen, Stuttgart 1976, Sp. 1516-1531.

MENRAD (1981)
Menrad, Siegfried
Vollkostenrechnung
in: HWR, hrsg. von Erich Kosiol u.a., 2., völlig neu gestaltete Aufl., Stuttgart 1981, Sp. 1736-1748.

MENRAD (1983)
Menrad, Siegfried
Vollkostenrechnung
in: Entwicklungslinien der Kosten- und Erlösrechnung, hrsg. von Klaus Chmielewicz, Stuttgart 1983, S. 1-15.

MEURER (1980)
Meurer, Gunther
Ein Bezugsrahmen der Absatzbedingungen für Produktivgüter
Diss., Göttingen 1980.

MÖLLER (1941)
Möller, Hans
Kalkulation, Absatzpolitik und Preisbildung
Wien 1941.

MOEWS (1967)
Moews, Dieter
Zur Aussagefähigkeit neuerer Kostenrechnungsverfahren
Diss., Berlin 1967.

MOEWS (1989)
Moews, Dieter
Kosten- und Leistungsrechnung
3. Aufl., München-Wien 1989.

MOOSBRUGGER (1978)
Moosbrugger, Helfried
Multivariate statistische Analyseverfahren
Stuttgart-Berlin-Köln-Mainz 1978.

MÜLLER (1987)
Müller, Wolfgang
Am Nutzen orientiert
in: asw, 30. Jg., 1987, S. 86-97.

MÜLLERG-LINDENBERG (1976)
Müller-Lindenberg, Hans-Herbert
Kostenpolitik
(Grundsätze und Verfahren gewinnorientierter Unternehmenssteuerung)
München 1976.

MUNZEL (1966)
Munzel, Gerhard
Die Berücksichtigung der fixen Kosten in der Kostenträgerrechnung
Wiesbaden 1966.

NACHTKAMP (1969)
Nachtkamp, Hans Heinrich
Der kurzfristige Angebotspreis der Unternehmen bei Vollkostenkalkulation
und unsicheren Nachfrageerwartungen
Diss., Münster 1969.

NAGTEGAAL (1972)
Nagtegaal, Heinz
Grundlagen des Marketing
Wiesbaden 1972.

NAGTEGAAL (1973)
Nagtegaal, Heinz
Plädoyer für einen Preismanager
in: Marketing Journal, 6. Jg., 1973, S. 390-395.

NAGTEGAAL (1974)
Nagtegaal, Heinz
Der Verkaufspreis in der Industrie
Wiesbaden 1974.

NATZMER (1978)
Natzmer, Wulfheinrich von
Die Preisbildung in der Industrie
Tübingen 1978.

NEUHOF (1975)
Neuhof, Bodo
Die Entscheidung über die Annahme zusätzlicher Aufträge unter besonderer Berücksichtigung auftragsbedingter Investitionen
in: WiSt, 4. Jg., 1975, S. 570-575.

NEUMAYER (1970)
Neumayer, W. W.
Plankostenrechnung als Voll-/Teilkostenrechnung oder Teil-/Vollkostenrechnung?
in: DB, 23. Jg., 1970, S. 937-944.

NIESCHLAG/DICHTL/HÖRSCHGEN (1991)
Nieschlag, Robert / Dichtl, Erwin / Hörschgen, Hans
Marketing
16., überarbeitete und erweiterte Auflage, Berlin 1991.

NIESSEN (1982)
Nießen, Wolfgang
Erlösrechnungssysteme und deren Eignung als Planungs- und Kontrollinstrumente
Essen 1982.

O.V. (1986)
Ohne Verfasser
Zum Tode von Professor Dr. Wolfgang Kilger
in: krp, 1986, S. 202.

OGILVIE (1987)
Ogilvie, Robert, G.
Strategische Marketingplanung im Investitionsgüterbereich
(Aus dem Niederländischen übersetzt von Renate Deutz-Treeick)
Landsberg am Lech 1987.

OXENFELDT (1951)
Oxenfeldt, Alfred, R.
Industrial Pricing and Market Practices
New York 1951.

PETER (1969)
Peter, Hans-G.
Grenzplankostenrechnung und Deckungsbeitragsrechnung
in: DB, 22. Jg., 1969, S. 1949-1954.

PERES (1952)
Peres, Karl-Heinz
Marktforschung für Spezialmaschinen
Diss., Mannheim 1952.

PFEIFFER (1965)
Pfeiffer, Werner
Absatzpolitik bei Investitionsgütern der Einzelfertigung
Stuttgart 1965.

PFEIFFER/PREISSLER (1975)
Pfeiffer, Werner / Preissler, Peter
Der Erkenntniswert der Kostenrechnung
in: Erfolgskontrolle im Marketing, hrsg. von Franz Böcker und Erwin Dichtl, Berlin 1975, S. 33-54.

PFOHL (1976)
Pfohl, Hans-Christian
Praktische Relevanz von Entscheidungstechniken
in: Die Unternehmung, 30. Jg., 1976, S. 73-93.

PLAUT (1961)
Plaut, Hans Georg
Unternehmenssteuerung mit Hilfe der Voll- oder Grenzplankostenrechnung
in: ZfB, 31. Jg., 1961, S. 460-482.

PLAUT (1989)
Plaut, Hans Georg
Essentials eines modernen innerbetrieblichen Rechnungswesen
in: cm, 1989, S. 233-240.

PLAUT (1991)
Plaut, Hans Georg
Behandlung von Fixkosten in der Grenzplankostenrechnung
in: krp, 1991, S. 38 f.

PLAUT/BONIN/VIKAS (1988)
Plaut, Hans Georg / Bonin, A. / Vikas, Kurt
Grenzplankostenrechnung und Einzelkostenrechnung
in: krp, 1988, S. 9-15.

PLINKE (1984)
Plinke, Wulff
Kosten- und Erlösplanung im industriellen Anlagengeschäft auf der Grundlage eines projektorientierten Rechnungswesens
in: Planung im industriellen Anlagengeschäft, hrsg. von Klaus Backhaus, Düsseldorf 1984, S. 265-287.

PLINKE (1985)
Plinke, Wulff
Erlösplanung im industriellen Anlagengeschäft
Wiesbaden 1985.

PLINKE (1986)
Plinke, Wulff
Ansatzpunkte einer projektorientierten Kosten- und Leistungsrechnung in Unternehmen des langfristigen Anlagenbaus
in: Rechnungswesen und EDV, 7. Saarbrücker Arbeitstagung, hrsg. von W. Kilger und A.-W. Scheer, Heidelberg 1986, S. 601-615.

PLINKE (1989)
Plinke, Wulff
Industrielle Kostenrechnung für Ingenieure
Berlin/Heidelberg 1989.

POTH (1986)
Poth, Ludwig G.
Marketing
München 1986.

RAFFÉE (1961)
Raffée, Hans
Kurzfristige Preisuntergrenzen als betriebswirtschafliches Problem
Köln und Opladen 1961.

RAFFÉE (1974)
Raffée, Hans
Preisuntergrenzen
in, WiST, 3. Jg., 1974, S. 145-151.

RALL (1966)
Rall, Lothar
Die Liquidität als Datum der unternehmerischen Absatzpolitik
Diss., Tübingen 1966.

REICHMANN (1973)
Reichmann, Thomas
Kosten- und Preisgrenzen
Wiesbaden 1973.

REINMUTH/BARNES (1975)
Reinmuth, James E. / Barnes, Jim D.
A Strategic Competitive Bidding Approach to Pricing Decisions for Petroleum Industry Drilling Contractors
in: Journal of Marketing Research, Vol. 12, 1975, S. 362-365.

RIEBEL (1972)
Riebel, Paul
Kosten und Preise
Opladen 1972.

RIEBEL (1983)
Riebel, Paul
Thesen zur Einzelkosten- und Deckungsbeitragsrechnung
in: Entwicklungslinien der Kosten- und Erlösrechnung, hrsg. von Klaus Chmielewicz, Stuttgart 1983, S. 21-47.

RIEBEL (1984)
Riebel, Paul
Deckungsbeitragsrechnung
in: HWR, hrsg. von Erich Kosiol u.a., ungekürzte Sonderausgabe der 1. Auflage, Stuttgart 1984, Sp. 383-400.

RIEBEL (1985)
Riebel, Paul
Überlegungen und Fallstudien zur Bedeutung der Entscheidungssequenz für die Unternehmensrechnung
in: Information und Produktion, Festschrift für Siegmar Stöppler zum 60. Geburtstag, hrsg. von Waldemar Wittmann, Stuttgart 1985, S. 243-276.

RIEBEL (1990)
Riebel, Paul
Einzelkosten- und Deckungsbeitragsrechnung
6. wesentlich erweiterte Auflage, Wiesbaden 1990.

ROCKSTUHL (1971)
Rockstuhl, Joachim P.
Untersuchung über Möglichkeiten einer verursachungsgerechten Zuordnung der im betrieblichen Fertigungsablauf entstehenden Kosten, insbesondere der Restgemeinkosten
Diss., Aachen 1961.

ROSE/BERKE (1991)
Rose, Bernhard / Berke, Jürgen
Investitionsgüter: Markteinstieg durch Referenzkunden
in: WiWo, 45. Jg., 1991, Heft Nr. 46, S. 106-108.

SABEL (1973)
Sabel, Hermann
Zur Preispolitik bei neuen Produkten
in: Zur Theorie des Absatzes, Festschrift zum 75. Geburtstag von Erich Gutenberg, hrsg. von H. Koch, Wiesbaden 1973, S. 415-446.

SALZ (1991)
Salz, Jürgen
Pannen im Programm
in: WiWo, 45. Jg., 1991, S. 58-60.

SCHÄFER (1981)
Schäfer, Erich
Absatzwirtschaft
Stuttgart 1981.

SCHÄFER (1986)
Schäfer, Gerhard
Parallel-Kalkulation nach Voll- und Grenzkosten
in: cm, 1986, S. 83-89.

SCHÄFTER (1983)
Schäfter, Ulrich
Teilkostenrechnung bei zunehmender Fixkostenbelastung
in: ZfB, 53. Jg., 1983, S. 79-89.

SCHERRER (1991)
Scherrer, Gerhard
Kostenrechnung
2. völlig neubearb. und erw. Aufl.
Stuttgart-New York 1991.

SCHIFFERS (1971)
Schiffers, Karl-Heinz
Parameter für Angebotsstrategien im Bauwesen
Diss., Aachen 1971.

SCHIFFERS (1973)
Schiffers, Karl-Heinz
Untersuchungen zum Preiswettbewerb auf dem Baumarkt
Opladen 1973.

SCHLÄDER (1975)
Schläder, Werner
Elastische Preispolitik in der Einzelfertigung
Köln 1975.

SCHMALEN (1982)
Schmalen, Helmut
Preispolitik
Stuttgart-New York 1982.

SCHMALENBACH (1902)
Schmalenbach, Eugen
Gewerbliche Kalkulation
in: ZfbF, 15. Jg., 1963, S. 375-384
(Wiederabdruck aus: Zeitschrift für das gesamte kaufmännische Unterrichtswesen, V. Jg. 1902/1903, Heft 6, August 1902, S. 150-155, Heft 7, Oktober 1902, S. 178-180, November 1902, S. 210-214).

SCHMALENBACH (1963)
Schmalenbach, Eugen
Kostenrechnung und Preispolitik, 8. Auflage
Köln und Opladen 1963.

SCHNEIDER (1961)
Schneider, Dieter
Kostentheorie und verursachungsgemäße Kostenrechnung
in: ZfbF, 13. Jg., 1961, S. 677-707.

SCHNEIDER (1966)
Schneider, Dieter
Die Preis-Absatz-Funktion und das Dilemma der Preistheorie
in: Zeitschrift für die gesamte Staatswissenschaft, Bd. 122, 1966, S. 587-628.

SCHNEIDER (1967)
Schneider, Dieter
Theoretisches und praktisches Denken in der Unternehmensrechnung
in: Wissenschaft und Praxis, Festschrift zum zwanzigjährigen Bestehen des Westdeutschen Verlages, Opladen 1967, S. 225-243.

SCHNEIDER (1985)
Schneider, Dieter
Vollkostenrechnung oder Teilkostenrechnung?
in: DB, 38. Jg, 1985, S. 2159-2162.

SCHOBERT (1975)
Schobert, Rudolf
Ansätze zur Beurteilung der betrieblichen Preisstrategie
in: Erfolgskontrolle im Marketing, hrsg. von Franz Böcker und Erwin Dichtl, Berlin 1975, S. 200-212.

SCHOLL (1981)
Scholl, Hermann-Josef
Fixkostenorientierte Plankostenrechnung
Würzburg-Wien 1981.

SCHUBERT (1965)
Schubert, Werner
Kostenträgerstückrechnung als (primäre) Kostenartenrechnung
in: BfuP, 17. Jg., 1965, S. 358-371.

SCHUBERT/HOHENBILD (1975)
Schubert, Werner / Hohenbild, Rolf
Kostenverursachung, Prinzipien und Probleme
in: HWB, 4. Aufl., hrsg. von E. Grochla / W. Wittmann, Band 2, Stuttgart 1975, Sp. 2360-2368.

SCHWEINHARDT (1974)
Schweinhardt, Horst
Preiskalkulation
in: HWA, hrsg. von Bruno Tietz u.a., Stuttgart 1974, Sp. 1657-1665.

SCHWEITZER/KÜPPER (1986)
Schweitzer, Marcell / Küpper, Hans-Ulrich
Systeme der Kostenrechnung
4. überarbeitete und erweiterte Auflage, Landsberg 1986.

SEICHT (1963)
Seicht, Gerhard
Die stufenweise Grenzkostenrechnung
in: ZfB, 33. Jg., 1963, S. 693-709.

SEICHT (1971)
Seicht, Gerhard
Deckungsbeitragsrechnung als Hilfsmittel der Verkaufssteuerung
in: Der Markt, 1971, (Heft 38), S. 55-66.

SEICHT (1988)
Seicht, Gerhard
Die Entwicklung der Grenzplankosten- und Deckungsbeitragsrechnung
in: Grenzplankostenrechnung, Festschrift zum 70. Geburtstag
von Hans Georg Plaut, hrsg. von August-Wilhelm Scheer,
Wiesbaden 1988, S. 31-51.

SEICHT (1990)
Seicht, Gerhard
Moderne Kosten- und Leistungsrechnung
6. wesentlich erweiterte Auflage,
Wien 1990.

SERFLING (1983)
Serfling, Klaus
Controlling
Berlin-Köln-Mainz 1983.

SIEBEN/SCHILDBACH (1990)
Sieben, Günter / Schildbach, Thomas
Betriebswirtschaftliche Entscheidungstheorie
3. Aufl., Düsseldorf 1990.

SIEBEN/DIEDRICH (1990)
Sieben, Günter / Diedrich, Ralf
Aspekte der Wertfindung bei strategisch motivierten
Unternehmensakquisitionen
in: ZfbF, 42. Jg., 1990, S. 794-809.

SIMMONDS (1968a)
Simmonds, Kenneth
Competitive Bidding:
Deciding the Best Combination on Non-price Features
in: Operational Research Quaterly, Vol. 19, 1968, S. 5-15.

SIMMONDS (1968b)
Simmonds, Kenneth
Adjusting Bias in Cost Estimates
in: Operational Research Quaterly, Vol. 19, 1968, S. 325-327.

SIMON (1976)
Simon, Hermann
Preisstrategien für neue Produkte
Opladen 1976.

SIMON (1982)
Simon, Hermann
Preismanagement
Wiesbaden 1982.

SIMON (1977)
Simon, Wolfgang
Probleme der Absatzplanung im langfristigen Anlagengeschäft, dargestellt am Beispiel der Energietechnik
in: ZfbF Sonderheft 7/77, Anlagen-Marketing,
hrsg. von Werner Hans Engelhardt und Gert Laßmann, S. 103-116.

SITTERBERG (1978)
Sitterberg, Georg
Zur Anwendung hierarchischer Klassifikationsverfahren
in: Statistische Hefte, Jg. 19, 1978, S. 231-246.

SOMMER (1984)
Sommer, Klaus
Kalkulation
in: HWR, hrsg. von Erich Kosiol u.a., ungekürzte Sonderausgabe der 1. Auflage, Stuttgart 1984, Sp. 753-759.

SONNEFELD (1962)
Sonnefeld, Ernst
Der Mythos von den fixen Kosten und die betriebswirtschaftliche Leistungs-Abrechnung
in: ZfB, 32. Jg., 1962, S. 44-60.

SONNENSCHEIN (1990)
Sonnenschein, Michael
Diskussionsbeitrag
in: BFuP, 42. Jg., 1990, S. 320 f.

SPÄTH (1975)
Späth, Helmuth
Cluster-Analyse-Algorithmen
München-Wien 1975.

STAHL (1989)
Stahl, Hans-Werner
Vertriebscontrolling -
Schnittstelle zwischen strategischem und operativem Controlling
in: krp, 1989, S. 29-32.

STAHLKNECHT (1991)
Stahlknecht, Peter
Einführung in die Wirtschaftsinformatik
5. Aufl., Berlin-Heidelberg-New York-Tokyo 1991.

STROTHMANN (1977)
Strothmann, Karl-Heinz
Die Bedeutung der Preispolitik im Investitionsgüter-Marketing
in: Operationale Entscheidungshilfen für die Marketingplanung,
hrsg. von Günther Haedrich, Berlin-New York 1977, S. 133-142.

STÜBEN (1979)
Stüben, Michael
Kritik industrieller Kostenrechnungssysteme
in: DB, 32. Jg., 1979, S. 1141-1146.

SWOBODA (1987)
Swoboda, Peter
Kostenrechnung und Preispolitik
15. überarbeitete Auflage, Wien 1987.

SZYPERSKI (1981)
Szyperski, Norbert
Rechnungswesen als Informationssystem
in: HWR, hrsg. von Erich Kosiol u.a., 2., völlig neu gestaltete Aufl., Stuttgart 1981, Sp. 1425-1439.

THEISSEN (1975)
Theissen, Paul
Preispolitik der Mehrproduktunternehmung
in: WiSt, 4. Jg., 1975, S. 273-281.

THOMASCHEWSKI (1971)
Thomaschewski, Dieter
Preisfindung - Eine Entscheidungshilfe für die Praxis
in: Marketing Journal, 4. Jg., 1971, S. 337-340.

THORMÄHLEN (1978)
Thormählen, Volker
Angebotsstrategien bei öffentlichen Aufträgen
Frankfurt am Main 1978.

TROLL (1974)
Troll, Kurt F.
Zur Problematik quantitativer Entscheidungsmodelle im Markteting
Diss. Köln 1974.

TURNER (1980)
Turner, Gerhard
Entscheidungsorientierte Kostenrechnungsdifferenzierung
Frankfurt am Main 1980.

UNTERGUGGENBERGER (1971)
Unterguggenberger, Silvio
Die Kybernetische Funktion des Deckungsbeitrages
Diss., Amsterdam 1971.

UNTERGUGGENBERGER (1974)
Unterguggenberger, Silvio
Kybernetik und Deckungsbeitragsrechnung
Wiesbaden 1974.

VIKAS (1988)
Vikas, Kurt
Weiterentwicklung controlling-orientierter Plankostenrechnungssysteme im Industrie und Dienstleistungsbereich
in: PdR, Heft Nr. 3 vom. 23.6.1988, S. 8/225 - 8/270.

VORMBAUM (1977)
Vormbaum, Herbert
Kalkulationsarten und Kalkulationsverfahren
4. überarbeitete und erweiterte Auflage, Stuttgart 1977.

WÄGER (1969)
Wäger, Helmut
Die Angebotspreiskalkulation des Baubetriebes auf der Grundlage einer stufenweisen Fixkostendeckungsrechnung
Diss., Berlin 1969.

WALKER (1967)
Walker, Arleigh W.
How to price industrial products
in: HBR, Vol. 45, 1967, S. 125-132.

WARTMANN (1983)
Wartmann, R.
Diskussionsbeitrag (Plenumsdiskussion)
in: Entwicklungslinien der Kosten- und Erlösrechnung, hrsg. von Klaus Chmielewicz, Stuttgart 1983, S. 202-204.

WEBER, J. (1987)
Weber, Jürgen
Variabel und fixe Kosten
Eine überflüssige Unterteilung der Kosten ?
in: WiSt, 16. Jg., 1987, S. 393-398.

WEBER, R. (1987)
Weber, Rainer
Kalkulation der Preisober- und -untergrenze
in: PdR, Heft Nr. 6 vom 8.12.1987, S. 8/235 - 8/253.

WEIGAND (1988)
Weigand, Christoph
Enscheidungsorientierung im Rahmen der Kostenrechnung
in: krp, 1988, S. 134 f.

WIED-NEBBELING (1975)
Wied-Nebbeling, Susanne
Industrielle Preissetzung
Tübingen 1975.

WIED-NEBBELING (1985)
Wied-Nebbeling, Susanne
Das Preisverhalten in der Industrie
Tübingen 1985.

WIEGMANN (1977)
Wiegmann, Hans-Henning
Modelle zur Preisentscheidung im Marketing
Berlin 1977.

WILLAS (1978)
Willas, Jürgen
Die mißverstandene Deckungsbeitragsrechnung
in: krp, 1978, Sonderheft S. 60-62.

WILLENBROCK (1973)
Willenbrock, J. H.
Utility Function Determination for Bidding-Models
in: Journal of Construction Division, Vol. 99, (July) 1973, S. 133-153.

WINNES (1987)
Winnes, Ralf
Preispolitik als Funktion der Kostenentwicklung
Heidelberg 1987.

WITT (1986)
Witt, F.-J.
Verteilung der Gemeinkosten mit Hilfe von Verrechnungspreisen
in: Zeitschrift für industrielle Fertigung, 76. Jg., 1986, S. 116-118.

WOITSCHACH (1964)
Woitschach, Max
Vom Umgang mit Alternativen
in: IBM-Nachrichten, 14, Jg., 1964, Heft 164, S. 2170-2180.

WOLFSTETTER (1984)
Wolfstetter, Günter
Traditionelle und moderne Verfahren der Kalkulation
in: PdR, Heft Nr. 6 vom 19.12.1984, S. 8/821 - 8/842.

WOLFSTETTER (1988)
Wolfstetter, Günter
Das Rechnen mit Deckungsbeiträgen
in: PdR, Heft Nr. 6 vom 6.12.1984, S. 8/309-8/313.

WOLTER (1948)
Wolter, A.
Das Rechnen mit fixen und proportionalen Kosten
Köln-Opladen 1948.

ZOLLER (1988)
Zoller, Horst
Entscheidungsorientierte Preisuntergrenzen-Ermittlung im Rahmen der baubetrieblichen Angebotskalkulation
Diss., Regensburg 1988.

ZWEHL (1981)
Zwehl, Wolfgang von
Kalkulation und Preisgestaltung
in: HWR, hrsg. von Erich Kosiol u.a., 2., völlig neu gestaltete Aufl., Stuttgart 1981, Sp. 875-884.

GPSR Compliance

The European Union's (EU) General Product Safety Regulation (GPSR) is a set of rules that requires consumer products to be safe and our obligations to ensure this.

If you have any concerns about our products, you can contact us on ProductSafety@springernature.com

In case Publisher is established outside the EU, the EU authorized representative is:

Springer Nature Customer Service Center GmbH
Europaplatz 3
69115 Heidelberg, Germany

Batch number: 10816188

Printed by Printforce, the Netherlands